THE GLORY AND THE

DREAM

A Narrative
History of America,

1932-1972

光荣与梦想

1932~1972年美国叙事史

[美] 威廉·曼彻斯特◎著
四川外国语大学翻译学院翻译组◎译
李龙泉 祝朝伟◎校译

William Manchester

3 1951~1960

中信出版集团 · CHINACITICPRESS · 北京

图书在版编目（CIP）数据

光荣与梦想 3 / （美）曼彻斯特著；四川外国语大学翻译学院翻译组译；李龙泉，祝朝伟校译 .
—北京：中信出版社，2015.3（2025.12重印）
书名原文：The Glory and the Dream: A Narrative History of America, 1932-1972
ISBN 978-7-5086-4997-9
I. 光… II. ①曼… ②四… ③李… ④祝… III. 美国 – 现代史 –1951~1960 IV. K712.5
中国版本图书馆 CIP 数据核字（2015）第 303267 号

光荣与梦想 3

著　者：[美] 威廉 · 曼彻斯特
译　者：四川外国语大学翻译学院翻译组
校　译：李龙泉　祝朝伟
策划推广：中信出版社（China CITIC Press）
出版发行：中信出版集团股份有限公司
（北京市朝阳区东三环北路 27 号嘉铭中心　邮编　100020）

承 印 者：北京通州皇家印刷厂

开　本：880mm×1230mm　1/32　印　张：15　字　数：382 千字
版　次：2015 年 3 月第 1 版　印　次：2025 年12月第43次印刷
京权图字：01–2012–9129
书　号：ISBN 978-7-5086-4997-9 / K · 429
定　价：60.00 元

献给劳芮 · 曼彻斯特
以及她的未来

William Manchester

那如幻的灵光逃到哪儿去了?

那光荣与梦想，如今到哪儿去了?

——威廉·华兹华斯

THE GLORY AND THE DREAM
A Narrative History of America, 1932-1972

目 录

第三部分 种下恶果（1951~1960年）

THE

GLORY AND THE

DREAM

A Narrative
History of America,
1932-1972

第三部分

种下恶果（1951~1960 年）

第十八章　内讧不断

1951年1月4日，汉城（今韩国首尔）再次沦陷。共产党又一次取得重大突破，将美国军队阻隔在朝鲜半岛中部的原州，破坏了联合国军的整条战线。麦克阿瑟属下的第八集团军新任司令、陆军上将马修·邦克·李奇微率领20万人（半数为朝鲜当地人）对抗40万人的中朝军队，结果“落荒而逃，自食恶果”，使得远在华盛顿的国务卿艾奇逊也感到情绪低落。

联合国军战线倒没被冲垮。李奇微投入后备兵力，利用空中优势，从两翼迅速集结军队，紧紧堵住原州的缺口。1月中旬，即中国春节前夕，朝鲜的进攻势头已过。1月的最后一个星期，联合国军开始反击。2月底，第八集团军被打回汉城郊区。3月14日夜，李奇微重新占领汉城。两个星期后，两支大军再一次在三八线上展开对峙，局势又回到三个月前的原点——单就这一点，也可以说又回到 9 个月前战争爆发之际的原点。

美国的这一代人仍在为“二战”取得的胜利激动不已，又被近来顺利登陆仁川的奇迹而冲昏头脑，他们不可能平静地接受这种僵持的局面。对于大部分美国人而言，僵持（鼓吹有限的目标以避免无休止的战争）就像异教邪说，听来令人生厌。《生活》杂志的一篇社论表示，要拒绝与苏联共产主义“共存”，说那是“政治哄骗”，是“致命的谬论”。“院外援华集团”对美国政府不愿入侵中国东北不屑一顾，认为他们是在“姑息”，极端保守的共和党人则认为艾奇逊号召克制的做法几乎等于叛国。

战前的孤立主义正经历着一场不同寻常的改变。12 月，33 个师的中国军人开始涌入麦克阿瑟的防护网。两名孤立派曾公开表示要对朝鲜的远征军置之不理。12 月 12 日，约瑟夫 · 肯尼迪在弗吉尼亚州夏洛茨维尔市发表演说时呼吁美国人：“做好你们自己分内的事，只在家园遭到威胁时再干涉。”12 月 17 日，前总统胡佛声援肯尼迪。他提出的理由是，在与共产党军队进行的全球冲突中，美国军队不会永远处于上风，但美国空军和海军可以控制海洋，保卫美国。他告诫美国人要安分守己，同时要喂饱“世界上饥饿的人民”，以及贯彻他解决国家危机不变的政策——平衡预算。

然而，敏感的孤立主义研究者注意到了一些新的变化。胡佛的单干假设并非像起初那样孤独，也不是仅限于西半球。他想“一边以英国为疆界，另一边以日本、台湾①、菲律宾群岛为疆界”，控制大西洋和太平洋地区。接替胡佛担任共和党右翼领袖的塔夫脱在参议院

① 本书中的“台湾”皆为“中国台湾”，但因美国有政治意图，书中的人物、事件等在提及“台湾”时均刻意回避这一事实。——编者注

亦做出同样的让步。塔夫脱表示，如果这些地区遭受袭击而又能成功防卫，那么对于这些“民主岛屿”应予以保护。胡佛–塔夫脱主义，也可称作美国堡垒主义或大陆主义，在新年到来之际，已被提议为代替北大西洋公约组织（以下简称北约）的另一个选择。在国会的这次讨论中，选择哪一个为最佳方案是主要议题。记者们纷纷称之为“大辩论”。

当时，美国的当务之急是拨款建立4个师，这是杜鲁门曾向北约做出的保证。1951年1月5日，塔夫脱告诉参议院：“国会从未批准给欧洲一支地面部队的方案，我们也不应该不明就里地同意该计划。”三天后，参议员惠里提出参议院第8号决议，反对在制定正式的国会政策前，向欧洲派遣地面部队。2月15日，共和党大部分议员签署声明，赞同胡佛的大陆主义。塔夫脱的对手们一心把他说成故意阻挠议案通过者。然而，他们不曾明白且塔夫脱自己也忽视了的是，在塔夫脱身后支持他的是由宪法赋予发动战争权力的国会，并非白宫。塔夫脱并无意妨碍行政部门的工作。1月15日，塔夫脱宣布，他“已准备妥当，可与总统……或多数派政党人士讨论并制订出方案，以获得美国民众的一致赞同和持续支持”。但杜鲁门并不打算与他人分享自罗斯福“百日新政”以来，通过许多先例而日渐扩大的总统权力。

按20世纪70年代的观点来看，这次辩论最显著的一点是，双方都默认某些先决条件，但这些在20年后早已不是什么永恒的真理了。无论是政治雄辩家还是国会都提倡“自由世界”——他们一致认为“自由世界”包括蒋介石盘踞的中国台湾、李承晚的韩国、保大的南越、萨拉查的葡萄牙、法鲁克的埃及、佛朗哥的西班牙、巴蒂斯塔的古巴、庇隆的阿根廷、法属阿尔及利亚、受军事独裁者控制的海地以及在非洲和亚洲的所有欧洲殖民地。大陆主义者和国际主义者都认为，运用美国的军事力量是有益的。双方无论谁获胜，美国人民都会接受，他们不会组织游行和抗议，甚至连讨论都不会有。所有辩论者都认为共产主义是庞大而单一的，有一个中央系统指导着他们从中国上海到易北河所有的红色活动，因此他们认为马克思主义者在任何地方进行的任何活动都是事先计划好的，然后对所有的“自由世界”产生影响。当时，这种信念出奇地获得了一致支持，杜鲁门总统因此在回忆录中写道：

> 我们在中南半岛和西藏看到一种模式，其在时间上与朝鲜的进攻相吻合，我们把它们视作对西方世界的挑战。这单单是共产主义者的挑战，其目的在于激化大部分亚洲人民已平息的排外情绪。英国盟军和欧洲的许多政治家都认为中国的行动旨在阻碍美国援助欧洲重建的计划。

此次讨论在以胡佛–塔夫脱为代表的共和党人和以杜鲁门–艾奇逊为首的民主党人之间产生了本质上的分歧，但这还远非党派之争。约瑟夫·肯尼迪仍是一名民主党人，参议员乔治和道格拉斯也是民主党人，两人都认为在国会不支持的情况下，总统不得派遣士兵出国。另外，共和党参议员洛奇和诺兰则认为，参议院在原则上已支持北约，因此杜鲁门能派出军队以实施计划。托马斯·杜威、厄尔·沃伦、哈罗德·史塔生和约翰·福斯特·杜勒斯也大力支持北约。最后，一位未来的共和党总统的证词决定了辩论的结果。

这位证人就是艾森豪威尔。马歇尔将军对所谓的“集体安全”的必要性高谈阔论，但其主张与罗斯福–杜鲁门政策保持一致的时间太长了，所以被认为难以超脱战争之外，而艾森豪威尔则不同。圣诞节前一个星期，艾森豪威尔离开哥伦比亚大学，成为西欧军事防御的最高指挥官。他对国会说，除了“重新武装保卫西欧”，别无他法。他说，在欧洲人中，反对斯大林的呼声高涨，他建议美国取得北约的领导权，主张更多的美国武装力量进驻欧洲，而国会也不应限制其日后的增援力量。

塔夫脱抗议道，这样会使事情“更加模糊不清、难以捉摸”，但辩论就此结束，他失败了。詹姆斯·赖斯顿在《纽约时报》上评论道，艾森豪威尔拥有艾奇逊不具备的东西——“国内的政治支持”。此外，他还有“共和党的支持，而这是自1950年春天威斯康星州共和党人麦卡锡进入西弗吉尼亚州以来，国务院最缺少的东西”。惠里的决议案被否决了。4月4日，国会接受了另一方案，同意派遣4个师到欧洲驻扎。国会告诫总统，没有“国会进一步的同意”，不得加派军队，但如今已无法阻止杜鲁门了。

这是共和党人过得极为艰辛的一个冬天。他们18年没有执政了，并未意识到政治力量正在艾森豪威尔将军那里聚集，而只看见更加灰暗的前景。当时，麦卡锡是党内最出名的人。11月，他前往马里兰州铲除米勒德·泰丁斯。这是一次不光彩的活动。共和党内无足轻重的约翰·马歇尔·巴特勒是泰丁斯的竞选对手。麦卡锡与《华盛顿时代先驱报》支持巴特勒，煞费苦心地出版了只有一期的小报《记录》。竞选前夜，这份小报出现在马里兰州每户人家的门口。报上是麦卡锡编造的攻击泰丁斯的卑劣谎言，封面上是一张移花接木的假照片，显示泰丁斯正与美国共产党总书记厄尔·白劳德握手。泰丁斯因此失去4万张选票而落选，在这之前，他可是被看作战无不胜的。如果他被淘汰了，那么人人都有出局的可能。竞选后的次日早晨，一位民主党资深参议员环顾参议院的同事，问道：“丧钟为谁而鸣？”然后冷冷地回答：“为君而鸣。”

接下来的一个月，华盛顿萨尔格雷弗俱乐部发生的一件事，显示出林肯政党的堕落程度之深。在知名专栏作家德鲁 · 皮尔森 33 岁生日前夜的晚宴上，参议员尼克松离席，发现醉醺醺的麦卡锡正在男厕所殴打皮尔森。麦卡锡用皮带抽打这位专栏作家的脸，讥笑道："迪克（尼克松的昵称），这一下是为你打的。"接着又说："我想证明一种理论。如果用膝盖使劲顶一个人的睾丸，血会不会从他的眼珠子里冒出来。"尼克松上前一步说："让我这个贵格会信徒来阻止这场架吧。"他拉着麦卡锡的胳膊说："走吧，乔（麦卡锡的昵称），该回家了。"麦卡锡说："不，让他先走，我可不会背对着这个人。"皮尔森离开后，麦卡锡告诉尼克松，他不记得把车停在哪里了。两人在附近找了半小时，这位加利福尼亚州的参议员寻找车牌，而那位威斯康星州的参议员则在黑暗中摇摇晃晃地跟在后面。尼克松找到车后，麦卡锡便急驰而去。对麦卡锡来说，最好是醒醒酒再开车，就像对共和党的民望来说，最好是别的共和党人获得千万选民的拥戴。但共和党别无选择，很多年前党内就已经没有偶像了。

接着，春天来了，一切都变了。4 月 11 日，杜鲁门为他们带来了一位受迫害的英雄。杜鲁门解除了麦克阿瑟的职务，让"大辩论"演变为更大的辩论，触发了从第二次世界大战对日作战胜利日到 12 年后达拉斯事件①之间，美国最触动人心的震荡。

麦克阿瑟与艾森豪威尔不同，他不受士兵的广泛爱戴，但人气并非衡量将军好坏的标准。论功绩，同时代的将军无人能及麦克阿瑟，他也可能是美国历史上最出色的指挥官。1918 年，麦克阿瑟担任驻法彩

① 达拉斯事件：1963 年，美国总统肯尼迪在达拉斯遇刺身亡。——编者注

虹师师长，当时 38 岁的他是军队中最年轻的将军。之后，他率领美国陆军与日军作战，并以总统代表的身份治理战后的日本。直到 1951 年，在许多美国民众心中，他都有如神祇。在 48 年的军旅生涯中，他学会了也实践了军人的一切美德，但唯一例外的是，他当不好副司令。

我们永远无法得知，在中国军队参战后的那个冬天，麦克阿瑟在想些什么，但可以确定的是，他已丧失战斗热情。据曾任布雷德利将军的副官，后任肯尼迪总统和约翰逊总统的高级军事助理的切斯特 · 克里夫顿少将的说法，参谋长联席会议决定在 1 月以军事理由而非政治理由召回麦克阿瑟："问题的关键在于麦克阿瑟失去了自信，并逐渐对下属军官和军队失去信心……但当他犯下不服从总司令命令的错误时（这一点证据确凿），参谋长联席会议轻而易举地做出了决定。"然而，大部分华盛顿人怀疑总统是否有勇气训斥麦克阿瑟。4 月 11 日，《华盛顿邮报》朝闻头条的标题为"国会获悉，总统不会召回麦克阿瑟，但仍会训斥他"。

当时，美国上下都知道了两人之间的争论。威克岛战役的精神早已被忘却。12 月初，麦克阿瑟开始在报纸上中伤总统，将言辞激烈的信件寄给《美国新闻与世界报道》周刊以及合众社社长。杜鲁门后来表示："我本应该即刻解除麦克阿瑟的职务。"然而，杜鲁门只是通过参谋长联席会议警告麦克阿瑟，未经华盛顿同意，"不得擅自发布有关政策的言论，不得召开记者会或公开讲话"。圣诞节后，总统写信给麦克阿瑟，对其才能大加赞赏，同时委婉地提醒他，"就扩大敌对区域而言"，总统有责任"谨慎行事"。为确保麦克阿瑟明白这一命令，联席会议的两名首长柯林斯和霍伊特 · 桑福特 · 范登堡于次年 1 月 12 日飞往东京，在总部大楼将信交到麦克阿瑟手里，并告诉他，如果他需要，他们会做出说明。麦克阿瑟说不需要。在接下来的两个月内，麦克阿瑟不见任何记者。用国务卿艾奇逊的话说，麦克阿瑟“蓄意破坏政府的行动……破坏了一次他被知会的行动，这是对总司令的公然反抗”。

杜鲁门认为该停战了，进行和平谈判的时刻已到。3 月 20 日，他起草声明宣布这一消息，并抄送给联合国中的每一个美国的盟国以作参阅，参谋长联席会议将文件秘密送到东京。令他们诧异和害怕的是，麦克阿瑟竟然通知报社，并宣布他已准备好按自己的条件与交战方进行谈判。这破坏了杜鲁门的计划，却又一事无成。麦克阿瑟提出的建议是全歼中国军队，正如沃尔特 · 李普曼直言不讳地指出：“任何政权都不会在生存问题上讨价还价。”中国重申了自己对胜利的信念。和平攻势还未开始就已然失败，只留下气急败坏的总统。随后，杜鲁门写道：“麦克阿瑟让我别无选择，我无法再容忍他不服从命令。”但在采取行动之前，又发生了一件事，使杜鲁门忍无可忍——麦克阿瑟给国会议员乔 · 马丁写了一封信。

马丁是众议院中的共和党领袖。在国会中，有些人将麦克阿瑟看作友好的驻外统治者，马丁就是其中之一。另一个则是密歇根州共和党参议员霍默 · 弗格森，他居然建议派国会议员去东京，以便从麦克阿瑟处了解美国政策的目标，以及实现该目标的途径。众所周知，马丁是杜鲁门的激进批评者之一。麦克阿瑟必定了解，这封信的唯一结果就是招来麻烦。4 月 5 日，马丁在众议院宣布：“我有责任将我从一位伟大而可靠的人士那里获得的消息告知美国民众。”此消息就是，麦克阿瑟对美国政府进行了全面攻击，并要求中国国民党部队进驻朝鲜前线。那天晚些时候，伦敦传来消息，麦克阿瑟与英国陆军中将马丁会面时，公开做出了同样的声明。当晚，艾奇逊接到通知，第二天早上的内阁会议后，总统要与他和马歇尔将军进行商讨。艾奇逊在回忆录中写道：“我们即将讨论的主题毫无悬念。”

第二天，4 月 7 日星期五，杜鲁门的亲信都知道了他对麦克阿瑟最近一次不服从命令的回应，但艾奇逊建议他等到下星期听听参谋长联席会议的意见后再说。接下来的星期一，马歇尔将军宣布，参谋长联席会议一致决定解除麦克阿瑟的一切指挥权，由李奇微接替其职务，马歇尔和布雷德利对此也无任何异议。下一步就是通知麦克阿瑟，这可是一个难题。杜鲁门得知《芝加哥论坛报》已知内情，气愤地说："我不允许他主动辞职，我要撤他的职。"杜鲁门命令布雷德利尽快完成此事。布雷德利从五角大楼向身在朝鲜的陆军部长弗朗克 · 佩斯传达命令，通知他更换司令一事，并命令其立即飞往日本通知麦克阿瑟。但对希望保持将军自尊的人们来说，这无疑是不幸的。由于电源故障，佩斯与总部失去了联系，被冰雹困在帐篷里。与此同时，白宫的新闻秘书在凌晨 1 点匆忙召开新闻发布会，宣布了杜鲁门以为已传达到东京的这一消息：

总统致麦克阿瑟将军：

作为美国总统和军队总司令，我有权撤销你的盟军最高指挥官、联合国军总司令、远东作战总司令及美军驻远东总司令等职务，对此我深表遗憾。

你应将所任各职职权移交给马修 · 李奇微将军，立即生效。你有权下达为前往你所选择之处所要下达的命令。

撤换理由将在上述电文递交与你之时，同时公布。

然而，撤换理由并没有同时公布，冰雹毁了这一切。就在佩斯等待冰雹减弱之际，白宫记者已迫不及待地发布了总统声明："我深感遗憾，道格拉斯 · 麦克阿瑟将军已无法全心全意地贯彻美国和联合国的政策……"此声明火速传遍了世界各地。此时东京时间为下午

3点，一名副官恰巧听到了广播中播送的消息，并告知了麦克阿瑟夫人，然后告诉了麦克阿瑟。而那时，将军正在同华盛顿州的参议员沃伦·马格努森共进午餐。

《伦敦旗帜晚报》宣布，麦克阿瑟被解职了。《纽约时报》的默里·舒马赫从汉城发回电讯："校级军官认为，东京总部和美军第八集团军之间的关系将更加融洽。"但美国国内的反应并非如此。大部分民众因这场没有赢家的战争而灰心丧气，正在用暴力以外的一切方式向杜鲁门表达自己的不满。从马萨诸塞州的伊斯特汉普顿到加利福尼亚州的奥克兰，人们不是倒挂国旗就是降半旗。在加利福尼亚州的圣加夫列尔和马萨诸塞州的伍斯特，人们焚烧杜鲁门的画像；在俄克拉何马州的庞卡城，还有人烧掉艾奇逊的画像。到处都散布着请愿书，牧师在讲坛上大声怒斥。新的反对杜鲁门的笑话到处流传："如果杜鲁门还活着，这件事就不会发生"，"我要去喝杜鲁门牌的啤酒，这酒像其他啤酒一样，只是没有酒沫[①]"。《洛杉矶先驱考察者报》暗示总统因吸毒而糊涂，《俄克拉何马日报》则把这次撤职称为"夜深人静时犯下的罪行"，但他们忽略了一个事实——俄克拉何马州夜深人静时，东京却是白天。

洛杉矶市议会宣布休会，对麦克阿瑟遭到"政治谋杀，致以沉痛的悼念"。加利福尼亚州、佛罗里达州、密歇根州等地的立法机关通过了谴责杜鲁门的决议案。马里兰州查尔斯镇的一名妇女被告知，她不能将把总统称为白痴的电报发往白宫，于是她便和办事员一起翻阅《罗格同义词词典》，直到找到可接受的"自作聪明者"一词。其

① 此处双关，"酒沫"的英文词是head，该词还有"头脑"的意思。——编者注

他地区电报处倒是比较自由，经国会议员同意，将以下选民的电报载入《美国国会档案》中：我们要弹劾那个低能儿；我们要对白宫那个“猪头”的最新暴行提出抗议；我们要弹劾白宫中将我们出卖给“左”翼分子和联合国的犹大；建议去布莱尔国宾馆再找出一个希斯；当一个国民警卫队前上尉撤掉一位五星上将时，弹劾这个上尉完全符合章程；弹劾那个自称为总统的某某人；弹劾那个在堪萨斯城拉选票的小政客；弹劾那条在总统座椅上的熏青鱼①。

白宫的收发室被电报淹没了。总统新闻办公室不得不承认，在第一批收到的27 363封信件和电报中，批评撤职命令的人数远高于支持者的人数，大约为20∶1。盖洛普民意测验发现69%的选民支持麦克阿瑟，而只有29%的人支持杜鲁门。在格里菲斯体育场内，人们不断向杜鲁门喝倒彩，发出嘘声，这是自1932年对胡佛以来，民众第一次公开给总统喝倒彩。参议员詹纳说：“如今，美国已被一个秘密集团控制，该集团由苏联间谍管理。”麦卡锡在密尔沃基的会议上大骂总统是“兔崽子”，周围则都是一群醉醺醺的“保守分子”。解除麦克阿瑟的职务后，在国会议员马丁的办公室召开了共和党第一次高层会议。马丁告诉记者，他们讨论了弹劾总统的问题，并暗示不仅是杜鲁门本人，他的整个行政机构都可能会受到审判。

会后，马丁邀请麦克阿瑟在国会联席会议上发表讲话。麦克阿瑟立即接受了该邀请。对他这种能言善辩的人来说，此次机会终生难得。他豁达地接受了下台的事实，内心十分平静。少校考特尼·惠特尼告诉记者：“我刚刚离开他，他泰然自若地接受了总统的解职命令，军人品质在他身上体现得淋漓尽致。这是他最辉煌的时刻。”

① 此处双关，“熏青鱼”的另一层意思是：为转移注意力而提出的不相干事实或论点。——编者注

4月17日，“巴丹”号飞机降落在旧金山机场，这是麦克阿瑟14年前第一次从美国陆军退伍后，首次踏上故土。当他头戴镶着金边的帽子，身披引人注意的军用雨衣现身舷梯口时，欢呼的人群不断向他涌来。他的车队花了两个小时才缓慢地穿过了14英里[①]长的欢呼人群，抵达旧金山酒店。在这里，警察手拉手保护麦克阿瑟和他的夫人，以及他们13岁的儿子阿瑟·麦克阿瑟二世，以免他们被挤倒遭到踩踏致死。第二天，麦克阿瑟站在旧金山市政厅宣布：“我所了解的政见可以用一句大家熟知的话表达——上帝保佑美国！”此时，10万加利福尼亚州人再次欢呼。

在华盛顿国家机场，麦克阿瑟受到了17响礼炮和联席参谋长们的欢迎，他们赠给他一套银质茶具。当时还出现了尴尬的场面：他不知道参谋长们在他撤职一事中扮演的角色，因此对他们十分热情，但是对总统的代表、杜鲁门国民警卫队的老朋友却十分冷淡。哈里·沃恩嘟嘟囔囔地溜走了，这下这位英雄才凯旋般地穿过30万华盛顿人夹道欢迎的队伍。4月19日中午12点30分，最值得纪念的时刻到来了，全美听众从广播中听到众议院门卫宣布：“议长先生，五星上将道格拉斯·麦克阿瑟到了。”

将军大步走上主席台，参议员和众议员欢呼到嗓子嘶哑时，他依然站姿挺拔，十分平静。最后，他说道：“我的讲话不会带着迟暮之年的怨恨和苦楚，我只有一个目标——效忠祖国。”人们再次欢呼起来，一次又一次。总共34分钟的演讲被30次雷鸣般的欢呼声打断。有人认为美国不可能同时在两条战线打仗。麦克阿瑟则反驳道：“我认为这是失败主义最明显的表现。如果一个潜在的敌人能开辟两条战线，我们就

---

① 1英里≈1.609千米。——编者注

必须对抗。对亚洲共产主义的姑息甚至投降，会损害我们在欧洲为阻止它所做出的努力。”他放低声音说：“我的士兵问我，为什么把军事优势让给敌人？”他稍微一停顿，悄声说：“我无法回答这个问题。”

最后，他声泪俱下：“我即将告别52年的军旅生涯。我参军时，还是19世纪。我想实现童年时的希望和梦想，但自从我在西点军校宣誓效忠祖国以来，我的希望和梦想就已不复存在了。然而，我仍记得当日军营中最流行的歌谣，歌中骄傲地唱到老兵永不死，他们只是归隐了。正如歌谣中的老兵，我的军旅生涯结束了，我要归隐了。我只是一名尽力做好上帝所赋予的天职的老兵。再见。”

斯佩里·兰德公司曾宣布，麦克阿瑟已加入该公司的董事会，但显然他归隐的地方不在那里，也不在其他地方。他的结语深深触动了对其钦佩者的内心，许多人把他当成心中的神。密苏里州众议员杜威·肖特悲伤地说：“今日，我们听见了上帝的声音，上帝现身了，我们听见了他的话语。”麦克阿瑟曾违抗过的前总统胡佛评价他是“一个从东方出现的五星上将，圣保罗的化身”。一位参议员说：“不同意麦克阿瑟就是不忠。”下午，麦克阿瑟对6 000名美国革命女儿全国协会成员说到这一看法时，她们也一致同意。美国革命女儿全国协会在宪法大厅召开第60届全美会议。女士们一起脱帽，以免挡住注视将军的视线。他没让她们失望，他说：“在这危急时刻，所有爱国者都注视着你们。我早就想亲自向你们表达我心中的敬意了。”

翌日，会议记录秘书长沃伦·沙特克·柯里尔夫人在宣读会议记录时说，她发现将军的讲话也许是宪法大厅历史上“最重要的事件”。托马斯·思罗克莫顿夫人立即起立，提议删去“也许”二字，会议一致同意。那时，麦克阿瑟已身在纽约，成为一次历史性示威的中心。为了支持他，人们向他抛撒了2 859吨纸屑，是上次（当时是为了艾森豪威尔）的4倍。警察估计参加人数达750万，这当然是无稽之谈，但可以肯定的是，这是曼哈顿规模最大的一次示威。4万名码头工人停工以参加示威，学校也停课了。将军的轿车经过时，人们在胸前画着十字，妇女用手巾掩面哭泣。18名过于兴奋的观众被送进医院。一些有生意头脑的小商贩把1948年麦克阿瑟竞选总统时发行的纪念章、三角旗、玉米芯烟斗拿出来贩卖，立即销售一空。另一个生意兴隆之处是叮砰巷[1]，他们为下面的歌曲（根据美国福音《善言永存》改编的英国士兵民谣）录制了5种唱片：

> 老兵不会死，不会死，不会死，
> 他们永不死，
> 只是归隐了。

宾夕法尼亚州参议员詹姆斯·达夫说："美国上下正处于感情激荡的状态中。"鲜花商在出售麦克阿瑟茶香玫瑰（"无须特殊照料"）、麦克阿瑟兰花、仙人掌、剑兰、天竺葵、牡丹和蝴蝶兰。麦克阿瑟一家住在华道夫-阿斯托里亚酒店的套房，每日房租为130美元。此后，该饭店每天会接到3 000个电话，都是想和将军谈话的人打来的。麦克阿瑟向胡佛表达了自己的敬意，并且接待了红衣主教斯佩尔曼和共和党内一些有权势的议员，包括塔夫脱、斯泰尔斯·布里奇斯、麦考密克上校、亨利·卢斯和威廉·伦道夫·赫斯特。显然，政治问题在将军心中的分量极重。在始于马萨诸塞州，于州立法机关前进行的一系列演讲中，他批判杜鲁门在"战场上的绥靖政策"，以

---

① 叮砰巷：或译为廷潘胡同，位于美国纽约，它不仅是美国流行音乐出版中心，也是流行音乐史上一个时代的象征和一种风格的代表。——编者注

及在实施国内外政策上的“畏首畏尾”。总统对此批判置之不理，直到麦克阿瑟在美国退伍军人协会上宣布，总统3月与敌人的谈判破坏了美国领导人的“秘密计划”——不再把守台湾，并让北京在联合国占有一个席位，以换取朝鲜半岛的和平。此时，杜鲁门才反击道：“麦克阿瑟自己也知道，这纯属谎言。”但那时人们激昂的情绪已经过去。麦克阿瑟除了烟斗和金边帽子之外，已全身心地投入政治运动中。现在人人都知晓这个情况了，因为他被选中在1952年共和党全国代表大会上做主题发言。

麦克阿瑟被解职后10天，民意测验显示，其支持率首次开始下滑。与此同时，在朝鲜前线，共产党军队又一次向联合国军发动攻势。李奇微对此并不意外。他已发现对方工事背后预兆不祥的军事集结，于是命令在对方工事中部打进一个楔子。在新一轮的进攻中，该楔子落入中国部队的手里。随后两星期，韩国部队相继溃败，士兵四处逃窜，第八集团军不得不再次仓皇退到三八线以南。但中国也未能突破防线。一个月之后，双方筋疲力尽，暂时停战，于是詹姆斯·范佛里特组织了一次有效的反攻，扭转了劣势。当他把战线扳直时，中国军队又把战线往南推进。之后李奇微又把战线恢复了原状。1951年5月底，他冲破共产党军队在韩国的防线，锯齿状的战线延伸到朝鲜半岛腹地，从东边的日本海到西边的黄海。两军在西部的据点都在偏僻的板门店附近。

战争是残酷、黯淡无光又令人沮丧的。为了让它充满活力，李奇微的参谋给此处的地形取了带着家乡味道的名字——“堪萨斯-怀俄明”“犹他战线”“猪排山”“拳击场”，这种做法在后来的越南战争中演变成各种怪异的叫法：杉林急流战役、阿特尔镇战役等。“二战”时期那些干脆响亮的口号如火炬、北极犬、霸王、铁砧、巨龙、冰山等已经过时不用了。既然不能消除战争的恐惧，军队的新闻发言人便使用这些委婉的说法，好像战场名字完全被美国化就能隐藏恐惧一样。但正如那些无所不在的连环画和感恩节时战壕中的火鸡晚餐一样，战场的名字只能让士兵更思念家乡。

美国国内的人们不再关注战事。俄勒冈一家报社的编辑怀疑根本没人阅读报纸了，他们一连两天登载了同一个战争故事：同样的内容、同样的排版、同样的标题，甚至同样的位置——就在第一版第二栏中部。他们的猜测得到了证实，根本没人发现这条重复的新闻。埃里克·戈德曼报道，在内布拉斯加的黑斯廷斯，一名在中国军队发动的第一次战役中大腿受伤的陆军下士威廉·詹森，一瘸一拐地进了城，盯着第二大道商店里琳琅满目的商品说："我从来没见过这样的东西。这里简直是繁荣兴盛啊"。

这里繁荣兴盛，全美亦如此。美军在海外作战，但国内未遭受侵略和攻击，人们珍爱的一切都未遭受威胁。不像吉卜林笔下的在远地作战的19世纪的英国士兵，美国士兵根本不觉得自己在为帝国荣誉奉献。他们作战的唯一目的是换取另一片土地的和平，参加的是一场罪犯不会受到惩罚的警察行动[①]，这真是不好。随后，美国作家詹姆斯·米切纳发表自己的观点："美国自1950年朝鲜战争起，便建立了令人迷惑、道德败坏的信条。那时，我就质疑这些信条，如今，我越来越怀疑它们了。这错误的信条就是：我们可以用左手参加一场战争，让那些被挑选出来的人随便去死；而右手却保持稳定的经济发展，让有幸留在国内的人尽情狂欢，挣大把的钞票。"

遇到这种情形，为麦克阿瑟欢呼似乎成为沮丧的人们的一条出

① 这些说法都是美国人不正确的政治偏见。——编者注

路。这也许还会激励政府努力寻求和平，并且急需愿为此奉献之人的力量。停战是一件敏感的事。美国政府当时并未正式承认朝鲜和中国的地位。中国人一直坚称，三八线附近的军队全是志愿军，因此不受中国军纪约束。苏联则否认对此次冲突负有任何责任。美国国务院小心谨慎地商讨着中国台湾、中南半岛以及在外交上承认北京和平壤的地位等边缘问题。事实上，正在进行的讨论也会增加战场上的伤亡，因为野战指挥官需要通过厮杀来改变处境。最后，根本没有可靠的中间人寻求和平。谨慎行事必不可少。经验证明，联合国是不可能保守秘密的。即使是中立国，尤其是印度，也会走漏风声。印度驻联合国大使克里希南·梅农是一名仇美分子，似乎有意提一些使美国蒙羞的条件。

乔治·凯南找到了解决方案。他在离开国务院休假期间，从普林斯顿致电雅各布·马利克，希望双方使用俄语进行非正式会谈。5月31日，首次会谈于马利克在长岛的避暑山庄中进行。开头有点儿不顺利，但之后就进入了一系列冗长的讨论，只有到马利克认为有必要“慎重考虑”，即与莫斯科方面商讨时，讨论才停止。最后，他建议战场上的指挥官们主动谈判，这些他们都照做了，但早期的结果仍令人失望。中国人依旧带着诸多怀疑。李奇微比他的前任更为机智且自谦。他说服双方于7月10日在三八线附近的古镇开城进行谈判，但有关议程的争吵也随之而来。初秋时节，谈判地点搬到了板门店。但这也无济于事，谈判仍不时中断。朝鲜人的行动使战争拖延了两年，此时即将进入第三年。艾奇逊曾讽刺说，美国人好战的热情再也“无法降到更低了”。

如今，冷战的温度已降低到北极的水平。共产主义和自由世界之间的紧张局势主宰着世界事务。它是一种无所不在的污染：小说、戏剧、电影、杂志里随处可见它的身影；报纸的连载文章中更必不可少（如赫伯特·菲尔布里克的《我过着三重生活》讲述一位美国联邦调查局的告密者曾当了9年的共产党员，在整个20世纪50年代，有500多家报纸刊登了这个故事）；广播和电视上也不断播放着这样的局势；辛辛那提的棒球红队曾一度更名；教授社会科学的老师如果不骂这些“共产主义奴隶”的邪恶罪行，就会面临被解雇的危险；那些反共产主义的狂热分子得到了最高的演讲费用，列举厌恶共产主义及其跟随者或“左”倾分子的理由，会具有极强的说服力，他们还因此被授予了美国最高的奖项。

甚至连美国小姐候选人都必须陈述她们对卡尔·马克思的看法。近10年来最受欢迎的作家是布鲁克林的一个救生员。1951年年底，他的小说已售出1 300万册。身体结实、留着平头、声言瞧不起“长发”的33岁的米奇·斯皮兰于1947年出版了自己的第一本小说《审判者》，其主角名叫迈克·哈默。他的作品越来越多，《快枪手》《以牙还牙》《孤独之夜》和《大屠杀》相继问世，被看作美国国家特性中自发组织民团、暴力维持治安的最新代表。迈克·哈默不仅是一位不屈不挠的私家侦探，更为了正义和民主而杀人，该人物为其创作者带来了每本5万美元的利润。1951年出版的《孤独之夜》卖出了300万册，其中一个典型的场景是以这样沾沾自喜的思考结束的：

> 今夜，我杀的人两只手都数不过来。我冷血地向他们射击，享受着每一分每一秒……他们是共产党人，老李。他们是红色杂种，早就该死了……他们从未想过有像我一样的美国人。他们认为我们都像马粪一样，软弱而愚昧。

迈克背后影射的人物被称作“新麦卡锡”或“另一个麦卡锡”，

又或是无名的改革者，他们有勇气揭发政府中的共产党人，由此遭到不忠诚的常春藤盟校毕业生的憎恨。如果该系列的书前后一致的话，迈克应该是劫富济贫的雅各宾党人，但大部分时间里，斯皮兰的描写并不连贯。书中的某些段落晦涩难懂，使不合逻辑的推论也不易被发现。在《猎艳者》里，迈克悼念一位麦卡锡式的人物里奥·纳普时说：“共产党人并不能经受住强大的攻势。不管你喜不喜欢，他们只是一群脏兮兮的农民，为了夺取控制权而杀人，像我们这样的人是能制服他们的。他们是一群大呼小叫的笨蛋，优等人出现后，他们就会明白自己小人物的身份而仓皇逃窜。”作者考虑迈克和共产党农民间的分歧而陷入沉思时，这种等级优越感无处不在：

> 去他妈的臭皮囊，让他们和他们的哲学通通见鬼去吧！死亡和毁灭是克里姆林宫的人唯一能做的事，他们了解暴力和死亡的价值，一次又一次地在野外作战中上演，撕毁除他们以外的一切东西。

之后，大概是为了区别干净正派的美国人与以死亡和暴力为宗旨的信徒，迈克告诉一名女俘虏，如果用一支塞满泥土的枪杀她，会发生什么事：

> 枪管会像橘子一样爆开，火药全都会顺着你可爱的喉咙灌进去。如果你想验尸官干那制止蛆虫的活儿，这倒是个好办法。他们必须把小刀伸进去，把你的脑髓刮出来放在餐盘里，再用尖嘴钳一点儿一点儿地把头盖骨夹出来。

她恶心作呕，而他却继续说：

> 最惨的要数脖子了，你想想啊，头都没有了，而心脏还不知道它的重要神经中枢不在了，脖子一会儿就开始不断喷血——你知道血会喷多高吗？不知道吗？让我来告诉你。

再次呕吐后，她说："你真恶心。"然而，他的话还是没有当时的连环画恶心。为了讨好改革家和儿童心理学家，连环画也会表现出一本正经的信条。1951 年的某连环画封面上写着："本刊致力于预防犯罪和颠覆行为。我们希望美国青少年能从中了解犯罪和叛国的真面目——悲伤、黑暗、傻瓜的绝路以及眼泪。"但杂志教会他们的不止如此。写实的图片上画着被绑着双腕吊起的黑人尸体；男孩们将烧红的铁棒插到不忠的女孩的双腿之间；女孩也不甘示弱，用碎冰锥刺进共产党罪犯的眼睛里（"把它放下，不，不要！啊，啊，啊……"）。

这样的主题不断出现，还有强奸、谋杀、踩踏孩子的脸和喝异性的血（"当她咬他的脖颈时，他感觉像有一种炙热的毒液通过静脉麻痹他的每一块肌肉——他能意识到结果是什么"）。女妖的特征则是喜欢把受害者捆起来，鞭打至死。如何伤害别人是另一个常见的主题。解剖图显示出人身体的各个部位，从"用手指戳或拇指抠眼睛"到"用脚后跟踩别人的脚背"，旁边还附有解释文字："人体某些部位比其他部位更敏感……这些图供受训的政府特工使用，让他们了解人体特征以及使用什么来伤害这些部位。"有些场景让目不识丁的人们都能理解迈克 · 哈默主义，在插图中附有以下信息：

> 魔鬼，现在你们知道了吧，知道在午夜的月光下，在废弃的城市中心球场，一场棒球比赛正在进行的原因了吧。仔细地看着，看看这场奇怪的棒球比赛！一条条长长的腐烂的人的肠子充当垒线，肺和肝是球垒……心脏则是本垒。看看怀特医生，

> 弯着腰，用带着污秽的头皮打扫心脏，大声叫道："开球……击球手上场！"击球手走向本垒，挥动着死人的胳膊和腿，他选中一只后，便把其他的扔掉，站在击球区等候投手将头颅扔过来。接球手将死尸捆在胸前当作护胸，场内球手都戴着死人手做的手套，还有肚子做成的松香袋子，以及其他的装备——都是用明星投手赫比·萨登的身体部位做成的。

连环画的老读者知道肢解赫比的、邪恶的老怀特医生是敌人的间谍，也并不感到奇怪。这一集中，邪恶力量获胜。大部分情况下，连环画描写的经常是共产党人被处以极刑，如用绳子吊死、用手枪砸死、活埋、喂鲨鱼、吊在忠诚的美国人的汽车保险杠上——"旅途的道路极易磨损轮胎。""但你不得不承认，这可是毁容最好的办法了！""是啊，就算是斯大林也认不出这摊肉！"这里的说教一清二楚。在对抗自由世界的敌人时，有秩序的社会显得十分无助，唯一的希望便寄托在敢于违犯法律的凶残的人身上。毋庸置疑，他们是野蛮凶残的，但显而易见，我们十分需要这样的人。这就是为什么人们说："我不赞同麦卡锡的方式，但他的想法是对的。"

正确的做法是蔑视权威，不受约束，将共产党人拖到煤气厂后面，拧断他们的脖子。普通人对此深信不疑，因为他们像麦卡锡一样，对美国的政策早已深恶痛绝。美国的政策与他们儿时所学的一切背道而驰，有违传统。没有获胜的朝鲜战争只是其中一个例子。他们曾经受到的教育是，美国应避免纠缠不清的盟友关系，可如今国家却希望他们忘记这一切。美国军队已成为北约的中流砥柱，1952 年年底，美军已拥有 50 个师和 4 000 架战机。为完善全球的军事基地，一笔前所未有的国民收入被投入军事装备的制造中。在华盛顿，联邦政府的机构月月都有所扩大。这还不算，前几年遭受过经济大萧条后，如今美国似乎在向全世界的贫穷国家施舍它的新财富。而所有账单都转嫁给了美国的纳税人，这让他们日渐不满。

他们能向哪里寻求援助呢？他们唯一信赖的同盟者站在了日渐减少的战前孤立派行列。老一代"美国第一"主义者对美国的新方向表示担忧。范登堡看到第一个军事援助计划时，给妻子写信道："真难以置信，计划赋予总统无限的权力……这无疑会让他成为地球上的头号军阀。"塔夫脱投票反对，因为计划提到"我们有提供军费帮助西欧国家进行军事建设的义务。我认为这样的义务只会让战争更加无法收拾，而不会得到和平"。密苏里州参议员弗雷斯特 · 唐奈谴责集体安全的概念会将美国卷入对其他国家战争"道义上的承诺"。

20 年后再看这番话，会发现它是很有预见性的，但当时人们并不这样觉得。那些曾因称赞慕尼黑而臭名昭著的老家伙似乎是对的。政界中几乎没人意识到，1945 年 8 月 6 日，国际政策的一切结构开始崩溃。那天扔下的第一颗原子弹成了革命性行动。而外交关系和军事联盟的全副武装，乃至于民族的概念，如今也像 70 岁老将军头脑中的军营小调那样，既过时又毫不相干。只有人们相信有必要动用陆军和海军时，陆军和海军才有价值。如果一系列的行动被看作不可思议，那么一切基于此的假设都会失去存在的理由。在原子弹时代，军事手段仍可能解决小国间或小国与大国间的争端，但对于大国间的争端则一无是处。英国一位军事分析家约翰 · 斯莱瑟爵士注意到了这一点，他说："我们最终发展到这一步，战争作为实际推行政策的工具（我们这一代曾经历世界大战）已经自行废除了。""艾诺拉 · 盖伊"号飞到广岛、"伟大艺师"驶向长崎，表明超级大国间的战争比最残暴的斯皮兰小说或最令人作呕的连环画都要恐怖上千倍，迄今还没有任何事物可以驱散这可怕的蘑菇云。相反，原子弹规模越来越大了。

日本投降后，洛斯阿拉莫斯曾一度寂寂无闻。那些知名人士都重返大学校园；核心工程师则移居阿尔伯克基，那里有一个新的工厂，即将启动一条装配线生产核武器；老科技园区内的实验室设备已被拆除，道路维修工作已然搁置，建筑物也逐渐腐朽。戴维·利连撒尔视察后，报告华盛顿说："我们发现了大量健康隐患和火灾隐患，这会打击士气。"似乎没有任何东西能阻止洛斯阿拉莫斯逐渐衰落并最终成为鬼镇，但20世纪50年代初，某些东西竟使之幸免于难。一夜之间，街道变成了柏油大道，一座医院建了起来，接着学校和图书馆也建起来了，围绕中央林荫路建立了一些商店、剧院和社区中心，体育场正破土动工，运动员纷纷被招进一家名为"洛斯阿拉莫斯原子轰炸机"的体育俱乐部。

死灰复燃的繁荣景象很大程度上要归功于那个皮肤黝黑、眉毛浓密的匈牙利人——爱德华·特勒。他狂热地制造威力更大的爆炸热核武器，其热情战胜了科学界、五角大楼和联邦政府道德上的不安。将他称为"氢弹总设计师"，真是毫不为过。

氢弹在杀伤力方面已然登峰造极，其破坏力是1945年投放的原子弹的25倍乃至1 000倍。原子弹的能量源于核裂变，分裂铀原子；氢弹的能量源于核聚变，聚合氢原子，这也是太阳发光的过程。在极高的温度下，才能实现聚变，因此氢弹又叫热核武器。人们早已从理论上得出其实现的可能性，但在广岛惨剧后，原子物理学家对谈论这种可能性都敬而远之。假设的新炸弹被称为"超级弹"。一直以来，《原子科学家通报》都隐晦地提及"超级弹"，但从未加以定义。他们认为，世界上越少人了解"超级弹"越好。

特勒不赞同这一看法。1942 年夏，加利福尼亚大学伯克利分校有 7 位物理学家认真考虑人为聚变的可能性，特勒便是其中之一。他永远不会忘记随后令人激动的“自发表现、冒险和出其不意的精神”。但令他失望的是，考虑热核武器可能性的问题在 1943 年被中止了。因为聚变需要极高的温度，只有在原子弹爆炸时才能产生这样的温度，因此首先要解决裂变的问题。而这个问题解决后，大家认为就该停手了。但此时，特勒已经将想象中的“超级弹”看作自己的“孩子”，同事们也乐意将这个宝贝留给他。

战胜日本后，特勒说如果可以进行热核试验，他就留在洛斯阿拉莫斯。得到否定回答后，他便前往芝加哥大学核研究院任职。第二年，他再次谈到“超级弹”，并宣称这个威力更大的炸弹在两年内就会研制成功。他当时是少数派，而反对“超级弹”的物理学家以爱因斯坦为首。爱因斯坦认为，甚至连考虑制作氢弹的想法都是错误的。可特勒却看不出何错之有。他指出，他们之所以制造出广岛那枚原子弹，是因为他们认为纳粹科学家正在制造原子弹。现在，据传苏联科学家正在研制热核武器。难道斯大林就比希特勒更可靠、更清醒吗？

1949 年 9 月 23 日，苏联试爆原子弹成功，这一消息成为美国发展新式核武器的转折点。至此，在一系列因素的刺激下，发展聚变核弹最终战胜了一切反对意见。首先，他们发现列宁格勒（今俄罗斯圣彼得堡）的物理学家早在 1932 年就探讨了聚合光核子的可能性。阿尔瓦雷斯和欧内斯特 · 欧 · 劳伦斯对此深信不疑，转而支持特勒，他们三人成为科学界知名的“超人”。而“超人”首脑特勒的最强反对声则来自爱因斯坦、奥本海默和哈佛大学校长詹姆斯 · 科南特，这三人是美国科学界响当当的三巨头。因此，即使双方在别的方面势均力敌，反对派也应该轻易就稳操胜券，开始时也确实如此。1949

年 10 月 25 日，美国原子能委员会在华盛顿开会，权衡是否该支持研制热核武器。如果在一个大城市投放一枚氢弹，该城市 80%~90% 的人会立即死亡。因此，他们对此持否定意见。除道德理由外，氢弹制造昂贵而复杂，这也会使阿尔伯克基生产原子弹的速度减缓。而且，即使证明氢弹是可行的，值得投放氢弹的苏联目标也只有莫斯科和列宁格勒，而这两座城市用裂变物质就能毁灭。

这是普遍认知取得的胜利，但只是斗争的开始。“超人”们与美军预备役少将刘易斯 · 斯特劳斯结成盟友，斯特劳斯是美国原子能委员会的 5 位理事之一（其余 4 位为反对派）。他们还争取改变其他人的看法，如国防部长路易斯 · 约翰逊、参谋长联席会议成员、两院联合原子能委员会成员以及国务院政策规划室主任保罗 · 尼采。“超人”们认为美国的威望应归功于美国科技的优势，如果苏联制造出第一枚氢弹，美国将大失颜面。1950 年 1 月 13 日，奥马 · 布雷德利决定支持“超级弹”研发计划，其理由是，作为参谋长联席会议的主席，他不能在加速的军备竞赛中让苏联哪怕是暂时得到好处。同月，希斯被判有罪，麦卡锡主义开始盛行。布雷德利做出承诺后 4 天，支持氢弹制造者的第二个刺激因素从伦敦传来——福克斯被指控叛国。人们难以断言福克斯究竟知晓多少，但他曾出席英美科学界最高级别的会议，因此美国政府在心情上正处于过度反应的状态。1 月 31 日，由国务卿艾奇逊、国防部长约翰逊和美国原子能委员会主席利连撒尔组成的三人特别小组在行政大楼开会，再次讨论了热核应急方案是否可行。持反对意见的利连撒尔在表决中被击败。当天下午，杜鲁门总统便宣布，他已命令美国原子能委员会研发氢弹或“超级弹”。

许多科学家认为自己的良知受到了极大的侮辱。奥本海默作为代表说道："从一些粗浅的意义上来说，粗俗、幽默、夸张等方式也不能将其消除，物理学家知道什么是罪恶，这是他们不会丧失的知识。"《原子科学家通报》每期的封面上都附有一个时钟[①]，指针指向 11 点 52 分，现在指针已指向 11 点 57 分了。在康奈尔大学教授汉斯·贝特的带领下，12 位资深物理学家发表声明，指责杜鲁门的决议。他们表示："我们认为，任何一个国家都没有权力使用这种炸弹，无论出于何种原因。炸弹已不再是战争武器，而是毁掉整个人类的手段。其使用违背了一切道德标准，违背了基督教的文明。"毫无疑问，他们是真心诚意的，但贝特的愤怒只是短暂的。不到 5 个月，朝鲜战争爆发，这对反对者的决心是一次考验，同时他们也受到了新方案对科学家好奇心的挑战。朝鲜战争动摇了贝特，他认为爱国主义要求他摒弃自己对氢弹的反对意见，并投入初步的研究工作中。他投入的极大精力是成功研制氢弹的主要原因。然而对于大多数人而言，这只是满足他们的好奇心。1951 年 6 月，在朝鲜战争一周年纪念日当天，特勒在普林斯顿高级研究学院对几位优秀的同伴发表讲话。美国原子能委员会新任主席戈登·格雷记录了此次讨论情况。部分记录内容如下：

> 会上出现了一些情况。爱德华·特勒将自己的想法告知大家，他认为这是一种制造热核武器的全新探索途径……大家进行了计算，主要是贝特、特勒、费米等几位博士在计算，奥本海默也十分积极……与会者无一例外地参与其中，这也包括奥本海默博士。大家热情高涨，现在某种东西已经成功在望了。

① 此钟意即人类离自我毁灭（零点）还有多远。——编者注

同一星期，格雷承诺将由美国原子能委员会出资建造美国第一个氢弹工厂。直到13年后，电影人物斯特兰齐勒夫博士才对特勒狠狠地嘲弄了一番。但他在加利福尼亚大学伯克利分校时梦想的怪物早已被安放在地下发射台上，一按键便可使用。

首先，必须要解决一系列的数学难题。制造原子弹的方程式已经相当复杂了，而新的方程式更是无法用常规方式推导。要制造这个复杂的设备，每一步都需要惊人的计算量以得出精确数据，从而测定对内部数以百万计的微小部件的影响。因为这些反应是在若干分之一秒内连续发生的，因此从实际效果看，它们几乎是同时发生的，但人类的大脑却无法应付。1951年的计算机也没帮上大忙。IBM（国际商业机器公司）为哈佛大学设计的计算机尽管有500英里的电线和300万个电接头，速度也远远不够。虽然计算机不断改良，但其中性能最好的ENIAC（电子数字积分计算机）也只能记忆27个单词。令人恼火的是，它们还变化无常。暴风雨会让它们发生故障，电子管熄火，电路出错，而维修人员也找不出毛病所在。技术人员整夜整夜地坐在出问题的计算机前，在一个问题上花费数月时间，而其他设计组的专家则只能束手等待结果。洛斯阿拉莫斯的计算机组成员每星期多工作一天，且24小时轮流值班。科技区的进度止步不前，直到一位科学家约翰·冯·诺依曼决定打破这个瓶颈。诺依曼考虑到“超人”们的矛盾心理，便将他们的目标称作“魔鬼的武器”，然后无情地、不顾一切地开始研究。20世纪30年代时，诺依曼在数学界已享有很高的国际声誉。他喜欢制作机器人和机械玩具，而他如今对“超级弹”做出的永久贡献又将是另一种超级玩具。它可以容纳和记忆4万比特的软件（计算机对输出数据的叫法），并在一天之内算完三个月的方程式，诺依曼将其命名为“数学分析器、数字积分器和计算机”。该设备申请专利且在美国原子能委员会注册而无法更名后，他的同事才发现其名称的首字母缩写为MANIAC（疯子）。

在“疯子”的帮助下，他们在杜鲁门总统任期的最后一年，制作完成了重达65吨的氢弹。在“堪萨斯–怀俄明战线”和“大酒杯”的时代，将它叫作“迈克”也不足为奇。“迈克”被运到马绍尔群岛的埃尼威托克岛，放在埃卢盖拉布小岛上的一间小屋内，屋内还放着各种离子室、高速摄像机、β射线光谱摄制仪、装有铀和重氢的容器和其他核设施。7年前，在新墨西哥州阿拉莫戈多沙漠地带举行过的仪式再次上演。1952年10月31日晚，所有船只都后退40英里，只有一队志愿者做最后准备。他们也撤离后，便在船上使用扩音系统开始倒数，引爆炸弹。黎明时分，数到零的时候，“迈克”便立刻成为第一枚人造炸弹之星。目瞪口呆的船员们看着巨大的火球升空达2.64万英尺，随后出现一团巨大的蘑菇云，呈淡紫色、蓝色、灰绿色，上升13.2万英尺后进入平流层，而下面的埃卢盖拉布小岛燃烧起来，一分为二后便沉没了。

潜水员随后在海底发现一个1英里长、175英尺[①]深的峡谷。科学家们计算出，炸弹形成的直径4英里的火球会使斯波坎或旧金山的所有商业区、圣路易斯或匹兹堡的大部分地区以及曼哈顿自中央公园到华盛顿广场的一切瞬间化为乌有。当时海军安保十分宽松，书信检查员没有在意此类信件，它们使人不寒而栗，一位目击者称“至少10个太阳”才能比得上它爆炸的亮度。一些信件被登载在当地报纸上，现在整个世界都知晓这个实验及其可怕的后果了。9个月后，格

① 1英尺≈0.305米。——编者注

奥尔基·马林科夫在莫斯科得意地宣布："美国已不再垄断氢弹了。"B–29型空中实验室在亚洲上空追踪到放射性物质，证实了他的说法。与此同时，英国也在试验其第一枚原子弹，其特点是有可怕的Z字形云朵。核俱乐部的成员逐渐增加。爱因斯坦、奥本海默和科南特预见的噩梦终于变为现实，到处都笼罩着恐怖。爱因斯坦告诉记者："全体灭绝正在向我们招手。"

新情况随之产生：完美的武器必须由完美的工具运载。20世纪50年代早期，爆炸中的自动化技术还没有完全脱离人为因素。建设美国核工厂的责任将由战略空军司令部承担。该司令部有27万人，驾驶着B–29轰炸机不断在全球穿梭，确保即使美国被毁灭，他们还能进行毁灭后的复仇。战略空军司令部一点儿也不吸引人，每名飞行员都要携带着比"二战"联合空军突袭时扔下的还要多的炸药。战略空军司令部的将军高举宣传牌，宣布"和平是我们的事业"，并将爆炸声称作"自由之声"，将年度演习称为"世界轰炸冠军大赛"。演习中，将由配备雷达的火车记录谁击中什么目标。但将军和飞行员也是人，正因为如此，他们不久就会被淘汰。

取代他们的偏偏是来自第三帝国那硝烟未散的废墟中的实验室。在"二战"交战国中，只有德国预见了喷气式火箭的军事用途。设计过V–1和V–2型导弹的科学家成了抢手货，战略司令部的战略家们不断上门取经。如果使用火箭推进，原子弹不到半个小时就能穿越大西洋或北极。战略司令部曾考虑使用火箭，但认为其不太精确就放弃了。原子弹的误差幅度不能超过2‰，这意味着如果射程是5 000英里就会出现10英里的偏差，但对氢弹来讲，这个偏差却无所谓。埃卢盖拉布小岛的沉没使大家对问题有了全新而残酷的看法。按《财富》杂志恐怖的说法："由于毁灭性热原子弹头中的量子跃进，炸弹会在离目标中心 8~10 英里的范围内爆炸，这一点在军事中是可以接受的，更不用提致命的尘埃会降落在广大地区了。”

“放射性尘埃”这个危险的词开始进入人们日常生活的语言，它暗示炸弹造成的死亡圈的扩大，标志着“战争”整个概念的改变。另一个意义重大的新词是“过度毁灭”。氢弹被改良为“裂变–聚变–聚变”炸弹（FFF 炸弹）——在原子弹爆炸和燃料聚变的基础上，再加上弹壳的聚变，放射性尘埃的覆盖范围增加到 300 平方英里①。

正是这一点，使人们开始深入研究问题。“二战”时的民防系统计划简直就是个笑话：海洋那么辽阔，轴心国的轰炸机根本构不成威胁，那些头戴白色扁平铁皮帽的空袭队员对整件事也感到丢脸。如今，他们长期的警戒终于有所回报。他们重新活动起来，监督学校的演习。另一方面，护身符和江湖骗子的生意逐渐兴隆。江湖医生开始宣传铅箔乳罩、铅制胸衣、铅制睡衣和危险时可挂在头上的松紧口袋。还有一个怪人兜售“铀 235 原子震伤特效药”，后来美国公共卫生署发现该药的主要成分是小苏打、食盐和水。另一个谣言是，剃光所有宠物的毛发，就不会有放射性物质了。动物保护协会提出抗议，才没造成什么严重的后果。

但这些民防运动多少有点儿不切实际。对最有事业心的企业家来说，最具决定意义的是修建家庭掩体。1951 年 1 月，洛杉矶一家建筑公司为它修建的第一个家庭掩体举行破土仪式，以鼓励人们修建家庭掩体。一位有三个孩子的母亲鲁思 · 科尔霍恩夫人在电视台摄影记者面前正式铲了第一锹土。她签订合同，花 1 995 美元修建地下家庭掩体，内有色彩亮丽的混凝土墙壁、草绿色的塑料地毯、用推拉门

---

① 1 平方英里≈ 2.590 平方千米。——编者注

巧妙隐藏的储藏室和一个轻巧的盖格测量器。她兴高采烈地告诉电视观众："我在夏天就做了许多罐装水和罐头，这将是一个不错的储藏室。"略微思考后，她接着说："我将把这个地方打造成孩子们玩耍的乐园。"

花上 3 000 美元就可建造一座"一号小型防护罩"，它包括手提三路收发报机、鼓风机、发条钟、急救箱、斯丹诺牌取暖炉、放射性元素图表、防护服、化学清洁剂、汽油发电机和一套锹镐设备（"爆炸后可挖出条路"），以及一个五口之家在地下待 3~5 天所需的一切用品。

对于大多人来说，最棘手的问题是，如何在爆炸当日对待目光短浅、没能修建自家掩体的邻居。退入自家的掩体后，就再也没有多余的空间留给邻居了。所以他们必须将邻居拒之门外，必要时还不得不使用暴力手段。因此，有些人考虑使用包括手枪在内的成套装备，但大部分人还不至于那么现实。后来，后院的地下防空洞就成了稀奇玩意儿：一些成了烧烤场地，另一些则用于堆放园艺工具、滑雪轮胎和孩子的自行车。

不久，五角大楼的战略家们对核屠杀引起的恐怖说法也知之甚详了。他们毫不费力地将思考重点从百万吨级的炸弹转到百万计的死亡上——每百万计的死亡指每次杀死 100 万人，而一天之内就可能发生 10~15 次百万计的死亡。对于军队以外那些考虑周全的人们来说，热核炸弹爆炸的产生使世界陷入火海的威胁是真实存在的，但他们也束手无策。冷战分子对世界末日的警告充耳不闻，政界人士则似乎已被麦卡锡主义麻痹。自慕尼黑事件以来，那些曾控制过某次国际危机的知识分子也无法运用智慧和力量去打破此次危机的控制了。

与此同时，随着时间流逝，新一代美国人逐渐成熟。敏感的人们认为，中学时的防空演习具有启示性，必然会唤醒这一代儿童。然而，虽然长辈们寄希望于他们，得到的却是残酷的失望。

在杜鲁门执政的最后几个月，大学教师发现知识界混进了一种迟钝而腐烂的气息——原来这正是那年青一代。如今回忆起来[①]，很难理解当时的学生会因麻木不仁而受到责罚，但他们确实如此，并不冤枉。美国青少年从没有那样孤僻离群、小心谨慎、缺乏想象、麻木不仁、不思进取和沉默不语。

"沉默的一代"是20世纪50年代特有的，就像尾鳍型汽车后挡板和白色麂皮鞋一样，成了当时的时代特征。死寂笼罩着大学校园，自由主义变得疲惫无力、枯燥乏味。校园中没有愤愤不平的年轻人，没有燃眉之急，没有战斗热情，只有一小股极右反对分子的吵嚷声。只有少数"垮掉的一代"才会提出抗议，而他们也像同龄人那样对理想主义和争论退避三舍。对于大多数人，"抢短衬裤"（指大学男生突袭女生宿舍以夺取女生衬裤为战利品的胡闹活动）或"硬塞"活动取代了具有社会意义的行动。在"硬塞"活动中，大学生尽量挤进一个狭小的空间，人越多越好，比如一辆大众牌汽车内塞进40人，或一个户外电话亭内挤满12人。在加利福尼亚大学弗雷斯诺分校，学生们将电话亭放入游泳池的深水区，7名志愿者屏住呼吸，硬把自己塞进其中。

少数热心的社会学家试图找出其中的意义。他们认为，"硬塞"活动只是把人们之间的相互依赖关系戏剧化，学生本身并没有错。他们自己也知道这一切毫无意义，闹过之后，他们仍会排队等待大公司的招聘面试。他们耐心地等待着一切，因此到校园参观的人开始对他们的温顺议论纷纷。漫画家将学生描绘成布鲁克斯兄弟的空心服装，罗伯

---

① 作者视角以原著成书时间（1974年）计，全书同。——编者注

特·弗罗斯特对学生“缺乏果决能力”深表忧心。一位纽约市立大学的女校友返校参加社交集会，震惊离去——女生们谈论的话题永远是自己未来在郊区的家庭，以往该校的学生则一直认为这是高贵的女子学校女生的典型行为而对此嗤之以鼻。来自牛津大学的辩论竞赛者参观美国大学校园时，惊奇地发现，自由企业不仅是一种经济制度，也是一种生活方式。普林斯顿大学一位戴眼镜的三年级学生问奥托·巴兹教授：“有什么事值得进行一场运动？”在哈佛大学，戴维·里斯曼描述对学生的不满时说：“当我问这些学生，他们能为这些事干些什么时，他们竟然对自己还能有所作为的想法感到惊讶。当我建议，事情发展到最糟糕的地步，他们可以组织纠察队时，他们还以为我在开玩笑。”

1950年，默里·罗斯写道：“极少数年轻人能与积极奉献的人共同努力，并与他们为实现人类的最高目标而共同奋斗。”《生活》杂志为了找到能使年轻人兴奋的方法，请他们列举自己心目中的英雄。答案很直接：林肯、富兰克林·罗斯福、乔·迪马吉奥、麦克阿瑟、贝比·鲁斯（著名棒球手）、罗伊·罗杰斯（电影演员）、克拉拉·巴顿（美国红十字会创始人）、薇拉·埃伦（电影演员）、弗洛伦斯·南丁格尔、多丽丝·戴（歌手）和伊丽莎白·肯尼修女。这与他们父母的选择几乎一致。在新的10年间，最显著的特点就是年青一代的美国人受父母一辈人的价值观影响极大。威斯康星大学的威廉·奥尼尔认为：“美国中产阶级致力于个人安全，从而造就了具有强烈中年人价值观的一代年轻人。”过去，我们有把握假设一个年轻人的政治观点起初偏向“左”翼，之后随着年龄增长，会逐渐转到右翼。但现在可不敢保证了。20世纪50年代，大学生的政治观点从正中间开始，并一直停在那儿。

当然，在任何一代学生中，大多数人都是沉默的，只有少数善于表达的人具有代表性。20 世纪 20 年代，并不是很多人都能穿浣熊皮外套，也只有少数人能驾驶斯图兹熊猫牌轿车。20 世纪 30 年代，一部分人加入了共产主义青年团或为和平罢课。但在 50 年代却难以找到能言善辩之人，难以找到可担任领袖之人。最具代表性的是，大学足球队选出两名队长或轮流担任队长，美国优秀大学生荣誉学会会员的钥匙也都被悄悄地揣在兜里。大学生们似乎鄙视“领袖”这一概念，而将他们称为“面面俱到的人”，但深究后，才发现他们其实毫无特点可言。关于这种人的美德，威廉·怀特曾在《有组织的人》一书中阐述为 “表现并不突出，热情并不过分”。校园里“面面俱到的人”认为领导源自集体，进步在于所谓解决问题的会议，因此他们没有必要进取钻研和富有想象力。关键是，他们怀疑个人主义。寻求个人的威望和成就必须以牺牲他人为代价。个人爱闹矛盾，制造麻烦，危害集体荣誉，大家都想远离他。

在他们奇怪的特性中，喜好争论是最严重的罪恶。“沉默的一代”避免承担任何义务，首先在政治上就缺乏教养。他们的理想不会破灭，因为他们根本就没有理想。他们不开金口，避免严肃地讨论，将改革者称为“假善人”，敬而远之。在独立和体制发生冲突时，他们坚定地站在体制的阵营中。他们不追求名望，只希望得到他人的支持。他们渴望在集体作战中通力合作，而刻意隐藏会遭人排斥的个性。那些年，有钱的学生开始不修边幅、衣衫褴褛，以免与众不同。一名大学游泳队队员对里斯曼说：“我对我的竞争对手感到生气。我有点儿不对劲——我希望我能像某人那样与别人精诚合作，而不在乎输赢。”怀特注意到，学生不再梦想自己创业。他们想为别人、为较大的公司、为他们信赖的人工作。然而，他们对成为推销员或升职为部门主管则并不感兴趣。成为推销员就意味着面临竞争，主管则有时必须严厉。大四学生经常告诉招聘人员，他们想在人事部门工作，因为他们喜欢与人打交道，他们也喜欢到公共关系部门工作。怀特直言不讳地指出，那是因为他们想在“上班时间内讨好每一个人”。

这种观点与抗议行为格格不入。对于教授而言，反对麦卡锡主义是当时最让人群情激愤的事，但学生们却无丝毫兴趣。麦卡锡在校园没几个支持者，但也没引起太大的反感——大部分学生认为这件事很乏味。在各个领域，包括神学、新闻学和法学，这种漠不关心的态度都是显而易见的，但学生对于职业的选择却有了极大的变化。如今最热门的职业要数工商管理了。20 世纪 40~50 年代，曾经最受欢迎的人文学科已开始没落，以至于不到 30% 的人会主修基础学科。职业培训受到年轻人的追捧，而工商业是最受欢迎的职业，因为学生的“投资”会得到最高利润的回报。20 世纪 40 年代末期，美国只有 19.4% 的大学生主修工商专业，到 1955 年，主修该专业的人已占大多数。

如果他们有什么偶像，那一定是斯隆 · 威尔逊《一袭灰衣万缕情》中的主人公汤姆 · 拉斯。在小说开头，威尔逊笔下的英雄有一位名叫贝琪的妻子，他们有 3 个孩子，在韦斯特波特有一座 6 间房的住宅，有一辆 1939 年的福特汽车，有 1 万美元的军人人身保险，还在慈善基金会有一份年薪 7 000 美元的闲差。虽然生活比较朴素，但还是多姿多彩的。他需要一辆新车，厨房的地毯又开始磨损了……然后，汤姆似乎撞上了好运：他得到了一份处理公共关系的工作，年薪 9 000 美元。他工作后才发现其中的陷阱：在新岗位上，他必须工作。再也没有三个小时的午餐时间了，喝咖啡的时间也大大缩短，并且也不能在工作时间内讨好别人了。如今，他必须工作，有时还得在晚上 5 点之后或星期六加班，从而占去他与贝琪和孩子们在一起的时间。这一切使他极为不满，他告诉老板他受够了。汤姆也愿意多挣钱，但如果要以减少他作为丈夫、父亲、“面面俱到的好人”的作用为交换条件，他宁可辞职。这是小说的高潮部分，其结局也出人意料。老板妥协了：

> 霍普金斯站起来，又倒了一杯酒，客气地说：“当然，还有许多好的职位不必占用你太多的时间，现在的问题只在于帮你找一份合适的。”

“沉默的一代”对此深信不疑。在他们认为的情谊背后隐藏着他们本质的纯良，以及一种安徒生式的信念：出于某种超自然的理由，他们认为看着时钟准时下班的人会享受到“美好生活”“美好而合乎情理的生活”以及“正确而圆满的生活”。霍普金斯辩解道：“总有人要干这个工作。”汤姆也同情地答道：“我知道。”但那会是某个人而不是他，他可不会为了钱而变得神经质：

> 我不愿意让出时间。我实话实说，我想挣钱，没人像我这样爱钱。但我不愿意晚上和周末也工作，这样下去没完没了。还不止这些。我并不是能全身心投入工作的人——我无法说服自己，我的工作是全世界最重要的工作。

20世纪50年代的“汤姆”们相信所有伟大的发现都已完成，所有伟大的梦想都已实现，所有伟大的财富都已到手，他们可以朝九晚五，一星期工作5天，每天只需鼓捣一下技术，处理一些专业问题，将自己大把的精力花费在工作以外的事情上——做礼拜、参加公众活动、“了解”孩子、打高尔夫、观看少年棒球联赛，和自己的“贝琪”过着满足的生活，一起在家铺设水管。只要在毕业前与合适的公司签订合同，将自己的名字挤进激烈的竞争大潮中，大摇大摆地沿着消费的“高速公路”前进，这一切都将属于他们。正如一位批评家指出的那样，大学生不再吹捧“玩起游戏”，而是“心中有数”，这一点具有重要意义。他们也意识到这个“数”会不断变化，但他们确信变化时会有人告诉他们该做什么。

人们不再谈论背叛，因为没有必要了。一开始，他们就被束缚住了，如同中世纪的年轻人被修道院束缚，他们则是被美国方式束缚住了。他们认为，毕业后等待他们的世界既不冷酷，也不残忍，而且一定没有敌意。在美国艺术与科学学院的校刊《代达罗斯》上，一位学者写道：“当代学生的主要特征是，他们对日常生活和未来的展望都感到无比心满意足。极少数人对身体健康、职业规划、家庭关系、国情和世情、安全幸福的生活感到忧心。”即将毕业的学生已准备好拥抱现状，如果有必要的话，还得捍卫它。他们会遵纪守法、纳税、服兵役、参加投票，尽管投票后就不再关心政治。他们在穿着、谈吐、信仰、交友、头发长短，尤其是思想方面，努力符合社会标准。这样，他们就能换来美好生活的一切特权和优待，即经济上的保障。

这种交易使教师大为震惊。经历了贫困和法西斯主义而幸存的美国遗产似乎被愚蠢的青年背叛了。他们宁可用理想去换取貂皮把手的啤酒开瓶器和14K金的赊购牌。他们赞同艾森豪威尔将军给“知识分子”下的定义：“夸夸其谈、言过其实的人”。

在纽约的罗德夫·肖洛姆犹太寺内，刘易斯·纽曼拉比将“抢短衬裤”的恶作剧归咎于麦卡锡主义。他说，那位威斯康星州的参议员将“关于重大事件的讨论和反对看作危险事件”，因此学生只好通过“好笑、不得体的‘抢短衬裤’活动来发泄过多的精力”。这未免言过其实，但多少也有点儿道理。即使深思熟虑的讨论没那么危险，它在有组织的社会的各个层面也不会受到鼓励。一位研制喷气推进设备的工程师被逮捕了，除了他是罗森堡夫妇的朋友外，没有任何理由。欧文·拉蒂摩尔曾7次被控告在非美活动调查委员会做伪证①。国务院禁止人们到共产主义国家旅游。美国在联合国的雇员被视为“危险人物”并遭到解雇，《麦卡伦–沃尔特移民法》②的通过简直是保证了到美国大学演讲的欧洲学者都会当众受辱。

麦卡锡此时正处于人生巅峰，几乎每星期都会传出反对自由思想的新暴行，多愁善感的学生们难免会得出这样的结论：顺从者会受到奖励，信奉异端则将遭到惩罚。华盛顿是麦卡锡及其对手最大的战场，但几乎每个地方都在进行各种规模的有声有色的战斗。例如，在得克萨斯州圣安东尼奥市，有人提议将公共图书馆里作者是共产党或疑为共产党的作品打上红色印记，这引起了一场风波。一位当地的家庭主妇默特尔·格拉索克·汉斯太太倡议了此次活动。据《纽约时报》报道，汉斯太太“从不以文学造诣和博览群书自居”，但这并不表示她对书里的阴谋诡计没有独到的见解。她提出了一份有嫌疑的作者的名单，并希望处理他们的作品。她没要求将书焚毁，打上标记就足够了——亮红色的大标记一眼就能看见。标记印在封面内页，表明作者的共产党身份和政治立场，并附上他被“传讯”的次数。汉斯太太说：“这样，读者就会知道在多数情况下，他们都在阅读共产党的宣传册。”圣安东尼奥市市长的妻子也是一位女民兵，她认为汉斯太太的建议很好。接着，事态发展超出了人们的想象。监督者记录下翻

① 拉蒂摩尔被指控过两次，分别在1952年和1954年。第二个指控在1955年被撤销。

② 《麦卡伦–沃尔特移民法》：该法案规定非美国籍的外国侨民必须随身携带在美国登记过的证明文件，否则一律处以罚金或收监。并另有一系列歧视外国人的条例。——编者注

阅过这些书籍的人，将他们的名字呈报联邦调查局或在《圣安东尼奥报》上发表。这引起了市内有权势的马弗里克家族的极大不满，他们主张公民拥有自由权。这场运动最终以反对盖章者的获胜而结束，但造成了许多家庭不和以及友谊破裂。

在印第安纳州，另一位家庭主妇托马斯·怀特太太（印第安纳州教科书评审委员会的成员）对盎格鲁-撒克逊的民间传说提出了别样的解释。她说："现在，共产党在教育方面有一条新指示，即大力宣传罗宾汉的故事。他们想宣传罗宾汉劫富济贫的精神，这就是共产党的路线，这简直玷污了法律和秩序。"但身为共和党人的州长却不愿表态支持或反对罗宾汉。英国诺丁汉的郡守威廉·考克斯告诉记者，他认为罗宾汉（1160~？）不是共产党。印第安纳州教育局局长威尔伯·杨召开记者会，宣布无论怎样，他都会重读罗宾汉的传奇故事。20世纪50年代初期，怀疑凌驾于一切事物之上，在一些行业中，怀疑就等同于有罪。美国主要的戏剧出版商塞缪尔·弗伦奇似乎觉得黑名单还不足够，于是组织了一次剧本比赛，在比赛中，保留"取消任何卷入学术、文学、政治或道德争论的作者的参赛资格的权利"。

当联邦调查局特工公然到学校进行安全检查，校董会又要求学生宣誓效忠时，大学生在这种情况下不保持沉默，倒是一件怪事了。几乎人人如此。斯蒂庞克-帕卡德汽车公司董事长保罗·霍夫曼是一位崇尚自由的共和党人，他却是一个例外。在其他任何时代，霍夫曼关于自由的见解都算不上大胆，但在那时能强烈地坚持己见就很不寻常了。他在西南部的一所大学演讲后，一名学生问："你认为像我们这样的学校，应该学习共产主义吗？"霍夫曼回答说："当然，我认为我们应该了解什么是共产主义，这样，我们的新一代，也是最重要的一代美国人，就会知道为何共产主义会对我们的生活方式造成威胁。”学生说：“我与你的想法一致，但此时此地发表这样的言论十分危险。”事实上，霍夫曼说这样的话也不是没有一点儿危险的。他受到了监视，当他在美国公民自由联盟的支持下，争取到去印第安纳州波利斯市演讲的机会时，美国退伍军人协会设法让他无法使用室内战争纪念馆。而事实上，他此次的演讲主题为“自由企业”。

民团迫害、新式热核武器带来的恐惧、父母讲述“大萧条”的故事，这一切都造就了“沉默的一代”。当然，这一代也有能言善辩之人。普林斯顿大学的奥托·巴兹在《纽约时报杂志》上表示，这一代人的长辈们对他们判断错误。他说自己的学生不过是小心谨慎而已。他认为，指责他们缺少政治上的战斗精神是错误的：“将来会证明他们正是讲求现实的理想主义者，而这是美国在国际和国内生活中，长久以来就需要的。”这样的赞美软弱无力，没有得到回应，也没能经受住时间的考验。宾夕法尼亚大学一位更为著名的学者菲利普·雅各布表示，“沉默的一代”的价值观表现在背离美国传统上。他说，尽管学生们高度赞扬真诚、诚实和忠诚，但他们在“学术上的诚实标准一般都很低，在许多重点院校，有计划的欺骗都成了司空见惯的事”。他觉得学生的享乐主义和反智主义表明他们已抛弃了清教徒的传统，他认为这些学生“也许是主要文化和道德革命的先驱，但在本质上却是世俗的（名义上是宗教的）、以自我为中心的（却是融入集体的）社会的引路人”。

如果别人看见了革命的影子，他们会只字不提。但既然雅各布博士描绘出轮廓，自然会有人赋予其血肉。想想这一代人当时自愿闭口不谈的感觉十分有趣，他们虽然年幼，还无法评价“沉默的一代”的神秘性，但这种神秘性必然会在他们思想中某个阴暗角落留下记忆和言语所不能及的影响。1951 年盛夏，在这个 10 年刚刚拉开序幕时，新泽西州梅普尔的马克·拉德[①]年仅3岁；曼哈顿的马里奥·萨维奥[②]和凯西·布丁[③]，一个8岁，一个7岁；加利福尼亚州奥克兰的休伊·牛顿[④]10岁；艾奥瓦州道奇堡的琳达·苏·埃文斯8岁；纽约的凯瑟琳·普拉特·威尔克森[⑤]6岁；伊利诺伊州德怀特的戴安娜·奥顿[⑥]9岁。

20世纪60年代早期，“沉默的一代”已经成为历史。卫斯理公会大学的一群大学生在篮球联赛中场休息时，对往事深感怀念，于是自然地哼唱起记忆中的抒情歌谣。他们唱道：

闪闪叮叮和你，
闪闪叮叮和你，
总是玩得很开心，
在———一———起。

接着唱：

胡迪·都迪时间到，
胡迪·都迪时间到，
鲍勃·史密斯和胡迪，
对你说你好！[⑦]

① 马克·拉德：美国极“左”恐怖组织“地下气象员”派的领导人。——编者注
② 马里奥·萨维奥：美国争取言论自由运动的一个领导人。——编者注
③ 凯西·布丁：极“左”恐怖组织“地下气象员”的重要成员。——编者注
④ 休伊·牛顿：美国黑豹党的一个领导人。——编者注
⑤ 凯瑟琳·普拉特·威尔克森：极“左”恐怖组织“地下气象员”的重要成员。——编者注
⑥ 戴安娜·奥顿：极“左”恐怖组织“地下气象员”的重要成员。——编者注
⑦ 上述歌词出自1948年的一首儿童歌曲《胡迪·都迪》。——编者注

再唱道：

> 米老鼠，米老鼠，
> 永远让我们如此欢乐！
> 米——待会儿见！
> 奇——我们喜欢你！
> 老——鼠——老——鼠！

唱着歌的学生分享着父母不知道的歌谣。他们是第一代看着电视长大的孩子，这时公共关系工作者开始谈论“形象”，心理学家开始谈论“角色”；广告术语中的“公众”一词为“大众”所取代。20世纪30年代的孩子每天只有45分钟的儿童广播，其余闲暇时间里，他们只能收听成年人的节目。中产阶级家庭中的小一点儿的孩子则听父母讲述他们童年时代听过的故事，这些故事始终未曾变过：《鹅妈妈》《格林童话》《一个孩子的诗园》《金银岛》《小飞侠》《小妇人》和《绿野仙踪》。在杜鲁门任期的最后几年，这一切都开始衰落。除了被迪士尼制作成动画片（《木偶奇遇记》、《睡美人》）或被著名表演家珍藏（《小飞侠》、《绿野仙踪》）的作品外，曾经围坐在妈妈膝盖旁听过的故事已被渐渐遗忘，除了那些不认为讲故事和听故事奇怪的家庭。

《闪闪叮叮》、《胡迪·都迪》、《米老鼠》、《幸运儿》和木偶戏《与斯纳基·帕克一起的生活》是新传媒中不那么令人反感的幸存者，一般节目的水平则比较低下，赞助商对好节目漠不关心。在《电视指南》的调查中，家长支持《魔法房屋》和《想象先生》节目，却因其在尼尔森和胡珀收视率调查中成绩不佳而被停播。伯尔·蒂尔斯特朗的《库克拉、弗兰和奥利埃》木偶戏虽然长期播放，但最终被倡导暴力的节目，如《电视上尉》《天空之王》《年轻宇航员》《半夜船长》

和《超人》等压制。“超人”的扮演者乔治 · 里弗斯在加利福尼亚州开车撞到石墙，撞破额头后，看见自己的血而昏倒。即使这样，他的影迷还是继续幻想他无坚不摧。

新的少儿节目中约有 1/3 是讲述犯罪和暴力的。美国制造玩具手枪的公司从 10 家增加到 300 家。“双枪手”威廉 · 博伊德深谋远虑，购买了他自己所演的过时牛仔片电影胶片的专利权，赢得了来自电视的第一桶金。到 1950 年，商家仅销售赫白龙 · 卡西迪同款服装所得的总收入就到了 4 000 万美元。赫白龙的 6 支枪造成的伤亡人数使电视上的总伤亡人数增多，到 1954 年，该人数已超过在朝鲜战争中死亡的人数。荧幕中的某些凶杀案令人不寒而栗。《纽约时报》的杰克 · 古尔德反对播放年轻女孩被勒死的特写镜头，但占据时代主流的观点是，电视节目在“大杀手杰克”的面前，简直是小巫见大巫，而且电视中的暴行还有些好处，即帮助小观众在幻想中释放好斗心。无论如何，暴力节目广受欢迎，孩子们就是想看这类节目。因此，麦迪逊大街上那 60 个方形街区的所谓的“电视业”中心决定增加暴力级别。就在不远处的公寓里，住着一个经常逃课的小学生，他看遍了所有电视中的暴力节目——他叫李 · 哈维 · 奥斯瓦尔德[①]。

几乎新传媒的各个方面都饱受争议，除了其重要性。显然，它的重要性是巨大的。电视时代比收音机时代来得更快。收音机发展到顶峰时，美国人一个月购买了 16.5 万台收音机。1948~1949 年，每个月都会售出 20 多万台电视机，而这还只是开始。1950 年 1 月 1 日，美国总共有 300 万电视机用户。在那个动荡的年代（麦卡锡主义和朝鲜战争的年代），又有 700 万台电视机进入美国家庭。收音机仍是广

① 李 · 哈维 · 奥斯瓦尔德：美国籍古巴人，被认为是肯尼迪刺杀案的主犯。——编者注

播界的霸主，向 4 000 万听众播送节目，但这仅仅是因为大部分人还未向推销战术（“你的小孩被遗忘了吗……”）和社会压力低头。在大都会里，这些力量通常会得到报纸的宣传帮助。报纸误判了广播电台的吸引力，轻易将开放频道的权利让给他人，搬起石头砸了自己的脚。这次，它们一开始就掌握了主动权。巴尔的摩市推出详尽的图例，来解释销售手段是如何在报纸的支持下显示显著效果的。1949 年春，胡珀的数据表明，82%的城市居民收听广播，仅 18%的人观看电视。于是，《巴尔的摩太阳报》《太阳晚报》《星期日太阳报》开始劝告其订阅者观看他们自己的WMAR台的电视节目。结果，1950 年 5 月，该市成为第一个电视节目的晚间观众（50.2%）人数超过广播听众的城市。

但观众并不满意。新鲜劲儿一过，人们便发现WMAR台的节目画面有雪花点，节目制作也略显粗糙，几乎成了一种新的“空中污染”。“那些衰弱的老年摔跤选手怎么了？”巴尔的摩人在大街小巷不断询问这个问题，得到的答案是：“没怎样啊，他们还在继续摔跤。”《时代周刊》宣布：“电视已成为 1950 年的主要行业和文化力量。”但在那年的头几个月，电视节目的水平仍然不高。虽然不时也有佳作呈现，如《达夫的小酒馆》、杰克·韦布的《法网》和那位从西弗吉尼亚州来到亚马孙的、精灵般的女英雄达格玛，但即使最好的剧目也不过是二流的杂耍表演。当时人们心中的“电视先生”是著名的喜剧演员米尔顿·伯利。许多大牌表演家都曾是经验丰富的广播名人。两年前，戈德堡一家转战电视屏幕（代表作《来者请进》《无人接听》），但大多数作品都没能引起轰动。想听爱德华·默罗的新闻或平·克劳斯贝最新民谣的人们必须使用收音机，而非电视机。阿瑟·戈弗雷继续通过收音机与 4 000 万听众互动，用弗雷德·艾伦所说的迷人的“裸音”与听众亲密接触。

电视的部分问题在于技术。摄影师仍然凭着感觉来，安装人员将天线搭错位置，第一批大量生产的电视机不断出现问题，维修工却无法解决这些问题。1950 年 1 月，芝加哥的哈里克拉夫特公司生产了第一款方形显像管。这确保电视机可以使用整体的管面，并节省 50% 的外壳体积。但对于美国电视业来讲，仍存在巨大障碍：地球表面是弧形的，调幅波是弯曲的，而调频波和电视机接收的电波是直的。在电视机出现的前几年，水平线外的电视用户无法收看到画面，因此只能在当地人才中寻找节目制作人。1948 年，民主党全国代表大会召开期间，工程师使用所谓的同温层电视广播技术，将天线放置在 B–29 轰炸机上，被其送上 2.5 万英尺的高度，在匹兹堡上空盘旋。这是一次不错的尝试，方圆 250 英里内，电视屏幕上都能接收到闪烁的信号，但还需要更为精密的材料。同轴电缆和微波传输设备最终解决了这一问题。三年内，一个意义重大的、埋在地下的电缆网络工程开始运行。1951 年 9 月，大西洋和太平洋两岸通过 94 个电视频道，向 4 000 万观众播放杜鲁门总统在旧金山签订《旧金山对日和平条约》时的讲话。至此，电视网开始与当地频道签订合同，广播向电视转型的重大时代来临。

不久前，《广播日报》公布了 1950 年的媒体奖项，从中可看出，广播和电视这两大巨头仍势均力敌：

广播	电视
年度风云人物：杰克 · 本尼	**年度风云人物：**席德 · 西泽
时代女性：伊夫 · 阿登	**时代女性：**费伊 · 埃默森
最佳表演：《勒克司广播剧院》	**最佳表演：**《第一影室》
最佳喜剧演员：杰克 · 本尼	**最佳喜剧演员：**米尔顿 · 伯利

之后的5年，经销商平均每年售出500万台电视机，这一数据持续走高，直到美国88%的家庭（4 000万户）拥有电视机，其中13%的家庭拥有两台或以上的电视机，有的家庭甚至有6台电视机。1949年，收看电视节目的农场主相比10年前增加了27倍。1950年的一项研究发现，一些初中生每星期花在电视上的平均时间接近30小时。调查可准确估计美国高中毕业生的时间分配——他们花1.1万小时上课，1.5万小时看电视。随后，威斯汀豪斯的研究表明，美国人花在电视上的时间比花在工作上的时间还要多。

那些不看电视的人（20世纪50年代，很少有自尊心比较强的知识分子会承认自己拥有电视机）会认为看电视的人莫名其妙。诺曼·卡曾斯向他那些困惑的读者说："电视晚间的娱乐节目是毒药，是杂耍，是格斗表演，这是电视一贯的套路。"马克斯·勒纳认为，电视机是"穷人的奢侈品，因为它可以满足他们的心理需求"；法官们认为，电视机确实是必需品，不能被债权人所没收。1954年，冷冻快餐问世，人们再也不必因为舍不得离开电视机而狼吞虎咽了。同年，托莱多市的水电专员有了一个惊人的发现：在特定的三分钟里，水的用量会突然升高。为了弄明白原因，他做了一次细致的调查，才发现在整个托莱多市，电视观众会在播放广告时冲进厕所方便，然后冲水。

当时，美国家庭每天看电视的平均时间为4~5个小时。路易斯·克罗嫩伯格认为，汽车曾诱使人们离开家门，而电视机则将人们带回家里，但后者逐渐摧毁了家庭生活：

> 以前父母和孩子一同开车出游，大家有说有笑，相互交流；如今，他们在电视机前并排坐着，一坐就是几小时，几乎没有眼神交流。如果他们相互讨论，也只会为电视节目争论不休。

他们该选择什么节目呢？一些早期的电视节目相当不错。1950年3月，美国广播公司推出的《欧洲十字军》成为第一个赢得皮博迪奖的纪录片；第二年，默罗的电视纪录片《现在请看》获此殊荣；第三年，阿利斯泰尔·库克在福特基金会的支持下，每星期日下午带着为时一个半小时的《时代列车》节目进入人们的起居室。其他频道的节目也很精彩：吉米·杜兰特虽然粗俗，却十分风趣；维克托·博格演技不佳，但也是个迷人、快乐的丹麦小伙子；富尔顿·希恩主教虽然油腔滑调，但颇有学问。无论按什么标准衡量，美国全国广播公司出品的歌剧都是最优秀的。每到星期日晚上，美国全国广播公司的《飞哥好年电视剧场》和哥伦比亚广播公司的《第一影室》联合推出新晋优秀剧作家的生活剧作品，第一期播放的是帕迪·查耶夫斯基的《马蒂》。在众多主持人中，哥伦比亚广播公司的默罗仍然高居榜首，但观众们也收听美国广播公司的约翰·查尔斯·戴利或美国全国广播公司的约翰·卡梅伦·斯韦兹主持的节目（“现在是全球要闻时间，请看报道”）。戴维·布林克利也在美国全国广播公司任职。1955年，切特·亨特利加入，与布林克利组成了著名的新闻广播小组。默罗退休后，他们成为最受欢迎的主持人。

如果这些节目具有代表性，那么美国人的生活质量应该逐渐上升才对，然而事实并非如此。谁该为索然无味的电视节目负责呢？那些有兴趣监管电视进展和有足够判断能力的人为此展开了激烈的讨论。没人应该负责。根本没有足够的人才来填补所有的空余时间，而等待着的观众数量巨大，只有所谓的陈腔滥调才能满足大部分人的口味。真正逗乐听众的是这样的内容：

奥奇：嗯……啊……哦，亲爱的……你……看到……报纸了吗？

哈里特：哦，亲爱的，里基也许看见过。

奥奇：哦……哎，我……

里基（突然闯进来）：嘿，老爸，我把报纸给戴夫了，他又给了桑利。（离去）

奥奇：哦，哎……亲爱的，我……我想……看报纸。

年轻观众（不只年轻观众）屏住呼吸，观看下面的情节：

博伊德：运气真好，我们把一群人围住了，巴特·史莱姆绑架了法官的女儿。

嘉比·海耶斯：什么，这帮下流的人，光干坏事！霍皮，走吧，我们去为民除害。

当 203 频道播放以下情节时，400 万忙着煮饭、熨衣服的家庭主妇竟为之动容：

海伦：哦，保罗！手术很成功。

保罗：你是说，小家伙没事了？还会继续担任棒球击球手？

海伦：是的，昨晚，我一直都在做祷告。

保罗（温柔地）：你的祷告奏效了。

海伦（停顿良久）：是的，保罗，我的祷告——奏效了。

《年轻的宇航员》像赫白龙·卡西迪一样老生常谈，《我最爱的丈夫》像奥奇和哈里特一样愚蠢，《世界转动之时》和《夜之边缘》则像海伦·特伦特一样花哨。电视节目好比"天下乌鸦一般黑"。星期日晚间时段不是《第一影室》与《飞歌好年电视剧场》的较量，而是哥伦比亚广播公司的埃德·苏利文与美国全国广播公司的史蒂

夫 · 艾伦在晚上 8 点的竞争。苏利文签下当时最贵的明星嘉宾猫王而拔得头筹。猫王曾是孟菲斯的卡车司机，他最令人难忘的歌词是“去吧……去寻找爱情”。为了让猫王上三次苏利文的节目，哥伦比亚广播公司不惜花费 5 万美元——这笔钱在当时可以购买许多严肃电视剧剧本或纪录片。

电视节目的道德标准与好莱坞的电影一样无法捉摸。猫王的骨盆和费伊 · 爱默森大开的领口都是可以接受的，而美国联邦通信委员会主席戈弗雷发人深省的话语却被看作“马车夫的幽默”。当诺埃尔 · 科沃德在哥伦比亚广播公司出品的《福特明星剧院》中仍保留在《欢乐精灵》中出现的“浑蛋”等不文明用语时，《时代周刊》发表评论说：“上星期，观众在电视上听见了最猥琐和最不敬的话。”网络监督者经常找格劳乔 · 马克斯的麻烦，杰瑞 · 莱斯特的古怪行为（“我是豆包”）也冒犯了一些人，但节目还是在悄无声息中通过了审查。从某种程度上看，审查制度似乎只是拿谁开刀的问题。有奖问答类的节目几乎可以容忍所有污言秽语。但是，当反共分子创办了一家名为AWARE的公司并抹黑约翰 · 亨利 · 福克（像威尔 · 罗杰斯一样喜欢讲俏皮话）时，哥伦比亚广播公司迅速解雇了他。福克必须提起公诉才能恢复原职。6 年后，他赢得诉讼，但诽谤者却没受到任何惩罚，其中包括《赢得所有钱》的节目主持人克莱顿 · 巴德 · 科利尔。

2 月，一项调查显示了 20 世纪 50 年代美国大众的观影品位。排名前十的电视节目分别是《埃德 · 苏利文》《6.4 万美元有奖问答》、《佩里 · 科莫》《我爱露西》《12 月新娘》《天才发掘者》《赌你一生》《瑞德 · 斯凯尔顿》《我的拿手绝活》和《华特 · 迪士尼》。总体上，这些节目都比较平淡且华而不实，而占据主导地位的主题则是打闹喜剧。这在一定程度上能表现出电视在新媒体宣传工具、国民性格乃至时代精神方面的意义。艾伦·泰特认为，20世纪50年代的悲剧在于大众传媒破坏了通过感情交流思想的方式。路易斯·克罗嫩伯格表示，在电视机的方屏幕出现后，一切保护隐私的墙壁就此崩塌，这一点具有重要意义。他说，美国已成为偷窥者的国度。

但在美国并不是所有话都是对着话筒说的，还有许许多多的话不是说出来的。这些话印在书本上、盲文中、磁带中、报纸上、留声机中、电影胶片中、塑料上、画布上，甚至建筑中。交流方式在不断变革，就像20世纪30年代的经济和20世纪60年代的性。从未有过如此大量的信息被传送出去，也没有过这么多的传送方式。信息量大得十分惊人。1950年起，每年在杂货店和报摊售出的平装书为2.5亿本，每本售价在25美分、35美分和50美分（大本）不等。印刷行业已有8.1万种书籍在印刷中，其中简·奥斯汀的《傲慢与偏见》就有多达17个版本。布罗根表示："有充足的证据表明，美国大众的品位正在提升。"1952年1月，平装图书的销量如下：鲁思·本尼迪克特的《文化模式》售出40万册，《裸者与死者》125万册，《1984》75万册，《欲望号街车》50万册，带着抽象封面设计的《奥德赛》译本售出35万册。源自加拿大的大江被原木堵住了，它们都等着在加工坊被制成纸浆，这样美国读者既能娱乐又能受到教育和启发，有所觉醒。成千上万平方英里的纸张被运往《美国新闻与世界报道》《纽约时报》《评论报》《花花公子》《假日杂志》和格罗夫出版社，它们被送去印刷《大英百科全书》《冷暖人间》《疯狂杂志》和《美国学者》，以及哈罗德·罗宾斯、约翰·克罗·兰塞姆、诺曼·卡曾斯、马克斯·勒纳、艾伦·塔特和路易斯·克罗嫩伯格等人的著作。

随着电视业蒸蒸日上，美国 5 000 家电影院票房惨淡。厄尼 · 科沃斯和《一日女王》偷走了曾为克拉克 · 盖博和金吉 · 罗杰斯倾倒的观众的心。随着时间的流逝，嵌在好莱坞林荫大道上的明星名字也变得黯淡无光。那里苦涩地写着："购买圣诞邮票，打倒电视。"如果没有海外收入，好莱坞早就关门大吉了。这也是海外收入第一次占到电影总收入的 50%。美国电影协会主席埃里克 · 约翰斯顿说："大众喜欢驾车出游，观看电视，将来我们的业绩肯定会有所下滑，我们必须面对这一事实。"在广大的农村地区，电影只在夏日放映。自战胜日本以来，乡下影院已从 351 家增至 7 000 家。同时，那些位于大街上老式的华丽电影院如主街、派拉蒙、首都、宝石、福克斯、竞技场剧院这些在整个"大萧条"时期最值得骄傲的事业，都已逐渐没落。

全美观看电影每星期人数统计表明，约 4 500 万人不再看电影了。宽银幕电影曾引起短暂的轰动，不久又再次跌落谷底。老板关闭包厢，解雇员工，亲自去叫卖爆米花。不久，电影只在周末上映，最终，不少电影院关门大吉，其中一些被改造成保龄球馆、超市、银行、公寓，甚至教堂。很讽刺的是，在曼哈顿，电影院被改建成了电视演播室。在大都市周边和小城市中，电影院早已布满灰尘，成为老鼠聚集之地，最终造成火灾隐患，有碍观瞻。由于电影院大门很容易撬开，于是也成了流浪汉藏身和情人们约会的地点。银幕上曾上演保罗 · 穆尼为阿尔弗雷德 · 德莱弗斯辩护，加里 · 库珀宁愿遭受折磨也不愿泄露骑士的行踪，此时这里却到处都摆满空酒瓶。查尔斯 · 布瓦耶在这里乞求赫蒂 · 拉玛尔与他私奔逃离卡巴斯，伯纳黛特饰演的詹妮弗 · 琼斯则在这里受到圣母玛利亚的召见，如今，走廊到处扔满了烟头、卫生纸和用过的避孕套。

但电影仍是一种社会力量。在某些情况下，电影将社会集合在一起，形成一股团结的力量。麦克 · 托德的《环游世界 80 天》就是个极好的例子。片中共有 29 位明星、68 894 名群众演员、7 959 只动物——包括 4 只鸵鸟、6 只臭鼬、15 头大象、17 头公牛、512 只猴子、800 匹马、950 头驴、2 448 头野牛、3 800 只羊和一头受惊的奶牛。类似的影片还有《火车怪客》《白鲸记》《晴空血战史》《黑狱亡魂》《金臂人》《红男绿女》《危急时刻》和《桂河大桥》。新兴的明星，如朱迪 · 霍利德、柯克 · 道格拉斯、玛丽莲 · 梦露、威廉 · 霍尔登和雪莉 · 麦克雷恩，至少与战前的银幕之星一样优秀。

电影业的主要问题在于票房收入不高，但还有其他一些因素——外国电影逐渐受到欢迎。战争爆发前，经常看电影的观众从未看过欧洲电影，上映的少数英国电影也单调乏味、令人生厌。约瑟夫 · 阿瑟 · 兰克改变了这一状况。亚力克 · 吉尼斯、杰克 · 霍金斯、迈克尔 · 雷德格瑞夫等英国演员在美国像美国演员一样家喻户晓。意大利人送来了安娜 · 玛格纳妮和吉娜 · 劳洛勃丽吉达，奥地利人带来了玛丽亚和马克西米利安 · 谢尔，法国人有碧姬 · 芭铎和伊夫 · 蒙当，日本人则有三船敏郎，瑞典拥有一个剧团，该剧团的演出让人知道巴黎真的不是世界上最迷人的地方。20 世纪 40 年代末期，好莱坞迫使演员远离近郊电影院的银幕，想观看电影，就必须去大城市中所谓的“艺术剧院”。

1950 年 2 月，纽约联邦法庭废除了电影制片人和发行人必须与当地电影院签订合约而相互约束的条款。电影院老板再也不用没看过电影制片人和发行人送来的影片就进行播放。电影院老板接二连三地购买影片，并且可向任何人购买。对具有事业心的欧洲人来说，整个美国就是个开放市场。这一决定影响深远。好莱坞是在保证每部影片都有机会与观众见面的基础上成立的。电影院老板如果想购买秀兰·邓波儿或罗伯特·泰勒主演的电影，就必须购买一定配额的二级影片和实验电影。结果是，电影院同时放映两部影片或“一些精选短片”：不知名的和知名的电影一起放映，如果合观众口味，一颗新星便就此诞生。现在不会出现这种情况了。1950年以后，即兴将两部影片同时放映的风险太大。电影院老板有权拒绝无名的影片，让电影制片人和发行人损失惨重。结果，太平洋岸边的大亨将一切力量投入拍摄宏大的电影中，如果失败了，损失会超过百万美元。

总之，好莱坞在这10年生意惨淡。电影业曾在美国国民经济中占有重要地位，如今业绩却一月不如一月。大亨们坚决反对将自己视为珍宝的老电影搬上电视，即使在电视制作中使用电影的方式也无法打动他们。于是，他们只能看着电影城衰败，最后变成鬼城。

电影制作人正处在痛苦的过渡阶段。美国的道德观念仍禁止播放情色片，甚至裸露也不许。对于无害的《娇娃春情》，《时代周刊》的评价是：“这是合法上映的、最淫秽的美国电影。”制片人继续拍出符合大众娱乐口味的电影。电影必须吸引某一特定社会群体这一理念还未盛行。1954年上映的《昼夜摇滚》获得首次成功，即使这样，美国大部分青少年也对此无动于衷。这部电影取得的突破以及作为一种全球现象出现的摇滚乐首先源于英国，在那里，“二战”以来的动乱造就了第一个自发组成的青少年团体。当年9月，电影引发了3 000名摇滚青年的骚乱，于是12个英国小镇的议会召开特别会议讨论禁播该片，并在放映该片的影院外布满了警戒线。摇滚青年的发型特别引人注目，当时美国青少年男孩的发型仍是中规中矩的平头，但摇滚青年们的头发很长，梳在脑后。这个发型可追溯到战时的洛杉矶，它被叫作“鸭屁股”（当然不能在男女混杂的地方叫）。他们那时还没有将头发披散在肩上，那是以后的事了。

在过渡阶段来临前，电影是社会的联系者。电影吸引了各个年龄段的观众，没有种族歧视——除了黑人，但甚至他们自己也没在意。电影稳固了家庭纽带，提醒人们遵守共同的价值观。战时拍摄的电影展示了祖先是英国清教徒的美国人、异教徒和美国少数种族一同工作，给美国这个“大熔炉”增加暖意。此外，好莱坞还是社会的良师益友。影迷自觉或不自觉地模仿明星的行为。例如，电影中不能表现男女同床的画面，因此海斯办公室和之后的布林就改变了睡床行业中床的样式；在电影中，连最轻微的污言秽语也不能使用，据说这有助于保持社会语言的纯净。另外，虽然当时没引起广泛重视，但过渡期前拍摄的面向普通大众的影片还是为国家提供了共同的话题。在20世纪70年代，互不相识的中年人可以谈论《费城故事》《叛舰喋血记》或他们记忆中宝贵的100多部影片中的任意一部，即使在30多年后，他们这一代人也能找到共同话题。而他们的孩子缺少的正是这一点：尼克松执政前期，没有一部电影能与美国生活相联系。

当然，这一切与艺术毫无联系。按艺术的标准来看，20世纪60~70年代最好的电影比之前的任何电影都好。那时，过渡已然结束，可以探索新的情感和关系，将其从古老的规矩中释放出来。电影制作已经成熟，可以用高度严肃的态度对待电影，才华横溢的导演能够以前人无法想象的方式处理电影胶片。但是，有些东西还是丢失了。电影成了离间者。小孩子去看周末午间电影，青少年去看同龄明星为他们拍摄的电影，成年人则看为他们量身打造的影片。好莱坞以前的纽带力量一去不复返。

社会标准也变得不同了，产生误会的可能性大大提高。“不合主流”就是一个误导人的词语。20世纪50年代，一些青少年开始警告父母，他们决定不再跟随社会大流。但在亚文化模式中，跟随大流是肯定的。欧文·豪尖刻地说："一个追求潮流的少女怎么会承认不喜欢沃恩·门罗呢？"有些例子是随意列举的，但也十分有趣。早期的《花花公子》疾呼："加入'垮掉的一代'。购买'垮掉的一代'的领带卡，购买'垮掉的一代'的运动衫，购买'垮掉的一代'的戒指。"20世纪50年代初期，这种亚文化崇拜模式迅速形成。朝鲜战争带来了繁荣，于是花费在崇拜上的钱就更多了。1955年，刚主演了《无因的反叛》的詹姆斯·迪恩①在一场车祸中被活活烧死，他成了亚文化崇拜的第一个殉道者。

社会科学的地位正在上升。人们对一切媒体充满了好奇心——它们是干什么的？有什么影响、意义和潜能？哈佛大学的戴维·里斯曼和芝加哥大学的鲁埃尔·丹尼一同调查了媒体在塑造人民社会化中所起的作用，以及媒体向人们灌输作为美国人（无论男女老少）的意义何在。加拿大多伦多大学的马歇尔·麦克卢汉正在试着定义"依靠视觉而直线反应的老一代"和"依靠听觉和触觉而多向反应的年青一代"。在巴尔的摩，门肯搜集材料说明了一种国家语言（"标准美语"）的形成，随其而来的则是区域性语言的衰落。②

这些年里，广告业从巴掌大的地方发展到像万宝路"香烟之乡"那么大的地方。1948年，美国公共关系协会成立时，国内大约有100家公共关系公司，许多都在简陋狭小的地方办公，在企业中设有公共关系科的公司不到50家。位于曼哈顿的公共关系公司迅速增

① 在美国，迪恩与珍·哈露和玛丽莲·梦露一样出名。20年后，他还会收到影迷的邮件。除了微型胶卷外，纽约市立图书馆无法保存他的资料。他的崇拜者会偷走资料，林肯表演中心图书馆只有一本关于他的书，这本书是法语的，书中的图片全被剪走了。

② 10年后，林登·约翰逊总统入主白宫，休斯敦的一位妇女说："有一位没有口音的总统难道不是件好事吗？"这个例子充分证明了区域性语言的衰落。

加到 1 000 家，这是一项稀有业务——或一个穷困的政府部门，油印机和一些急于表现的温和职员在这里必不可少。不久，高级公共关系顾问便会升到该行业的副总裁级别，在华盛顿，他们则会成为总统选定的非正式顾问团的成员。这些人出现之后，形象往往取代了真理。他们为公司领导写开幕词，用免费搭乘公司飞机的方法笼络记者，为应召女郎发津贴。自从罗伯特·蒙哥马利担任艾森豪威尔的顾问后，运作公共关系的技巧在政治竞选中成为必不可少的一环。

同时，广告开始向更细微的模式发展。20 世纪 40 年代，广告直接向人们展示虚弱、感伤、雄心壮志、贪婪和恐惧。例如李施德林的广告语："永远的伴娘""我 98 磅①，弱不禁风""最好的朋友都不会告诉你""我坐在钢琴前，他们哈哈大笑"。夸张的手法反而使高级的语言显得平庸无趣。因此，梅西公司在《纽约时报》上登了宽达 6 栏的广告嘲笑广告公司，题为"不熟悉的词语和短句——广告人如何形容女士服装和配饰"。其中包括，"薄纱：几乎没有——黑色最佳""质感：一切比石头柔软的东西""富有魅力：任何东西加上闪光亮片即可""难以言喻的：我们一小时没看见它了"。至此，20 世纪 50 年代的广告业已开始蓬勃发展。麦迪逊大街上的文人被聪明、能言善辩的经理人挤到一边。电视中拍卖商的叫卖和买主任意选择的忧虑淹没在诸多广告语中："欣喜若狂吧，向地球发出呼喊""本迪克斯轿车让 2 000 万女性坐在驾驶座""巴卡第酒的热量还不及一杯脱脂牛奶""钢铁与世界一般大"。对广告市场的行为研究已达鼎盛时期。不久，甚至有人提出惊人的所谓的潜意识广告——电视荧幕上快速闪过广告语，这样它就能避开有意识的眼睛而进入人们的潜意识，在人们

① 1 磅≈ 0.454 千克。——编者注

购物时，该广告语就有可能浮现在他们的大脑里。

自弗雷德里克·韦克曼的《推销员》一书风靡以来，精明的美国人就不断地注视着麦迪逊大道上的风吹草动，正如他们曾为埃米尔·库埃和霍华德·斯科特深深着迷一样。杜鲁门时代末期，在温内特卡或贝莱尔，几乎人人都能说出硬推销和软推销的不同之处，以及罗珀、尼尔森、胡珀等人的重要意义；也都知道“让我们把这个升到旗杆顶”或“放在火车上，看它是否会在韦斯特波特下车”这些话是什么意思。

皮尔兄弟公司也许是软推销中最受欢迎的人，而研究现代广告学的学生最推崇的人是亨利·摩根。在广播最辉煌时代的末期，作为一个怪人，摩根几乎可以在广播里做任何事。一次，他以 83 美元将自己的所有员工拍卖了。他经常采访自己，又假设好莱坞的预告片比正片更令人激动，并用整整半个小时播放预告片的音频。当播放早餐麦片粥的广告“啪，劈，砰”时，他会戴上耳机以隔绝那震耳欲聋的吵闹声。一个又一个愤怒的广告赞助商把摩根解雇了。最后，他不得不从事无趣乏味的硬推销工作——一个天才推销员在消费者无休无止的货币战争中消失了。

广告商每年花费 100 亿美元（占美国国民生产总值的 2.2%）操控大众，为设计更加巧妙的商品找到更为广泛的需求。其理论是广告会刺激经济发展，从而为美国方式战斗。油嘴滑舌的广告人占据了许多崇高位置，这相当于自柯立芝新时代以来就特意为金融家准备的职位。几乎每个人都十分信任他们，甚至连斯大林也购买了 2 000 台发射机，以干扰自由世界损害其国家的言论。体育迷乖乖接受了假休息时间、假受伤以及足球比赛中“最后两分钟的警告”，将这一切看作广告商的推销手段。葛培理布道协会特意调查了地铁站里站着的乘客的习惯，以确定投放布道协会广告的最佳位置——上帝也相信市场行为研究了。

1929年，“咆哮的20年代”结束。之后还不到25年，美国便进入另一次的狂欢作乐。有人称之为“发福的50年代”。纽约证券交易所称，1/9的美国人持有股票，其他大多数人似乎都是债务人。埃里克·戈德曼写道，有些百货公司推行一种广告策略，参加的顾客一生可以赊一笔账（例如500美元），支付一定费用后，将工资交给“债务律师”并让他分发给债权人，便可以从债务律师处领取生活津贴了。

汽车变得更宽、更长、更矮。每年秋季上市的新车都配置了更多的破铜烂铁和更大的尾鳍型后挡板。造价13 074美元的凯迪拉克Eldorado Brougham汽车的仪表盘上还配有口红、舒洁面巾纸盒和4只镀金的酒杯。底特律之外，市场为那些拥有一切的人提供纯金的牙签、威士忌味的牙膏和潜艇。《华尔街日报》发现了繁荣的邮购产业，它可向顾客提供真人大小的著名模特的塑料复制品，还戴着真头发，有手指甲和脚趾甲，单身汉购买这些复制品，和它们一起睡觉，甚至还有人花几千美元为塑料模特购买衣物。女士们则梳着各式彩色发型从理发店走出来：香槟黄、秋杏色、火银、肉桂黄、苹果绿、孔雀蓝和亮褐色。周末，她们的丈夫寻找着装有雷达设备的新渔具，这些渔竿会发出电脉冲，发现鱼后立刻报告位置。宴会上，商人们向好奇的朋友展示塑料制成的矩形大来卡①信用卡。对美国中产阶级来说，使用信用卡的奇迹就在未来等着他们。

所有这些都是时代的一部分。整个10年中，广告牌、电视荧幕以及小商贩打开包裹叫卖的地方，都充满了乏味和粗俗。如果有一个

① 大来卡：于1950年创办，是第一张塑料付款卡，最终发展为国际通用的信用卡。——编者注

时刻能代表其他时刻，那一定是哥伦比亚广播公司在电视上播出的《纽伦堡审判》的高潮部分——《90号剧院》播出的一出精彩的戏剧，主题是纳粹德国法律的不公平之处。美国法官克劳德·雷恩斯与德国法学家保罗·卢卡斯对簿公堂。雷恩斯问道："以上帝的名义，你能让我明白为何把男人、女人和孩子都杀害在……"他动了动嘴唇，没发出任何声音——没说出口的话是"煤气炉中"。在《90号剧院》的赞助商美国煤气协会的极力反对下，这个词被删剪了。

这是劳伦斯·卫尔克①、苏西·帕克②、拉夫连季·贝利亚③和阿尔贝特·施韦泽④的时代，这是"超级弹"和索尔克疫苗⑤的时代，这也是奥威尔式绝望和鲁瑟⑥式希望的时代。克里姆林宫中坐着一位"二战"的胜利者，他有一个顽固的下巴，少有幽默感；白宫中坐着"二战"的另一位胜利者，他的下巴同样顽固，并且也缺少幽默感。对于两国的公民来说，对方的领导者不久就会低头——也许是通过武力手段，这一点比水晶还要清晰透明。双方都认为，自己的内政基本定型，随着时间流逝，变化也不会太大。他们都不信任知识分子，却

---

① 劳伦斯·卫尔克：美国著名音乐人。——编者注

② 苏西·帕克：美国著名模特，20世纪50年代美国封面女郎代表人物。——编者注

③ 拉夫连季·贝利亚：苏联政治家，秘密警察首脑，斯大林"大清洗"计划的主要执行人之一。——编者注

④ 阿尔贝特·施韦泽：德国人道主义者，常年在非洲从事医疗援助工作，1952年诺贝尔和平奖得主。——编者注

⑤ 索尔克疫苗：预防小儿麻痹症的疫苗，以其研制者乔纳斯·索尔克之名命名。——编者注

⑥ 鲁瑟：美国联合汽车工会领袖，有关他的故事，参阅《光荣与梦想2》第十二章。——编者注

都担心下一代的成长。华盛顿热衷科技，莫斯科亦如此。在美国，基督教传教士宣传国家鼓励的信仰而受到追捧，苏联的情况与之相同。

新罕布什尔州坎迪亚 41 岁的赫尔曼 · 桑德尔医生被无罪释放。他在曼彻斯特被指控犯有一级谋杀。他为了“减少病人的痛苦”，往 59 岁癌症患者阿比 · 波诺托夫人的静脉里注射了空气。1951 年结束了， 1952 年即将开启。在阿克伦的警察局长会议上，大家谴责法律和条令的缺失。1950 年进行人口普查的官员报告，新的人口中心正好位于伊利诺伊州奥尔尼的外部。波多黎各成为美国的首个自由联邦。威廉 · 兰道夫 · 赫斯特去世，享年 88 岁，人们在芝加哥的动物收容所为他举行了弥撒仪式以示哀悼。

48 岁的希腊船王亚里士多德 · 苏格拉底 · 奥纳西斯被指控在购买多余船只时预谋欺骗美国。多尔 · 沙里告诉洛杉矶的哈佛俱乐部：“美国会是有大团圆结局的国家。”阿肯色州、田纳西州、密苏里州、密西西比州、肯塔基州和亚拉巴马州的龙卷风造成 236 人遇难。纽约一位社会批评家对美国死气沉沉的年青人感到哀伤，他表示：“我已经被时代淘汰了，我希望年青一代能破土而出，举起岩石，砸毁偶像，甚至制造出可以理解的破坏行动。”最后，他认为“大学生不应以社会理智的名义去反叛，而应以追求时尚的名义去反叛”。

人们开始在加拿大萨斯喀彻温省的比弗洛奇湖中开采铀，据说这是北美铀储藏量最大的地方。新近独立的印度尼西亚的总统苏加诺在参观位于伊利诺伊州的林肯墓地时，人们听见他不停地自言自语道：“我爱美国人！”纽约纽瓦克机场在两个月内发生了三起致命事故后关闭。而英国哈维兰彗星型客机从伦敦飞往约翰内斯堡，6 724 英里的路程花了不到 24 小时，从而开辟了世界上第一条喷气式客机航线。国务卿迪安 · 艾奇逊仍然忠实于螺旋桨飞机，他乘坐“圣牛”号，花 14 小时横渡了大西洋，并称赞它是“伟大的飞机”。中央情报局的报告称，苏联打算在美国外交官的鸡尾酒中加入调好的迷幻药，该药会令人产生古怪的行为。1952 年，路易斯 · 拉萨尼亚博士将该药用在几位波士顿志愿者的身上，以找出其药效发作后的表现。他发现，一个人的性格越不稳定，对迷幻药就越敏感。威利 · 萨顿被一位服装销售员认出来后，在布鲁克林被捕。当被质问为何抢劫银行时，他回答：“因为钱在那里。”

在开罗，穆罕默德 · 纳吉布将军和迦玛尔 · 阿卜杜尔 · 纳赛尔上校召开军官会议，废黜法鲁克国王，宣布埃及共和国成立。住在安大略湖的迪翁五胞胎已长到 16 岁。康尼 · 麦克[①]已经 92 岁了。在奥地利的苏联占领区中，艾森豪威尔的《远征欧陆》一书因被视为“法西斯文学”而被没收。以阿肯色州众议员伊齐基尔 · 盖辛斯为首的众议院某委员会展开调查下流文学的运动，于是带有色情文字的信件和文章不断向他们涌来。五星上将切斯特 · 尼米兹向特克斯 · 麦克拉里和金克斯 · 福尔肯伯格坦承，只要上船，“我总会晕船”。

在马里兰州，参加投票的公民以 4 : 1 的比例支持争议较大的《奥博反颠覆条约》，其中包括定期检查共产主义活动的条款。22 岁演员约翰 · 巴里莫尔在结婚两周年纪念日上大肆炫耀并疯狂飙车，在拉斯韦加斯被捕。在哈瓦那，富尔亨西奥 · 巴蒂斯塔取代卡洛斯 · 皮罗斯政府，夺得古巴的政权。加利福尼亚州高级法院宣布加利福尼亚大学的效忠宣誓无效，却仍保留州的效忠宣誓。美国最高法院批准纽约学校的时间安排[②]，并解除了对电影《奇迹》的禁令，这

---

① 康尼 · 麦克：美国棒球手。——编者注

② 此处的时间安排指纽约的学校每星期空出一小时，让天主教和犹太教学生去教堂上教义课。——编者注

是电影第一次享受宪法保护的言论自由和出版自由。

乔·阿多尼斯因预谋破坏新泽西州的赌博法，被捕入狱。密苏里河、密西西比河和红河洪水泛滥，造成3人死亡、10万人无家可归，估计损失达3亿美元。众议院一个委员会调查“二战”期间1万名波兰军官在卡廷森林被屠杀的真相时，认为苏联内务人民委员部应承担责任。统治玻利维亚的政审会议在造成200人死亡的叛乱中被推翻。阿根廷政府查封了独立的《新闻报》。南非最高法院宣布将有色人种投票者另列名单的法律无效，而总理丹尼尔·马兰则宣布最高法院本身就不合法。在巴黎，阿瑟·凯斯特勒完成了《渴望的年代》一书的手稿，醉酒后打了一个警察，后来他说“这是他过去同警察打交道的经验造成的”。印第安纳州假释委员会假释了戴维·斯蒂文森，他曾是该州三K党的龙头老大，也曾是20世纪20年代残暴的杀人狂魔。道琼斯工业指数维持在206~236。人口调查局报告，自珍珠港事件以来，美国的空调数量已增长了三倍。

在内华达州的拉斯韦加斯附近引爆了5枚原子弹，包括一枚小型在半空爆炸的原子弹和5 000名军人参加的一次原子弹军事演习。美国最高法院对1949年图谋推翻政府的11名共产党领袖维持原判。马萨诸塞州立法机关禁止共产党投票。1951年6月19日，杜鲁门总统签署延长征兵的法令。美国关闭了纽约的匈牙利大使馆，禁止美国人去匈牙利旅游。

1951年10月3日，白宫宣布苏联进行了第二次原子弹爆炸，10月22日又报道了第三次。在联邦德国，康纳德·阿登纳总理赢得大选，并批准了《欧洲防务集团条约》。在布拉格，鲁道夫·斯兰斯基和其他9个被清除的共产党人因间谍罪和叛国罪被绞死。美国向苏联和中国降低关税的计划终止了。自由欧洲电台在慕尼黑设置了发射器，向捷克斯洛伐克的人民宣传反共产主义的言论。苏联限制外国外交官只能在莫斯科方圆 25 英里的范围内活动。在纽约，苏联还迫使联合国秘书长特里格夫 · 赖伊让位于瑞典人达格 · 哈马舍尔德。

所有这一切，还有上千件类似事件，就像 20 世纪 50 年代早期那些被撕掉的日历，一件件地过去了。随着季节更迭，白雪被青翠代替，夏日以其最迷人的样子消逝，秋天枯叶飘落，白雪重新降临。这 10 年稳定了，冷战却加深了。下一次美国选举临近，政治的面目更加可憎。“摇摆世代”如今已近而立之年，为人父母，教导子女。他们感到不安，越来越意识到国家正陷入危机。

第十九章　向右转

日渐衰落的不是国家的幸福生活，就是其道德、自豪和自尊。自朝鲜战争爆发以来，某些国家的漫画家将“山姆大叔”描绘成魔鬼，不怀好意。从日积月累的新闻标题可以看出，确有其事。在公众生活甚至私人生活中，不少身居要职的美国人都被发现是窃贼或者更糟，这个数量令人惊讶。他们身在联邦政府，其罪行似乎更让人忍无可忍。这些恶棍被叫作“以权谋私者”和“五厘掮客”[①]，他们应该对“华盛顿的混乱”负责。民主党执政20年后，希望再执政4年，但他们遇到了严重的阻碍。

这正是共和党人想做的。一切可疑的话语都被推向了白宫大门，

① 五厘掮客：为他人谋取国家合同而从中获利5%的人。——编者注

到 1952 年春，甚至可以推断出：无论如何，政府对国家的腐败都要负全责。然而，还没有一位共和党人指出哈里 · 杜鲁门曾收受贿赂。20 世纪 50 年代的第一个骗子也是第一个电视明星，虽然他的名字从未在政府的工资名单上出现过。不过，他曾为民主党发起的战争出资，从而成为纽约政坛的一员，这足以吸引雄心勃勃调查全国犯罪事件的田纳西州参议员的注意力。

弗兰克 · 科斯特洛，又名弗朗西斯科 · 卡斯塔廖拉或弗兰克 · 塞维里奥，是当时的著名人物，他是犯罪集团的头目。很久以前，他因打架和抢劫被捕，但仅此一次。从那以后，他便命令手下携带枪支。他从三流的小喽啰做起，生意越做越大，后来又做过烟酒走私贩、老虎机操纵员、赌场老板，最后成为纽约政客的朋友和赞助人。那时，他深居简出。他投资房地产和油井，让记者相信不论他有什么过去，如今已是正当商人，但事实并非如此。他曾是卢奇尼 · 卢西亚诺的得力助手。卢西亚诺被驱逐出境后，科斯特洛得到了他的势力，成为最大的不法分子。他与黑社会的关系网遍布美国。坦慕尼派的卡迈恩 · 德萨皮奥全靠科斯特洛提携，因此有人说，纽约市市长威廉 · 奥德怀尔也是他一手提拔的。

如果埃斯蒂斯 · 基福弗举行的全美参议院听证会是在 20 世纪 40 年代或 50 年代中期进行，就不会引起太大关注。因为 40 年代的电视台还不多，而 50 年代中期的白天则已被电视节目占满了。但就是在 1950 年 5 月，委员会召开了听证会。由于缺少更好的电视节目，偏远城市的电视台台长便将听证会作为公共服务向大众放送。1951 年 3 月 12 日，当调查人员在纽约弗利广场法院准备安营扎寨时，电视台的摄影师也在做同样的准备。此时，情况有些不同。在纽约，拥有电视机的人特别多，已经形成广泛的观众网。在这个通信业的大本营，将信号传到其他地方的中转传输站也已经建成。

科斯特洛的律师想尽量不在电视上露面。他要求摄像机不能对着他的客户，并解释说："科斯特洛不愿意成为别人观看的对象。"参议员也赞同该提议，而其中一位摄像师巧妙地建议说，他们可以只拍科斯特洛先生的双手。这一建议取得了极好的效果：紧张的对话，紧握的双手。手指不安地敲打着桌面，拿着纸张和水杯的手势，紧张时双手不断地把纸撕成碎片。是的，科斯特洛承认，他家里的"小保险柜"中存放着"少量现金"，不过他记不清具体数目。参议员查尔斯·托比威胁要搜查他的住所时，这个帮派头领突然想起家里有5万美元。当被问到是如何得到这笔钱时，他含糊其辞，称是自己的朋友慷慨相赠。他有一个一起打高尔夫球的朋友（这个朋友管理罗斯福赛马场），连续4年每年付给他1.5万美元，请他帮忙不要让纽约赛马委员会因该处的赌马活动而吊销其马场执照。委员会法律顾问鲁道夫·哈利询问科斯特洛，供词是否属实。科斯特洛双手握拳说，根本没有那回事，其中一定有些误会，他不过是"四处吹嘘"，他的朋友则是一个"好人"，他可不能对不起他。

科斯特洛的双手开始冒汗。他的忍耐已经达到极限了，他愤怒地问："你们就是这样对待努力工作的商人的吗？"他感到嗓子疼，聚光灯则令他厌烦不安。他想回家。基福弗直截了当地告诉他，他必须继续回答问题，但科斯特洛摇头拒绝了。然后：

基福弗：你拒绝进一步做证？

科斯特洛：参议员先生，我首先考虑我的健康问题。我在做证时，希望如实回答问题，但我的大脑不运转了。

基福弗：你的大脑似乎运转得很好呢。

科斯特洛：我对所有的参议员都怀着敬意……我对他们十分尊敬，但我不会再回答任何问题。我要离席了。

他果然离席了。结果却因藐视法庭罪在路易斯堡联邦监狱服刑18个月。3 000万电视观众眼睁睁地看见他离席。根据电视台的统计数据，在纽约，接近70%的电视台播放了基福弗的听证会，观众数量是之前秋季棒球职业联赛的两倍。

基福弗委员会在弗利广场待了8天后，回到华盛顿。现在，委员会主席是总统候选人了。3 000万观众留下了深刻的印象，那就是美国城市中的一些事已经腐败不堪。埃德·默里说："电视节目让人着迷，观众的数量又如此之多——也许是因为电视中的小人儿都是真实人物。"扬罗必凯广告公司在纽约的报纸上刊登广告，谴责罪行并问道："我们能做些什么呢？"

他们可以做的事情之一，是教会孩子区分对与错。假设他们已经做到这一点了，但是当基福弗委员会正在开庭时，报纸提出证据指控了最不会引起怀疑的地方——大学校园。接连几个冬天，纽约市立大学篮球队都是美国最优秀的篮球队之一。据调查，参加比赛的5人中有3人收受贿赂（每人1 500美元），他们在麦迪逊广场花园的比赛中故意输掉比赛。他们受到指控不久，纽约大学、托莱多大学、布拉德利大学和肯塔基大学的篮球选手也在类似的口供上签了字。

篮球比赛的贿赂者名叫萨尔瓦托雷·索来佐，被判入狱8年，其他人的刑期则短一些。索来佐只不过是一只"替罪羊"。那年秋季的篮球比赛令人激动万分，运动员接受贿赂的丑闻很快就被遗忘了。不幸的是，8月又出现了另一宗丑闻：西点军校宣布，90名学员因考试作弊被开除。

在篮球比赛和考试中的作弊行为颇具典型性。美国正在经历一次周期性的道德败坏——这是自20世纪20年代以来的第一次。在这样一个罪孽深重的年代，人们对罪恶的容忍程度比他们承认的更深。要了解事情真相，就需要明白字里行间的言外之意。社会的表达总是躲躲闪闪的，报纸批评腐化堕落时，到处都用委婉的语言来修饰。较为典型的例子：妓女被叫作“应召女郎”或“派对女郎”，有时也称“玩乐女郎”。与一个男人睡觉，便说她们“开了派对”。(“跟这个约翰开完派对后，你去做什么？”“我去洗澡。”）日复一日的言语让这个最古老的职业听起来富有魅力。

20世纪50年代的妓女在皮大衣和珠宝的装饰下，卖淫的方法可不再是像20世纪30年代的“野女孩”那样沿着铁路拉客，10美分一次，也不像“二战”时60美分一次的“胜利女郎”。应召女郎们不会等在街边或公交终点站，她们躺在舒服的房间，通过电话预约，就像医生那样。许多人是选美比赛冠军或大学毕业生，一些人曾主修经济学，她们在法庭上为自己辩护，称自己为国民生产总值做出了巨大的贡献。实际上，她们提供的服务对经济确实起到了一定作用。公司为外地买主提供女郎服务成了理所当然之事，而迅速发展的公共关系部门则当起了皮条客。会计部门也想方设法让这笔支出逃过税收。只有慎重的女孩才会被聘来做这份工作，一个刻薄的“老鸨”在她们的名单上标上“VIP”（贵宾），就意味着其报酬高达500美元一次。

从某种程度上讲，这样做是有意义的。非职业妓女在接待重要客人和行政副总时是有一定危险的。从路灯下或大型鸡尾酒会上带回的女郎来历不明。她可能有病，可能是竞争对手的间谍，也可能是故意敲诈丈夫的妻子安排的。一个月后，她会出现在客人的办公室甚至家里，决定将偶然邂逅变成长相厮守。将一切放在交易的基础上，就会避免那些麻烦。交易完成，一切就结束了。名声越大的人，越可能去找公开的职业妓女。扮演大明星牧场小工的小角色可以去找寂寞的女招待，但大明星本人则需要职业妓女。那些不同领域中经常出差的重要人士，包括家喻户晓的政治家都如此。但选民并不知道这些事，这可不是说他们对身居要职者抱有什么幻想，完全不是这样，他们只是认为公众人物在忙于损公肥私，中饱私囊。

哈里·沃恩少将是个身材高大、和蔼可亲的密苏里人，长相稍微有点儿像赫尔曼·戈林，是个打扑克的高手。但他在其他方面的才能却并不出众，也不是特别精明。作为杜鲁门的军事副官，他应该知道自己会受到关注，但仍然是所有军官中最邋遢的一个。在重要场合，他经常忘记穿衬衣或打领结，并且一直在做幕后交易——并非违法，只是打“擦边球”。例如，1945 年杜鲁门总统就职后，他发表第一次讲话，对亚历山大威斯敏斯特长老会教堂的妇女辅助会讲述德国被占领后惊人的黑市价格，并且还举了一个例子：他将价值 55 美元的手表以 500 美元的价格卖给了苏联官员。

在白宫，沃恩因乐于交往、和蔼可亲而大受欢迎。他似乎有用不完的社交精力，时刻准备参加鸡尾酒会或宴会。结交新朋友那天，他总会在早上发一封邮件或打个电话，使政府工作有序地运转。如果是在其他行业，他做的这些是无可厚非的，但是对于他现在的事业则很危险。

一个品质卑劣的军需团的前任上校詹姆士·亨特给沃恩惹了大麻烦。虽然亨特周围也有不少类似的人，但他较为典型，是当时以友谋私的代表人物。在杜鲁门执政时期此类交易的利润是 5%：利用权钱交易，“从中牵线”可获得 5% 的好处费。在亨特的请求下，沃恩对监管部门、五角大楼的采购部、国务院护照办公室和农业部都施加了极大的压力。在被占领的欧洲，一位商人带着白宫的介绍信，为香水制造商购买必要的精油。联邦贸易条例为亨特的顾客让行，剩余物资处理程序给另一位顾客方便，公共住房修建计划则为第三位顾客通融。在和平时期的经济恢复阶段，稀缺的钢架铺设在加利福尼亚州的赛马场上，稀缺的商业用糖给了软饮料制造商。沃恩自己则成为捐献竞选经费者和获益者的中间人。最糟糕的是，他接受了其中一人赠送的私人礼物，后来搞得人尽皆知——这个礼物就是价值 520 美元的冷藏柜。

总统在密苏里州有三位密友，分别是唐纳德 · 道森、墨尔 · 扬和威廉 · 博伊尔。他们的地盘是复兴金融公司。复兴金融公司由胡佛创建，以支持面临倒闭的公司。20 世纪 40 年代初期，它曾为国防企业提供资金，减轻战后经济调整的疼痛。后来，该公司在这方面的用处已经不大了，但金融方面的生意却逐渐活跃起来。在阿肯色州威廉 · 富布赖特带领下的参议院下属委员会前往查看时，无意中发现此处竟是藏污纳垢之处。政府拨款被用于各种各样的投机生意，包括在拉斯韦加斯和迈阿密建立赌场的附属酒店。有一些记录不见了，但另外一些则一眼就能看出其中的问题：丽斯福尔德公司向复兴金融公司基金申请 56.5 万美元的贷款，三次被拒之后，他们付给民主党全国委员会副主席博伊尔 8 000 美元的“手续费”，这次贷款就成功了；总统的特别助理道森曾多次为没有担保物的政客向复兴金融公司贷款；扬是该公司的贷款核查员。10 年里，他不断靠收取他经手贷款的“手续费”敛财。在为一间公司弄到 15 万美元的贷款后，该公司为表感激，向扬夫人赠送礼物——一件价值 9 450 美元的貂皮大衣。

那件礼物招来了大祸。要找出一件美国家庭主妇最想要的却从未奢望会得到的东西，那就是一件貂皮大衣。现在就有一位女士得到了一件，因为她的丈夫欺骗了政府。共和党人在这件事上火上浇油（他们忘记了他们的主席也曾为迦太基铁催化剂公司从复兴金融公司弄到一笔贷款，而他本人则是该公司的董事长），到处都是流言蜚语，人们甚至认为政府的工作人员人手一台冷藏柜，放在地下室，而他们的妻子都穿着貂皮大衣。参议员布莱尔·穆迪的夫人将发票贴在新买的皮大衣上，显示她的大衣是染成貂皮色的麝鼠皮大衣，包括税款在内一共381.25美元。貂养殖协会的哈罗德·里德认为有必要说明，不是每一个穿着貂皮大衣的女士都嫁给了骗子。事实上，她们有许多人都是“有鉴赏力又受人尊敬的人士”。

杜鲁门说，富布赖特对复兴金融公司的调查“像驴一样蠢”，但富布赖特证明事实并非如此。在参议院会议室的聚光灯和扩音设备下，富布赖特向新闻记者展示了证据，证明坐在总统右手边的道森实际上领导着一个阴谋团伙，通过损害公众利益以达到敛财的目的。最具价值的证据是复兴金融公司董事沃尔特·邓纳姆的日记。里面仔细记录了道森和其他人打来的大量电话，让那些名声不好、信誉不佳的投机商人找到接近道德败坏的政客的门道。自蒂波特山油田丑闻之后，华盛顿再也没发生过此类事件，但杜鲁门仍然视而不见。扬被大陪审团传唤做证，白宫却没有任何回应。总统坚定地为博伊尔辩护了三个月，之后博伊尔被批准“因健康原因”辞职。道森像沃恩一样，继续在总统内阁任职，在人事问题上仍然拥有最后决定权。这简直太可恶了。

然而，可恶的事接二连三地发生。按当时的组织情况看，美国税务总局经常出现犯罪行为。该局有64个分局，每个分局有一个分局局长，他们和副局长以及华盛顿的高级官员都是政府任命的。由于在上次大选中，一些民主党人在保护公民投票中表现出色，所以这些职务就交由上次立功的民主党人担任。财政部长斯奈德是一个老实的密苏里州人，他感觉早晚会出现丑闻，便尽量弄清关于贿赂的流言蜚语。他甚至要求圣路易斯分局局长詹姆斯·芬尼根辞职，但由于芬尼根与杜鲁门有很深的渊源，便赖着不走。

如今，一切都变了。由于国会委员会发现了一些间接证据，芬尼根便被大陪审团指控，之后被迫辞职，再后来，他被指控在个人所得税申报单中瞒报了 10.3 万美元。接着，斯奈德命令旧金山分局局长詹姆斯·史密斯和他的 8 个下属停职，紧接着便控诉他们欺骗政府。波士顿分局局长丹尼斯·德莱尼辞职后，被指控收受贿赂。布鲁克林分局局长约瑟夫·玛赛尔被发现逃税 3.2 万美元，他和他的死党莫迪凯·米勒因拒绝向委员会解释额外收入的来源被开除。而美国税务总局局长、前白宫助理乔治·舍恩曼也以身体不佳为由递交辞呈。总之，9 名民主党人即将入狱，包括马修·康纳利，他曾是安排杜鲁门总统行程的秘书。

在证据如此确凿的情况下，杜鲁门不得不做出回应。他解雇了司法部税务司司长拉马尔·考德尔，并向国会提交整顿复兴金融公司和美国税务总局的计划。①此后，该局改称美国国税局（即美国国内收入署），全部职员归属文职系统。但这也不足以安抚批评政府的民众。离下一届总统大选已经不到一年，“华盛顿的混乱”成了最具生命力的竞选主题。他们必须抢在共和党之前完成一些事，因此总统宣布成立总统委员会，调查联邦政府的贪污腐败问题。

---

① 1962 年，肯尼迪总统赦免了康纳利；1965 年，约翰逊总统赦免了考德尔。

共和党高声质疑民主党内是否能找到刚正不阿之人来领导该委员会。对于杜鲁门来讲，那绝不是开玩笑。他首先任命托马斯·墨菲，此人曾检举阿尔杰·希斯，墨菲是现任联邦地方法庭的法官。接受任命后，墨菲在最后一刻改变了主意，且没有提出任何理由，这对总统的威望是个不小的打击。接着，杜鲁门任命司法部长霍华德·麦格拉斯担任肃清工作的领导。评论家说，这比什么都不做还糟糕，因为麦格拉斯的部门也卷入丑闻中，而作为民主党全国委员会的前主席，正是他将那些如今受到指控的人带进了政府。共和党大叫那样做不过是想掩盖真相，美国人争取民主行动组织也随声附和。众议院司法委员会亦如此，他们通过投票，要亲自调查麦格拉斯和司法部。

这场闹剧终于发展到高潮了。绝望的总统任命无党派的纽约共和党律师纽博尔德·莫里斯为该委员会主席。莫里斯迅速接任这一职务，并出现在《与媒体见面》栏目中，吐露对司法部未经证实的怀疑，并拒绝麦格拉斯提供的办公场所，而在华盛顿市区的办公大楼工作。他请求国会赋予其出具传票的权力，但遭到拒绝。最后，他自己收到了传票——在参议院委员会面前做证。该委员会想知道他的律师事务所在将剩余油轮非法出售给外国政府一事中扮演什么角色。莫里斯邮寄了一份很长的调查报告给所有公职人员，包括内阁成员，指出他们的资产净值和收入来源，这一举动触怒了政府里的每一个人。麦格拉斯收到调查报告后，怒气冲天。他错误地认为莫里斯是他的下属，于是寄给他一封 5 个字的电报：“即日起停职”。杜鲁门从美联社电传打字机那里得知了此事，大发雷霆，之后便将麦格拉斯解雇了。

1952 年，两党全国代表大会前的最后几个月，杜鲁门的地位似乎越来越不稳定。那年他处理钢铁工人罢工，只是效仿6年前使约翰·刘易斯就范的方法，结果变得滑稽不堪。3月20日，钢铁公司拒绝遵守工资调解委员会的裁定（向工人支付更高的工资），而钢铁价格保持不变。杜鲁门便命令商务部长查尔斯·索耶接管那些工厂，作为国家财产去管理。他认为他在非常时期有权力这样做，最高法院也会认同他的做法。但事实是，最高法院并不认同。6月2日，最高法院认定此次接管不合法。不管怎样，美国钢铁工会的工人还是罢工了，他们要求必须将工资上涨16美分，60万工人才会继续工作。总统不得不同意每吨钢材上涨5.2美元——这是他一直在避免发生的事。

在白宫表现不佳的同时，共和党方面也越来越不负责，这种情况令人震惊。共和党在野时间太长了，他们对5次总统选举时没有选择共和党的选民失去了信心，少数派决定不惜一切代价败坏民主党的名声。它有权也有责任揭露藏在杜鲁门背后的蝇营狗苟之人，而不断揭露政府的腐败问题则是为国服务，这也是民主体系应该发挥的作用。但共和党异乎寻常地抨击艾奇逊和马歇尔将军又是另一回事。他们与考德尔和芬尼根这样的骗子根本毫无关联，作为美国对外的发言人，他们代表整个国家。他们全心全意为国家荣誉奋斗，至少在这一点上，是值得人们认同的。

艾奇逊出身贵族，对对手冷漠甚至傲慢。马歇尔将军则截然不同，他像艾森豪威尔一样是战斗英雄，不属于任意一方。他担任总统特使出访中国，正如艾森豪威尔指挥欧洲战场，是超乎党派之争的。在内阁中，他避开所有的政治风向。他唯一一次陷入争论，是在麦克阿瑟撤职后引起的骚乱中。他巧言善辩，为有限战争的概念不断辩护。毫无疑问，这激怒了国会中麦克阿瑟的崇拜者，但他同样也赢得了奥马·布雷德利和参谋长联席会议的热情拥护。此外，麦克阿瑟没有复职前，共和党对马歇尔的敌对情绪已经十分明显。1950年9月，20名共和党参议员公开反对马歇尔担任国防部长。来自密苏里州的国会议员杜威·肖特说马歇尔是“杜鲁门的狗腿子”；乔·马丁称他是“姑息养奸之人”，必须对中国现状负责。[①]究竟是什么激怒了他们？为什么他们一直不放过那位被称为“当代最伟大的美国人”的杰出将军呢？

答案就是：马歇尔是一个超越战争的民族象征，在无情地争夺权力时，任何一个无可挑剔之人对他们来讲都是一种威胁。如果他现在不和他们一伙儿，早晚有一天会反对他们。这就是他们之所以这样做的原因，他们要打压他，全面败坏他的名声，使他将来提出的任何意见都不被人相信。最后一步交由麦卡锡完成。1951年6月14日下午3点左右，麦卡锡在参议院发表了他最长、最著名的演说，控诉马歇尔“声名狼藉，且藏有巨大的阴谋，使人类历史进程中的所有罪行在他面前都相形见绌”。

开明的共和党人则努力成立一个明智而尽责的杜鲁门政府的反对派。玛格丽特·蔡斯·史密斯宣布，她不愿看见自己的政党通过“恐惧、无知、偏执和污蔑”的诽谤手段获胜。埃米特·约翰·休斯因要避免“华盛顿的混乱”这一说法，而使用“无聊、自负和肆意浪费”的字眼。休斯认为挑战民主党的爱国主义十分危险，但在1952年初期，类似的建议遭到党内保守派的拒绝。整整一年，共和党内的善辩分子坚持称反对派是“民主的党”，讽刺民主党徒有其名。

共和党右翼的演说将民主党划分为5类：罪犯、卖国贼、懦夫、

① “二战”前夕，马丁曾在拒绝加强关岛和威克岛军事防御法案的斗争中获胜。他说，加强防御会激怒日本军阀。

老是陷入战争的无能之辈，以及缺乏足够能力入侵中国并占领中国的软弱之人。意见相左的政客通常会容忍另一方，但像此类的唇枪舌剑只会加剧两党的对立。

共和党的路线受到欢迎。大部分美国人不再支持杜鲁门总统，无论他做多少次总统竞选演讲也无法挽回人民的青睐了。盖洛普民意测验显示，杜鲁门在第一届任期中其民意支持率最低的时候是1946年，仅有32%的选民支持他。整个1950年，这一数字在37%~46%。而从那之后（在他执政的最后两年），支持率从未超过32%。有一段时间这个数字还跌到了23%，那就意味着4个美国人中不到一个人支持他。他从未表现出作为领导人的魅力和吸引力，最多只能算是一个勇敢的人，能够靠决心克服自己的无能。他就是那样看待自己的。1952年4月，在他的第300次新闻发布会上，他告诉记者："我已经竭尽所能将我的一切都奉献给了国家。有许多人——我认为有100万人——会比我做得更好。但既然我身在其位，就要做好该做的事。我经常引用亚利桑那州汤姆斯通镇墓地的一句墓志铭：'杰克·威廉斯长眠于此，他已鞠躬尽瘁'。"

而对于一个有如此信念的民主党人，共和党执政的前景令人不寒而栗。但除了杜鲁门，谁还能成为民主党的总统候选人呢？埃斯蒂斯·基福弗的呼声高涨。他已报名参加党内所有预选，还拥有大批追随者。杜鲁门却无动于衷。作为操纵政党活动并以此为豪的政客，总统用不着改革家们抹黑民主党人士。其他大部分有资格的候选人不是有这种就是有那种不利条件。阿尔本·巴克利时年72岁，太老了；佐治亚州的拉塞尔遭到自由派的极度厌恶；哈里曼从未参加过公职竞选。1951年秋，杜鲁门认为自己找到了最佳继任者。他邀请最高法院院长弗雷德·文森前往基韦斯特的总统别墅，建议文森辞去大法官的职位，成为总统候选人。文森支支吾吾，指出最高法院不应该是通向白宫的踏脚石，但最后同意先与妻子商量一下。文森的妻子更不赞成这件事，杜鲁门只好在他的文件中遗憾地写道："大法官坚决拒绝。"随后，总统将注意力转向伊利诺伊州。在 1948 年 11 月的选举中，那里的州长候选人赢得了一次显著的胜利，以超过第二名 572 067 票这一历史性的优势遥遥领先。杜鲁门本人在伊利诺伊州的优势也只有 33 612 票。毫无疑问，他将会丢掉这个州。他对自己的一个助理戴维 · 劳埃德说，下次艾德莱 · 史蒂文森州长来华盛顿的时候别忘了通知他。

同月，一位共和党州长、新罕布什尔州的舍曼 · 亚当斯成为该州支持艾森豪威尔担任总统的委员会的主席。但他马上就遇到了问题。在新罕布什尔州提名总统候选人时，他必须依照法律提供证据，证明其候选人是共和党人。亚当斯向艾森豪威尔在堪萨斯州县城寄去询问信。下面是该县书记官摩尔的回复：

> 据我所知，艾森豪威尔先生从未在本县投票选举，自 1928 年预选法开始生效，他就没有投过票。我从 1927 年 1 月 14 日起担任本县书记官，据我所知，艾森豪威尔在"二战"结束前没有住在本县，至少他没有投过票，否则我一定会知道，因为从 1927 年春预选法通过到其 1928 年生效，党员名册一直在我这里。
>
> 艾森豪威尔的父亲是一名共和党人，他一直在为共和党候选人投票，直到去世。然而，这一切与他的儿子无关，因为许多人选择支持的政党都与其父不同，这是我不愿意看到的。许

多人相信欠债，想看看到底能花多少钱，这就形成了习惯，会让国家陷入破产境地。

我不认为他有什么政治见解。

艾森豪威尔不仅没有任何政治见解，也没有宗教信仰和明显的指导方针，甚至很少公开发表自己对大事的见解。这已经是4年之中第二次有人提出让他担任世界上最有权力的职位了，但是推举人也不知道如果他当选会如何行事。他担任哥伦比亚大学校长时曾说过这样保守的话："如果所有美国人想要的是安全，那么他们可以去监狱。"同时，他利用自己的威望争取民意支持罗斯福–杜鲁门的外交政策。他的成就，包括北约驻欧洲司令这一职务，都是在他代表民主党政府时取得的。其同胞们大可放心的是，他是一个坚强、正直、宽宏大量的人，他备受欧洲政治家的尊重，并且他展示出的许多平凡的特征，都是民主人士乐意在其领导人身上看到的。例如，喜欢用方言讲笑话，着装随意，最具代表性的就是艾森豪威尔式夹克。

结果他居然是共和党人，虽然这个问题在令人苦恼的几个星期内仍然没有得到解决。1952年1月6日，马萨诸塞州的参议员亨利·卡伯特·洛奇从法国归来，告诉记者说，将军将接受共和党的提名，并且不会否认洛奇的声明，但艾森豪威尔却否认了这一切。第二天，他在巴黎拒绝向记者承认自己的党派关系，只是说那位参议员对于"他的政治信仰和共和党投票记录的大体情况做出了准确的描述"。他避而不谈参加竞选的问题。他警告说，为他做这些事的人令他极为不满。尽管"美国公民有权组织起来追求共同的信念"，但是他们追求的信念并未受到他们所崇拜的人的认同。他补充道："无论如何，我绝不会为了竞选总统而放弃现在的职位，也不会参加那些尊敬我的人举办的任何竞选前的活动。”

显然，这扇门关上了。然而下一刻，他又开了一条门缝儿。如果他别无选择，当然只能接受“超越当前职位”的工作。这对于亚当斯和洛奇来说，已经足够了。他们便开始为他准备竞选活动。许多人都相信艾森豪威尔将是共和党的候选人（他很快就会忘记自己要留在巴黎的誓言），哈里·杜鲁门便是其中之一。

1月20日，史蒂文森州长在纽约举行的城市联盟年会上发表演说。次日下午4点，他抵达华盛顿，参加采矿业视察会议，发现大都会俱乐部已没有空房间了。有人在罗杰·史密斯酒店为他预定了一个房间。办理登记手续时，他收到一封布莱尔国宾馆的信：总统希望当晚与他见面。晚上11点15分，史蒂文森回到酒店房间，感觉头晕目眩。他打电话给一位朋友说：“我是艾德莱，我刚刚经历了不可思议的事，你可否到酒店一聚？”他的朋友到达酒店时，他只穿着衬衫。史蒂文森说：“我刚从布莱尔国宾馆回来，总统希望我从艾森豪威尔的手中拯救世界。”

杜鲁门在回忆录中写道，他告诉州长：

> ……我不会再竞选总统，我认为他是总统的最佳人选……我告诉他我对总统一职的认识，它是如何成为世界历史中最有权力、最伟大的职位的。我让他接受这个职位，并告诉他，如果他同意，就会被提名……但他拒绝了。他显然受到了惊吓。

史蒂文森提醒杜鲁门，他已经宣布再次竞选州长，并表示“不把伊利诺伊州人民赋予的最高职务看作安慰奖”。他要对两个年幼的儿子负责，他们实际上已经被爱抛头露面的母亲所抛弃，而令人眼花缭乱的公众生活只会扭曲他们。另外，他也不确定自己是否已经做好当总统的准备。再担任一届斯普林菲尔德（伊利诺伊州首府）的州长后，他可能会做好准备，但一定不是现在。当然，史蒂文森不会表示对于民主党候选人，那一年有多么难熬，但他一定想到了这一点。不像杜鲁门，史蒂文森知道政府近来被丑闻伤得有多深。

讽刺的是，艾森豪威尔在接下来的夏天观看民主党全国代表大会时，觉得要是自己早知道民主党的总统候选人会是一个像史蒂文森那样的人，他就会留在巴黎了。像美国和全世界的其他人一样，艾森豪威尔为艾德莱·史蒂文森的魅力所感染。以外表看，这位州长并不吸引人：矮小、秃头、笑容满面，但他可是政治天才。人们立刻感受到了他刚正不阿的品格和全心全意为公众服务的精神。他才思敏捷、智慧超群，博得了两党的钦佩。20世纪的政治家中，包括富兰克林·罗斯福和约翰·肯尼迪，没有人能像他那样赢得自由知识分子如此忠实的拥护。他讲起话来，能够激起美国人对于过去和将来的热情奔放的情感。史蒂文森向往林肯的理想，当他带着听众进入那个理想时，全场鸦雀无声。那一年，在其政党中的年轻人和理想主义者的心目中，他就是一尊神。如同12年前的温德尔·威尔基，他让同胞们停下来想想他所代表的是什么，8年后，他曾举得那么高、那么久的明灯，又将为下一位更加年轻的民主党候选人照亮前行的道路。

杜鲁门可不接受他的退缩。1月22日，就在他与伊利诺伊州参议员保罗·道格拉斯共进早餐后不久，总统在布莱尔国宾馆接见史蒂文森的消息登上了头版头条。这位惊慌失措的州长发现他被一大群记者包围了，各个报纸专栏作家的文章中都有他的名字，他还成了《时代周刊》的封面人物，上面写道："无论谣言背后的真相如何，有一点是足够明朗的——在民主党人的寒冷季节，艾德莱 · 史蒂文森充满着政治热情，而杜鲁门则需要一丝温暖”。当被记者问及是否会接受提名时，史蒂文森做着思想斗争。他询问身边亲近的人，一个身体健康并且早已投身政治事业的人，该如何拒绝美国政界最伟大的荣誉和责任呢？他尽量否定地回答记者：“现代的大会不会强求一个再三表达不愿参加竞选的人接受提名。”事实上，这样的事已经有 72 年没发生过了。在 1 月，史蒂文森还认为这种事的重演是不可想象的。

6 个星期后，他还是不太确定。3 月 4 日，史蒂文森和总统再次见面。据杜鲁门的回忆录记载，此次会面是应史蒂文森的要求，而史蒂文森的回忆录中却说是总统要求见面的。为了避免总统选举迅速发展，史蒂文森借用其助理威廉 · 麦考密克 · 布莱尔之名，飞往华盛顿。在路易维尔添加燃料时，他的老朋友、《路易维尔信使日报》的出版人巴里 · 宾厄姆告诉他：“让民众根据你的公共服务记录来做判断。”史蒂文森大笑道：“好吧，那你肯定帮不了我的忙！”在布莱尔国宾馆，他再次向杜鲁门重申，竞选伊利诺伊州州长就是他全部的雄心壮志所在了。但总统也帮不了他。杜鲁门后来写道：“我感觉史蒂文森身上有种领导的气质，我放心将这个重任交给他……我敢肯定，他一定会把获得总统候选人的提名当作自己的职责。”

1952 年 3 月 29 日，5 300 名民主党人聚集在华盛顿国民警卫队军械库，参加一年一度的杰斐逊–杰克逊纪念日晚宴，史蒂文森也在其中。艾奇逊一家也出席了该晚宴。在去晚宴的路上，艾丽丝 · 艾奇逊问她的丈夫，是否认为总统会在晚宴后的讲话中公开自己的政治计划。国务卿迅速回答道，不可能。如果他将再次竞选，现在宣布时机尚早；而如果他决定不参加竞选，也不会当众宣布，否则许多人一定会失望。结果是，艾丽丝·艾奇逊恰好是杜鲁门家族以外，第一个知晓总统打算的人。她那时坐在总统旁边，总统上台演讲之前，给她看了讲稿的最后一页。他在上面亲手写道，自己将决定不再竞选总统。他说："你、贝丝和我，是这里唯一知道这个决定的人。"艾丽丝感到很失落，想让丈夫过来劝阻总统，但总统摇了摇头。艾奇逊在回忆录中写道："晚宴后，他宣布不再竞选，让我们大为震惊。我们的党还没准备好找另一位新的领导人，而且候选人的资质似乎也不理想。"

那是星期六的晚上。星期日，史蒂文森做客《与媒体见面》栏目，演播厅内有一大群观众。其中最多的问题集中于他在希斯一案中的做证内容。关键证词十分简短：

问：你认识其他认识阿尔杰·希斯的人吗？

答：认识。

问：从其他人的言谈中，能看出希斯在正直、忠诚和诚实方面的名声是怎样的吗？

答：能。

问：具体说明他在正直方面的名声是好还是坏？

答：好。

问：具体说明他在忠诚方面的名声是好还是坏？

答：好。

问：具体说明他在诚实方面的名声是好还是坏？

答：好。

在政府律师代表的询问下，他的证词如下：

问：1935~1938 年，你是否曾到被告阿尔杰 · 希斯家里做客？

答：没有，我从未到他家里做过客。

问：1937~1938 年，被告希斯从国务院带走机密文件，并将文件给没有资格的人看或交给他们。在 1948 年以前，你听说过这件事吗？

答：没有。

问：1948 年之前，你听过被告人希斯是共产党人的报道吗？

答：没有。

然而，在麦卡锡主义肆虐两年之后，像这样温和的人也中了政治毒药的毒。加利福尼亚州新晋参议员理查德 · 尼克松说，史蒂文森"作为希斯的品德见证人，为他辩护"。①伊利诺伊州共和党参议员候选人埃弗里特 · 德克森也说了同样的话。（史蒂文森问："德克森说什么了？他会说谎吗？"）《芝加哥论坛报》社评认为史蒂文森应避免做证，因为那样便意味着他"愿意与阿尔杰 · 希斯站在同一阵线"。

史蒂文森在《与媒体见面》栏目中说："我是律师，我认为在法庭上诚实、自愿地做证是所有公民尤其是律师的义务——这也是律师最基本的责任。如果一个处于政治环境中的人，因为太害怕而不敢说出他知道或听到的有关被告的事，唯恐被告最后被判刑，我想这是盎格鲁–撒克逊司法的不幸。这是极端的怯懦。"

回答其他问题时，他再次说明："我一定会竞选州长，并且也只想竞选州长。我不愿担任其他职责，我没有其他野心。"劳伦斯 · 斯

① 尼克松发表第一次演讲时，这位州长在伊利诺伊州以外的地方默默无闻，而且国会记录将他的姓名误拼为"史蒂芬森"。

皮瓦克问道："州长阁下，演播厅里有这么多的观众，向你暗示出国内人民对这件事的看法吗？" 史蒂文森微笑道："那实在太抬举我了，但我认为夸奖不会伤害任何人——如果那个人听了不会飘飘然的话。"

他避免说到的是，卡内基董事会曾投票选举希斯为该基金会的主席，并且在其案件审理过程中也不同意他辞职，而该董事会的成员之一便是艾森豪威尔。

3 月 11 日，艾森豪威尔以 44 497 票对塔夫脱的 35 820 票赢得新罕布什尔州初选，8 天后，史塔生以 128 605 票赢得明尼苏达州初选，而艾克（艾森豪威尔的昵称）以 106 946 票紧随其后。此时从巴黎传来消息，说这两次竞选结果让将军"重新审视"了自己的"政治地位"。简言之，他要整装回国了。

基福弗赢得了民主党代表的支持，使总统在一个接一个州失掉颜面。而除了艾森豪威尔首次竞选的热情，共和党每个初选者都不是一帆风顺的。塔夫脱在内布拉斯加州战胜将军，在威斯康星州打败沃伦，在伊利诺伊州以 70 万票的优势大胜史塔生，补名选票使艾森豪威尔排名第三。4 月 15 日，将军从塔夫脱手上赢得新泽西州，并在宾夕法尼亚州获得胜利，而州长杜威的支持保证他得到了大部分纽约州代表的选票。将军在堪萨斯州得到 20 名代表的支持，而在肯塔基州，只有一人支持他，其余 19 人都支持塔夫脱。印第安纳州全部支持塔夫脱。6 月 3 日，在最后的两次预选中，沃伦获得加利福尼亚州的支持，塔夫脱则在南达科他州打败了艾克。塔夫脱的助手预计可在全美范围内获得 588 票的大会投票——而获得提名则需 604 票。

4 月初，艾森豪威尔宣布，他"在政治道路上的意外发展"妨碍了他的军事职责，他要求解除职务。白宫立刻同意了他的请求，任命李奇微将军接替他在巴黎的职务。6 月 2 日，艾克在家乡堪萨斯州艾比利尼正式开始竞选活动，两万人在当地球场上顶着倾盆大雨聆听他演讲。他认为，国家的当务之急是“自由与社会主义之间的抗衡”。他希望参议院在制定外交政策时发挥更重要的作用，呼吁减少赋税，改进《塔夫脱–哈特莱法》，在朝鲜“实施全面停战”，撤销多余的联邦机构，继续参加北约，“根除颠覆性的元素”。他反对通过调控对抗通货膨胀，反对“社会化的医疗制度”，并且认为保障公民权利应该由各个州负责。

从艾克提出的建议来看，塔夫脱并没有什么要争论的。但 6 月 19 日，在《回答阿比利亚》的演说中，他指责将军误解《塔夫脱–哈特莱法》，缺少农业政策，没能指出“该对中国现状负责的人”，拒绝谴责政府对朝鲜战争的处理方式。这简直是强词夺理，任何看了报纸的人都能明白其中的深意。有人指出，唯一能轻易区别两位候选人不同之处的，便是对待麦克阿瑟将军的态度。塔夫脱承诺，会在政府中给麦克阿瑟一个职位，而艾森豪威尔则表示他全听麦克阿瑟的差遣。

7 月 7 日，共和党全国代表大会在芝加哥屠宰场附近的国际圆形剧场举行。出席的人包括贝蒂·弗内斯，她曾是一位女演员，现年 36 岁，曾在电视中说过这样的广告词：“如果你买的冰箱是威斯汀豪斯牌，那么你大可放心。”贝蒂还没完成开关冰箱门的动作，就已经使 7 000 万观众激动万分了，其中包括一位共和党人，他想把贝蒂的名字加入候选人名单。

三大广播公司运输重达 30 吨的设备，并派遣 1 000 多名员工到达国际圆形剧场，但控制大会的塔夫脱派并没有给新媒体特权。除了同意在讲台上安放提词器外，广播公司的其他要求都遭到了拒绝。那个星期的晚些时候，在剧场的人得知自己会在电视上出现，便反复请求“给代表投票”，以使家乡的每个人都能在电视上看见自己。而观众对此非常恼怒。开始时并非如此，当代表塞西尔·德米尔对记者说这是地球上最伟大的表演时，他指的是会议的进程，而不是电视转播——他是一个电影巨头，曾发誓要搞垮电视。

由于此次会议是由保守派策划的，事情便带有明显的右翼色彩。道格拉斯·麦克阿瑟发表了主题演讲。对于一匹“黑马”来说，这是绝佳的机会，但令其支持者失望的是，他把这次机会搞砸了。艾克虽然身着便服，但依然魅力不减，而麦克阿瑟则只是戴着假发的退休的行政人员。无论何时提到上帝（他经常提到上帝），他的声音总是不自然地上扬，令人不舒服，而且他还养成了一种特别的讲话方式，声音忽高忽低，以示强调。在麦克阿瑟的演讲接近尾声时，代表们相互讨论，以至于都听不到将军的声音了。这次，麦克阿瑟确实被冷落了。演讲结束后，他回到纽约的沃尔多夫酒店，等待大会的决议。三天来，“巴丹”号一直停在拉瓜迪亚机场的停机坪，航空发动机已经预热，油箱也被加满，只要大会选择了他，“巴丹”号便立刻载他回去。星期五，飞机开回了停机库。

乔·麦卡锡的演讲最受欢迎。塔夫脱计划委员会摸透了听众的脾气。当委员会主席沃尔特·哈拉南宣布，他将向代表们介绍一位“威斯康星州的战士”、一个致力于“揭露政府中的卖国贼”而遭到非议的人时，乐队奏响了《海军陆战队赞歌》，会场中有一半的人都加入了疯狂的呐喊中。广告牌上显示着他的受害者：“希斯、艾奇逊、拉蒂摩尔。”乔发出恶魔般的笑声。在对麦克阿瑟（“有史以来最伟大的美国人”）进行称赞之后，他以充满戏剧性的口吻开始演讲：“今夜，我们身处战争之中。”他严肃地宣布战争数据——亲共产党派的民主党员在克里姆林宫交给那些人多少平方英里的土地，被他们推进痛苦之中的数百万的灵魂，至今还在“红色迪安国务院”中赖着不走的背信弃义的“虚伪的卖国贼”。他说他有证据证明这一切。大量的图表被拿上讲台，但这些数据毫无价值，那些标准也难以理解，但这都不要紧——乔对其逐一解释，挥动着手里的教鞭，就像挥动着赶牛的鞭子。

这才是正题，而随后的表演只是配合乔的水平。除了威斯汀豪斯的广告和候选人们漂亮的妻子与女儿外（最令人难忘的是沃伦的妻子和她的妹妹），整个场面都令人不快。年轻的参议员尼克松大声疾呼：“美国人民已经受够了外交代表们的抱怨、哭泣和卑躬屈膝。他们只谈美国的弱点和担忧，而不谈美国的优势和勇气。”竞选纲领也如出一辙。约翰·福斯特·杜勒斯在制定外交政策时，严厉指责民主党在国外记录的方方面面，从 1939 年罗斯福没能保卫波罗的海各个共和国一直到朝鲜战争。一位记者提醒他，在波罗的海沦陷时，他本人就作为“美国第一”派，催促罗斯福远离“愚蠢、无止境的斗争”，以保持国家的主权。在刚过去的 5 月 19 日，杜勒斯在《生活》杂志上写道，杜鲁门决定帮助韩国是“勇敢、正确的，是以国家利益为主的”。他现在怎么能这么说呢？杜勒斯回答说，如果他仅代表个人观点，当然不能这样说。然而，作为政策制定者，他只是提出共和党的例子来反对民主党。他同意这是一个不错的观点。

讲台上的话语杀气腾腾，提名候选人的竞争也越来越激烈了。塔夫脱的表兄、竞选管理人戴维·英戈尔斯的呼吁书让这场竞争更为激烈。那个星期，代表中间流传着这样一些话：

杜威下台！

汤姆·杜威是现今美国最冷血、最无情、最自私的政客。他为达目的不择手段，他的承诺一文不值。他是共和党最大的威胁。他曾两次把我们带向失败，现在他躲在另一个人背后，又在玩同样的把戏。

但杜威能怎么做呢？塔夫脱似乎在第一次木槌敲响之前，就已经把一切安排妥当。7 月 6 日星期日，共和党代表们仍在途中时，塔夫脱已经迈着轻快的步伐走进芝加哥希尔顿酒店，出席新闻发布会。他手中拿着一大堆整齐的电报——共 530 份，这些电报都是那些决定支持他到最后的齐心协力的代表们交给他的。到星期一早上，塔夫脱已得到 607 份那样的保证——比所需要的还多 3 份。临时主席和常任主席都向他做出保证，他赢得了政纲草拟委员会、代表资格审查委员会和全国委员会大部分人的支持。他的助手甚至已经挑选好了演奏的音乐和演唱的歌手。看来，似乎没有什么能阻挡他的脚步。

艾森豪威尔派将唯一的希望寄托于质疑那些代表的资格上。自内战以来，共和党的信仰在南方各州就只得到一些小组织里忠诚党员的支持。他们有两个任务：第一，共和党总统在白宫执政时，干好邮政局长的工作；第二，在 4 年一次的大选中投票。作为老共和党人，如今他们无一例外地支持塔夫脱。

支持艾森豪威尔的人质疑他们出席大会的权利。第一轮竞选在得克萨斯州上演，那就是个典型的例子。只有 5 名投票者参加共和党 1950 年的沃思堡会议，因此，得克萨斯州的全国委员会委员亨利·兹韦费尔决定，1952 年 5 月 3 日的会议在自己家中举行。令他沮丧的是，他的花园被 100 个戴着艾克徽章的陌生人践踏坏了。兹韦费尔以民主党人没有权利在共和党内选择共和党提名人为由，将他们赶走了。三周后，在矿泉井市召开的州代表大会上，老共和党人投票选举参加芝加哥大会的代表：支持塔夫脱的30个人，支持艾森豪威尔的4个人，支持麦克阿瑟的4个人。支持艾森豪威尔的人在另一个会议厅开会，选出33名支持艾克的代表及5名支持塔夫脱的代表。这样，得克萨斯州就有两个代表团参加全国代表大会了。

选择两个代表团代表的官员当然是塔夫脱派。但是，艾森豪威尔派的发言人公开指责他们所谓的“得克萨斯州的偷盗行为”，并要求塔夫脱亲自谴责这样的行为。塔夫脱气愤地回答，他一生中从未偷盗过任何东西。他说，共和党在南方的代表团是按照实行了84年的制度选举的，只有那些心怀不轨之人才会说出那样的话。他是对的，那些事情是伪造的。来自南方的艾森豪威尔的代表团并不比塔夫脱派的代表们更具代表性，而塔夫脱派中至少有终身共和党人。不幸的是，塔夫脱并不是这个懂得感恩的国家的偶像。在五星上将的光环下，艾克的竞选班底扩大了范围，他们正在争取佐治亚州和路易斯安那州的代表团。更重要的是，他们把他们的领导也哄进了斗争中。

艾森豪威尔一直反对前往芝加哥，他认为这样会遭到非议。因此，他会与妻子的家人在丹佛度过这一星期。7月1日，他和玛米在拉斐特大街750号道兹夫妇那8间屋子的青砖房里，庆祝结婚36周年纪念日。他因担任军队司令，婚后四处漂泊，只有这里才勉强算得上是个家。在一次夜晚的会面中，他的支持者劝说他必须前往芝加哥。第二天早上，他告诉记者，他准备“向全美发出明确的呼吁，竞选必须公开公正”。他会“为党派廉洁战斗，直到它能领导国家”。由代表资格审查委员会进行的战斗是“一场明白的是非问题”。他反对“暗箱操作”“独断专行”和“阴谋诡计”。全国委员会决定暂时给南方支持塔夫脱的代表团席位，让他十分震惊。他想要的是“公平竞选”。

公平竞选，已成为其拥护者的战斗口号。洛奇表示，南方来的塔夫脱派是“正直的党的污点”，应予以驱逐。这样的呼声很高，甚至有人指责塔夫脱完全就是个小偷，这对保守派也产生了极大的震动。20 年来，他们一直处于政治的撒哈拉荒漠中，尝尽了辛酸，但他们在国际圆形剧场的愤怒甚至超越了他们对民主党的憎恨。大会想提名塔夫脱。除新英格兰地区的人外，其余成员都认为如果可以遵循自己的意愿，他们就会欢欣鼓舞地选择他，并为他日夜进行竞选活动。就连纽约州的代表团都对他寄予厚望，只有杜威的党鞭还保持中立。电报被握在参议员手中的代表们一个个偷偷摸摸地投奔了艾森豪威尔的竞选班底，尽管连他们自己都厌恶这种行为。星期三晚上，大会的情绪达到了本星期的最高峰。当佐治亚州代表团的辩论达到高潮时，头发乱糟糟的德克森代表塔夫脱上台，指着纽约州的州旗大声说：“行动前再摸摸自己的良心。我们遵照你们的意愿，而你们却把我们带向失败。”他指着杜威大喊道：“不要再把我们带上失败的道路了。”

他们大声呼喊以示支持，然后去拿艾克的小徽章。这是民意测验的结果。他们爱塔夫脱，但更爱胜利。他们相信将军而非参议员，会带领他们前往宾夕法尼亚大道 1600 号（白宫所在地）。大部分人都在寻找一种光荣的方式进入艾森豪威尔的阵营，而塔夫脱派在不经意间给了他们一种方式。通过禁止拍照和禁止记者进入资格审查听证会，他们给人留下一种要强制他们一派的人通过的印象。“公平竞选”需要一个令人信服的举措。艾森豪威尔派的一个领导人、华盛顿州州长阿瑟·兰利在大会提议，佐治亚州、得克萨斯州、路易斯安那州的代表团不应有席位，直到所有代表中的大部分同意其资格为止。这一提议让问题更为突出。对此，参议员的谋士又走错了一步。塔夫脱的阵营中的俄亥俄州的国会议员克拉伦斯·布朗对兰利的决议提供了一份修正案，若其决议通过，支持艾克的人便会得到他们想要的一切，但是控制选举进程的权利仍掌握在塔夫脱派手中。布朗似乎承认了这场竞选实际上并不公平。他的修正案好像一笔交易——这也正是艾森豪威尔的竞选班底的说法。接下来公布的名单决定了整个大会的结果。布朗的修正案没能通过，票数为658：548。艾森豪威尔以微弱的优势取得了共和党的领导权。接下来则是提名。在星期五正午前的几分钟，共和党马拉松的第5天，第一次投票结束，结果是：艾森豪威尔595票，塔夫脱500票，沃伦81票，史塔生20票，麦克阿瑟10票。参议员爱德华·赛伊挥舞着明尼苏达州的旗帜，高声呼喊："明尼苏达州改投艾森豪威尔！"参议员布里克支持塔夫脱，诺兰支持沃伦，最后他们达成了一致——艾克当选。

艾森豪威尔在布莱克斯通酒店的房间里与他的4个兄弟一起观看电视，紧张地玩弄着两个护身符——一枚救世军硬币和一件童子军纪念品。明尼苏达州改票后，赫伯特·布劳内尔冲上前拥抱他。将军眼含泪水，激动得无法言语，找玛米单独待了一会儿。接着，他拨通电话，要求与塔夫脱通话。他这样做是正确的，人们都以为他是政治门外汉，但他却想到了这一点。他问参议员是否能向他表达敬意。一路上，他穿过拥挤的人群，到达塔夫脱下榻的希尔顿酒店。两人都感到筋疲力尽、头晕目眩，不知所措。摄影师请求他们露出笑容，他们答应了，虽然塔夫脱显然苦恼不已。为了党的利益，他会挺过去的，而他做出的牺牲也是极大的。他眼神黯淡，充满痛苦，但还是保持微笑。他带着沙哑的嗓音说："我要恭喜艾森豪威尔将军。我会尽量帮助他在竞选中获胜，并在他执政期间与其精诚合作。"

当布劳内尔告诉艾森豪威尔总统候选人任命竞选伙伴是惯例时，艾森豪威尔表示非常惊讶。这是候选人作为共和党领导人的第一次决定，而他习惯性地采取了军队任职的程序，这符合他的个性。他想找一位“有特殊才能、能刺探出任何颠覆性活动的人”，但他一直未做决定，直到布劳内尔“获得党内领导人的集体智慧”。

邀请保守派参加会议为时尚早，因此与会的都是艾克派的人。他们在希尔顿酒店的房间中聚会，不久就烟雾缭绕。据保罗·霍夫曼回忆，他们第一个讨论到的人是塔夫脱，但他被否决了。他们想找一个年轻人，最好是西部的人。直到可能的候选人一个接一个地被讨论又被否决后，杜威才开口道：“我提名尼克松，他是一个合适的人选。”尼克松符合所有的条件。他 39 岁，在保守派中颇受欢迎，是个坚定的竞选者，并且从未被指控为危险分子。简短讨论之后，每个人都同意该提议。布劳内尔打电话给艾森豪威尔，并让接线员去找尼克松。那位参议员将车借给《旧金山纪事报》的厄尔·贝伦斯后，就同默里·乔蒂纳一起离开了，没人知道他们去哪里。尼克松是那些最晚知道自己被选进会议的人中的一个。当他打电话给惠蒂尔的嫂子时，她已经从电视上得知这一消息了。

从某种意义上讲，这位年轻的参议员作为副总统候选人是最佳选择，艾森豪威尔缺少的一切，他都具备。艾森豪威尔喜爱交际，在折中解决问题方面具有天赋，在任何社交场合都能左右逢源。尼克松是个完美主义者，天性害羞、沉默寡言、性格内向，连鸡尾酒会都受不了。尼克松缺乏幽默感但真挚热情，不合群，以穿衣最快为豪——穿上正式服装只要 8 分钟，便装只需两分半钟。在他衣内的口袋里，通常放着一张清单，记录着日程安排。艾克则让别人带着清单，要不然他们是做什么的呢？艾克与人过分亲近，尼克松则较为沉默。在经济和政治道德方面，将军是个信奉正统基督教的人，而参议员则是相对论者、机会主义者和宿命论者。艾森豪威尔的优势在于吸引无党派人士的投票，而盖洛普追踪投票给尼克松者的记录，其中大部分是共和党的老一辈成员。

当然，尼克松拥有的还不止这些。20年后，在尼克松的一切经过细致分析后，其生活的方方面面都引起了同胞们的好奇。也许在贫困的约巴林达度过童年是他的巨大动力。一份华盛顿的报纸曾把他描述为“镇上最年轻的国会议员”，而正是这种动力让他在仅仅5年之后，就在芝加哥获得如此声望。尼克松注重细节的眼光造成了希斯的致命伤，从某种意义上讲，这也是他自己零星细节构成的行为模式。他那种销售经理的方式，对大多数人所谓的原则问题的漠不关心，狼吞虎咽地吃下松软干酪和番茄酱的样子，对精神病医生的深恶痛绝，总是需要穿防护衣——尼克松这数百个特点，每个都微不足道，却塑造出尼克松魅力无穷的形象。然而，当他进入共和党的竞选名单时，他只不过是作为一个不重要的政客，只在某种程度上为艾森豪威尔的吸引力起到增加或减少的作用。看起来，共和党大有理由相信他会添姿加彩。尼克松促使希斯获罪，这一点令人肃然起敬。正如民主党人所说，将他视作没有胡须的麦卡锡，并靠打败他的对手海伦·加哈根·道格拉斯获得参议员的席位，还不仅如此。没错，道格拉斯夫人受到了伤害，但是最深的伤害却来自她的民主党同胞。一个保守的民主党人首先称她为共产党的候选人，使她在首场胜利中付出了极大的代价，并且在共和党选出其被提名人之前就注定了她的失败。

尼克松是胡佛之后竞选国家职位的第一个加利福尼亚州人，该州的共和党十分愿意用实际证据来显示他们对尼克松的信任。有人询问该怎样做时，乔蒂纳和伯纳德·布伦南回答，最好的证明就是钞票。一个精力充沛的竞选者需要大量的资金。募捐的设备已经准备好了。两年前，尼克松和他的成员就已经建立了一条募捐渠道。他的朋友和仰慕者为他保管着1.8万美元的应急费用，现在这笔钱被送到了募捐处。

在共和党离开，民主党还未到来的那个星期，芝加哥异常平静，如同飓风眼 。酒店靠开大会赢利，市内的酒店主人还在大会间隙安排了几次小会。在艾克曾经走过，不久后艾德莱即将到达的通道上，暂时挤满了安全驾驶指导员、保险推销员和普瑞纳销售团队。奇怪的是，人们关于塔夫脱的记忆比那位打败他的将军的记忆还要清晰。在这位俄亥俄州的参议员到其父亲位于魁北克默里湾的避暑胜地度假的几天后，人们的脑海里还憧憬着他会继父亲之后，为了进入白宫做最后一搏的情景。

1952年的仲夏时节，被打败的塔夫脱派保守分子是否仍然会忠于共和党尚不确定。麦考密克上校的《芝加哥论坛报》称，艾森豪威尔是华尔街、欧洲、哈里 · 杜鲁门、汤姆 · 杜威的候选人。《芝加哥太阳报》的记者问麦考密克，共和党在11月大选中的胜算有多大，他回答说："几乎为零"。《芝加哥论坛报》一位尖锐的社评家将纽约州州长描述为"现今共和党内最不受欢迎之人"；威斯康星州拉辛县的一位读者写道，虽然他自1916年开始为共和党投票，但是"我不会投给艾森豪威尔和杜威。呸，可恶的艾森豪威尔，可恶的杜威"。显然，共和党内出现了严重的分裂。

显而易见，许多问题还得视被称为"第二次贝蒂 · 弗内斯秀"的结果而定。自4月16日史蒂文森州长放弃竞选以来，民主党的希望就飘忽不定了。在去沃尔多夫筹款宴会的途中（他觉得自己出现在那里可能会引起误解），他再次坚定地表达了竞选伊利诺伊州州长的决定："这个夏天，我不会再接受其他任何职位的提名。"事情似乎就这样定了。《纽约时报》评论说："看起来，史蒂文森有效地关上了提名的大门。"

如果选择在其他州开大会，他也许会一直把门关上，但作为州长，他不得不欢迎代表们的到来。那些知道他擅长演讲的人相信，只要他开口，代表们就会为他所倾倒，而他的仰慕者则在希尔顿酒店15层成立了史蒂文森竞选总统委员会总部。与其他前哨基地不同，这个总部没有与他本人联系过，不论是直接的还是间接的。州长仍然在尽一切努力关上大门。应他的要求，朋友们勉强答应不会提名他。7月20日星期日，大会开幕的前一天，他请求伊利诺伊州代表团秘密开会，不要参加提名他的活动。门外的记者躺在地上，把耳朵贴在门底下的缝隙处，听到州长对于总统职位的看法："无论从性情、精神还是身体上，我都不认为自己会适合这个职位。因此，我请求你们尊重我的意愿，不要提名我，万一我被提名了，也不要为我投票。"

历史上竞选成功的人从未说过那样的话，但第二天有两件事开始和他做对。第一件事是，阿尔本·巴克利邀请16名工会主席吃早餐，以获得支持。史蒂文森不同意竞选，副总统也有权要求总统和工会主席支持他。杜鲁门在回忆录中写道，巴克利会成为民主党的选择，但他们并没有选择他，因此他就被排除在竞选之外了。第二件事是，州长的致辞不出所料地鼓动人心。他说："朋友们，今天在伊利诺伊州和中西部广阔的土地上，我们从任何方向，都可以看得很远……我们的想法和愿望不会受到阻碍，我们不需要那样的东西。我们不需要思想或精神上的枷锁，不需要僵硬的思维模式，也不需要人云亦云。我们只需要信仰和信念，那就是借自由公正的竞选取得胜利。”

他回顾了 20 年前罗斯福在芝加哥首次被提名总统的岁月，并动情地讲述了昔日引以为豪的成就。他调皮地眨眨眼，继续说道：“但我们的共和党朋友们却说那些都是极其惨烈的失败。几乎整整一星期，他们的大言不惭席卷了这片土地，只为了找到一个想法，而他们找到的唯一想法是，20 年来的进步不过是由施政不当、贪污腐败、管理不善、挥霍浪费以及糟糕透顶导致的。他们紧紧抓住那个想法不放，在会议厅大肆散播，在整整一星期里甚嚣尘上。”确实，“在听到我们对于施政不当的没完没了的骂声后，我惊奇的是第二天早上的邮件仍准时送达……但我们民主党人并不是这里唯一的受害者。他们先在内部相互厮杀，然后再来伤害我们。他们用同样的字眼描述两件事，这真是十分方便。也许这就是大屠杀发生在屠宰场附近的原因吧。”

此时，艾森豪威尔在科罗拉多州的一间钓鱼小屋观看电视，忧心忡忡。同时，民主党代表士气大振。安妮 · 奥黑尔 · 麦考密克在第二天一早的《纽约时报》上写道：“一天之内，所有迷惑杂乱的目光都集中在矮小的艾德莱 · 史蒂文森州长的身上。他是大会唯一也是自然而然产生的选择。只有总统的行动才能改变现状，但人们普遍认为即使现在行动，也为时已晚。”

星期四下午晚些时候，印第安纳州州长亨利 · 施里克走上讲台，说道：“92 年前，国家从伊利诺伊州的大草原上召唤了最伟大的伊利诺伊州公民——亚伯拉罕 · 林肯。当时的林肯也并非自愿，但他所处的时代不允许他说不。现在我把不允许拒绝的人带到你们面前，他就是伊利诺伊州的艾德莱 · 史蒂文森。”

15 分钟前，施里克走上台时，史蒂文森就只能听天由命了。他打电话到白宫，询问如果提名史蒂文森，总统会不会感到尴尬。杜鲁门说："我从 1 月起就在做你说的事，为什么会感到尴尬呢？"

进行投票时，史蒂文森坐在位于北阿斯特街 1416 号麦考密克·布莱尔父亲家二楼的卧室里，在一本黄色的、划有格线的小本子上写下总统提名的演讲稿。基福弗在头两轮的投票中胜出，在第三轮后，史蒂文森还差两票半才能获得多数票。接着，犹他州将其 12 票改投史蒂文森。7 月 26 日星期六早晨，这位不愿意参选的州长成为民主党 1952 年的总统候选人。

史蒂文森刚当上候选人就遭遇了不祥之兆。风琴一遍遍地低声演奏着竞选歌曲《不要让他们夺走它》，赤裸裸地呼吁大众的贪念。接着，杜鲁门又将他介绍给代表们认识。4 年前，总统在竞选中反败为胜。然而从那之后，他的政治威望却开始下降。当他大喊"你们提名了胜利者，我会尽我所能不惜一切代价帮助他获胜"时，史蒂文森的笑容显得苍白无力起来。对于 7 000 万电视观众来说，这一场景让他们想起了杜鲁门最不吸引人的一面——他喜欢搞彭德格斯特式的政治。这个新人似乎也是彭德格斯特的门徒，而不久之后，他又给自己获胜的机会一记重拳。他通常说话十分得体，而此时却说："我曾向仁慈的教父祈祷，教父啊，请把这个杯子拿走。但我不能因为害怕、自私或虚伪的谦让而不去担当这份令人敬畏的职责。因此，如果杯子不被拿走，我只好喝了它。"

对于虔诚的基督徒，重复耶稣在客西马尼园的祷告就是亵渎神明。艾克关掉电视，对钓鱼的伙伴说："伙计们，听完他说的话，我认为他才是最大的骗子。"

他错过了一次卓越的演讲。史蒂文森说，大会的记忆逐渐褪去时，留下的是："在国内饱受不和、争吵和物质主义可怕的憔悴的幽灵的折磨，在国外遭到冷酷无情、不可理喻、敌对势力夹击的历史时刻，应该看到残酷的现实赋予的责任感。20世纪严峻的考验——基督教最血腥、最混乱的时代，远不止于此。牺牲、忍耐、理解以及无法取代的目标也许是我们多年后才能遇到的命运。让我们面对它，让我们对美国人民讲讲道理。让我们告诉他们真相，没有痛苦就没有收获。我们正处在做出重大决定的前夕，这个决定并不容易，正如你在遭受攻击时奋起反抗，但是只有持久、耐心、代价高昂的战斗，才能保证战胜人类最大的敌人——战争、贫穷、暴政，以及对人类尊严的侵犯，那是每个人最可悲的后果……"

史蒂文森说："我们输了竞选，总好过误导人民，总好过对人民管理不当。"

史蒂文森与其副总统候选人，来自亚拉巴马州的约翰·斯帕克曼上台亮相后，便启程前往斯普林菲尔德。在那里他决定断绝与杜鲁门的联系，塑造自己的形象。他将竞选总部设在那里，既不是华盛顿，也不是纽约。杜鲁门派的国家委员会主席弗兰克·麦金尼的职位，将由一位芝加哥的律师同时也是史蒂文森的朋友斯蒂芬·米切尔取代。

在表明其政治独立性时，他走得有点儿远了。正如他告诉俄勒冈州的记者，如果他当选，清理"华盛顿的混乱"将是他主要的施政目标之一。杜鲁门在其回忆录中冷冷地写道："史蒂文森是如何既希望能说服美国人投票给民主党使其继续执政，同时又否认与民主党权威有联系的，我并不知道。"

事实上，政治遗留问题对两位候选人没有任何意义。艾森豪威尔和史蒂文森都十分强势，十分聪明，不会成为任何人的陪衬。尽管如此，在大选前夕，他们的表现非常不同。约翰·梅森·布朗指出，艾克的笑容挂在嘴角，而史蒂文森的笑容则藏在眼中。将军向群众招手时，会伸直胳膊，演讲时经常用到“我得知”或者“某人告知我”；州长则会说“我想到”“某事让我想起”，他的手势不夸张，双肘总是靠向自己。州长担忧国家沾沾自喜的物质主义以及“精神上的失业现状”，而艾森豪威尔会因那样的话感到窘迫，甚至“现状”一词也会令他烦扰，如果他在演讲中不得不说到这个词，便会紧接着道歉：“当然，我可不是一个有文化教养的候选人。”物质繁荣并没有使他不安，他认为这是一种恩赐，作为美国人，他以此为豪。

艾森豪威尔的对手是个天生的演讲者，而他不是。他需要时间找到竞选的自然规律——实际上需要很多时间，这使他的一些助手对找出规律失去了信心。结束钓鱼旅行后，他说：“如今，美国最大的问题是要走上中间那条又直又窄的道路。”一开始，这就不是吸引人的句子，而当他在第二天、第三天再次重复这句话时，记者们就开始谈论跨过三八线的老论调了。他吸引了大批群众，但9月6日，理查德·罗维尔报道：“到场听他请求帮助把民主党赶下台的听众却不多。”

第一个月，唯一让共和党看见曙光的是他们在报纸上得到的支持。仅有201份报纸支持史蒂文森，其每日读者为440万。相比之下，有993份报纸支持艾森豪威尔，读者为4 004万。但即使在报纸上，新闻专栏也通过刊登民主党候选人的讲话，来破坏支持艾克的社论。州长对时机的把握是卓越的。借着艾克做出让步，表示会保留部分民主党的政策，州长便说起诸多政绩的支持，“如果……将军可以走开并多留点儿空间给我”。他指责道，自20世纪初开始，共和党人就少有新颖的理念,“至于他们的讲台,没有人能站在大堆的鳝鱼上”。9 月 12 日,他结束长达 6 500 英里的西部旅行,听说塔夫脱带着一份保守的宣言前往将军纽约的家中,并且在两小时的会面后,艾森豪威尔同意了宣言上的每一项内容。史蒂文森称之为“晨边高地的投降”。他说:“塔夫脱丢掉了选举,却赢得了候选人。”当极度烦恼的艾克表示总统职位绝非儿戏时,州长再次抨击道:“我的对手担心我的尺骨端,而我则担忧他的脊梁骨。”

电视评论员约翰 · 克罗斯比在《纽约先驱论坛报》上写道:“对共和党人和民主党人来说,史蒂文森州长是一个电视中从未见过的人物,现在这一点相当清楚。他树立了一个榜样,让之后的候选人无法效仿,而就算他本人想要保持这一状态也十分困难。”在沮丧的共和党人眼中,这次竞选像是 1948 年竞选的重演,只不过是另一个人领先而已。6 个星期后,支持艾森豪威尔的斯克里普斯–霍华德报系在其所有的 19 家报纸的头版刊登了一篇绝望的社论,其中写道:“艾克的竞选像一条干涸的小溪,因为他没有用尽全力。”艾森豪威尔说他不知道马歇尔将军是否做错了。社论继续道:“如果艾克不知道,他就应该找出真相,这是竞选中的一个大问题。问问在朝鲜的任何一个士兵的母亲、父亲、妻子吧。”结尾处:“我们依然紧守这个希望……他会狠狠打击对手。但如果他不能,最好还是自动认输吧。”

那是竞选中的一个转折点。它导致此次竞选的整体水平下降,令人遗憾。但它也坚定了艾森豪威尔的决心,让他成为斗志更加昂扬的竞争选手。站在共和党的立场上看,这是个不错的转变。差不多同一时间,史蒂文森的幽默则开始引起抨击。路易斯 · 克罗嫩伯格说,在重大问题上,美国人“害怕幽默并反对幽默”。一些选民开始表示将军是对的,为进白宫而做的斗争可不是开玩笑。9 月还发生了另一件令人吃惊的事，人们意识到民主党候选人的才智也许并不是有利条件，以至于有些选民都开始质疑他了。反智主义历来是美国国民性格的一部分，伴着希斯的下台和麦卡锡的荣升，政治上对反智主义那轻蔑语言的应用也有了显著增加——“留长发者”“不切实际的改良家”“高级知识分子”“饱学之士”“软心肠”。1952 年的竞选运动产生了另一种庸俗的口号，这种风气在之后的 5 年依然盛行。

该口号的提出者是约翰 · 奥尔索普，他是两名专栏作家的弟弟、一家保险公司的总经理，以及康涅狄格州共和党演讲者办事处主管。9 月中旬，斯图尔特 · 奥尔索普打电话询问约翰事情进展如何，约翰说一切顺利。在新英格兰地区，这一年似乎是共和党重要的一年。约翰反问斯图尔特其他地方的情况如何，斯图尔特说观察到曾拥护艾森豪威尔、反对塔夫脱的大部分知识界的名人，现在都转而支持史蒂文森了。约翰思考了片刻，依他后来的解释，他当时在想：“史蒂文森吸引的，而且是强烈吸引的是人们的思想；艾森豪威尔，作为一个男子汉和名人，要更强有力地吸引更多人的情感。”他的哥哥在等着他的回复，而他的脑海里浮现出典型的政治知识分子的面貌——一个光滑、没什么特点、傲慢、圆滚滚的脑袋，之后约翰便说：“当然，所有的鸡蛋头[①]都支持史蒂文森，但能有多少鸡蛋头呢？”

斯图尔特将这番话写进了他的专栏。奥尔索普兄弟都不认为这句话表达出蔑视，但很快他们就无法控制局面了。这句话满足了一种需求，一夜之间就成了全美国嘲讽人的话。路易斯 · 布罗姆菲尔德，一个反智识主义的知识分子，就是抓住这句话不放的人之一。他不了解这句话的出处，便写道：“这似乎是在人民中间自发产生的。”

① 鸡蛋头：对书呆子、知识分子的戏称。——编者注

对他来说，这句话代表“一个自负的知识分子，通常是教授或教授的门生”，他们“表面上可以解决任何问题”，还“女里女气”“高傲自大”“过分自负”，而且是“中欧社会主义的拥护者”，“不自然的道学先生”，是啊，还是个“软心肠”。布罗姆菲尔德预言，如果史蒂文森当选，“鸡蛋头就会回来掌权，我们又会走上混乱的经济、社会主义、共产主义、欺骗和精神错乱的歧路”。

突然间，竞选变成了一场难分难解的恶战。两党的党员都自降身价，粗暴的谩骂、含沙射影、荒唐的夸大其词漫天飞舞——所有过分的行为都有失体统，但这是竞选中难以避免的。那之后，人们对自己说过了什么感到迷惑，但在冲突和混乱高涨的情况下，这是可以理解的，甚至有些人忘了是谁在竞选。杜鲁门的所作所为就像是他在竞选，而亨利 · 卢斯似乎也赞成他的做法。竞选活动一直到达太平洋西北岸，又回到中西部。总统花了两星期的时间质疑艾森豪威尔的才智和性格。《纽约时报》的安东尼 · 莱维罗说，杜鲁门与将军进行了“一场大规模的政治冲突”，阿瑟 · 克罗克将此次旅行描述为“对艾森豪威尔将军正直品格的一次持续攻击，对于一个像杜鲁门总统这样地位的人是前所未有的”。人们可以在《纽约时报》和《生活》杂志上读到所有这些文章，却不能找到多少关于民主党总统候选人的线索。《生活》杂志有一期特意刊登了总统和将军的照片，但没有一张是史蒂文森州长的。

艾克本人与此事无关。总体来说，他和史蒂文森的竞选一样无可挑剔，而且他的演讲也没有任何纰漏。毫无疑问，他后来希望能改变里面的一些措辞。（9 月 3 日，他在小石城说：“感谢上帝，幸亏有最高法院。”）而其他的都是天真的，最令人难忘的是他关于鸡蛋的演讲。他将鸡蛋高高举起，愤怒地表示，这个小小的农产品要向政府缴纳上百种税，而政府自己则没有任何贡献。（正如塔夫脱所说，将军不太懂农业政策。）然而，这谈不上是煽动，甚至不浮夸。艾米特·约翰·休斯在艾克的重要演讲发表之前，用一只蓝色铅笔认真检查内容，勾出有关内政的词（如“改革运动”），和外交政策的词（如“解放”）。剩下内容的大部分都是艾森豪威尔实实在在的愤怒。他列举的事实并非总是正确的，但像其听众一样，他知道美国有些事已经误入歧途，这让他怒火中烧。

如今，人民与他站在一起。“我们喜欢艾克”的呼声更像是赞美的颂歌，而非政治口号。约翰·奥尔索普指出，史蒂文森是试图说服人民，而艾森豪威尔则是要感动他们。艾克成功了。詹姆斯·赖斯顿写道：“大众喜欢他对腐败的愤怒骂声，喜欢他关于美国的一些评论。”后来，马奎斯·蔡尔兹写道，艾克代表“力量、胜利和坚定不移的信心。千千万万群众乐意接受他的信仰、他的面貌、他的微笑、他美国男人的形象以及他的家庭生活的美德”。

卡尔·蒙特为共和党的胜利制订了一个方案，大谈朝鲜战争、犯罪行为、社会主义和贪污腐败等问题，但这远不及艾森豪威尔的水平。共和党中有许多蒙特式的人物，艾克成为共和党的候选人后，便接受了这些方案。如果他立刻与他们断绝关系，反对他们的批评家们一定会很满意，但那不是他的作风。（再说句公道话，这也不是罗斯福对待弗兰克·黑格或史蒂文森对待帕特·麦卡伦的作风。）我们了解将军对共和党极端保守派的看法。在印第安纳波利斯，詹纳试图在公共讲台上拥抱艾森豪威尔时，艾森豪威尔后退了一步。后来他对休斯说：“如果那个人碰我，我会觉得很肮脏。”10 月 3 日，在威斯康星州的格林湾，当摄影师要求他与麦卡锡一同拍照时，他拒绝了，并告诉一名听众："我和麦卡锡参议员的不同之处我们都心知肚明，并且已经就其讨论过了。"

麦卡锡怒气冲冲地走开了，但此事不久后就被忘了，因为那天的晚些时候，艾克在密尔沃基并没有公开与麦卡锡决裂。艾克在准备密尔沃基的演讲时，感到一种好战的情绪，便对休斯说："听着，我们可否利用这个场合让我表达对马歇尔的敬意——就在麦卡锡的地盘上？"事情就这样决定了，于是向马歇尔表达敬意的话便被加入提前发给记者的演讲稿中。那时，州长沃尔特·科勒刚在皮奥里亚登上火车。他让亚当斯和艾森豪威尔的军事副官威尔顿·杰瑞·珀森斯将军相信，那段赞美的话会分化该州共和党的力量。当他们找到艾克时，他说："你们是想让我拿掉关于马歇尔将军的发言吗？"亚当斯说："是的，将军。"艾克说："好吧，拿掉吧。几星期前，我在科罗拉多州已经全面地谈论过那个问题了。"

话虽如此，但艾克并没有全面地谈论过。在科罗拉多州向老上级致敬并不等同于在威斯康星州打击麦卡锡。他第一个看出来，密尔沃基是一个打击对手又不失体面的好地方，但他放弃了，而报纸让全美国上下知道了其中的原因。将军先大胆表明立场，然后又改变主意，这已经不是第一次了。他曾说过会留在巴黎，然后便请辞；他也说过不会去芝加哥，但他还是去了。在他的政治生涯中，这是一个令人不安的毛病，不但给他的对手留下一种软弱的印象，还让他的下属气愤不已，但这并不表示他害怕麦卡锡（随后他会证明他不害怕）或者他自己愿意用卑鄙的手段来竞争。

一些民主党人说他就是那样，无法避免。任何牵扯到麦卡锡的竞选都会成为肮脏的场合。麦卡锡本人则努力做到这一点。现在还无法判断他对 11 月大选结果的影响。麦卡锡得到了相信他或者认为艾森豪威尔进白宫会比史蒂文森对他们有好处的人的票，而其他不满他手段的人则转入民主党的阵营。竞选结果难以确定。4 名民主党参议员同他对阵，其中的泰丁斯也败下阵来。同时，在民意测验中，他的得票也不多。艾森豪威尔以 979 744 票比 622 175 票赢得威斯康星州，而麦卡锡以 870 444 票比 731 402 票获胜，不仅比将军的票少，还是获胜的州候选人中得票最少的。

但他仍是一股力量。麦卡锡最令人瞠目的表现，是在电视上试图给史蒂文森加上共产主义分子的标签。"阿尔杰，"他说道，然后傻笑着纠正自己，"我指的是艾德莱。"在政治上虽然没有人像麦卡锡堕落得那么彻底，但是大部分人还是不同程度地堕落了。要当选就得说民主党是卖国贼，要么真的必须这样做才行，要么只是共和党认为必须这样做。甚至在格林湾，艾森豪威尔与麦卡锡划清界限时，他觉得还是有必要说："我想说清楚一点。他和我的目标都是整顿政府的无能、贪污腐败，最重要的是清理颠覆国家和对国家不忠之人。在这一点上，我们是一致的。因此，我们的分歧与我们最终追求的结果毫不相干。这些分歧只在于方法。"

他的竞选伙伴则更为直接。尼克松反复强调，如果民主党在 11 月的大选中获胜，就会出现"更多希斯、更多原子能间谍以及更多危机"。他仍在抨击身在监狱的希斯。10 月 13 日，他通过电视从纽约向全国发表重要讲话，再次提到民主党候选人在审判时的证词。他宣称苏联已从"希斯和其圈子中的其他人"手里得到上百份秘密文件，这就意味着"美国小伙子的生命处于危险之中，并且可能会因间谍集团的活动而丢掉生命"，接着又补充道："史蒂文森先生是阿尔杰 · 希斯的品德见证人，或者应该说是他名声、好名声的见证人。他证明希斯在正直、忠诚方面的名声是好的……这个证词是在所有这些事实之后做出的。希斯扒开钱伯斯的嘴看看他是不是认识他的对峙，从南瓜中拿出文件，当所有这些事实公之于众后，史蒂文森先生仍然自愿为其做证。"

民主党发言人则指责，当艾森豪威尔为11月的竞选走正道时，他的竞选伙伴却在走歪门邪道。事情就是如此，尽管没有人刻意安排。他们就是两个不同的人。艾克小心谨慎，即使身为一名将军，也并不热爱战斗，这也是他的部分魅力所在。他不愿与史蒂文森竞争，就像不愿与麦卡锡竞争一样。相比之下，尼克松则好勇斗狠，是个手持刀具、有着致命攻击力的街头斗殴者。如果那个秋天他伤害了一些好人，那么必须公平地说，有些民主党人也是带刀伤人的。

《纽约邮报》的头版标题赫然写着："尼克松秘密经费！"第二页写着两行标语：

富豪们的秘密基金

让尼克松过着与薪水不符的生活

里奥·卡切尔报道

洛杉矶——专门为共和党副总统候选人尼克松募集竞选经费的"百万富翁俱乐部"，今日被揭露……

卡切尔是好莱坞电影编剧，成功地歪曲了大部分事实，包括经费的数量以及其合法性。这个特殊的银行账户在书面上和精神上都是合法的，公众人物很少有足够的钱来履行他们的责任。有些人把自己妻子的名字放在政府工资单上，或接受高昂的法律手续费，或在100美元一位的宴会上讲演。史蒂文森也设立了基金，以支持放弃高薪职业为伊利诺伊州服务的人。其他商人为其捐赠经费，就像史蒂文森说的，"不存在负面影响的问题，因为捐赠者与受益人之间没有任何联系"。

尼克松的经费里，两者也没有联系。其每年每笔捐款不超过 500 美元，全部寄给帕萨迪纳的律师达纳 · 史密斯，他是基金委托人和经理。两年多来，76 位捐款人平均每人捐赠 240 美元。18 235 美元用于支付演讲的录音、车旅费、邮资以及寄给竞选活动前工作人员的圣诞卡片，所有账目清楚无疑。尼克松和他的妻子并没有得到一分一毫。另外，这从来就不是“秘密”。一开始，账户和史密斯的管理就为公众所知。某种程度上，尼克松是搬起石头砸自己的脚。在宣传反共产主义的活动中，他操纵微不足道、不相关联的事已游刃有余。钱伯斯嘴里或南瓜里有什么，都与希斯的名声没什么关系。事实上，一个间谍的名声越没有瑕疵，对他就越不利，因为这就说明他一直在利用别人的信任。这就是希斯的叛国罪行如此震惊国人的原因。从某种意义上说，史蒂文森证明希斯值得人们信赖，使对他的量刑更重。但尼克松顾左右而言他，他推断说：“希斯是个间谍，史蒂文森认识他，因此史蒂文森也有嫌疑。”而诽谤他的话是：“某些政客收受贿赂。尼克松收到了钱，因此他贪污腐败。”《纽约邮报》控诉他所造成的影响，由于他本人在竞选中假装高尚而被扩大了。他对《纽约邮报》的第一反应是与其性格相符的。载有尼克松的火车即将离开萨克拉门托时，一个人大声质疑：“告诉我们那 1.6 万美元的去向！”他大喊：“停车！”车停下了，他对群众说的不是合理的事实，而是乱七八糟的事。他说：“你们知道，我正在为美国调查共产主义分子。自从我接受这份工作，共产主义分子和‘左’翼分子就以他们能想到的各种手段抹黑我，以此打击我。甚至当我接受副总统候选人提名时，我也想让大家知道——今天是我第一次向大家透露，有人威胁我，如果我继续抨击政府内部的共产主义分子和伪君子，他们就会尽全力毁掉我……”

但美国人可不会轻易转移注意力。美国产业工会联合会（简称“产联”）指责尼克松已被获取资本收益的共和党人收买，他们“一眼便知他是不错的投资对象”。加利福尼亚州税务局宣布调查该基金。民主党全国委员会寄给报社编辑有关刑法条款的信，内容是关于“国会成员收受贿赂”的。米切尔主席好奇，艾森豪威尔何时会“抛弃”他的竞选伙伴。米切尔的猜测对尼克松丝毫没有影响。而在事情水落石出前，史蒂文森也拒绝做任何判断。然而，艾森豪威尔的看法又是另一回事。如果一位领袖认为某件事可以令他反对自己的副总统候选人，结果必然会很混乱。将军没有表示他相信这些事，但也没说事情荒谬绝伦。时间一小时一小时地过去，艾克那“展望”号火车上的沉默越来越令人难受了。

艾克得到的意见是相互矛盾的。塔夫脱支持该基金，胡佛发表声明：“如果华盛顿人人都有参议员尼克松那样高度的勇气、正直和爱国热情，这将会是个更美好的国家。”阿瑟·萨默菲尔德主席计算了一下如果艾克更换竞选伙伴，共和党会花多少印刷费，并表示那不可能。

将军本人也犹豫不决。他让布劳内尔召回身在夏威夷的诺兰，作为可能替代尼克松的人选；又委派保罗·霍夫曼监督对该基金的彻底调查。根据霍夫曼的命令，50 名律师和会计开始夜以继日地查账。他们发现每一项都是清清楚楚的。此时，艾克火车上的记者们请求他发表评论。据报道，他说他信任尼克松的正直，并确信参议员会“将所有证据光明正大地摆在人民面前”，以示清白。这并不是副总统候选人期望的回答，因为这听来好像他必须证明自己的清白。那确实是将军心中所想，当他同报道旅程的记者一同喝啤酒时，被问道：“你认为尼克松的问题解决了吗？”他皱起眉头说：“一点儿也不。”他实在不了解尼克松，他只见过尼克松几次，他说他想得到有关参议员品行正直的证据——事实、数字、姓名、日期。他颇具技巧地说："如果我们自己不能像猎狗的牙一样干净，我们为反对华盛顿的混乱状况进行的竞选又有何用呢？"

将军的评论传到了在俄勒冈州波特兰的尼克松那里。据《先驱论坛报》的厄尔·梅佐报道，如果当晚在那里举行投票，那么"艾森豪威尔将无法从尼克松成员中得到任何一票"。与心烦意乱的副总统候选人站在一边的是乔蒂纳和威廉·罗杰斯[1]。后来，罗杰斯说："我们接到许多电话，大家都提出了建议。那天只有我们少数几个人知道事情一定会进展顺利。"

几乎同一时间，外界压力逐渐增大，必须通过广播或电视向民众解释。杜威建议尼克松尽快进行此事。尼克松同意了，但他认为有权先与艾森豪威尔通话。电话打到了"展望"号火车上。一番客套话之后，尼克松提出了杜威的建议，并说："一切由你决定。"接着又说："我希望你知道，无论是现在还是以后的任何时间，如果你希望我退出竞选，你可以确定的是，我会尊重你的决定。"艾克称，他认为这件事不该由自己做决定，尼克松便恼怒了。他因无中生有之事受到指责，他想为党的事业奉献自己。显然，这时领袖是可以帮忙的。于是，他干脆地告诉五星上将，要么做出决定，要么让位给别人。

两小时后，尼克松接到共和党全国委员会和参众两院竞选委员会的通知，说他们会支付7.5万美元，让他在电视上向全美就竞选经费问题做出半小时的解释。巴腾、巴顿、德斯坦和奥斯本等共和党广告公司与美国全国广播公司的64个电视台、哥伦比亚广播公司的194个广播电台以及共同广播电网的560个广播电台全部联系好了。他

① 罗杰斯：于1969~1973年担任尼克松时期的国务卿。

们问参议员何时能准备好——第二天晚上是个不错的选择，在《我爱露西》节目之后有个空隙。尼克松说，不可能那么快，他必须回到加利福尼亚州，整理好思路。但是他说可以在那之后的第二晚准备就绪，于是便定下在弥尔顿·伯利的节目之后进行直播。订好联合航空公司下一班飞往洛杉矶的机票后，尼克松便把自己关进了大使旅馆，开始做准备。

在途中，他从座位前抽出一叠航空公司的纪念明信片，在上面粗略地写下：

切克尔斯……

帕特的布外套——

林肯提到普通人的话（？）

后来他解释道，他想到家里的狗切克尔斯，是因为1944年罗斯福在竞选时曾巧妙地用了他的狗法拉。在俄勒冈州的尤金，一张海报上写着“尼克松没有貂皮大衣”，他想了想，确实如此，他的妻子的确没有貂皮大衣。有关林肯的那句话背景较为复杂。米切尔曾说过：“一个人如果不能胜任参议员，他就不应该谋求那个职位。”这是个十分愚蠢的评论。如果这句话有什么含义，那就是只有有钱人才能到华盛顿任职。林肯不是说过上帝爱普通人，因为他创造了那么多普通人吗？[①]在机场同迎接的群众打过招呼后（来的人数量少得令人失望），尼克松到了大使旅馆，他打电话给惠蒂尔学院的历史学老教授保罗·史密斯，让他核对引言。

同时，竞选中发生了一些不寻常的事，运动暂时停下了。群众都

① 实际上，林肯指的是“相貌普通的人”。

忘记了总统候选人，而把所有目光都聚集在了共和党副总统候选人身上。后来又说他身体健康，电视节目再次被打断。人们纷纷猜测他即将要讲什么，甚至连艾森豪威尔都开始对此感到好奇。亚当斯在他的指示下打电话给乔蒂纳，询问情况。乔蒂纳说他也毫无头绪。

亚当斯说："哦，别啊，默里，你肯定知道，他有稿子，不是吗？"乔蒂纳说他没有演讲稿，于是亚当斯又问："那报界呢？"

乔蒂纳回答说："我们在酒店为他们装了电视机，而且我们也找了速记记者，将讲话一页一页记下来。"

亚当斯说："听着，我们必须知道他要说什么。"

乔蒂纳说："舍曼，如果你想知道他会说什么，跟我一样，坐在电视机前听着就好。"

确实如此，尼克松有个大致的演讲主题，但没有手稿，他也没决定好该怎样结束演讲。杜威建议他让选民写信给共和党全国委员会。这似乎是个好主意，但他们该写点什么呢？他也不知道。他知道，每小时压力都在增加，新闻评论也会继续抨击他。《洛杉矶每日新闻》报道："如果得不到民众的热情拥护……此次讲话就会被解读为由艾森豪威尔和他的下属早已做好的决定——只要候选人之一受到哪怕一点点怀疑，贪污腐败就不能成为竞选的议题。到时，尼克松可能会被要求退出竞选。"艾森豪威尔和他的下属没有做出这样的决定，尽管将军一直在关注此事。这似乎极为重要。将军对亚当斯说："我只相信一件事，那就是如果尼克松退出竞选，我们就赢不了。"当晚，艾克唯一感兴趣的就是坐在电视机前看电视。那天他要在克利夫兰公共礼堂讲话，那之前，经理把他带到三楼的电视机前坐下。玛米和反尼克松基金的《先驱论坛报》的出版人威廉·鲁滨逊同他坐在一起，萨默菲尔德和吉姆·哈格蒂靠墙站着。

此时，尼克松准备离开大使旅馆，前往美国全国广播公司设在好莱坞埃尔卡皮坦剧院的演播室。摄影师、电机师以及控制间的工作人员在那里排练了一整天。所有人都准备就绪，除了主角尼克松，他依然没有决定怎样结束讲话。他正与乔蒂纳和罗杰斯商议，讨论听众发表对他意见的最佳方法——写信给他，给艾森豪威尔或全国委员会。这时，电话响了。接线员说是一位叫查普曼的先生打来的长途电话。“查普曼”是杜威的暗号。尼克松对乔蒂纳说，告诉对方自己不方便接电话，但对方坚持请尼克松接电话。尼克松勉强拿起听筒。

杜威告诉他：“艾森豪威尔的全体高级顾问刚刚开了会。他们让我告诉你，建议你在讲话结尾时，向艾森豪威尔请辞。你知道，我跟他们的观点不同，但告诉你他们的决定是我的责任。”

尼克松震惊到无法说话，杜威快速地抖动话筒，说：“喂，听得见吗？”

尼克松问道：“艾森豪威尔想让我做什么？”杜威表示不知道，他并没有直接同将军通话。尼克松说：“现在告诉我这些建议已经有点儿晚了。”

杜威继续问：“我该怎么告诉他们你会如何做？”

尼克松爆发了：“告诉他们，我也不知道我会干出什么事，如果他们想知道的话，最好去听广播！告诉他们，我也懂得一点儿政治！”

洛杉矶下午6点，东部时间晚上9点——广播半小时后开始。尼克松刮了胡子、洗过澡、穿好衣服后，发现他气愤得连演讲内容都记不住了，只能拿着稿子讲话。在剧院，主持人带尼克松和帕特进入演播室，并问他接下来怎么做。尼克松说：“我毫无头绪，就让镜头对准我吧。”在讲话前三分钟，他一度不想说话。他对帕特说：“我简直不相信我能过这一关。”帕特说他当然可以，并且现在做任何事都太晚了。镜头已经放出他的名片了，并对准了他。尼克松说：“美国同胞们，今晚我作为副总统候选人出现大家面前，也作为一个自身正直和诚实受到质疑的人出现在这里。”

尼克松讲述了基金的目的和用途。他说，这笔钱只用作竞选经费。他从未见过这笔钱，因此根据联邦法律，没必要纳税或申报。他继续说：“有人会说‘参议员可能造假啊，我们怎能相信你说的话——毕竟，你是否拿了其中一些现金呢？会不会中饱私囊呢？’所以我将要做的是——顺便说一下，这在美国政治历史上是前所未有的，当着电视观众和广播听众的面，讲讲我的财务状况，我挣的全部钱财、我的所有开支以及我拥有的一切。”

他说了从青年时期到现在他所拥有的一切：

一辆1950年的奥兹莫比尔牌汽车；

加利福尼亚州一栋市值3 000美元的房子，由他的父母居住；

在华盛顿有一栋市值2万美元的房子；

4 000美元的人寿保险和一张美国大兵保险单；

没有股票、证券，没有其他财产。

他所欠的：

加利福尼亚州房子欠款1万美元；

华盛顿房子欠款2万美元；

华盛顿里格斯国家银行贷款4 500美元；

欠父母3 500美元；

欠人寿保险费500美元。

他说："差不多就这些了。这就是我们拥有的和我们所欠的。虽然它们并不多，但我和帕特很满意，因为这里的一分一厘都是我们自己的，都是靠正当途径得来的。"

毫无疑问，到那时为止，他已赢得了听众的心。在同罗斯福所说的被遗忘的人连续5次较量后，共和党最终提名了一个受到千千万万人认同的候选人。尼克松小心翼翼地让自己作为普通人展示在大家面前。战争期间，他周围总围绕着"炸弹何时会掉下来"的声音，并且可能被授予一星或两星，但他并不以英雄自居。毕竟，此次演讲的关键在于详细讨论财务。这是关于钱的谈话，通过把所有的、曾经拥有的每一分钱都清清楚楚地公开，他讲述了听众熟知的问题——使用了两年的汽车、房贷、为数不多的人寿保险。显然，这个人知道该怎样担忧孩子矫正牙齿、翻修火炉或支付电视机尾款等问题。当然，他巧妙地说，像史蒂文森州长那样"继承父亲财产"的人竞选总统是很好的。但是"一个谦逊平凡的人"能参与竞选也同样好，因为他们都记得林肯曾说过的普通人……

民主党人诽谤他不免过于急切，而共和党人想要放弃他也未免过于惊慌，现在他为自己洗清了罪名。尼克松有着强大的前进动力，他不愿就此止步。这是给国民留下难以磨灭的印象的绝佳时机，他要像布莱恩做的"金十字架"演说和柯立芝处理警察罢工那样去做，他打算竭尽所能地利用它。

他告诉听众："我还得说——帕特没有貂皮大衣。但她有一件令人尊敬的共和党的布外套。我总是告诉她，不论她穿什么都好看。"

"我还应该告诉你们一件事，因为我不说，他们也会说的。在提名之后，我们确实得到了一份礼物。得克萨斯州的一位男士从广播中听到帕特提起我们的两个孩子想要一条狗，无论你们信不信，在我们出发开始竞选之旅的前一天，我们从巴尔的摩的联合车站得到消息，说有我们的包裹。我们便去取了包裹，你们知道是什么吗？"

"箱子里是一只可爱的可卡犬，一路从得克萨斯州送来的——黑白相间，斑斑点点，我们6岁的女儿特里西娅为它取名为切克尔斯。你们也知道，我们的孩子像所有孩子一样喜欢小狗。我现在只想说，不管他们怎样说它，我们都会继续喂养它。"

他说，在全美联播的电视上讲话并不容易，会"使你的私生活暴露无遗，就像我一样"。他这样做，是因为美国正处于危险之中，而唯一能拯救美国的就是德怀特·艾森豪威尔。("你们会问，为什么我会觉得美国处于危险之中？看看那些记载。杜鲁门-艾奇逊执政的7年里，发生了什么？6亿人被丢给了共产党阵营。")他的讲话就要到高潮了。但时钟告诉他，他的讲话有点儿慢了。

"我知道，你们好奇我到底是继续担任共和党的候选人还是请辞。我要说：我不认为我应该请辞，因为我不是半途而废之人，顺带说一句，帕特也不是半途而废的人。毕竟，她叫帕特里夏·赖安，出生在圣帕特里克节——你们知道爱尔兰人从不放弃。[①]"

他继续说，但决定由不得他来做。他已经决定(就在讲话这一刻)，"通过电视广播"将所有事交由共和党全国委员会处理。他将要请求听众帮助委员会做出决定："无论觉得我该留下还是离开，请写信或者发电报给共和党全国委员会。不管他们的决定如何，我都将遵从。"

节目负责人悄悄走进演播室，用力做着手势，提示他时间不多了。尼克松似乎没看见他。他的目光呆滞，继续对着镜头说："……让我最后说一句。无论发生什么事，我都会继续战斗，继续到全国竞

① 事实上，她生于1912年3月16日，圣帕特里克节的前一天。教名为西尔玛·凯瑟琳·赖安，她的父亲昵称她"帕特"，母亲是德国人。

选，直到我们将那些伪君子以及维护他们的人赶出华盛顿为止。同胞们，请记住，艾森豪威尔是个伟大的人。同胞们，他是个伟大的人，投票给艾森豪威尔就是投票给美国的利益……”

讲演结束了。在卡利夫兰的艾森豪威尔转身对萨默菲尔德说：“阿瑟，你的 7.5 万美元肯定花值了。”

埃尔卡皮坦剧院里，尼克松正在对节目负责人说：“我很抱歉超时了，我搞砸了，对不起。”谢过技术人员，他收好笔记，整整齐齐地叠好——接着，突然发怒，将它们摔在地上。乔蒂纳兴高采烈地走进来，想要恭喜他，却无法安慰尼克松 。他说：“这是一次彻头彻尾的失败，我没能按时结束发言。”在更衣室中，他背对朋友们，突然大哭起来。

后来，尼克松又一次回忆当时的情形。在他的《六次危机》一书中，他回忆当时因他的讲话而备受感动的摄影师眼中的泪水。在他的记忆中，化妆师对他说：“那一定把他们镇住了，以前从未有过这样的广播。”当时，祝福者的电话使演播室的电话总机响个不停，“演播室的每个人都同意广播取得了超出预期的成功”。

不过那是后来的事。当时讲演结束之后，尼克松就被一个念头困扰着，他准备告诉听众最重要的一句话，也就是共和党全国委员会地址时，镜头上的红灯闪了一下又熄灭了。他没把握好时间，使听众没有记下地址。他推断，没有地址，听众就不会有所回应，委员会则根本就不会收到信件。他走向门外停着的车时，一条大的爱尔兰长毛猎犬冲了上来，对他摆着尾巴。他忧郁地对帕特说：“不管怎样，我们在狗的世界大获成功了。”

在大使旅馆，他发现，事实上，这次电视广播产生了巨大的影响。他刚走进门厅，欢呼声便响了起来。他接到达里尔·扎努克的电话，说“这是我听过的最棒的演讲”。在一小时内传来消息说，西部联合邮局挤满了全美各地的人。他的下属开始一点点儿搜集全美国反应的消息。据尼尔森统计，全美国有一半的电视用户收看了那次演讲。算上广播听众，总共有6 000万人，其中大约有100万打电话、发电报或写信了。从邮局寄来的小额捐款加起来有6万美元，差不多可支付广播费用。这是一次空前的个人胜利，虽然起初他没意识到胜利的程度，但那晚他收到了几乎每位共和党杰出成员的表扬信，只有一人例外。艾森豪威尔没有发来任何消息。

事实是艾克曾发过贺电，但他的电报在一大堆雪片般飞来的电报中遗失了，这个意外造成了尼克松和将军高级顾问之间无法弥补的伤痕。从克利夫兰最早传到大使旅馆的消息是，半小时的演讲对艾森豪威尔来讲是不够的，他需要面对面的对峙。这在一定程度上是对的。艾森豪威尔确实认为半小时太短了。为了面子，他认为他们应该在第二天晚上在惠灵市私下谈谈，然后不再理会经费之事。他以为尼克松早已从对电视演讲表示敬意的贺电中得知这一建议。尼克松在痛苦紧张中度过几日之后，得到的竟是这样的结果，他非常失望，于是怒气冲天。他大叫道：“他还要让我做什么？”接着让他的秘书露丝·玛丽·伍兹发电报给萨默菲尔德，称自己会在找到继任者之后辞去副总统候选人的职务。乔蒂纳在电报发出前就撕毁了它，而尼克松自己也再三思量，但两人一致决定最好对惠灵市的邀请置之不理。尼克松将在蒙大拿州米苏拉登上自己的竞选专车。一封违抗命令的电报传到艾克手中：“星期日到达华盛顿，乐意在你方便之时与你商谈。”

电报未到之前，萨默菲尔德打了一个电话。他问乔蒂纳：“默里，事情到底怎么样？”

乔蒂纳回答："不太好。"

"你说得不太好，到底什么意思？"

"迪克刚刚给将军发了一封请辞的电报。"

"什么！天啊，默里，你把它撕了，对吧？"

"对，我撕了，但我不确定还会撕几次。"

"迪克准备飞往惠灵市见将军吧？"

"没有，我们今晚回米苏拉。"

"什么？我的天，默里，你应该说服他到惠灵市来。"

"阿瑟，我们信任你。如果你能从将军那里直接给我们个人保证，说将军赞同迪克留在候选人名单上，那样我还能说服他，否则我办不到。"

萨默菲尔德再次打电话前，尼克松一行人就离开前往蒙大拿州了，但身在克利夫兰的伯特·安德鲁斯打电话到机场找到了尼克松。安德鲁斯提醒尼克松，不要期望艾森豪威尔这位五星上将和党领导人会飞去见他。是忘记基金问题的时候了，报社评论员也转变了态度。《先驱论坛报》评论："真相大白了。"[①]共和党全国委员会已经投票，以 107 票比 31 票的结果决定候选人名单保持原样。为了强调这一点，在蒙大拿州的尼克松终于收到了艾克的消息："你的表现十分出众……我个人的决定以我个人的结论为准。如果你能立刻飞来见我，我将不胜感激。明天我将前往惠灵市。我对你的个人好感和敬意极其深厚，从未减少。"

尼克松在米苏拉象征性地出现几次，然后小睡两个小时，便启程

① 当时也有人不同意，沃特·李普曼认为该反应是"利用了现代电子设备的夸大效应，纯粹是暴民法则"；《剧艺报》认为那次广播是"一次滑稽的表演……利用了那些爱看《不过是老实人比尔》和《星期日女朋友》这类容易感动的人的同情心和眼泪"。

前往西弗吉尼亚州。到达惠灵市，他还未下飞机，正帮帕特穿上共和党的布外套。这时，一个身影离开下面的人群，走上舷梯，他是艾森豪威尔。尼克松惊讶地脱口而出："将军，你怎么在这儿？你不应该到这儿来接我们。"艾克用手臂搂住竞选伙伴的肩膀，说："为什么不能？你是我的小伙子。"当他们在候机室摆好姿势拍照时，尼克松的眼睛开始湿润了。

他现在有大批的同情者。祝福者们给切克尔斯寄来了各种各样的项圈、手工编织的狗用毛毯、一个狗窝和一年的狗粮。这只小小的可卡犬成了全美最有名气的宠物。甚至那些批评那次演讲的人都用它作为标准，衡量尼克松以后的演讲。亚拉巴马州蒙哥马利的《广告者》评论："这个令人反胃的无聊的家伙竟变成了有可能成为美国总统的人。"然后，该报的评论家发现他有值得称赞之处，便加了一句赞美之语："我们发现之前的想法正在土崩瓦解……新的尼克松让我们欢欣鼓舞。"

10 月 16 日，艾森豪威尔在底特律艾尔弗雷德 · 史密斯纪念基金会慈善晚宴上发表了其两次最重要的演讲的第一个。他对外交政策处理的政治家风范，使一直支持史蒂文森的《纽约时报》转而支持他。10 月 24 日，他在底特律发表第二次重要演讲，承诺一旦当选，"就会去朝鲜"。杜鲁门将这一承诺看作噱头，史蒂文森跟着开玩笑说："如果当选，我将去白宫。"这使他的追随者们听了大笑，但艾森豪威尔的承诺深深打动了群众。战争仍然是美国最为头疼的问题。人们认为，随着美国最伟大的战争英雄到前线视察，事情发展肯定会有所改变。美联社记者杰克 · 贝尔随后写道："实际上，竞选在那天晚上已经结束。"

但双方的相互责骂与控诉一直到竞选结束。11 月的第一个周末，谣言四起：史蒂文森是同性恋，玛米酗酒，“艾德莱”是犹太人的名字，艾克已经死了，但他的下属否认这一事实。自从1936年罗斯福与兰登大混战后，这次竞选已成为最丑陋的一次。11月2日星期日，一辆贴有史蒂文森海报的汽车被从宾夕法尼亚州收费高速公路挤下去，司机被打得不省人事。在密苏里州的乔普林，一个叫雷蒙德·尼克松的与参议员毫无关系的人，接到三次恐吓电话。新奥尔良警察局报告发生了11起暴力事件，都与政治问题有关。舍曼和雷切尔·亚当斯在纽约度过选举日。当晚，辛克莱·威克斯问他们去了哪里，他们说去了布朗克斯动物园看野生动物。

辛克莱说：“与竞选比起来，差别还是很大的。”

“不是的，”雷切尔说，“没什么分别。”

选举当日，在伊利诺伊州利伯蒂维尔，史蒂文森参观了一所学校，那里也是投票地点。他说：“小家伙们，我想问问你们，有谁想和我一样成为伊利诺伊州的州长，请举手。”几乎每个孩子都举手了。他说：“大家意见都差不多呢。现在，我想问所有州长，是否愿意成为你们这些孩子中的一个。”他举起了手。他精神状态极佳，自信满满。他的下属做了一个打赌箱，每人放5美元进去，在纸条上写下他们估计会得到的票数。他在自己那张纸条上写着预计会得到381票，完胜对手。其他人则不像他那么乐观，但也没人觉得他会被打败。

大选前一日，《纽约时报》头版标题写着：测验表明，选举结果变数很大。“无论是共和党的艾森豪威尔，还是民主党的史蒂文森州长，目前都不能肯定说会赢得大选。”这句话总结了《纽约时报》记者进行的7次全面调查。那些4年前预测错的人，现在小心谨慎了。民意测验谨慎地统计着还未投票的数量非同寻常之多的人数，并预测这些流动票将会平均投给两位候选人，但几乎所有票都投给了艾森豪威尔。民意测验者没有注意到或者忽略的是，这些中间派中的绝大多数都是新登记的选民。而以前漠不关心的投票者前来登记，通常都投反对票，这一次也不例外。这是1932年以来的首次大转变，全美都转向了共和党。

艾森豪威尔以33 936 234票对27 314 992票赢得大选。共和党评论员称此次胜利为对自由企业的认同，认为在就职当天，午时的钟声响起后，一个有效率的商人政府就会将彭德格斯特的政客赶出去。《芝加哥论坛报》检查新建郊区送来的调查，开玩笑说，从城市搬出去的人们受到新鲜空气的影响，他们的政治立场都改变了。原先住在邻近罗斯福和杜鲁门街道的大部分年轻夫妇搬到新郊区后，都转而支持艾克。获胜的候选人在长岛莱维顿获得66%的选票，在伊利诺伊州森林公园得到69.4%的选票。

史蒂文森并不能算失败。他获得的票数比历史上任何一位落选候选人的票数都多——事实上，比当选总统的人获得的票数也多，除了1936年罗斯福的得票和艾克此次的得票。尽管艾森豪威尔获得了531票中的442票，但他还是没有共和党前三位总统给人留下的印象深：他的多数票低于11%，那三位则分别是28%（哈定）、30%（柯立芝）和18%（胡佛）。而且，虽然他以600万选票的优势获胜，但他在共和党的国会中仅得到一个多数。在新的众议院中，共和党多数派为10票，而参议院中仅为1票。

无论如何，1952年的选举同1932年的一样，是一场关键性的选举。民主党仍然是大党，在登记的选民中，两党人数比例为5∶3，但这没有多大意义：坚定的民主党——共和党称为“膝跳反射的自由派”，人数有所减少。“投给那个人，而不是那个党”，已成为一种时髦的说法，好像那些投票给罗斯福的人还做过别的事一样。无党派的选民已增加到超过全体选民的20%。国会中，控制权被牢牢掌握在共和党南部民主联盟手中。该联盟成立于15年前，目的是反对罗斯福的法院革新法案。其对立法革新的怀疑态度符合国民的新情绪——保守、满足，尤其是对离经叛道警惕性很强。

大选当日晚上，史蒂文森在斯普林菲尔德的地下办公室，边处理伊利诺伊州的事务，边听着一台小小收音机中播放的得票结果。他写好了两份发言稿，一份是宣布胜出的稿子，另一份则是承认失败的。9点整，布莱尔走进办公室，他平静地问："比尔，是哪份？A还是B？"布莱尔回答："州长，恐怕是B。"史蒂文森说："好吧。"

凌晨1点43分，史蒂文森走进利兰旅馆大厅。他高兴地向情绪低落的志愿者微笑，然后走到一排话筒旁说："艾森豪威尔将军在战争中是一位伟大的指挥官。他在竞选中则是一位精力充沛、无惧无畏的对手。他的这些品质将引领我们走过今后的4年……"宣读完承认失败的电报后，他的眼光穿过人群，向外看去。这是一个时代的结束，所有人都感到了这一点。"摇摆世代"的民主党人，在自己党掌管政府的这些年，已经长大成人。现在，随着改革时代的消逝，他们看不见前方的路。史蒂文森也看不见，但作为领袖，他想说另一番话。略微停顿后，他说："我走在街上，有人问我有什么感受，这使我想起了一位同乡曾讲给我的故事——这个人是亚伯拉罕·林肯。他说过他就像个在黑暗中撞伤了脚趾的小孩子。他说他因为年纪不小，不能哭了，但又因为太痛了，也笑不出来。"

史蒂文森走了，上百万人发现，至少在那一晚，他们并没有因为长大了而忍住眼泪。在这个沮丧的时刻，他们第一次感受到共和党20年来身为在野党的孤寂——习惯了掌握权力如今却处于无能为力的境地的挫败感。

11 月 5 日星期三，在白宫和利兰旅馆的民主党人都起得很晚。但艾森豪威尔将军很早就起来了，飞往奥古斯塔。那位总统当选人将高尔夫球放在球座上对准第一个洞口时，天刚亮起来，阳光灿烂。他的第一个球径直沿着平坦的球道飞出约 250 码[①]。两位身材健硕的年轻人向他的有力一击表示祝贺。接着，他向在场的其他人介绍，那两位是美国特勤局的成员。

① 1 码≈ 0.914 米。——编者注

剪影：艾森豪威尔时期早期

EAST BERLINERS RISE, BATTLE RUSSIAN TANKS

BARDAHL does it again!

BEST SELLERS: Fiction
The Silver Chalice by Thomas B. Costain
Lord Vanity by Samuel Shellabarger
East of Eden by John Steinbeck
The Old Man and the Sea by Ernest Hemingway
Too Late the Phalarope by Alan Paton

How much is that doggie in the window
The one with the waggly tail
How much is that doggie in the window
I do hope that doggie's for sale

I like Ike
I'll shout it over a mike
Or a phone,
Or from the highest steeple
I like Ike
And Ike is easy to like
Stands alone, the choice
Of we the people

STATE DEPT. BANS TRAVEL TO RUSSIA

CAIRO JUNTA SEIZES HELM

"OMNIBUS" SEEN LURING HIGHBROWS TO TELEVISION

He was an old man
who had fished alone
in a skiff
in the Gulf Stream
and he had gone
eighty-four days now
without taking
a fish.

GAMMA GLOBULIN CUTS POLIO FEAR

GEORGE VI DIES —LIZ IS QUEEN

Best actor of 1953: William Holden in *Stalag 17*
Best supporting actress of 1953: Donna Reed in *From Here to Eternity*
Lili *Moulin Rouge* *Shane* *Roman Holiday*

BEST SELLERS: Nonfiction
The Holy Bible Revised Standard Edition
Witness by Whittaker Chambers
Anne Frank: The Diary of a Young Girl
The Power of Positive Thinking by Norman Vincent Peale
A Man Called Peter by Catherine Marshall

"I like Ike, too," said Governor Stevenson.

MAU MAU LEADERS SENTENCED: KENYATTA GIVEN SEVEN YEARS

PUERTO RICO BECOMES 1st U.S. COMMONWEALTH

IKE CHRISTENS ATOMS-FOR-PEACE PROGRAM "OPERATION WHEATIES"

ARREST WILLIE SUTTON IN BROOKLYN

The Great Inspirational Best Seller of Our Time
THE POWER OF POSITIVE THINKING
NORMAN VINCENT PEALE
A Practical Guide to Mastering The Problems of Everyday Living

Alka-Seltzer is speedy!

LINK CIGARETTES TO LUNG CANCER, HEART DISEASE

Best actor of 1952: Gary Cooper in *High Noon*
Best actress of 1952: Shirley Booth in *Come Back, Little Sheba*
The Member of the Wedding *The Man in the White Suit* *Singing' in the Rain*
Viva Zapata! *Limelight*

第二十章　对通用汽车公司有益的

那年秋天，华盛顿等待着自罗斯福以来第一位共和党总统的指示。这个国家的其他地方都变了，紧跟时代的步伐——这么说吧，从防空洞转到了烧烤架。20 世纪 50 年代初期，这十分容易。摇滚尚未出现，音像店也不是青少年的地盘，顾客仍是二十出头的年轻人。他们最喜欢的歌曲主题是爱，而不是欲望。他们慢慢地沉迷在那些柔和甜美的声线中，如马里奥 · 兰扎、朱莉 · 伦敦和托尼 · 贝内特。那时，美国退伍海兵哈里 · 贝拉方特的年收入已达 75 万美元。他的唱片《卡利普索》成为第一张销量过百万的黑胶唱片。那些循规蹈矩之人每月都会购买 10 万张米奇 · 米勒的唱片。米勒不仅是一位歌手，还是哥伦比亚唱片公司流行音乐部门的总监，这就意味着每卖出一张唱片，他都会赚两份钱。当时的音乐让人轻松舒适，让大家都忘了那是一笔大生意。米勒的同事佩里 · 科莫在星期六晚上的电视节目中说，他不介意为了生活回去剪头发，但电视机前的观众却无人发笑。

17 年过去了，好彩牌香烟的歌曲仍在美国全国广播公司星期六晚上播放。为某种产品打广告，还没人认为是有害无益的。1952 年，排名第一的歌曲是约翰尼 · 雷的《恸哭》，到 1953 年被帕西 · 费斯的《你的心在哪里》所取代。渐渐地，自动唱片机传来其他流行歌曲，如《葡萄牙的四月》、《烟雾弥漫的山顶》，薇拉 · 琳恩的《再见，亲爱的》、罗丝玛丽 · 克鲁尼的《请来我家》、特克斯 · 里特尔的《正午》。《正午》是第一首电影大片的主题曲，出自加里 · 库珀出演的同名电影。其曲调改编自“迪米特里 · 迪奥姆金的原创民谣”，由于整首歌朗朗上口，连艾森豪威尔将军都难以忘怀，哼唱了好几个月。在这些生动的艺术中，没有任何令人震惊或紧张的元素，也没有引起混乱。那是孕育的阶段，是喘息的机会，是放松重新调整的时刻。敏感的民主党人察觉到这一点了，史蒂文森说：“我同意现在是喘息的时刻，而自我调节已成为时代的精神。”艾奇逊则建议朋友“遵循自然规律，休养生息”。

杜鲁门政府和艾森豪威尔政府交接的空隙，在科罗拉多州普韦布洛，一位名叫莫雷 · 伯恩斯坦的商人兼业余心理学家准备对一位美丽动人的 33 岁女性弗吉尼亚 · 泰伊实施催眠，在心理学史上留下辉煌的一页。在被伯恩斯坦催眠前，弗吉尼亚还只是科罗拉多州的一名普通家庭主妇。在他的引导下，弗吉尼亚讲起柔和的爱尔兰语言，跳起吉格舞，确认自己是个爱尔兰妇女，名叫布里代 · 墨菲。在爱尔兰经过仔细调查，发现还真有这个人。她于 1758 年出生在科克，也埋葬在那里。接着发现，弗吉尼亚不仅以布里代的身份说话，还了解

19世纪初科克的风土人情——那里的人民、地理和风俗。连续在《丹佛邮报》上露面后，她成了家喻户晓的人物。伯恩斯坦关于她的书《探索布里代·墨菲》先后加印了8次。弗吉尼亚以布里代的身份说的话被刻成黑胶唱片，售出3万张，每张5.95美元。

尽管精神病学家震惊不已，但还是认为弗吉尼亚是把潜意识中的记忆片段交织在了一起。果不其然，在芝加哥，一个美国人发现一位本姓为墨菲的安东尼·科克尔夫人，弗吉尼亚在易受影响的童年时期曾住在她家对面。科克尔夫人来自科克，在孩子的请求下，她不断讲述自己年轻时在爱尔兰的生活，以及从母亲那里听来的故事。

电影院的收入持续走低。碧姬·芭铎在《上帝创造女人》一片中的表现引起轰动，这颇能说明20世纪50年代的情况。《时代周刊》惊讶道："碧姬躺在那里，有立体银幕那么大，屁股赤裸着朝上，就像审查员的眼珠。"于是，负责删剪电影片段的审核人员履行了他们的职责。这位法国最著名的演员只能在大城市的电影荧幕上出现，并且也不是总能见到，而普罗维登斯、沃思堡、孟菲斯和费城则彻底禁止播放她的电影。在艾森豪威尔获胜的那个月，电影院老板认为他们应该在立体电影上弄出点儿新花样。立体电影的制作者认为这是继有声电影后的又一发展。该类电影采用三维立体技术：观影时，你要戴上硬纸板外框的眼镜，然后就会觉得像坐过山车一样地飞速直下，以每小时150公里的速度飞驰，又或者眼睁睁地看着一支矛冲出银幕，直指自己的咽喉。1952年11月26日，第一部长篇立体电影《非洲历险记》在洛杉矶公映。其在一星期内的票房为9.5万美元，派拉蒙影业公司的一位经理嘲笑这种要戴眼镜看的电影的票房最终会十分惨淡，他说："如果给观众放他们想看的东西，在他们的脖子上戴马桶都可以！”结果新鲜劲儿一过，立体电影就像维他风①一样死气沉沉了。

在艾克和史蒂文森竞选期间，还有两件时髦的事：飞碟和数字油画。据说第一次看见飞碟是在1947年，当时华盛顿州的一名飞行员报告说在亚基马印第安人保留地的上空有9个不明飞行物，形似浅盘，以每小时1 200英里的速度在天空飞行。到艾克竞选时，困惑的空军每个月要调查50宗不明飞行物的案件，10年内花费在探索飞碟上的钱共计50万美元，而这一谜案却比以往更加神秘。

数字油画就不是什么高深莫测的艺术了。这是一种非艺术之人的小儿科行为，他们可以不必创作任何艺术作品，就以画家自居。这10年来，其带来的最显著的现象就是赝品层出不穷，因此数字油画可以被看作文化界的风向标。想出彩色数字油画主意的是底特律的帕尔墨绘画公司。顾客可以购买一幅复杂的静物写生或人物肖像——弥尔顿·伯利的是最受欢迎的。他们同时配好50种油彩或水彩，编上号码，并将对应的号码涂在油画布或画纸上。假如乌贼墨色的编号是14，那么对应14的地方便都涂上这种颜色，以此类推。使用帕尔墨的方法，你花上11.5美元（含税）就能重现达·芬奇的《最后的晚餐》，将其装裱在“古色古香的金色画框中”，而这个裱框其实是塑料的。

1952年11月29日星期六，清晨5点30分，星空下，两个男人出现在曼哈顿莫宁赛德大道60号，他们裹着厚外套，将领子竖起抵御严寒，随后坐上了等在路边的黑色豪华轿车。其中一人是美国特勤局的爱德华·格林，另一个则是当选的美国总统。在那个时间，城

① 维他风：20世纪20年代，利用唱片来使音画同步的电影技术。——编者注

市中还没有车辆行驶。轿车飞速穿过空寂无人的街道，直奔东河方向，驶过三区大桥，转向长岛，最后停在与米切尔机场平行的小路上。那里有两架星座式客机正在待命，喷气式飞机出现之前，那已经是最快的飞机了。其中一架是为将军准备的，寒风凛冽，将军赶紧登上了舷梯。

艾克的下属将搭乘另一架飞机。那个星期六的凌晨，美国特勤局的车辆来回穿梭于整个纽约市区，与当选总统的车辆同时开出。他们采取了特别的方式，以确保不会引起外界的关注。将乘坐此次飞机的大人物离开家门，在约定的陌生街头集合；被委派的国防部长、通用汽车公司总经理查尔斯 · 威尔逊在中央火车站徘徊，假装是一位错过车的乘客，其实他在等他的司机。新闻秘书吉姆 · 哈格蒂替艾森豪威尔准备了一份充满虚假约会的日程表。这份日程表将发给报社，表示将军在家公务繁忙。一直守候在莫宁德赛大道 60 号外的记者将会看见每天都有不少显要的政治家进进出出——哈格蒂可不想露出任何马脚。共产主义分子应该不会试图杀害艾森豪威尔，但如今国际局势这么紧张，谁也不愿意冒险。

星期二晚上 8 点，两架飞机在汉城外降落，马克 · 克拉克和詹姆斯 · 范佛里特两位将军迎接了他们。他们原来的指挥官，也就是将来的三军总司令在韩国待了三天，研究战争形势，在大炮轰鸣的前线探望士兵。12 月 6 日星期六，美国人民首次得知此次行程。哈格蒂发表声明告诉美国人民，下一任总统并“没有灵丹妙药，也没有解决办法”，但向他们保证“能做之事也有很多，并且会尽全力去做”，以此支持朝鲜战场上的美国军队。与此同时，艾克前往檀香山，与他的顾问们一起登上美国海军巡洋舰“海伦娜”号。尖刻的民主党人表示，他飞往太平洋地区的唯一原因不过是实践竞选时的诺言。

他在那里的72小时中确实没做什么事，但那次旅程的意义远不仅如此。他上前线的消息极大地鼓舞了美国军队的士气，结冰的战壕提醒他——其他东西都没有这个作用，停战已经迫在眉睫。最终，有了“海伦娜”号的巡航。巡航期间，他接受并思量着麦克阿瑟的意见，接见并选中了参谋长联席会议的下一任主席阿瑟·雷德福舰长，并与他任命的国务卿约翰·福斯特·杜勒斯相互增进了了解。这三人都认为美国的对手只懂得使用蛮力。此次巡航至关重要。

将军之前从未见过舰长，雷德福作为太平洋地区总司令在硫磺岛登上“海伦娜”号。8月，参谋长联席会议主席奥马·布雷德利的第二届任期将满，艾森豪威尔推断，其继任者一定与查尔斯·威尔逊一样，认为20世纪50年代的冷战中心在亚洲。雷德福不仅符合这一条件，而且还狂热地守护太平洋战区，他甚至都不愿听到关闭西雅图桑德因特海军基地的建议。他也赞同制订新的战略方案。艾克认为，庞大的军事预算对斯大林有利，如果新政府倾力打击世界各地的共产主义威胁，那么美国将陷入困境。他认为，制造大量的核武器是阻止侵略的更为明智的方法。如果苏联知道这场绝望的战争最后会以在克里姆林宫投放原子弹告终，那么世界恢复和平的机会就会增加，或者理论上如此。杜勒斯喜欢这一想法，后来他称之为“大规模报复”。

当然，这个想法十分危险，接下来对它的讨论成为20世纪50年代的重大政治议题之一。一些民主党人指责即将担任财政部长的乔治·汉弗莱。汉弗莱强烈主张搞预算平衡，而五角大楼是联邦经费的最大支出者。汉弗莱只是大规模报复战略的众多拥护者之一，麦克阿瑟也在其中。登上“海伦娜”号时，艾森豪威尔得知他的老首长在全国制造商协会大会上说，他已找到“一个清楚又明确的办法解决朝鲜战争”，并且“不会引发世界大战”。他拒绝公开该方案，但表示会呈给当选的总统。“海伦娜”号上的大部分显要人士都不再把麦克阿瑟当回事，但艾克却不这样认为。他致电沃尔多夫，表示期待与他见面，“我也许会从你的想法和经验中得到许多益处”。麦克阿瑟乐意见面，“尤其是因为，尽管我作为个人和军人对此十分热心，但这是我回来后官方首次对我的建议表示出一点儿兴趣”。

12 月 9 日，哈格蒂向媒体发布了此次会面的消息。第二天早上，杜鲁门从岳母的葬礼返回华盛顿时读到了这一消息，随之暴跳如雷。他说，如果麦克阿瑟将军有结束战争的妙招，就应该告诉美国总统，这是他的职责。在第二天的新闻发布会上，他对麦克阿瑟的计划是否切实可行表示怀疑。他怒气未消，也向“海伦娜”号“开火”了。他说，艾克前往朝鲜半岛的保证是竞选中一种不负责任的煽动行为。现在，每个人都发怒了。麦克阿瑟的意见简直不值一提——艾克到纽约去沃尔多夫酒店拜访了他，了解到他的想法不过是威胁中国，现任政府和离任政府之间进行平稳交接的希望也破灭了。

本来就没抱多大希望。在飞往汉城前，艾森豪威尔和他的助手曾拜访白宫，试图结合两者的外交政策。杜鲁门叫来艾奇逊，让他介绍世界上陷入战争的地区。他详细叙述了越南战场，他说最大的问题是，法国是否还有继续对抗共产主义的意愿。

艾克希望有个好的开始，但他也有自己的一套。他对领导的概念反映出他信任专家和权威。舍曼 · 亚当斯是他的参谋长，头衔是“总统助理”。亚当斯之下则是内阁，组建内阁是总统当选人的当务之急。许多总统认为内阁作为审议机构太过冗杂，作用也不大，他们宁愿与白宫的工作人员共事，让部长们去管理那些部门。艾森豪威尔有意把他的内阁当作国家委员会，在其中商议所有重要事务。所以在就职前的几星期，他并未同杜鲁门和艾奇逊协调工作，而是在1月12日和13日，在纽约海军准将酒店，让新任命的部长们预演了两次。

他任命之人反映出他对美国商业界的赞赏。艾克希望他任期内的政府作为商业的政府而为人们所记住，并多次谈及此想法。他认为，商人比军人更有才干，这二者又都比政治家出色。对于他来讲，政治家就是一群无能之辈。位于其价值标尺顶峰的，是工业界的伟大领袖。他组建的内阁中，商业界人士占了大部分，以至于史蒂文森称其是“大交易”，美国运输研究委员会在《新共和》周刊上说这是“8个百万富翁和1个水管工”组成的内阁。这个水管工就是工会领袖马丁·德尔金，他将担任劳工部长。

汉弗莱担任财政部长，威尔逊是国防部长，司法部长是布劳内尔，邮政部长是萨默菲尔德，农业部长是埃兹拉·塔夫脱·本森，内务部长是道格拉斯·麦凯，商务部长是辛克莱·威克斯，而奥维塔·卡尔普·霍比将担任4月11日新成立的卫生、教育和福利部第一任部长。这与民主党的内阁相比，变化十分惊人。新成员中有三人来自通用汽车公司：威尔逊、萨默菲尔德、麦凯都是雪佛兰汽车的经销商。（在一次讨论激烈的新内阁会议中，杰里·帕森斯递给埃米特·约翰·休斯一张纸条：“从现在起，我只买普利茅斯牌汽车。”）由于五角大楼7.8%的业务都交给了通用汽车公司，威尔逊不得不卖掉了他的股份。之后，艾克要求其他内阁成员都这样做。

艾森豪威尔任命的部长们与他本人一样，在某些问题上比共和党的政治家更为右倾（塔夫脱向朋友透露，他担心政府中企业家数量太多），他们的言论也更为保守。接下来的几个月，人们就看到了几个突出的例子。新政府中最健谈的就是威尔逊，讲话总是滔滔不绝，因此他的绰号为“发动机查理”(通用电气公司的总经理也叫查尔斯·威尔逊)。“发动机查理”有时会说他的话被引述错了，有时他的确是对的。他从未说过：“对通用汽车公司有益处就是对美国有益处。”他只是在参议院委员会讨论批准他的任命时说：“对美国有益处的就是对通用汽车公司有益处的，反之亦然。”这一说法与之前的说法全然不同，是对新政府不看好的自由记者将其颠倒了。然而，威尔逊也有不当之处。在谈论五角大楼花费过多的问题时，他说：“我可不是来经营杂货铺的。”

艾森豪威尔总是因为听见威尔逊说出不得体的话而生气，为此休斯还有一段令人难忘的描述：他首先“牙齿咬得咯咯响”，接着“紧咬嘴巴”，最后“慢慢地将亮蓝色的双眼痛苦地转向上方”。“发动机查理”的同事们有时也会因出言莽撞而遭受抨击。乔治·汉弗莱谈论海明威1952年出版的小说《老人与海》时说：“有些老人失败了，一事无成，为何还有人对他们感兴趣呢？”威克斯承认，在艾克的领导下，他实际上都不信任政府对贸易的监管方式。本森喜欢谈论农产品价格的“精神层面”。有人提议免费为全美儿童注射沙克疫苗，霍比夫人则公开谴责它为“走后门”而来的“公费医疗”。政府中另一位成员霍华德·派尔作为有权参与内阁机密的总统副助理，竟亲口说出“受苦的权利是自由经济的乐趣之一”这样的话。

回顾过往，这个即将上任的内阁比那些评论所预测的更令人印象深刻。作为一个团队，他们敬业奉献、勤劳奋进、头脑清醒、忠诚爱国。几星期以来，部长们每天准时出现在白宫西翼棺材状的长桌旁，在高背黑皮椅上坐得笔直，认真地在面前的白色小笔记本上记着什么，总统讲话时便严肃地点点头。幸而他们并不轻易气馁，因为他们肩上的新责任极其重大。所有人，包括威尔逊在内，都未被要求处理像 1953 年 1 月发生在美国政府中的那么大的事件。上次共和党执政时，联邦政府工资单上有 63 万雇员，如今有 256.1 万人，增长了 3 倍多；预算也从 38.63 亿美元增长到 854 亿，猛增了 21 倍还不止。

从某种意义上讲，新政府中最令人感兴趣的是内阁中最年轻和最坚定的共和党人。休斯这样评价副总统尼克松："干脆果断、讲究实际、注重逻辑，从不提出过大目标，但在建议或改良方法上却迅速敏捷——我一直认为他像一名高效率的辩护律师，带着对法律奇怪的马马虎虎的兴趣。"像其他人一样，尼克松有时会让艾克不知所措。他在电视上讨论艾森豪威尔早期的决定时说："顺便谈谈国务卿杜勒斯，我们终于有一个反对共产党的国务卿了，那不是好事吗？"当厄尔·沃伦被任命取代弗雷德·文森的职务时，这位副总统称他为"伟大的共和党首席法官"①，使得艾克大发雷霆。他在多米尼加共和国拉斐尔·特鲁希略·莫利纳的宴会上说："为这个伟大的国家和卓越的领袖干杯。"当时他正在高脚玻璃杯旁露出微笑，记者拍下了这张照片。

那些在海军准将酒店召开的就职前内阁会议预示了艾森豪威尔执政期间会发生的事。一开始，他们就热忱地投入其中。每次会议前要么默默祈祷，要么由本森念祷告词——他是摩门教十二门徒理事会的理事之一。如果艾森豪威尔忘记了，杜勒斯会清清嗓子，小声提醒，艾克则脱口而出："哦，天啊，今天早上我真的需要上帝的帮助才能达成目标。埃兹拉，请吧……"他们也进行了大量讨论。当时的主要议题是即将在华盛顿举行的就职仪式。尽管民主党抱怨不断，艾克还是决定以霍姆堡毡帽代替传统的大礼帽，以显示他不拘小节，这也是新郊区的人们支持他的原因之一。他向这群人读了他宣誓就职后将发

① 后来他解释说，本想在"共和党"和"首席法官"之间加个逗号，但艾克仍然十分生气。

表的演说。当他们鼓掌时，他更是谦虚地说："我需要你们的掌声，但我更需要你们的蓝铅笔[①]。"威尔逊说："你把旗帜高举起来了，太棒了。"大家发现，"发动机查理"在任何问题上总是最先发表意见。当获选的总统陈述他最看重的信条之一（所有国家，包括共产主义国家都需要进行自由贸易）时，威尔逊插嘴说："我比较守旧，我不愿向印度出售武器。"这可让反共产主义者窃喜不已，但他也会让他们震惊。在讨论朝鲜战争是否有可能停止时，他问："能否来个一揽子交易？也许我们可以承认中国，解决远东问题。"

艾森豪威尔在纽约一切准备就绪，于 1953 年 1 月 18 日星期日离开那里，与家人一同搭乘宾夕法尼亚铁路第 90 号商务列车前往华盛顿，他 1945 年从欧洲回来时也坐了同一班列车。首都四年一度的庆祝活动已然开始，每个旅馆都已客满。《纽约时报》报道，理发师推出了"玛米爆炸头"，如果顾客想把头发烫卷，只需花费两美元；如果想戴"假发"，那么价格可高达 17.5 美元。当选总统无暇理会这些琐事。他晚了一个小时离开曼哈顿，因为他在海军准将酒店修改就职演讲稿。星期一，他和其下属还要在斯塔特勒酒店 12 层的总统套房继续修改演讲稿，那里离白宫有三个街区。不幸的是，太多顾问参与其中并给出意见，让星期二中午的就职演讲显得单调沉闷、冗长乏味。另外，演讲前的宣誓完全属于他一人，那是当天最令人难忘的时刻。它使人们想起新任总统最可贵的品质——休养生息。游行队伍沿着宾夕法尼亚大道行进时，一个卖纪念章的小贩清点存货时发现了一件有趣的事。他有两种新颖的纪念章，一个写着"我爱人人"，另一个写着"我恨人人"。第一种纪念章销售一空，第二种则几乎无人问

---

① 蓝铅笔：意即他需要大家的指正。——编者注

津。作为旁观者，他说："今天，大多人都是爱别人的。除了小孩，根本没人买'我恨人人'的纪念章。"

民主党人可找不到高兴的理由。依然因杜鲁门的出言不逊而怀恨在心，艾克拒绝了这位即将离任的总统要与其在白宫共进最后一顿早餐的邀请。杜勒斯已两次拜访艾奇逊，而艾奇逊则宁愿他不要来。二者虽然都是冷战的强硬派，但他们的政见有很大分歧。艾奇逊怀疑（后来证明他是正确的），他的继任者会迫于麦卡锡的压力，解除约翰·卡特·文森特的职务。（文森特是个出色的外交官，曾受到麦卡锡的攻击。）

到1月20日正午，麦卡锡就成了共和党的一个难题。共和党20年来一直在抨击政府（自上一任共和党总统以来，只有一位共和党参议员继续任职），现在他们将接管它了。离任的民主党人则松了一口气。玛格丽特·杜鲁门离开宾夕法尼亚大道1600号，前往艾奇逊位于乔治敦的家时，转身开心地对父亲说："嘿，杜鲁门先生。"杜鲁门愣了一会儿，便开怀大笑。他离开的消息没有提前公布，但在P街艾奇逊家的人行道上，聚集了500名祝愿者；在联合车站，5 000人等着欢送"费迪兰·麦哲伦"号最后一次驶向独立城。杜鲁门站在站台上，对他们说他永远不会忘记他们的姿态，自己即使"活到100岁"也不会忘记这个手势，然后他伸出手，做出他当年竞选时笨拙的姿势，嘲弄地尖声说："这就是我想做的！"火车司机鸣笛警告后，火车便缓慢向前开去。一个孤独的声音唱起《友谊地久天长》的头几句，接着众人加入，开始了雷鸣般的合唱，杜鲁门从此成为历史。

1953年1月21日星期三，清晨，白宫：

虽然新总统参加了两个就职舞会，接近凌晨两点才休息，但照常

7点半起床，独自在卧室吃早餐——惯常是半个葡萄柚和咖啡。华盛顿人通常起得较晚，但西点军校教会艾克，早起是一种美德，他对此深信不疑。他将每星期与国家安全委员会和国会领导的早餐会议定在早上8点，尽管他们极不情愿。他处理日常事务的时间不会超过8点半。穿上咖啡色西装，打上亮丽的领带，他走到一楼，大步流星地走向白宫西翼的总统办公室，舍曼·亚当斯（也是习惯早起的人）已在等候他。总统红色皮椅后的桌子上，竖着一座绿色大理石的气象钟，是格兰特总统执政期间花400美元购买的。艾克把它设置好，他是个有条不紊的人，每天早上都会这样做。

早上8点2分，他要接见的第一个人是布劳内尔。他们商谈了一些程序问题。内阁成员下午5点半将在东厢宣誓，威尔逊无法参加，因为他正在出售价值250万美元的通用汽车公司股份。（俄勒冈州的共和党人韦恩·莫尔斯将在参议院发言，提议威尔逊应被除名。在整个10年中，莫尔斯将是政府内部的肉中刺，最终他加入了民主党。）布劳内尔回司法部后，明尼阿波利斯的詹姆斯·布拉德肖·明特纳夫妇前来面见总统。明特纳是皮尔斯伯里·米尔斯公司的法律顾问，而这是一次社交拜访。去年春天，在明尼苏达州总统预选时，他为艾森豪威尔组织旨在使其进入候选人名单的活动，这次的见面就是对他的奖励。

整个早上都被总统的例行公务塞满。29个身穿红夹克、头戴白帽的骑师蜂拥而至，他们是科罗拉多州帕洛米诺骑警巡逻队，参加了昨天的游行，总统与他们一一握手。接着，总统接见了警察局局长赫伯特·福赛斯带领的丹佛少年警察乐队。收发室传来好消息：昨天的大典中，共收到1 500封贺电。两位共和党州长与总统共进炸鸡午餐。下午，艾克为第一次国情咨文演说做准备时，才发现他没有办公桌的钥匙。

亚当斯解决了钥匙的问题，之前总统亲自负责的绝大部分文件也交给他处理。亚当斯、珀森和哈格蒂是与总统最为接近的三名助手。除了杜勒斯可以在任何时间面见总统外，政府中其他人必须通过新罕布什尔州前州长才能见到总统。大多数情况下，他那潦草的“OK，SA”与总统签名一样有效。他每天平均要接听250个电话。亚当斯还使事情井井有条。白宫工作人员被警告不得散播流言蜚语，不得在走廊吸烟，不得将脚放在桌上，也不能在“举止”上有“古怪的习惯”。

当助手们忙于工作时，艾克则在思考更重要的事，并保持身体健康。时年62岁的他是美国第34任总统：头顶光秃、英俊潇洒、精力充沛、面色红润、肩膀宽阔，身高177厘米、体重80公斤，只比40年前在军校时重了1.8公斤。他昂首挺胸，咬紧牙关，紧闭双唇。生气时，他会用右拳打左手掌，用手掌紧紧握住拳头；休息时，他表情严肃。要是他不愿见人，便可以很冷漠。然而，他最吸引人的特征却是迷人的微笑。

胡佛用重力球锻炼身体，罗斯福游泳，杜鲁门散步，艾克则打高尔夫。美国高尔夫球联合会在白宫玫瑰花园外为他修建了一个高尔夫草坪，设了一个球洞。天气好时，他就在总统府南草坪挥舞球杆；阴雨天，他可以在天花板很高的卧室练习。不久，他又把过道对面的闲置卧室改造成画室。新任第一夫人在战后的圣诞节送给了他人生中的第一批颜料，从此绘画便成为他的爱好，十分认真。现在，他正给他的顾问们画肖像呢。民主党批评家正描述亚当斯是怎样尽力一次处理6件事时，接到艾森豪威尔打来的电话问：“你的眼睛是蓝色的吗？”他们提醒美国人，自柯立芝以来，再没有那么轻松的总统。民主党人讥讽艾森豪威尔的日程表，说那不过是列了一些他不会采取的措施。

专栏作者TRB在《新共和》周刊上写道："民众爱艾克。他做得越少，他们越爱他。也许，这就是诀窍。他不会破坏现状。"①

如同大部分政界人士一样，艾森豪威尔也不爱戴眼镜。他的秘书安·惠特曼在一个特殊的机器上以特大号字体誊写他的演讲稿。他不会随身携带老花镜，而是在白宫随处放上一打，每当思考问题时，他都会拿起一副，咬起眼镜腿儿来。平装本西部小说仍是他最爱的轻松读物。卢克·肖特是他最欣赏的作者，虽然他也读了布鲁斯·卡顿内战三部曲的前两部《林肯先生的军队》、《光荣之路》，不久则读完第三部《沉寂的阿波麦托克斯》。按照他的指示，办公室的书架上摆了杰斐逊和林肯的作品集。他一有空就翻阅。《林肯选集》第二卷（1848~1858年）中，有一段话是描述他自己如何对待总统工作的。艾克很喜欢引用这段话：

> 政府真正的目标是为人民做他们需要做但作为个人又不能做或做得不好的事。如果是个人就能做得很好的事，政府就不该干预。

从下个星期三的上午10点半起，艾森豪威尔将在隔壁行政大楼的印第安人条约室定期接见白宫记者。在这些接见会上，他常常表现出对重大事件毫不知情。虽然这常常使其助手窘迫不堪，他却坦诚表示这是真的，他坦言："你们在告诉我一些我从未从我们的政府听说过的事。"他信口开河，不管语法、句法规则，乱说一通，常常使助手们不知所措。聪明的记者们记下了艾森豪威尔版的"葛底斯堡演说"：

---

① 艾克未采取的措施无关紧要。他没有入侵中国东北，没有派军队进驻中南半岛，没有实施预防性战争，没有用"自由政策"取代遏制政策，也没有停止美国在北约的活动——这些都是其共和党和政府内一些权威人士希望他采取的措施。

我没有核对过数字，我想大概是87年前，一群独立自主的人准备在这个国家建立政府，我相信东部地区也包括在内。他们的理念则是建立在类似国家独立的秩序与纲领上，即每个人都和另一个人一样……

他唯一读的报纸是共和党《先驱论坛报》，这是事实，但要说他在新闻发布会上的表现极其愚蠢（当亚当斯担心发布会上的一些敏感话题时，艾克就会淘气地笑着说："我会让他们摸不着头脑的"），或者把晚上的大部分时间都花在看电视上，也不是事实。他唯一经常看的节目是《弗雷德·韦林演出》，每星期日晚9点至9点半播出。他偶尔也会到白宫的地下影院看电影，但是很少。他认为最愉快的事就是邀请十个八个好友，在白宫屋顶的日光浴室会餐，他则亲自动手在活动的烧烤架上烤牛排。受邀来参加这个晚餐的人会收到写有"DDE[①]"的便条，通常只写他们的名而不写姓：

5月28日星期二晚上，你是否方便来参加一个非正式的男性晚宴。我希望一小群人聚聚，如果你能来，我会非常开心……因为这是非正式场合，我提议我们7点15分在白宫见面，早一点儿共享晚餐，晚上则可以畅谈……我大概会穿用餐服，你穿便装即可。

诚挚感谢，

真诚的，

DE[②]

---

① DDE为艾森豪威尔姓名的缩写。——编者注

② DE亦为艾森豪威尔姓名的缩写（不含中间名）。——编者注

谁会受到邀请呢？不会是政界人士。在艾森豪威尔看来，由于其职责所在，他见他们已经见得够多了。也不是他手下的行政官员。一旦他为某个部或局找到一个可以胜任的负责人，他便觉得完成了自己的职责，然后就将他和他的单位抛诸脑后了。如果当晚艾克想打桥牌打发那个晚上，便会邀请他最喜欢的牌友——北约的阿尔弗雷德·格伦瑟将军、可口可乐公司总经理威廉·鲁滨逊或投资银行家克利福德·罗伯茨。如果是聊天，他邀请的人会多一点儿，但也是同一个朋友圈内的。《美国新闻与世界报道》曾调查“总统的玩伴”，发现只有一个人与政界有点儿关系，那就是科罗拉多州前任州长。其他人则包括两个农场主、两名石油大亨、两个酒商、两个高尔夫球友、两个房地产经纪人和三位银行行长。工商界人士占大多数——来自酒店、汽水、出版、保险、家用电器和轮胎业的总经理们，除去他们，就是众所周知的保守派了，如赫伯特·胡佛、道格拉斯·麦克阿瑟、弗朗西斯·卡迪纳尔·斯佩尔曼和伯纳德·巴鲁克。

他们都会谈论什么呢？假如是第一次会面，他们一定会花些时间来欣赏各盟国政府为总统精心挑选的以示谢意的礼物，这是必不可少的。艾克在总统府的白色椭圆形书房中放满了陈列纪念品的展示柜，并称它为自己的“纪念品陈列室”。[①]他们谈笑风生，一小时内可以从石头花园谈到现代建筑，还谈到帕特和迈克的笑话、法国料理、上好的波本威士忌、土耳其浴室、汽车款式、种菜、犹太人的幽默以及扑克牌的玩法。他是个健谈的人，喜欢讨论具体问题，而非泛泛之谈。如果探讨麦卡锡藐视宪法权利，他会心不在焉。但如果谈到某个政治迫害的受害者的具体情况，他就会一直听下去，只要你说话不是

① 为了避免混淆，要说明的是，白宫一共有两个椭圆形房间。椭圆形办公室在西翼，而椭圆形书房在总统府的二楼，位于总统家庭的住宿区。

太尖刻。他不欢迎恶毒卑鄙之人，艾克一向慷慨大方，他希望朋友们也如此。只有绅士才有资格进入这些房间，其余的只能同舍曼·亚当斯打交道。

罗伯特·A·塔夫脱的政治手段从未如此娴熟，他的精力也从未像现在这样用之不尽。他在国会山四处活动：组织第83届国会、智胜对手、奖励盟友、决定谁应该担任何职——总之，除了刷国会的房顶外，能做的都做了，而之后的某天，他连这个也要管了。塔夫脱让自己成为多数派的领袖，并将所有重要的委员会主席职位交给极端保守的朋友担任，如尤金·米利金、斯泰尔斯·布里奇斯、威廉·兰格、休·巴特勒、霍默·弗格森和威廉·洛兰。那些在芝加哥代表大会之前就支持艾克的参议员，例如堪萨斯州的卡尔森、纽约州的艾夫斯、宾夕法尼亚州的达夫，发现自己被委任的职位不受待见也无足轻重。塔夫脱瓜分参议院这块大蛋糕时，有一件事失算了。他以为自己让麦卡锡进入政府工作委员会是谋略过人，以为这样他就能把时间都花在监督总务署的数字上了。塔夫脱表示："我们已把麦卡锡安顿在他再也不会搞破坏的地方了。"

然而，任命刚刚下达，麦卡锡就开始找麻烦了。他在提交给参议院批准的政府人员任命单上就找到了借口。第一眼看上去，这份名单完美无瑕，但麦卡锡在任何地方都能找出罪状。詹姆斯·科南特是艾克任命的驻德高级专员。麦卡锡宣称科南特作为哈佛大学的校长，他的观点"与美国人民的普遍信条大相径庭"。艾森豪威尔想让沃尔特·比德尔·史密斯担任副国务卿。史密斯是个令人敬畏的人物，"二战"中曾是艾森豪威尔的参谋长，之后他担任中央情报局局长以及美国驻苏联大使。麦卡锡反对道，史密斯曾在控告麦卡锡诽谤罪的审前听证会上做证，并且不顾麦卡锡和帕特·麦卡伦的控诉，为外交官约翰·佩顿·戴维斯辩护过。但参议院可不会因为这些证据不足的理由公然反抗那位深得民心的总统。科南特和史密斯的任命都被批准了。既然麦卡锡已经提出了自己的主张，白宫也开始有所警觉，知道他可不是好对付的。

任命查尔斯·波伦为驻莫斯科大使时，他们认真较量了一次。波伦对艾森豪威尔和杜勒斯来讲非常重要，他是国务院中研究苏联问题的权威。由于该身份，他在雅尔塔会议上担任罗斯福的译员，但共和党右翼极其憎恨与那次会议有关的任何人。在外交关系委员会的听证会上，波伦坚决拒绝谴责雅尔塔会议。他甚至在批评该次会议的参议员面前维护它，称雅尔塔会议在当时符合美国的最大利益。于是，双方进入敌对状态。这是权力的归属问题，总会有人赢，有人输。

极端保守派就波伦的任命问题进行了越来越激烈的攻击。布里奇斯告知参议院，驻莫斯科大使应该由“一位称职的共和党人”担任。曾担任国务院保卫处处长的斯科特·麦克劳德是麦卡锡的人。3月20日，麦卡伦指控他“没有在得到的联邦调查局情报的基础上通过对波伦的审查”，这一针对麦克劳德的结论立刻就被杜勒斯“推翻了”。但国务卿随即否认该事。同一天的晚些时候，麦卡锡骂杜勒斯是骗子，要求他发誓做证。麦卡锡声称知道波伦的档案内容，说他是危险分子“还是太轻了”。此时麦克劳德心急如焚，他夹在两个大人物中间，只能寻求白宫的帮助。他告诉亚当斯和珀森，这一切只是个荒唐的误会。他只是让杜勒斯注意联邦调查局里波伦档案中“贬损他的材料”。麦克劳德请求辞职，但亚当斯告诉他，如果他那样做了，只会让现在不愉快的局面更加糟糕。

杜勒斯向外交关系委员会保证，联邦调查局的调查员对波伦的忠诚“毫不怀疑”，但对于极端保守派的参议员来讲，即使是保守派的国务卿都值得怀疑。唯一的解决办法就是塔夫脱和亚拉巴马州的斯帕克曼（他曾是史帝文森的竞选伙伴）组成两人委员会，一同研究联邦调查局里波伦的档案。3 月 25 日，塔夫脱向参议院汇报了调查结果：

> 没有迹象表明任何人在任何地方以任何方式质疑波伦先生的忠诚问题，他从未与共产主义者有过联系，也没有对其表示过支持甚至容忍……我认为没有确凿的证据可以对波伦先生的不良行为做出指控。

然而，麦卡锡仍然对波伦穷追猛打。艾森豪威尔告诉白宫记者，这位外交官的任命仍将交由参议院批准。总统表示，该任命会给美国带来最大利益，问题就是这样。尽职尽责的共和党人没有选择余地。塔夫脱本人对波伦的评价不高，但作为多数派的领袖，他不能反抗艾克，尤其是所有证据都支持与其相反的一方。于是他在参议院竭尽全力，以 74：13 的票数通过任命。

乍一看，麦卡锡似乎挫败了，但事实恰好相反。该问题分裂了塔夫脱的势力，他不愿再发生类似之事，便告诉艾克，他支持此事的代价就是“不能再出现波伦（这样的人）了”。总统的助手们也得出了相同的结论。与此同时，这位威斯康星州的参议员又在计划新的活动。整个华盛顿似乎没有一个共和党人准备公然反抗约瑟夫·麦卡锡。

新政府要组成对抗麦卡锡的战线，但由于竞选时不明智的承诺，此时政府的实力有所削弱。芝加哥代表大会上通过的共和党纲领是一个大杂烩，反映了过去20年来破碎的希望、失败中的迷思以及对共和党主要捐赠者的承诺。其中一个承诺是，艾森豪威尔会将富饶的沿海大陆架交由各州管理。尽管韦恩·莫尔斯阻挠议事，总统还是兑现了全部诺言，但他的威望有所折损。他以改革家的身份进入政界，但争论潮间地油田的归属可不是改革的问题。2月6日，在乔治·汉弗莱的催促下，他兑现了另一个竞选承诺，下令立即取消对工资的控制，以及对大部分生活消费品的限制，包括肉类、家具、服装、餐馆中的食物以及零售商店中的大部分物件。然后，汉弗莱又要求紧缩联邦信贷，削减国防经费支出。这次，艾克又答应了，让拥护他的消费者深感失望，并且也为1953年后期和1954年上半年的经济衰退埋下了隐患。

共和党的谬见在外事方面是最多的，中国台湾是其中一个主题。1950年6月27日，杜鲁门派遣船舰和飞机前往朝鲜半岛时宣布：

> 共产党势力占领台湾，会对太平洋地区的安全造成直接威胁，也是对执行合法和必要职责的美国军队的直接威胁。因此，我命令第七舰队阻止任何对台湾的攻击。而作为这一行动的必然结果，我要求在台湾的蒋介石政府停止一切对中国大陆地区的海空攻击。第七舰队负责监督落实此事。

艾奇逊称之为“中立”台湾的观点，共和党极端保守派却不赞同。他们认为，中立蒋介石的措施既不明智，也对美国不忠。他们不顾事实，相信蒋介石能轻易打败毛泽东的军队，继续让他留在台湾则是他们阴谋诡计的一部分。为了表示对国民党军队的信任，麦卡锡、洛兰和布里奇斯出席国民党“大使馆”的正式晚宴，与他们一同大喊其口号：“反攻大陆！”他们站起来大喊，使馆里的国民党“大使”则热烈鼓掌。

他们郑重宣布要“让蒋介石出笼”。艾森豪威尔从未使用过这个词，但它出现在纲领中。在这个命令下，参谋长联席会议发电报给第七舰队：

1953 年 2 月 2 日

立即执行

收件人：珍珠港美军太平洋指挥总部

抄送：日本东京远东司令部

命令中要求你们保证不会将台湾和澎湖列岛作为中国国民党进攻大陆时的基地，这一部分要求现已取消。

但蒋介石如何再次占领大陆呢？没有船只，他甚至都到不了中国大陆吧！但艾森豪威尔仍然沉浸在幻想中。起草国情咨文时，他写道，杜鲁门的命令是要“美国海军为防御共产主义中国助力”。而且，谈论重新挑起中国内战具有挑衅性。报社泄露了消息，安东尼·伊登警告总统这会“招致极为不好的政治反响，又得不到军事补偿”。艾克心烦意乱，决定前往国会山以和平方式解决问题：“请允许我澄清一下，我方下达该命令并没有侵略意图。”十分清楚的状况是，被放出笼的蒋介石已经没有牙，不再凶猛了。没有第七舰队的阻挠，中国共产党做了几次试探性的攻势，发现国民党没有实力控制台湾海峡，甚至装出个样子都不行。几个月后，蒋介石越来越怀念美国的舰队。艾森豪威尔向参谋长联席会议下达命令一周年之际，《纽约时报》报道了该事件的结果：11 个沿海岛屿回归共产党了，但这不是最后一个关于台湾的消息。由于美国国内可能出现的政治分歧，或仅是为了避开民主党的嘲笑，第七舰队又被调回了台湾海峡，并被称为“把蒋介石收回笼”。

芝加哥大会的纲领还进一步声明："拒绝履行一切包含秘密协议的承诺，比如雅尔塔会议之类暗中帮助共产党的承诺。"像其他共和党领袖一样，杜勒斯在制定这个政治纲领时，认为关于美国国务院的一些事情并不符合事实。他们相信共产党和德黑兰、雅尔塔、波茨坦的民主党建立了共产主义帝国。他们下定决心要改正这一错误。在作为国务卿首次发言时，杜勒斯建议东欧可以"指望我们"，并在总统的国情咨文中写下这一段："随后，我会让国会通过一项适当的决议，明确表明政府不会承认过去任何包含允许奴役人民的秘密协议。"此处指的就是雅尔塔、德黑兰和波茨坦，这一点很清楚。当艾森豪威尔宣读时，共和党人手舞足蹈地庆祝开来。看来秘密协议确实存在，接着，他们便一个传一个，他们自始至终都知道。当时，杜勒斯确信在国务院某个昏暗的地下室会找到证明民主党有罪的文件。但文件并不在那里，也不在任何地方，它们根本就不存在。真相大白后，总统和国务卿开始纠正他们的看法。但共和党在参议院中的首脑们已经在起草有关雅尔塔会议的决议。用他们的话讲，他们会否认战争期间签订的一切协议。艾森豪威尔发现，如果该决议通过，美国在柏林和维也纳的地位就会变得十分尴尬。

结果是，白宫和国会山的共和党领导产生了第一次严重的决裂。2 月 16 日，艾克在与共和党领袖的每星期会谈上，提出了一份由他和杜勒斯起草的模棱两可的草案。该文件实际上毫无意义：美国向东欧人的境况表示遗憾，并对他们保证会利用"一切和平方式"帮助他们。塔夫脱愤怒了，这压根儿不是他所想的。艾克指出，更强烈的措辞除了会引起其他问题，还会冒犯国会中的民主党人，他们会将此视为对罗斯福的侮辱，但塔夫脱就想达到这样的目的。在 2 月 23 日那次总统与国会领袖的例会上，艾克与这位多数派领导再次相互攻击。除了彻底否决罗斯福与苏联之间的所有协议，塔夫脱不会同意其他任何决议。

这时，一股外来力量闯入了共和党内部。他就是得克萨斯州的林登·约翰逊，参议院中新任少数派的领袖。约翰逊告诉白宫，民主党与共和党一样不满意东欧局面，并且愿意与共和党一起对此表示遗憾。然而，对于他们或是他们的总统没有做过的事，他们不打算承认罪责。埃米特·休斯和助理国务卿瑟斯顿·莫顿表示赞同，于是没有任何效力的政府决议送到了国会。尖刻的激进主义者搬出了所有关于罗斯福和杜鲁门"背叛"的陈词滥调。塔夫脱与外交关系委员会成员一起增加了一项修正案，声称该决议"不构成国会对美苏间任何协议之合法性或非合法性的判定"。参议院民主党政策委员会将这个修正案视作对罗斯福政策的批评。他们反对该修正案，问题陷入僵局。

就这样，20 世纪 50 年代的中心政治问题在艾森豪威尔执政的第 5 个星期就出现了：民主党参议员支持艾克的外交政策，但共和党内的顽固派却坚决反对。总统下决心忘记过去，但激进派却抓住雅尔塔会议的罪责不放，这让总统感到为难。对这些人来讲，他们慢慢相信在芝加哥代表大会上的疑虑已经一一验证了。他们认为艾克是杜威和洛奇等人的傀儡，而他们是否爱国，值得极度怀疑。他们不太确定杜勒斯站在哪一边（有时对于艾森豪威尔也不太确定），并对国务院援助诺兰称之为"遏制政策的特洛伊木马"的任何尝试心存警惕。

1953 年，林登·约翰逊和他的民主党参议员支持通过政府决议，不少于 58 次。然而，关于"被奴役的人民"的决议并未通过。这个问题一直困扰着华盛顿，直到 1955 年，杜勒斯授权公布雅尔塔会议的所有资料，而懊恼的参议院激进派发现其中并没有用于竞选的子弹。两年前，该问题就已经到危急关头了。1953 年 3 月 9 日，艾森豪威尔与国会领袖会面时，政府起草的这份决议又一次被提上议程。但在他们会面前，命运之神插手了，此事也就搁置了——斯大林不会再向任何人下达命令了。3 月 4 日，他在莫斯科突发疾病，生命垂危。

艾森豪威尔总统和夫人正在进餐时，莫斯科广播电台公布消息："列宁思想的优秀继承人，共产党和苏联人民的英明领袖和导师，约瑟夫 · 维萨里奥诺维奇 · 斯大林的心脏已停止跳动。"总统向莫斯科发去了正式电唁。第二天早上，他尖酸地对内阁说："自 1946 年起，我就知道那些所谓的专家喋喋不休地讨论斯大林死后会发生什么，我们作为一个国家又应该做什么。现在他死了，你们可以翻翻政府文件去找找有没有什么计划，那只会白费力气。我们压根儿就没有任何计划。我们甚至不确定他的死会带来什么改变。"

办公室只剩下他和休斯时，他沿着椭圆形办公室踱来踱去。休斯那时的笔记，让我们了解了艾克当时的想法。他说：

> 听着，对苏维埃政权这样不痛不痒的谴责，我已感到厌倦——我想人人都已厌倦了。我认为，如果我现在站在世界面前进行另一次谴责，是大错特错的——事实上极其愚蠢。而现在最重要的问题是：我们能给世界人民提供什么？我们准备做些什么来增加和平的机会……
>
> 这就是我想说的。
>
> 咆哮着飞过你头顶的喷气式飞机每架值 75 万美元。一个年薪 1 万美元的人，很难挣到那么多钱。世界怎能长期承担这种东西呢？我们正在进行的军备竞赛会带我们走向何处呢？最糟

糕的结果是通往原子弹战争，最好的情况也是掠夺地球上的国家和人民辛苦得来的成果。

但“现在还有一条路摆在我们面前”，他说，“那就是裁减军备”。如果那样做，可使人人“有吃有穿，有房可住，有病可医，有学可上”，如何实现这条道路呢？

让我们直言不讳地说吧。不要口是心非，不要复杂的政治言词，不要狡猾的宣传手段。让我们挑明我们真正要提出的东西……双方撤回在各地的军队……在另一个地方，在联合国的监督下自由选举……我们可以自由且不受审查地向苏联人民播放节目，而他们的领导人也可以这样向我们讲话……并将我们希望其他国家经济运行良好的一切努力都具体化。

我们该向苏联政府说些什么？我会站起来说：我不会控诉他们的罪行，历史不言而喻，我关心未来。双方政府现在都有了新的领导人，以前的过节一笔勾销。现在，让我们开始对话，让我们谈论一些地球上每个人都能理解的事。这就是我们的提议。如果你方——苏联——有什么改善现状的建议，我方愿意听到回应。

这就是我想说的。如果我方确实无法提出任何建设性的意见，我也不会发表演说。

舍曼·亚当斯认为艾克在 4 月 16 日对美国报纸主编协会进行的题为“和平的机会”的演讲是其一生中最伟大的一次。理查德·罗维尔在《纽约客》上称之为“巨大的胜利”，说其“坚定地建立起他作为美国领导人的地位，并再次确立了美国在世界的领导地位”。《纽约时报》称其“意义非凡，感人至深”，甚至一向持反对意见的《纽约邮报》也赞同“这是美国最好的声音”。20世纪60年代，时过境迁，休斯主要记得的，是为发表这篇演讲所做出的努力。杜勒斯在每一个草案上都反对艾克的提议。休斯曾问杜勒斯，他是否认为朝鲜停战符合美国的利益，杜勒斯摇摇头说：“我们会后悔的。我不认为我们会从朝鲜停战中获得很多利益，直到我们给中国人致命一击，在所有亚洲国家面前展示我们的优越性。”休斯将此话转达给艾森豪威尔，他大怒道：“如果杜勒斯先生和他经验丰富的顾问们真的表示他们不能认真对待和平谈判，那我们就没法同坐一张板凳了。”后来他又说：“有时，福斯特就是太担心会被指责像杜鲁门和艾奇逊。”这在所有方面都是一次艰难的演说，即使发表都十分痛苦。那天，艾森豪威尔胃痛难忍，几乎无法抬头，到最后简直要垮掉了。

与20世纪50年代发表的上百篇此类演说不同，这一篇引起了一波有效的和平攻势。中国人也厌倦了战争。杜勒斯僵硬的外交政策给亚洲国家的印象是美国新政府毫无灵活性。一份印度报纸称，美国人“用枪支来猎取和平”。现在，他们的总统表示事实并非如此。一种新的精神迅速在板门店传开。当然，要解开这个结，光有和平的意愿是不够的。谈判者们深深陷入日积月累的恐惧、仇恨与指责中，而这种情绪在中国控诉美国人使用细菌战时达到了高潮。毫无疑问，斯大林的死让强硬派中最强硬的那个人不复存在，有利于问题的解决。随后，杜勒斯认为是尼赫鲁向中国透露了美国计划向联合国军队战地指挥官配发战术性核武器，从而让中国感觉受到了直接威胁。当时的确威胁说战争会迅速蔓延到中国东北，后来艾森豪威尔向亚当斯提起过此事。杜勒斯曾疾呼美国已三次处于“全面战争的边缘”——1953年朝鲜停战协定危机、1954年中南半岛危机和1954年年末到1955

年年初毛泽东威胁要进攻中国台湾引起的紧张局势。但亚当斯对此表示怀疑，他写道："杜勒斯的政策是否真正经受住了这三次危机的考验是个值得质疑的问题，国务卿认为它经受住了。我怀疑，艾森豪威尔并未接近过三次危机中的任何一个，那不过是杜勒斯的自以为是罢了。"

无论怎样，艾克对理性的呼吁在当时众多事件的混响中至少是个清晰的音符，从而引起另一方的注意并把他们重新拉回到谈判桌前。和谈重启后的第一阶段，进展很慢。其主要障碍在于掌握在美国手中的朝鲜13.2万士兵的命运。美国决定给他们权利，让其选择是否回归祖国。1945年，盟国将从德国解放的苏军战俘交给苏联指挥官。其中许多人被送到了西伯利亚，还有些人被处决，只因为他们当了俘虏。1952年5月7日，杜鲁门宣布："我们不会把人交出来，让他们被屠杀或者奴役以换取停战。"同样，艾森豪威尔也决定如此。战俘的命运将决定谈判的结果，这一点越来越明显。

和谈在总统关于和平的演讲后第11天重新启动，拖拖拉拉地贯穿整个5月。如今使联合国各成员国团结起来越来越困难。一些欧洲国家"左"翼领导人认为毛泽东对细菌战的指控可能并非空穴来风。另一方面，极端保守派则催促美国不必理会懦弱的同盟，并响应麦克阿瑟全面胜利的号召。艾克否决了。他告诉他们："如果你在一个地方单干，就要在所有地方都单干。"在美国阵营中，沙文主义最强烈的"鹰"派人物是李承晚。这位78岁的韩国总统拒绝考虑任何分裂朝鲜的协议。他拒绝将三八线作为边界或前线，而准备在没有联合国的支援下跨过鸭绿江，即使面对灭亡也在所不惜。后来亚当斯说："艾森豪威尔和杜勒斯费尽唇舌，不断努力呼吁李承晚保持理智，并让其了解美国不会为了朝鲜统一而引发世界大战。"他还表示，与李承晚的争端，“较之与共产党的争论，更伤脑筋，令人沮丧”。

这位老人几乎让和平毁于一旦。6 月 4 日，中国与朝鲜都同意：那些在中立的遣返委员会面前宣布不愿回国的俘虏，可以在 120 天的等待后被释放并退伍。6 月 8 日，双方拟定草案，似乎一切都已安排好。6 月 18 日凌晨两点的华盛顿，杜勒斯被国务院值班人员的电话惊醒。原来是李承晚下令让卫兵打开战俘营的大门，释放了 2.5 万名反共产主义的朝鲜人，这是他煞费苦心准备的。韩国的警察向这群难民发放食物，提供避难所和衣物。杜勒斯立刻打电话给艾森豪威尔——这是他在白宫的 8 年里唯一一次被叫醒。艾克震惊不已。不出所料，那天早上共产党指责联合国与李承晚“蓄意合谋”，并要求“立刻”逮捕战俘，但这根本不可能。6 月 20 日，他们停止了谈判，并发起一次重大攻势。

杜勒斯并不气馁。他认为对手会接受新的提议，并告诉艾克，如果另一方如他所想的那样渴望停战，“在给他们适当的保证下，他们就不会理会李承晚的一时冲动，并同意签订协议”。中国通过新德里证实了杜勒斯的想法。剩下的就是保证的事，需要给难以对付的李承晚施加更大的压力。艾克发电报给李承晚，表示他让联合国的命令“陷入无法挽回的局面”。他派管理远东事务的助理国务卿沃尔特 · 罗伯逊与李承晚协商。罗伯逊与李承晚在汉城商讨，一小时又一小时，一天又一天，他听着这位愤怒的老人倾倒压抑已久的情绪。李承晚筋疲力尽后，罗伯逊向他解释美国现在进退维谷。两星期后，李承晚让步了。

对于举行签字仪式前两星期公布的停战条款，谁都不满意。37 个月的血流成河后，200 万人横尸遍野，其中 80%是平民，33 629 人是美国人，从此之后，朝鲜半岛将恢复原状。李承晚得到 2 350 平方英里，而金日成多得到 850 平方英里，但综合其他情况，双方不分上下。双方维护和平的原则并不存在。联合国甚至没能形成有效的监督系统，以防止金日成再次进攻。这是杜鲁门在任期内就开始谈判的结果，但他的停战条件更为苛刻。保罗 · 道格拉斯指出，杜鲁门“一旦接受当前协议，华盛顿上下都会严厉指责他的”。

一位摄影师问艾森豪威尔感觉如何，他简单地说：“战争结束了，我希望我的儿子尽快回家。”白宫对即将到来的停战不置可否。在华盛顿的官员中，唯有国务卿满意地评价道：“一个国际组织反抗侵略者，这在历史上还是第一次……今天，所有自由的国家，无论大小，都更加安全，因为集体安全的理想已然实现。”

这也是自由派的解释。自由派那时信任罗斯福–杜鲁门关于世界政府的概念，并决意竭尽全力支持其首次维护和平做出的努力。理查德 · 罗维尔如此阐明他们的信念——朝鲜战争是一次极大的胜利：

> 在朝鲜，美国证明其诺言与盟约一样有效——甚至更有效，因为根本就没有盟约。历史会将朝鲜作为证明集体安全的例子，它现在只不过还是个看似有理的理论而已。它会成为世界对抗共产主义的转折点的例子。

保守派可不会轻易上当受骗。沃尔特 · 李普曼在《先驱论坛报》上写道：“如今真实的情况是，双方以及所有相关方面都已陷入相互制约的局面。”保守派有自己的想法。汉森 · 鲍德温在《纽约时报》上解释说，极端保守派认为“如果希望阻止亚洲共产主义的传播，那么（朝鲜战争）就是在正确的时间、正确的地点发生的正确的战争”。他们并未忘记共和党的纲领控诉过：在杜鲁门的领导下，一群“无胜利信念人”在“相互牵制的命令”下发动战争，“并在与敌人谈条件时，陷入僵局，颜面尽失”。如今朝鲜与德国一样，一分为二。他们认为“杜鲁门的战争”即将成为“艾森豪威尔的绥靖政策”。

印第安纳州的詹纳和内华达州的马隆认为即将到来的停战是中国人的胜利。马隆在参议院询问：“这位尊敬的参议员，杜勒斯先生执掌国务院以来……政策可有什么变化吗？”詹纳回答说：“我没发现有何变化。”

在一次广播访谈中，加利福尼亚州的诺兰被问道：“我们即将得到的停战是否是荣耀的呢？”他回答：“我不这么认为。”他预测在这样的条款下，“我们不可避免地会失去在亚洲的平衡”。在朝鲜，马克·克拉克将军说：“此时，这些条款并未让我感到高兴。”而詹姆斯·范佛里特将军（他在仪式结束后将负责保管联合国的那份协议）则避免就此事发表意见，守口如瓶地回答：“不知道。这个问题将由高层官员回答。”保守派会反击的，他们只是在等待罗伯特·塔夫脱的信号而已。

什么信号都没有。这位俄亥俄州的参议员就像7年前的范登堡一样，现在正在经历转变时期。塔夫脱曾是罗斯福和杜鲁门时期的搅局者，总是妨碍法案通过，如今成为新政府力量的灯塔。1953年4月30日，内阁出现危机。艾森豪威尔召集国会领袖，向他们传达坏消息：与他预料的相反，艾森豪威尔无法平衡第一次财政预算。杜鲁门最先的预算是99亿美元的财政赤字。艾克表示他能减少到55亿美元，但不能再削减一分一毫，否则就会危害国家安全。财政部长汉弗莱、预算委员会主席道奇和国防部副部长凯斯随后表示支持该预算。他们的要点是，将美国静态防御的局面改成动态防御，同时预测任何时间向美国发起的攻击，这需要大量经费，因此不能再减少预算。

塔夫脱大发雷霆。他失去了理智，用拳头大力捶打着书桌，用强硬刺耳的声音大声嘶吼，说这个共和党政府与那些民主党人的政府毫无区别。五角大楼与往常一样贪得无厌。该预算超过国民收入的30%，实在是太多了。除非政府提高税收——这在当时是难以想象的，否则赤字令人难以容忍。塔夫脱大喊道："我们向美国人民承诺的首要大事就是减少财政支出！如果按这样的计划，我们就绝不会在1954年选共和党的国会！你们正在带我们走杜鲁门的老路！我们在竞选时承诺的一切，都被你们抛弃了！"最后，艾森豪威尔深思熟虑地对塔夫脱说："美国的全球战略中有一些必要元素。抓住它们并不难……"随后，他便简要叙述了冷战战略。

这是紧要关头。如果塔夫脱离开会议，向媒体公开指责总统的财政计划，并在国会成立影子内阁反对政府的外交政策，那么艾森豪威尔的计划将功亏一篑。无论如何，保守派总是对艾克充满敌意，有权势的多数党领导说一句话就足够了。但塔夫脱留了下来，他镇静下来，仅仅表达了希望来年政府预算能大幅缩减。艾森豪威尔向他表示，这个希望是合理的。

暴风雨过去了，塔夫脱从此成为总统最重要的支持者。私下，他笑话朝鲜停战条款，但他能克制自己的情绪，对媒体发言时，比诺兰、詹纳、马隆之辈更为谨慎细致。无可否认，他仍像以前那样直言不讳。（他曾说过："说话讲究策略就是不真诚。"）他承认，分裂的朝鲜的前景"极度令人不快"，因为它创造了"随时会引发战争的条件"，使中国从容处理越南问题。但他不愿制造分歧，也不愿绝望。

此时，记者注意到他的变化。6个月以来，这位多数党领导以出色的表现辅佐共和党的总统。他们写到，自就职典礼以来，他的目标之一就是让共和党政府取得成功。这曾是孤独的斗争，右翼的其他参议员对他的忠诚疑惑不解，而民主党人则一直视他为难以和解的对手。另外，他正承受着新的心理负担，尽管他们对此一无所知。过去几星期，他越来越觉得自己病得很严重。

塔夫脱感到困惑。一年前，他开始竞选共和党总统候选人之前，进行了一次全面的身体检查。医生确定地说，他从未像现在这样健康。在第 83 届国会任职的头三个月，他是国会中的风云人物。然后在 4 月中旬，他与艾森豪威尔在奥古斯塔打高尔夫球时，突然感到臀部一阵刺痛，难以忍受。接下来的一星期，他根本无法入睡。服用大剂量的阿司匹林都已无济于事，5 月在蒙大拿州的白硫磺泉镇休养也无法让他好转。6 月 12 日，他在纽约医院进行一系列的身体检查，使用的名字是霍华德 · 罗伯茨。

医生建议他进行深度 X 光检查、服用可的松、拄拐杖以减轻对髋骨的压力，并坚持让他放下作为多数党领导人的日常事务。6 月 10 日，他将日常事务的决定权交给了诺兰，但塔夫脱认为这只是暂时任命。在治疗允许的范围内，他会继续处理政务，参加白宫会议。他预计下一次国会会议之前能回到参议院，并且身体比以前更健康。少数党领袖林登 · 约翰逊是最后一个在国会山见到他的人。塔夫脱向他招手，大喊两次："我 1 月就会回来！我 1 月就会回来！"

那个 6 月，罗伯特 · 塔夫脱充满英雄般的色彩。他强忍疼痛，蹒跚着同他的妻子玛莎参加华盛顿的花园茶会。玛莎本来就跛脚，几乎全靠塔夫脱扶着，而他却没告诉她病情。像大多数政界令人敬畏的人物一样，他总是在踏进家门时卸下严肃的面具。玛莎认为他是一个忠诚体贴的丈夫，对他们的 4 个儿子来说，他是"戈普"，是露营旅行最讨人喜欢的伙伴，他喜欢玩扑克，嚼口香糖，可以陪他们玩上几小时，最后给他们讲吉尔伯特和沙利文的故事，他在这些方面知识渊博。

7月初，他又进了纽约医院。据报道，他情况“良好”。医生预计他年底就可以回去工作，而在此之前也能对一些重要问题进行投票。他本该在7月23日出院，即将出院时，医生却突然宣布他需要进一步治疗，验血时发现他有白血病。他回华盛顿的日子被无限期延长了。

板门店的谈判进展仍然很顺利。中国人刚在那里修建了一座新塔。7月27日上午10点1分（华盛顿时间7月26日晚上8点1分），他们在一张新漆的桌子上签署了18份停战协议。代表联合国签署协议的是威廉·哈里森将军，他既没有系领带，也没佩戴勋章；代表朝鲜签署协议的是南日大将，他穿着肥大的军装，挂满勋章。他们没有说话，没有握手。而在李承晚的命令下，韩国无人出席。

随后不到一个小时，艾森豪威尔总统出现在电视上。他说：“带着特殊的悲伤和特殊的感激之情，我们怀念那些受到召唤、在他乡失去生命的勇士。他们再次证明了，只有勇气和牺牲才能让自由在地球上生机勃勃。”他警告说美国“只在一个战场赢得停战，而不是在世界赢得和平”，并说希望可以借此说服睿智的人民对分歧协商，而不是以“毫无意义的战争”解决问题。

现在是回顾美国外交政策和加强其作用的时候了，但是那位认同此点、能向美国保守派解释清楚的人，却在星期日晚上备受折磨地躺在纽约医院。星期四晚上10点半，塔夫脱陷入昏迷，13小时后便过世了。

在这个关键时刻，他的离世成了大灾难。威廉·怀特在第二天早上的《纽约时报》上写道：“俄亥俄州参议员罗伯特·塔夫脱的去世震撼了共和党，在共和党的半世历史上，还未有过这样的震撼。艾森豪威尔政府在东部与中西部之间的桥梁就此真正消失了。他的去世对于政府……是无可估量的损失。”

事实上，这是全美国的悲剧。塔夫脱是美国唯一真正理解国会权力重要性和总统总揽大权危害性的政治家，也是能预见如果将从釜山到美莱村这条长路走下去会有什么结局的人。国会山的政客们悼念他，而他们的悼词则显示出他们对他的了解多么少。俄亥俄州新当选的参议员约翰 · 布里克宣读悼念词。3.5 万悼念者经过国会大厦圆形大厅，此处停放着置于黑色灵柩架上的棺木。这里也曾停放过塔夫脱的父亲和林肯的棺木。海军陆战队乐队演奏着忧伤的铜管乐曲《美丽的阿美利加》。布里克说：“塔夫脱参议员从未犹豫过强制实施法律……这位长眠的领袖为他自己创造了不朽的丰碑。他对政府的付出，以及通过政府向人民做出的贡献，将一直传递下去。”

这是布里克认为最好的悼词：塔夫脱被认为是一位维护法律和秩序的人。但这对艾森豪威尔却是不祥的预兆。未来几个月，这位白发苍苍的俄亥俄州人将提出宪法修正案，严格限制美国与别国签订条约的范围，以及总统协商行政协议的权力。该修正案将使政府陷入困境。越南战争爆发后，人们对此有了不同的看法，但当时艾克认为这是不明智的。他写信给诺兰：

> 如果参议院……采纳布里克修正案，将会使我们国外的朋友和敌人认为，美国打算从世界事务的领袖位置退下来。由此而必然产生的反应十分重要。这会损害我们对和平的希望和计划，以及正在讨论的重要国际事务成功的机会。

诺兰的看法则有所不同，他与艾克的观点少有一致。在之后的

5 年里，他让总统与国会领袖的每星期例会变成一种折磨。艾克会大发雷霆，筋疲力尽，有时几乎语无伦次。讽刺的是，诺兰继任多数党领袖，艾森豪威尔应对此负责。塔夫脱逝世后，按惯例，总统作为多数党的领袖应挑选新的参议院的多数党领袖。但艾森豪威尔认为他的政府与罗斯福和杜鲁门的政府大不相同，这一观点害了他。他坚决认为，行政部门只是政府三个权力相等的部门中的一个，总统试图控制国会议员则是对开国元勋的藐视。他称自己为“守宪总统”时，就是这个意思。由于他对国会的尊敬，在塔夫脱过世后的日子里，他一直没有插手。葬礼当天，他直截了当地向内阁表示：“我着重强调一点，我们这个政府绝对不会对于挑选新的多数党领袖发表个人意见。我们不会干预他们的事务。”

但是，他们决意插手他的事。激进派与过去 5 届政府的政策进行了长期斗争，已成为熟练的政治“游击队员”，擅长渗透到行政部门，让公务员的日子过不下去。国会调查便是他们的首要武器。艾克本以为，他入主白宫的第一年，国会的听证会便暂时停止。他告诉内阁，他认为美国人长期处于高压状态下，在聚光灯下进行的没完没了的听证会现在已经没有存在的必要了。他的政府应该有一段整理事务的时期。只有它失败了，国会才能插手。

布劳内尔苦涩地说，第 83 届国会已然插手干预。仅国务院就分别进行了 10 次调查，国务院职员忙得连读邮件的时间都没有。艾克回应说，政府必须同国会合作，也许他们只是在调查杜鲁门的人。但事实上，他们调查了每一个人，包括许多不在政府工作以及从未涉足政坛之人。麦卡锡调查《美国之音》，詹纳的美国国内安全小组委员会寻找中学里的共产党，众议院的非美活动调查委员会在伊利诺伊州参议员哈罗德 · 维尔德的带领下，准备搜查教堂。在一次广播节目中，维尔德说该委员会已经清除了表演界的颠覆性分子。现在，他们正准备调查基督教教会。他说，调查的主要目的在于“清除个别教会分子，包括那些致力于政治活动多过本职的教会分子”。

艾克一生都对他的信念毫不动摇：“我们的长期利益，要求我们通过国会的党组织领导国会。”然而有时，即使是这位“守宪总统”也会对国会发怒。在之后一次的新闻发布会上，有人问艾森豪威尔：“联邦政府通过国会调查教会中的共产主义，你是否支持这一做法？”他给出否定回答，教堂是最不该调查不忠诚的地方，质疑他们的爱国精神，没有任何好处。也许在这种情况下，调查人员才应该接受调查——对于一位不插手国会议员事务的总统来说，这句话已经很重了。

但共和党在执掌国会，而且那是一批特殊的共和党人。有时，他们的极端保守主义确实让人无法应对。乔·麦卡锡的终审日即将到来，参议院的议员们开始联合反对他。不久，每位参议员被要求在他和艾森豪威尔之间做出选择，因此右翼的共和党人将暴露自己，成为总统的敌人。除了马萨诸塞州的莱弗里特·索顿斯托尔，参议院每个共和党元老人物——诺兰、德克森、布里奇斯和尤金·米利金都支持这个蛊惑人心的政客。

麦卡锡的发言人乔治·索科尔斯基指责，共和党在艾森豪威尔的领导下，“变得太现代化，与新政没什么两样”。而在艾克就职的第二天早上，麦考密克将军就在《华盛顿时代先驱报》上把艾克排除在共和党之外了。但是，大部分时政评论员都站在总统一边。塔夫脱逝世7个月后，《华盛顿时代先驱报》被《华盛顿邮报》收购，那是一份别具一格的报纸，尖锐地指出“参议员诺兰似乎无法将政府目标和个人憎恶区分开来”。《商业周刊》评论说“共和党大权在握，是否称职自然是人们想要问的问题”。罗斯科·德拉蒙德在《纽约先驱论坛报》上写到这是新的“华盛顿混乱”：

> 共和党政府内被掉以轻心的分裂、长期不和、相互辱骂，尖酸刻薄的消极争论弄得到处乌烟瘴气，这样的后果是什么？从中又会得到什么政治收获？这种新的“混乱”产生的效果就是展示了共和党政府是个争论不休、毫无建树、立法无能的政府。

有时，首都记者在报纸上提出质疑：联邦政府是否已成为自我嘲弄的范例。参议院的掌舵手威廉·诺兰不断提醒总统，目前迫切需要海军对中国海岸实行全面封锁，并否决保罗·尼采的任职（尼采是威尔逊挑选的国防部副部长，主管外事），因为诺兰认为尼采作为国务院一员，曾是“艾奇逊灾难政策的制定者”之一。埃弗雷特·麦金利·德克森成功地在一项拨款法案上附加了一条：如果联合国承认中国的合法地位，那么美国将立即终止提供任何费用给联合国。国会5次通过这个附加条款的草案，总统5次拿起笔，又5次放下笔，说他不能既接受该草案，同时又主政外交。布里奇斯的决议打破了僵局，他声称“国会的看法”是中国应该永远被阻隔在联合国之外。两院全体通过该议案，副总统尼克松记录参议院的一致表决时，十分赞许。当汉弗莱起草一份议案将加入共产党判为重罪时，这场闹剧到达了高潮。这个议案必须修改，因为它会破坏《麦卡伦法案》。《麦卡伦法案》要求共产党员登记，而登记就意味着自认有罪，因此可使用美国宪法第五修正案来规避罪责，但是共产党的身份无论如何都不受法律保护。司法部长布劳内尔被吓坏了。该议案至少有6点是违宪的，而且还将若干现有的反对共产党的法律抵消了。无论如何，20 世纪 50 年代初，国会中没人打算向选民解释没有投反对票的原因。汉弗莱这项荒谬的议案在参议院以 79∶0 通过，在众议院以 265∶2 通过。

除了接下去与麦卡锡的较量，艾森豪威尔执政的第一年是他在华盛顿最糟糕的一年。杜勒斯在麦克劳德的煽动下，以近乎莫须有的罪名解雇了许多经验丰富的外交官。国务院护照办现由弗朗西斯 · 奈特领导，他像麦克劳德一样，也是麦卡锡任命的。他正在调查爱德华 · 默罗是否忠于国家。默罗在激进派中不得人心始于 1953 年 10 月 20 日他在哥伦比亚电视台的节目《现在看吧》中，讲述了密歇根大学一位名为米洛 · 拉杜洛维奇的大四学生的窘境。拉杜洛维奇在空军后备部队服役 8 年后，突然被列为危险分子。他被指控违反空军条例第 36~52 条，与“共产党或同情共产党者”来往密切。他被剥夺中尉军衔，并被部队开除。这使他在当时的政治环境中无法找到工作。这个案子曾由一个三名上校组成的委员会审查，空军部队没有提供证据，也没有提供具体的指控内容，还拒绝透露指控中尉的原告，并将他们自称掌握的证据放在信封里，整个听证会期间都没有开封。默罗查了里面的内容，与拉杜洛维奇来往密切之人是他的父亲和妹妹。他们的可疑活动便是读一份塞尔维亚语的报纸，该报纸在南斯拉夫发行。5 年前，南斯拉夫就与莫斯科断交了。但空军部队不愿冒这个险，不愿意要其亲属阅读外语刊物的官员，而这种语言曾是一度崇拜已故的斯大林的人使用的。

拉杜洛维奇的新闻播出 5 周后，空军部长哈罗德 · 塔尔博特出现在《现在看吧》节目并宣布，他再三考虑后，决定恢复中尉拉杜洛维奇的职位，因为他绝对不会威胁国家安全。这对塔尔博特来说，是一次耻辱的经历，但绝不是最后一次。1955 年夏，他被指控与持有空军部队合约的企业有不正当交易，便在重重疑云下辞职了。而在1953年，政府还极力维护塔尔博特，转而指责默罗。媒体的可信度正在成为一个大问题。默罗之类的人有很多，拉杜洛维奇之辈也不只一个。

在美国海军航道测量局工作了23年的公务员亚伯拉罕·查萨诺夫便是其中之一。他一向深得上级器重，却在1953年7月29日被停职停薪，人事部门通知他，他已被称为危险分子。两个月后，海军一个委员会裁定证据不足，一致认为他应该官复原职，但数月过后，没有一点儿动静。此时，查萨诺夫已倾家荡产，靠向妻子的亲戚借贷维生。1954年4月7日，尽管证据不足，海军部长助理詹姆斯·史密斯仍下令解除查萨诺夫的职务。《华盛顿每日新闻》的记者安东尼·刘易斯告知大众这一消息，并公布了具体细节。刘易斯关于此案的故事为他赢得了普利策奖。而为查萨诺夫辩护，更进一步加深了共和党保守派和媒体之间的隔阂。

记者们认为政府右翼有时不清楚“左”翼的所作所为，或者即使知晓，也毫不在乎。他们以关于沃尔夫·拉德金斯基的爱国主义的不得体的争论为例。拉德金斯基的例子十分荒唐，是因为他的爱国主义显而易见。他是一位斗志昂扬的反共人士，也是土地改革的专家。在麦克阿瑟的领导下，他在日本的土改运动被认为是胜过共产党土改的范例。实际上，斯科特·麦克劳德极力推荐拉德金斯基的政见。尽管如此，埃兹拉·塔夫脱·本森还是不想让他进入农业部。本森认为他是危险分子而解雇了他，史塔生为他澄清事实后，本森又在总统同意下聘用了他，并派他到亚洲，与共产党的土改专家斗智斗勇。

艾克最爱说追查共产党就是追查“一罐虫子”。其中的困难与其他问题一样，都要回到竞选总统时期。共和党曾表示民主党追查间谍的力度不够，然而要制订一个比杜鲁门 1947 年建立的内部安全项目更为严格的计划，十分不易。1953 年 4 月 27 日，艾森豪威尔尝试了一下，发布 10450 号行政命令。在此命令下，只要有一丝叛国嫌疑，雇员就会被立即开除。还有其他很多偏离一般准则的行为——酗酒、吸毒、参与不正常的性活动、曾犯重罪、精神不正常、参与裸体组织、有不卫生的习惯和说谎等一切“与国家安全不一致”的行为，都可以成为被开除的理由。

这个规定确实裁减了不少政府人员。10 月 23 日，白宫宣布在执行 10450 号行政命令的 4 个月里，1 456 名联邦工作人员离职，其中只有 5 人是艾森豪威尔执政后雇用的。为进一步证明在对抗世界共产主义中取得的进步，白宫发表声明，依据《史密斯法》，指控 41 名美国共产党领袖获罪，2 名共产党判间谍罪，1 名判叛国罪，并将 84 名外籍颠覆分子驱逐出境。而司法部长那已经为数不少的颠覆组织的名单上又新增了 62 人。艾森豪威尔发表第二个国情咨文时，又宣布了新的战果。他说，从政府解雇的“危险分子”已达 2 200 人。随后，尼克松宣布，“上千名共产党、他们的追随者以及‘危险分子’已被政府扫地出门”，并报告 6 926 人从政府雇员名单上除名。

共和党人高兴不已，毕竟这些都是事实。政府中到处都是赤色分子和粉色分子，艾克找出并开除了他们。但民主党却完全不同意共和党的说法，他们检查文职人员记录，发现在第一份清单上，只有 863 人被解雇。其他人要么辞职，要么退休，而且他们本来就打算离开政府的。尼克松报告的数字中，只有 1 743 人因被指控不忠而被解雇——41.2%的人曾被艾森豪威尔政府雇用。史蒂文森嘲讽共和党的忠诚调查计划就是个“数字游戏”，总统私下也这样认为。杜勒斯向内阁诉苦，他认为整晚阅读呈递给他的文件简直是浪费时间，只是因为有人报告某工人家庭中的某人（甚至是他的邻居）是和平主义者，是世界联邦主义者，或支持氟化饮用水。

哈里·凯恩对10450号行政命令进行了最无情的抨击。凯恩曾是华盛顿州的共和党参议员，1952年竞选失败，通过国会山老朋友的帮忙在颠覆活动控制委员会任职。由于里面有詹纳、麦卡锡和德克森，他自己也主张极端保守主义，所以没人期望他会成为拥护民权自由的人。然而，他却是这样的人。在一次情绪高昂的演讲中，他严厉抨击白宫"向不正义的一方偏离太远了"。总统大骂凯恩忘恩负义，亚当斯则提醒他还是这个团队的一分子，不应辱没自己的团队。

然而，这个团队还未学会相互合作。麦卡锡一直在给共同安全署找碴儿。内政部长麦凯赶走了才能出众的美国鱼类及野生动物管理局局长，取而代之的是一位专搞宣传活动的人。商务部长威克斯继续与国家标准局钩心斗角，这是哈里·沃恩和唐纳德·道森都不敢踏入的禁地。圣母大学法学院前任院长克拉伦斯·马尼恩博士是一位极右分子，被任命为总统的政府间关系委员会主席。他赞成布里克修正案，使白宫陷入混乱。①

布里克修正案在保守党人中间受到追捧。一些最热心的支持者都不了解其中的内容，他们之所以签字并捐钱支持它，也只是因为他们在某些会议室和俱乐部都是这样做的，这就和在1936年支持自由联盟是一件时髦事的情形一样。他们认为这一定是正确的，不然为何美国革命女儿全国协会、美国医师协会、宪政委员会、《芝加哥论坛报》以及妇女支持布里克修正案委员会都赞同这一修正案呢？妇女支持布

① 结果是，亚当斯迫使他辞职。

里克修正案委员会是“海外军人的妻子与母亲的自愿组织”，她们向国会呈递了一份 50 多万人签署的请愿书，这又是为了什么呢？

同样，反对方也一定是错的。不然为何它们会包括妇女选民联盟、美国人争取民主行动组织、《纽约时报》、《华盛顿邮报》、美国律师协会国际法和比较法部、纽约市律师协会、美国支持联合国协会以及埃莉诺 · 罗斯福呢？

首都的记者们称布里克的出击是“自 1788 年以来，关于外交关系的宪法的最大一次论战”。可能就是这样。如果不是麦卡锡和美国政府之间更为尖锐的斗争使之黯然失色，那么此次出击将是 10 年来极端保守派最大的一场运动。1953 年 1 月 7 日，该修正案被参议院提出时，共有 64 名联合提案人——已达到宪法修正案所需的 2/3 参议院人数。杜勒斯疾呼该修正案“会对国家的和平和安全造成威胁”，但没有人理会。尼克松请求参议院的共和党人不要使自己的总统难堪，如此活动 6 个月后，他不得不告诉内阁：“毫无疑问，许多民众都支持该修正案。”

20 世纪 50 年代初期，极端保守派热衷于提出宪法修正案。赫布洛克称之为“拼字游戏”。在第 83 届国会中，至少有 107 项这样的提议被提交给委员会。其中一项解释叛国罪不仅是倡议颠覆国家，“无论是依靠武力和暴力”，只要“削弱”其力量，就是叛国罪。其他提案还包括：禁止美国士兵踏上别国领土，除非国会已向该国宣战；禁止将纳税人的钱用于社会福利事业；新加入的州只能有一名参议员；联邦政府不得干预各州管理其居民“健康、道德、教育、婚姻以及良好次序”的权利；申明“美国虔诚地遵守基督耶稣的权威和教义以及尊敬其他国家的救世主，并通过他们得到万能的上帝的赐福”。

参议院对其中 6 个提案进行了讨论，每一个都获得了多数票。其中4个提案获得了通过修正案必需的2/3的票数，可以提交众议院讨论。如果在那里仍有2/3的人投票通过，就会交给各州立法机关讨论。这是参议院不负责任的表现。当时盛行的诡辩可以用德克森的话表述："如果州立法院否决，那么伊利诺伊州新上任的参议员不会有意见；如果州立法院同意，我也会同意。"诺兰也是同一腔调。他说，布里克修正案的反对者害怕的是什么？难道他们不相信人们的判断？答案当然就是开国元勋从未想过国会会成为气窗，让修改宪法的提案通过；州立法院倾向于有特殊利益的代表，容易向特殊人物妥协，所以不再是人民的政府。但这样回答的人寥寥无几。马萨诸塞州的年轻参议员约翰·肯尼迪表示："不同意修改宪法，是我们最宝贵的保护措施，也是最稳定的堡垒。"然而，其他议员对他的话充耳不闻。

布里克修正案针对的不过是雅尔塔会议，这个阴魂仍不肯离去。如今，每个消息灵通的市民都知道1945年2月上半月在克里米亚发生了什么事，但"秘密协议"的幻象仍萦绕在华盛顿，威廉·詹纳之类的妖人让其保持着勃勃生机。他悄声说，反对布里克修正案的势力正由一个"秘密革命组织"操控着，其中包括欧文·拉蒂摩尔、亨利·华莱士、阿尔杰·希斯（已收监）、哈里·霍普金斯和哈里·德克斯特·怀特（两人均在20世纪40年代过世）。马尼恩不是唯一受"布里克热"影响的政府官员。1954年1月29日，关于修正案的讨论已持续一年之久，这时在内阁会议上，查理·威尔逊说，他对支持修正案的人感同身受，条约不应剥夺人们的权利，像雅尔塔和波茨坦那样的会议就应该被列为非法。总统再次耐心地解释，布里克修正案不能妨碍雅尔塔会议和波茨坦会议的约定，因为这都是政治上的协议，既非条约也非行政协议。

回到办公室，艾克大怒："我受够了，简直要大喊大叫了！这些该死的事毫无意义，只会损害美国的威信。我们常说法国人没有能力治理自己的国家——而我们则坐在这里为布里克修正案争吵不休。”在海军准将酒店进行就职前内阁预演时，他就已经遇到这个问题了。那时，这个主意对他来讲充满了吸引力。听到罗斯福和斯大林（不知为何，丘吉尔的角色总是被忽视的）瓜分世界的事情后，他极度愤怒，然后便上钩了。他认为（布里克是这样说他的）人们反对该修正案，会转过来对联合国不利。修正案听起来合情合理，如果有一位无能的总统或成员们昏昏欲睡的参议院要夺取人民和各州的宪法权利时，美国会因该修正案而有了保证。

杜勒斯详细研究了修正案，他越深入考虑，越是惊慌失措。布里克真正反对的似乎是一切条约和行政协议。他的其中一项修正措施就是将权力从白宫转移到国会山。杜勒斯认为，这样就会引起其他国家的政府怀疑他们与美国签订的条约是否有效；因为这届国会签订了，另一届国会又会废除。①艾森豪威尔开始改变对该修正案的看法。他完全站到反对布里克修正案的阵营中，是在讨论无关此事的所谓的“部队地位”的协议时，根据该协定，如果美国士兵在未执勤时触犯了外国政府的法律，所在国政府有权按照该国法律对美国士兵进行处置。（最典型的例子是，一位美国士兵在日本向一群妇女射出一枚空的迫击炮弹，结果杀死了其中一个人。）极端保守派则坚决认为，美国军队对美国所有在海外的部队有绝对控制权。恰好，艾森豪威尔比华盛顿的任何人都了解“部队地位”的协定，因为他担任北约总司令时曾起草、商讨并监督管理其中一部分协定。他试着向诺兰解释其理论与实际，但这位多数党领袖火冒三丈。他用力拍打桌子，大声吼

① 其他赞成加强总统权力的人提出了这一点。但按同样的逻辑，政府也可以否定前任政府签订的条约。

道：“一个在和平时期应征的士兵，在违反其意愿的情况下被派往国外并履行职责——上帝啊，我不认为他应该被交给国外审判！他还穿着我们美国的制服。我不愿我的儿子受到那样的待遇！”

布里克也是这样的态度。在一次攻击两位国务院工作人员的情绪激动的演讲中，他暴露了自己真正的动机。虽然他们反对他的修正案，但这并不是他攻击他们的原因，他们为北约“部队地位”协定做证才是原因所在。这是战略失误，当时总统正在听演讲。艾克找到最好的宪法专家，对修正案进行研究。他们报告说，根据该修正案，美国便无法加入北约，这令他垂头丧气。修正案具体指出，除非宪法将某些问题交由国会处理，否则参议院无权对其进行立法。因此，根据布里克修正案，这样的协定要成为法律，就必须得到各个州的同意。艾森豪威尔说，这会让各州立法院拒绝承认美国签订的协定[①]。艾克说，因此总统和国务卿必须面对“不可能完成的任务，即代表 48 个州政府”。

1954 年 2 月 26 日，在一系列令人吃惊的议会手段后，布里克修正案终于到了最后表决这一步。在“部队地位”的斗争中，布里克败下阵来。为挽回颜面，艾克提出一个程序上的缓和措施，即对协定投票表决时，只记录投票数，而不是口头唱票。布里克拒绝该提议。2 月 25 日，该修正案支持率不到 2/3，50 位参议员同意、42 位反对。

就在这次斗争绝望的关头，发生了一个悲剧性事件。参议院外交关系委员会主席沃尔特·乔治起草了一份修正案，内容与布里克修正案相似。这份修正案值得严肃对待。布里克修正案的支持者并非都不负责任，其中一个负责任的人便是美国律师协会前任主席弗兰

① 布里克不同意这一解释。

克·霍尔曼。该协会中，“通过联合国维持和平与法律部”也支持布里克，一些研究宪法的学者也站在他这边。这并不表示它是一项有利的修正案，虽然在吵吵嚷嚷的讨论声中，确实有一些建议值得仔细聆听。自从罗斯福执政以来，总统的权力已经大得惊人了。艾森豪威尔历来谨慎，他是不会滥用权力的。但从接下来的事件看，后来的白宫主人可不是那么小心翼翼的。而且，乔治提出的修正案可不仅仅是经过修饰、更亮眼的布里克修正案。其语言是精心雕琢的，语气比布里克修正案更为温和，而且删减了布里克修正案中一些臭名昭著的从属条款，即禁止国会对超越其权力范围的问题采取行动。艾克反对的就是这一条，即反对某些条约必须各州都支持。去掉这一条，政府反对布里克修正案的原因就没有了。乔治的提案在很多方面具有先见之明，但因为其会限制总统在外交政策中的自由，还是遭到了白宫的反对。①

20世纪60年代末70年代初，那些记得乔治修正案的参议员们再次想起了它。而在反对总统于越南战争中的行动的愤怒声中，有人想起了诺兰的意见，但他早已在竞选中失败并隐退，在加利福尼亚州过着普通的生活②。诺兰当时赞同乔治的修正案，因为他无法忽视“行政部门干预司法权力带来的危机”。如果那天是塔夫脱处于诺兰的位置，他一定会使这场辩论显得更庄重，但是所有理智的希望都在情绪的迷雾中失去了方向。一个参议员要么是艾森豪威尔的人，要么是他的敌人，情况就是这样。就这样，布里克把乔治一同拖下了水。即

① 乔治修正案中的关键条款是，如果任何条约或国际协定的条文与宪法有冲突，例如不承认国会有宣布参战的权利，那么该条约或协定无效。另外，国际间的非条约性协定，除非国会立为法令，否则无国内法律的效力。

② 诺兰于1974年2月自杀。

便如此，政府也只是勉强胜利。对于乔治修正案，有60票赞成、31票反对——由于需要2/3的赞同票，因此其实只有1票的优势。如果第31位参议员当时生病或是去厕所，而众议院和州立法院投票又通过的话，那么美国随后20年的外交历史将大不相同。举一个例子，那个臭名昭著的让美国有权在大范围内干预越南内政的"东京湾决议"，便会因违宪而被否决。

布里克修正案被否决的那天，约翰·福斯特·杜勒斯庆祝了自己66岁生日。他是政界元老，看起来也像。关于他的一切都与众不同：狮子般的头，轮廓分明的脸；"大都会""风笛摇滚""市区"和"世纪"等俱乐部的会员；卡内基基金会主席，教会正义与持久和平委员会联邦理事会主席；美国优秀大学生荣誉学会会员；普林斯顿大学、巴黎大学以及乔治·华盛顿大学法学院的学位获得者。

杜勒斯一生中最重要的经历是成为基督教长老会的一员。他认为他的宗教信仰是伟大的力量，但实际上却是他的累赘。他认为反共产主义是长老会教义的延伸（用乔治·凯南的观点来看，正如苏联领导人认为共产主义本身就是福音一样），因此，他的外交政策与苏联领导人一样，都是僵硬和教条主义的。艾森豪威尔相信妥协和调解，但他挑选的实施外交政策的人却极度不信任这一点。杜勒斯巧妙地破坏了史塔生裁军的计划，理由是美国的北约同盟国会将此看作美国决心减弱的表现。对他来说，灵活比软弱更糟糕，那简直是不道德的。谁不同意他强硬的主张，就会被烙上耻辱的罪名。1953年，杜勒斯第一次出访时，以总统名义赠给埃及总统穆罕默德·纳吉布一支镍制自动手枪。这是提醒所有中立国的政治家们，以武力反抗共产党，才会赢得美国的友谊。对于中立国的领袖（如印度的尼赫鲁）

来讲，世界并非如此简单。尼赫鲁试着在两大竞争集团之间找寻自己的位置。他认为，反共产主义与反殖民主义同等重要。杜勒斯认为中立主义最恶劣，便理直气壮地将武器运往巴基斯坦，从而失去了与印度的友谊。

尽管杜勒斯花言巧语，20 世纪 50 年代唯一被推翻的亲苏政府只是美国后院的一个小国家——危地马拉。但这场胜利也值得怀疑，因为它为日后拉丁美洲的溃败播下了种子。然而，杜勒斯那宗教式的热情最令人不安的一面是，他深思熟虑地煽动东欧国家的人民——他承诺会把当地的苏联暴政“推回去”。1953 年 7 月 17 日的一次内阁会议上，他十分满意地报告，法国的乔治 · 皮杜尔和英国的索尔兹伯里侯爵 3 天前同他会面，表示他们对东欧的“真正自由”十分关切。他说：“据我所知，这是伦敦和巴黎第一次愿意支持这项原则。”

关于此次会议，休斯在他的会议笔记中气愤地写道：“他真的相信几句话就能让人人都享受自由吗？”但是杜勒斯相信与否并不重要，重要的是从什切青到的里雅斯特的听众都相信了。杜勒斯未能解释，美国决意帮助他们也仅限于“一切和平的方式”（艾森豪威尔总是不会忘记小心地提起这个限制），这将带来悲剧性的后果。民主德国突然爆发罢工、纵火、暴乱。苏军坦克镇压 3 万名东柏林人发起的暴动后，艾克向媒体强调，美国不打算在东欧进行实际干预。但 11 月底，杜勒斯煽动在立陶宛、拉脱维亚、爱沙尼亚等地的骚乱。他说，因为他宣布美国不会承认苏联对这些国家的兼并行为和“确定它们的被奴役地位”。

杜勒斯经常不在首都，这令那些喜欢低调处理外交事务的人缓了口气。实际上，他到处活动，像卖保险一样向盟友提供对抗侵略的策略，将美国军事力量作为钢筋，把非共产主义国家联合起来。除北约外，又加入重组后的美洲国家组织、东南亚条约组织；在中东签订《巴格达条约》——后来成为中央条约组织，美国虽未加入，但大力支持该组织。包围共产主义国家的条约，每年都会增加新的内容，直到美国要对 8 个安全条约承担责任，并保护 42 个国家。沃尔特 · 李普曼在《纽约先驱论坛报》上写道："杜勒斯不仅展示出自己是个精明且善于算计的外交官，而且是一个赌徒，用本国的血汗、财富和荣誉当作自己承诺的支票，比过往任何一位国务卿能想象的还要奢侈浪费。"

尽管杜勒斯一生中并没有被要求兑现以上的承诺，但如果真有人要求了，那么负责兑现之人恐怕会十分担忧。一些惊恐的证人冲到国会委员会的房间中进行抗议：美国在扩大军事责任的同时，也在削弱自己的实力。作为一名将军，艾森豪威尔对五角大楼不太尊重。在一次预算中，他将空军预算削减了 50 亿美元，由此遭到范登堡将军的疏远。当中国台湾遭遇一次周期性紧张局势时，他又命令将军队人数从 320 万减少到 285 万。只有一位五星上将总统才敢这样做。他拒绝了一切在核武器时代不实际的战略。有一次，白宫举行会议，讨论进一步裁军，他说："如果你能冷静理智地思考问题，那么将用于陆战部队的经费用于建设新的公路益处还更多些。这样在敌人来袭时，大城市的居民可以更快撤离。"

总统知道自己想要什么，而内阁中最强有力的人物汉弗莱也支持他。他们的目标是减税，而他们认为这是达成这一目标的正确方法。舍曼 · 亚当斯写道："这个'新姿态'以及以核报复为基础的计划，显然是艾森豪威尔削减陆军人数的原因。"艾森豪威尔是总司令，他承担全部责任。为消除进一步的疑虑，他指示五角大楼假设美国将来会卷入核武器战争。国会山的民主党人抱怨美国现有的安全只是一种假象，人们被骗了，而总统的动机则具有政治性。的确，有一部分动机是出于政治考虑的。政府提出了一个更为虚伪的承诺，即“每一美元都要花得更值得”[①]。战略上的单一武器论也受到寻求简单方案以解决问题之人的青睐。显然，美国不打算发动征服战。因此，他们说国防部顾名思义就应该只搞防御。他们只要求美国不受侵略，大规模报复的威胁也只是确保这一点。

当然，他们的信条理论并不奏效。国务卿与总统各行其是，无法实现这个目标。政府的外交政策慷慨大方，军事政策却相当吝啬，但很少有政治家发现这个差异，真让人惊讶。在两次世界大战之间，报复政策可能是有效的遏制方式，那时美国总统小心翼翼地避免卷进国外事务，但美国现在已不再是这样的国家了。“美国式和平”已取代“英国式和平”，英国曾派遣炮艇的地方，如今美国派去了杜勒斯和他的圆珠笔。超级大国需要大规模的威慑力量来保持和平，而那种“每一美元都要花得更值得”的说法好像国际政治是美国 7 月 4 日国庆日的老式庆祝仪式，只是空谈而已。

年轻的亨利 · 基辛格看出了这一问题。1954 年他获得哲学博士学位，之后成为哈佛大学政治系的教员，并出版《核武器与外交政策》一书，以严谨的逻辑分析了美国在世界中的姿态。他总结出大规模报复是一种谬论：政府进行有限度战争的能力大大降低了，最后只剩下原子弹这个武器，每当外交不能达成一致走到诉诸武力的边缘时，国家的生存便成为赌注。艾奇逊也看出了矛盾之处。他在杂志上发表了一篇文章，对于美国主张大规模报复具有“主动权”进行分析，认为其非常荒唐。他指出，报复是对某些人主动性的回应。罗维

① 每一美元都要花得更值得：现在在美国引申为“物美价廉”，用于日常生活。——编者注

尔对这个矛盾看得也非常清楚。1954 年 4 月 8 日，他在《华盛顿来信》一文中预测，“如果中南半岛发生最糟糕的事，原子弹在那里会像石弓那样毫无用处，到时地面部队将不得不在一定程度上恢复以前的实力，而且远不止于此”。

华盛顿与印度正好有 12 个小时的时差（一处是子夜，另一处是正午）1954 年 2 月 10 日早上 10 点 30 分，艾森豪威尔总统走进印第安人条约室参加每星期三举行的新闻发布会时，在河内法兰西大厦的法国军队总司令部正被黑夜笼罩。记者问他，地球另一边的军事情形是否仍然严峻。他说：“我比任何人都反对美国在那个地区卷入热战。因此，我批准的每次行动都是反复斟酌的，我们将尽一切努力，不卷入战争。”

下一位记者问道：“总统先生，你说的话是否可以理解为，不管战争走势如何，你都决定不卷入或者不那么深地卷入中南半岛的战争？”

艾森豪威尔回答说，他并不能预测未来。然而，他接着说：“如果美国在那些地区深陷全面战争，尤其是动用大部队作战，我无法想出对美国来讲，有比这更大的悲剧了。”

与后来的情形相比，美国军队当时在中南半岛战争中的人数并不算多。这得追溯到上一届政府，那时他们就已经在那里了。直到 20 世纪 40 年代末，中南半岛上的三个国家——越南、柬埔寨和老挝仍是法国的殖民地。1949 年 12 月 30 日，它们的地位有所改变——巴黎承认它们是“法兰西联邦”内的“独立国家”了。这不过是个反对殖民主义的姿态，目的是反对苏联对胡志明越盟军的支持。1950 年 2 月 7 日，华盛顿和伦敦承认了这三个国家，艾奇逊强调说：“支持附属国家的人民通过和平和民主的进程走向自治和独立，是美国的基本政策。”他希望一些亚洲国家随后也能承认这三个国家，但它们踌躇不前，因为厌恶了越南保大亲王，这位法国支持的傀儡宁愿在里维埃拉晒太阳，也不愿执政。艾奇逊不顾其他国家对保大的蔑视，仍固执地将美国的声望押在中南半岛。后来，他懊恼地回忆起国务院的一位同事约翰·奥利曾警告他，美国正处于这样的境地：“倾向于取代而非补充法国的责任。”奥利说，美国会成为法国的替罪羊，卷入直接干预的泥沼中，“事情只会像滚雪球一样，越滚越大”。艾奇逊在回忆录中写道：“我决定……既然我们干预这件事，就不要再回头看了。”

到艾森豪威尔宣誓就职时，美国已经负担了法国1/3的经费，运载武器到中南半岛，并派出200名空军部队的技术工程师。艾克继续支援，但已经不够了，越南危机加重了。2月那个早上举行新闻发布会时，越南危机已集中到一场大战上，这是典型的战争，比夏伊洛战役或阿尔贡战役更能改变世界进程并影响美国发展。7年来，法国军队被胡志明杰出的军事将领武元甲将军打得溃不成军。这些在圣西尔军校训练的法国军官对武元甲的游击战极为陌生，遭到阻拦，因此发誓要引越盟进行一场决战。1953年11月20日，他们空投1.5万伞兵到河内以西约200英里处的战略要点。此处覆盖着可连接中国、东京湾和老挝的通信线路，该地位于泰国境内，地名“奠边府”由三个泰语单词组成：“奠”为大，“边”为边境，“府”为行政中心，即边境上的大型行政中心。这是一个再普通不过的名字了。

在地理位置方面，东南亚的这一区域是最险峻的：悬崖峭壁、丛林幽深、峡谷险要、河流汹涌。但是，本区各处地面有一些相对平坦的洼地，较大的洼地还可整修为跑道。奠边府就是这样的盆地，其形状如长长的橡树叶，小溪是树叶的支脉，中央的河流则是树叶的主脉，其长 11 英里，宽 3 英里。奠边府周围森林密布、山谷深邃。法国伞兵部队在此修建了一个机场，以及一系列的“豪猪”——保护机场和用以出击敌人的坚固据点。自马基雅维利时代起，军事战略家便主张指挥官占领高地。他们认为如果一方占领了高地，就可用炮火摧毁另一方。然而，法国军队没能占领俯瞰奠边府的高地。在对抗游击战的同时守住这些山峰实为不易，因此河内的总指挥部认为没必要守住高地。在法兰西大厦，战地记者听说法国的大炮比武元甲能得到的任何武器都更先进。而且，越南群山密布，越盟也无法将大炮拉进来。

法兰西大厦的判断错了。自 11 月以来，9 万名越南农民把 105 毫米野战炮穿过荒山野岭运到了奠边府。到了 1 月，武元甲的大部分炮兵部队已进入有利位置，俯瞰着灰黄的平原大地。2 月 10 日，在华盛顿的艾森豪威尔正在印第安人条约会议室回答关于中南半岛的问题时，越盟第 57 团在长途跋涉并休整一番后，从洒满月光的山坡上俯视那个保护法国 12 个营的睡熟士兵的碉堡群。后来游击队的指挥官何文贤告诉别人，那晚机场周围摇曳的火炬，令他想起他们村中屋舍前一堆堆柴火中发出的火光，那代表对逝者的追思。

3 月 13 日，武元甲在黎明前的炮火声中拉开了围攻奠边府的序幕。法军放出烟雾隐藏机场未能奏效，飞行员们称这个低洼的盆地为“夜壶”。三天前，星期三的例行记者招待会上，一名记者向总统提到密西西比州参议员约翰 · 斯坦尼斯的观察所得。斯坦尼斯当时就提出警告，美国向越南派空军部队技术工程师，很可能会使美国卷入这场战争。艾克说，不会那样的，除非国会行使宣战的权利，否则美国不会干预中南半岛的战事。

历史学家可能会好奇，为何要讨论美国卷入战争的问题。联合国未对中南半岛有过任何承诺，不久之前的美国与此地也毫无瓜葛。唯一真正对该地区感兴趣的只有罗斯福总统，他希望看到该地区摆脱法国的殖民统治。一年前，艾森豪威尔还不愿扩大一场反共产主义的亚洲战争。他表示，即使仅仅在奠边府实施空袭也要冒极大风险，这可能会使美国空军与中国空军陷入对抗。无论如何，进行决定性一击的机会很小。法国在中南半岛的军事力量远不及联合国在朝鲜的军事力量。

但是，除了艾森豪威尔，大部分政府领袖并不这样看。他们认为，美国是自由世界最强大的国家，是全球反对世界共产主义斗争的领导力量。朝鲜停战后，中南半岛成为唯一有这种冲突的地区。主张干预的人表示，如果共产党在一条战线获胜，那么所有战线都会遭遇危机。这同样是知识界的意见，麻省理工学院经济史教授沃尔特·罗斯托在《代达罗斯》杂志上写道：

> 苏联或中国地面部队的调动，会使美国在欧亚大陆的势力失去平衡。同样，如果欧亚大陆关键地区的男女无论出于希望还是失望而转向支持共产主义，也会失去平衡……如果我们成为集权主义海洋中一个民主的小岛……那么美国的生存就会受到威胁。

一致的看法是，只要美国部队还在朝鲜，那么向法国提供财物、枪支和策略就已足够了。依此推论，现在需要的东西更多了。如果不能提供更多的支援，自由世界的安全就将受到威胁。

前一年 9 月，即 1954 年中下旬，艾森豪威尔批准向法国军队提供一笔更高的经费（3.85 亿美元）。当时，杜勒斯将美国在中南半岛的目标确定为成功完成纳瓦尔计划，该计划以当地法国指挥官的名字命名。杜勒斯解释说，这样就会在“1955 年战争结束前，击败共产党有组织的进攻”，只剩下扫荡战，这个可由越南军队在1956年完成大部分。纳瓦尔计划失败了，但是直到1954年1月4日，总统与国会领袖们讨论即将发表的国情咨文时，还未考虑将美国军队派往中南半岛。艾克打算请求国会支持，继续给法国军事援助。一位共和党参议员问，这是否意味着派美国士兵去越南。大吃一惊的总统回答："不是这个意思。"他说："我可以写上'物质援助'。"他确实这样做了。

到3月第三个周末，中南半岛的局势已然恶化。杜勒斯依然对法国充满信心。3月23日，他还预计法国军队将获胜，但五角大楼可不确定输赢。奠边府传来的消息令人沮丧。武元甲的炮兵占据盆地周围，实际上机场已无法使用。用C–54型飞机向12个营的被困人员空投物资，只能取得部分成功。如果在距地面6 000~8 000英尺处空投物资，那么半数都会掉在越南军那边；如果在4 000英尺处进行空投，越南的高射炮又会击落大部分飞机。敌军从四面八方逼近法国军队的要塞，在许多地方安放了自动武器。巴黎通过外交途径向华盛顿发来请求，请求美国实施空袭以缓解受困部队的压力。3月22日，法国军队参谋长保尔 · 伊利将军飞往华盛顿请求援助。

李奇微强烈反对，他说，一旦同意投入美国空军，派遣步兵也只是时间问题。他对当地地形略知一二：稻田、丛林、糟糕透顶的公路网以及极差的通信设备，甚至连海港也很糟糕。美国的干预只会成为"悲剧性的冒险活动"。他以书面形式向艾森豪威尔表达了自己的意见，后来在其回忆录《军人》中写道："对于一个像他这样有军事经验的人来说，其中的含义再明显不过了。"但同样拥有战争经验的雷德福则认为美国派出轰炸机是个不错的主意。人们纷纷猜测国务卿的立场。3月29日星期一，他在海外记者俱乐部发表演说时，就谁都不会再怀疑了。他的话语和腔调都是关于冷战的：

> 在如今的局面下，共产主义苏联与其盟友共产主义中国使用一切手段，将它们的政治制度强加给东南亚，这会带给整个自由社会极大的威胁。美国认为不能被动地接受这一可能性，而应联合行动反击。这可能会面临严重危险，但如果我们今天不下决心，几年后我们面临的危险与如今相比会大得多。

星期六，杜勒斯在国务院与两党的国会领袖商议，向他们解释对法国集体防御的必要性，也就是说，要英国、澳大利亚、新西兰和美国派出远征军。他自信满满，认为一定能吓退中国共产党，让他们放弃胡志明。他说，如果这个行动失败了，就要把越盟消灭。任何妥协都不可能达成，即使理论上的妥协也不行。一位观察家对国务卿讲话的印象是：国务卿“极度怀疑，如果在中南半岛建立共产主义政权，美国是否还能存在下去”。

星期日晚上，杜勒斯与艾森豪威尔、雷德福在总统的椭圆形书房议事。现在摆在他们面前的问题是，干预是否合情合理，如果合理，那么理由是什么。在巴黎，皮杜尔不断催促狄龙大使。法国竟要求使用原子弹，可见它们绝望程度之深。两艘载有核武器的航空母舰与第七舰队一起在东京湾巡航，但华盛顿没人真正考虑过使用核武器[①]。事实上，艾森豪威尔禁止任何空袭。在一定情况下，他愿意考虑杜勒斯的“联合行动”，由盟国共同出力。法国必须同意将战争进行到底。他们必须让越南、柬埔寨、老挝完全独立。法国和中南半岛三国必须请求盟国（美国和英国）参战。最后，有权宣战的国会将做出决定性

① 法国方面则有不同的看法。参看儒尔 · 罗伊的《奠边府战役》，巴黎版，1963 年，第 270 页脚注。

的一步，而并非由总统决定。杜勒斯在这样的条件下可以尽力去做，在艾森豪威尔与丘吉尔的电讯往来中，他试探后者的态度（他的态度比艾克更为保守），然后启程，试着将伦敦和巴黎的盟军集结起来。

三天后，总统便在语言中增加了一个带有隐喻的表达。尽管不愿美国插手干预越南，他仍然坚信冷战信条。杜勒斯在海外记者俱乐部的演说未发表之前，他就已阅读过草稿，也赞同他的观点。他在每星期例行的记者招待会上告诉记者，法国在中南半岛的威望濒临绝境，而深陷危机的不仅仅是威望。如果共产党在那里夺取胜利，就会扩大红色帝国的版图，夺去美国重要的原料。这意味着自由世界将失去整个东南亚，而美国在太平洋沿岸的军事防线也会受到威胁，即澳大利亚、新西兰、菲律宾、中国台湾地区和日本等地。艾克说："你放置了一排多米诺骨牌，推倒第一块，最后一块也只会跟着很快倒下，这是必然的。所以这就是全面瓦解的开始，它会造成极为深远的影响。"

杜勒斯从欧洲回来后，感觉迅速干预的机会已经来了。白厅和法国政府似乎已准备接受联合行动的建议。如果在危机中陷入重重包围的法兰西大厦有任何接受援助的机会，那就是现在了。丘吉尔并未强烈反对该建议。而法国为了获得援助，几乎可以牺牲除凯旋门外的任何东西（事实上，喧闹的示威队伍正在凯旋门抗议扩大战争）。艾森豪威尔虽然似乎不为所动，但他一定会改变主意的，即使他坚持，国会也会行动。

就在这出好戏唱到此时，尼克松走到了舞台中心。当时他的动机尚不明朗，他也从未就此澄清过。那时，他似乎是华盛顿中最凶猛的"鹰"派人物，但首都大部分人过去和现在都认为，这位副总统只是在为政府放出试探性的气球而已。4 月 16 日星期五，在华盛顿举行的美国报纸编辑协会年会，就是释放气球的场合。他的讲话本来是非正式的，但其内容实在骇人听闻，就无法再隐瞒了。他被问道，如果法国撤军，放弃越南，那美国会怎么做？美国士兵会取代他们的位置吗？尼克松回答，他们会的。自由世界的境况十分危险，如果进一步撤出亚洲，结果不堪设想。他祈祷法国能全力以赴，赢得胜利。“但是在这种情况下，如果为避免共产主义势力进一步在亚洲扩大——尤其是避免在中南半岛扩大势力，我们就必须铤而走险，派美国士兵参战。我认为行政部门必须采取不受欢迎的政治立场，即正视这个行动并采取行动，我个人支持这样的决定。”

他的话即刻引起了各界反响。一些政府官员已做好准备进行新的战争，但报纸没准备好，编辑们纷纷致电艾克，要求总统否认副总统的意见。国会也没准备好，谴责尼克松是极不负责的沙文主义者。在国外，关于美国军队部署的种种传闻引发了各种紧张不安的反应，从而打乱了盟军派遣远征军的计划。当月随后将在日内瓦召开关于亚洲问题的 19 国会议，伦敦决定看看会上能取得什么成果。星期一，杜勒斯从奥古斯塔（艾森豪威尔正在此处打高尔夫）返回华盛顿，告诉记者，美国“不太可能”干预越南战争了。

4 月下旬，法国第三次也是最后一次请求支援。当时杜勒斯和雷德福正在巴黎处理北约事务，皮杜尔请求国务卿，希望美国进行空袭，否则奠边府就会失守。杜勒斯说他会考虑考虑的，但这只是友善的说法而已。艾森豪威尔再次向他表明，只有国会同意，美国才会派兵到中南半岛。而且，杜勒斯也看到了巴黎报纸上的报道，对于受困的法国部队已经不抱任何希望了。

到目前为止，奠边府的局势已吸引了世界的目光，编辑们不断在头版刊载有关越南的只言片语。人们终于知道，法国此次行动的代号是“秃鹫”。头版的地图上描绘着被包围据点中的要塞位置——这些小山被命名为安妮–玛丽、加布里埃尔·多米尼克、伊莎贝尔、休格特、弗朗索瓦丝、克劳丁、比阿特里斯，以及两座姊妹山——伊利安1号和伊利安4号，绰号“洛洛布里达姐妹”。法国高级军官克里斯蒂安·德·卡斯特里已从上校升为陆军准将，既然他是英雄，就该获得将军的荣誉。一名法国护士热纳维埃芙·加拉尔–泰罗比拒绝登上最后一班飞往河内的飞机，被称作“奠边府的天使”。关于卡斯特里的故事有许多版本。据说，他发现他的部队已在劫难逃，便让士兵向自己开炮。

许多关于围困的报道都不属实。卡斯特里没有向炮兵部队下令朝自己开火，因为他的炮兵部队已全军覆没。美国报纸上描写的“孤军奋战”的故事，与受困军营的实际情况没有任何联系。战地记者不该受到责备，因为法军总部的消息也不灵通。在4月18日星期日的复活节，法兰西大厦披着绶带的军官在河内大教堂吟唱赞美诗时，就已经不再了解“秃鹫”行动的情况了。派去侦察营地情况的侦察机飞到营地上空，要么被武元甲的高射炮击落，要么被赶走。整个跑道都在越南机枪的控制之下。C–54型飞机搭载着卡斯特里的准将勋章、庆祝晋升的白兰地、几盒杰出服役十字勋章和荣誉军团勋章以及其他物资，该飞机试图空投这些东西，但都失败了。据点里的无后坐力炮如今已落入越南人手中，他们正朝着奔向降落伞的法国士兵瞄准射击。第二天一早，越南广播电台兴高采烈地宣布，他们缴获了一切空投物资，包括白兰地。

如今，奠边府法国军队的境况相当惨烈，阵亡人员已达半数。他们有时要忍受热带烈日的烘烤，有时更忍受倾盆大雨煎熬，只能在大堆的粪便和腐烂的尸体下躲藏。炮兵阵地丢失后，他们便无法进行有效反击，因此陷入绝望之中。武元甲的105毫米大炮的火力一直未曾停息。越南军队的战壕蜿蜒曲折，继续向法军逼近，也与敌人的步兵越来越近。有一阵传来希望，说河内会来一支救援军，随后美国空军部队也会赶来支援。士兵相信这个传闻，指挥官也相信，甚至卡斯特里也相信，因为他很难接受这个事实：纳瓦拉是将他派到此地送死的。如今到了 4 月，他已经获悉河内总部命令他销毁一切武器和物资，不能落入敌人手中。至于他的部下，他被告知要让他们知道，他们挡住了越盟大军，保卫了法兰西的荣誉，以此来动员他们进行最后决战。

5 月 7 日，受困 56 天后，奠边府上空的三色旗终于被白旗取代，随后又被越南的金星红旗所取代。法国的荣誉一去不复返了。在日内瓦，关于亚洲问题的多国会议已经开幕。他们仍在讨论美国派遣远征军的问题。默罗在会上通过广播评论道："美国尚未决定派遣部队到中南半岛，也没决定在任何情况下都不派出部队。第二句话可能比第一句更重要。如果最后的问题是将中南半岛送给共产党还是救出来，那么一定形式的干预在所难免。"

杜勒斯告知与会各国，尽管中南半岛很重要，但因为不让共产党控制东南亚而拯救它，并不是势在必行。这就为达成妥协扫清了道路。越南会暂时以北纬 17 度为界分为两部分，双方要在 1956 年 7 月 20 日分别进行自由选举后再统一。《纽约先驱论坛报》的罗伯特 · 多诺万认为，这是下下策中的上策，多米诺骨牌"还不至于全部垮塌"。

与此同时，国务卿继续想方设法结成亚洲联盟，因为艾森豪威尔宣布，"自由世界"知道"朝鲜和东南亚的攻击，威胁到整个自由世界，只有联合行动才能消除威胁"。9 月，杜勒斯在马尼拉成功完成这一任务，来自澳大利亚、英国、法国、新西兰、巴基斯坦、泰国、菲律宾和美国的代表宣誓加入联合防御，抵抗侵略。他们因此成立了

“东南亚条约组织”。其中第 4 条条约规定，一旦其中一国受到攻击，他们便要共同抵抗。条约不仅对外部侵略有规定，对内部颠覆活动也有规定。另有一份独立的议定书，将条约的保护范围扩大到越南、柬埔寨和老挝。

美国这时的外交似乎很成功。南越和美国代表没有在《日内瓦条约》上签字，但很少有人认为这一点很重要。杜勒斯的官方身份只是会议的观察员。因此，既然双方没有签字，就不会履行保护两年后越南选举的义务。这就埋下了伏笔，具有重大的历史意义。选举不能顺利举行，便会导致战争再次上演。此次战争的不同之处在于，越南暴动被烙上“侵略”的印记，从而成为直接向在马尼拉结成联盟中的每一个成员宣战。约翰 · 奥利所说的“滚雪球”开始了。

10 月，国务卿深思熟虑后告诉内阁：“美国从未像现在这样得到别国的尊敬，外交关系也从未如此好过。”

后来，私下谈到越南时，他说：“我们在那里是清白的，没有殖民主义的污点。奠边府的失败，也许会因祸得福。”

美国人小像：
玛丽莲·梦露

她是严重精神分裂症患者格拉迪丝·珀尔·贝克的私生女。格拉迪丝曾为米高梅、派拉蒙以及哥伦比亚这些电影公司剪片子，一生频繁地进出精神病院。她的精神疾病同样折磨着父母和弟弟，以至于弟弟最终自杀。1926年，她以当时无声电影明星诺玛·塔尔梅奇的名字给那个不该出生的孩子取名。若干年后，那个小婴儿长大成人。20世纪福克斯电影公司的导演为她改名为玛丽莲·梦露。在她成名前，梦露曾试着打电话给亲生父亲。父亲的秘书说："他不想见你。如果你有什么问题，可以到洛杉矶见他的律师。"

她一声不响地挂断电话。如果一个小女孩有理由控诉她的童年生活，她会那样做的。她曾被12个家庭领养过，他们各有各的粗俗行为。在其中一个家中，她的玩具是空的威士忌酒瓶。另有两个家庭是狂热的宗教徒，其中一个家庭教她唱《耶稣爱我》作为惩罚。若她有不纯洁的思想，便会用磨刀用的皮带抽她；当她脱掉衣服与小男孩对比身体的不同之处时，她被叫作荡妇。她喜欢一条小狗，但邻居杀了它。她的外婆看望她时，想要用枕头闷死她。她在孤儿院待了21个月，16岁时嫁给了一个老男人。她不爱他，于是逃离了那种监禁般的悲惨生活。她像变了个人似的，说话开始结结巴巴，患上慢性失眠症。她成为一个绝望的女子，贪婪地想要被人恋慕。

在一张墨菲床[①]上，她的第一任丈夫教会她销魂的性爱。她热爱这种感觉，终其一生都在追求性爱。但这无法满足她，她渴望受到万人的崇拜。小时候，她会在格劳曼埃及剧院打发星期六下午的时光，看到贝蒂·戴维斯主演的《红衫泪痕》和瑙玛·希拉主演的《绝代艳后》，她梦想自己也能在大银幕上出现。在外，她想方设法追随克拉拉·鲍、珍妮·盖诺和葛洛丽亚·斯旺森的脚步。耶尔克让她在一部战地妇女的影片中出演角色，她便接到第一次试镜的通知。她走进房间，坐下，点燃香烟。第一个看到样片的男子说："我打了一个寒噤。这个女孩身上有一种无声电影中没有的特质。她是这个电影时代中，第一个像明星的女子。试镜中的每一个动作都散发着性感。"

后来，执导《热情似火》的导演比利·怀尔德称她"具有肉欲的冲击"，并表示具有此冲击力的明星只有克拉拉·鲍、珍·哈露和丽塔·海华丝。观众在马克思兄弟的喜剧电影《快乐爱情》中首次看到梦露。片中，她惴惴不安地走进格劳乔的私家侦探社，娇喘着说："有几个男人尾随我。"突然，所有人都对她产生了极大兴趣。《夜阑人未静》和《彗星美人》两部影片上映后，她一举成名。伦敦劳埃德保险协会还为她那挑逗性的步态投下重保。

① 墨菲床：装在墙上的床。平时外观如衣柜，将柜门翻下，就是一张标准的床。——编者注

这是她应得的。1950~1961年，她的影片共上映23部，票房收入总计达2亿美元。当时只有法国的碧姬·芭铎才能与她媲美。梦露平均每星期会收到5 000封信，其中许多是求爱信。在土耳其，一位疯狂的爱慕者因为她的拒绝而割腕自杀。苏联的《真理报》和梵蒂冈的《罗马观察家报》认为她代表着罪恶的社会。纽纳利·约翰逊称她“如同尼亚加拉大瀑布和大峡谷一样浑然天成”。《生活》杂志说她是“胸部丰满的贝纳尔”，她性感的三围（37.5–23–36英寸）为成千上万的男人所熟悉，他们甚至都不知道自己妻子的三围。在更多时候，她的巨大吸引力源于她那迷人的嗓音、如火的热情、浅金色的头发、微张的湿润嘴唇、梦幻的蓝色眼眸以及撩人的步态。

她的难以捉摸不止于此，并且更加充满红尘的欲望。她受崇拜的欲望如此强烈，甚至在摄像机前做爱。因为这一点，她的性欲激发了观众的性欲，甚至女性观众也如此。这并没有什么不妥之处，她没有挑逗他人。她已准备好，甚至渴望奉献出自己的一切。她14岁时，朋友们的父亲就已对她动手动脚。一年夏天，一个下班的警察弄坏了屏门想要接近她。她从不假装受到惊吓，甚至也不感到厌恶。

她成了一名剧院经理人的情妇。这位经理人日渐消瘦，医生告诉他，他的心脏虚弱，必须避免剧烈运动。但梦露的欲望与日俱增，直到他身体垮掉。梦露与他在棕榈泉度假时，他就去世了。她与狄马乔结婚后，有一次丈夫外出，她便穿上软皮平底鞋徘徊在旧金山的街头，寻找性伴侣。她与伊夫·蒙当共同主演了《让我们相爱吧》，影片中她扮演的阿瑟·米勒夫人勾引里面的蒙当，并且米勒知道了此事。

她为自己的淫荡欢喜雀跃。作为一名冉冉升起的明星，她为一份日历拍摄裸照。她并不需要那50美元的酬劳，她只是喜欢这件事。(一个娱乐周刊的女记者问她："你是说你什么都没穿吗？"梦露说："我穿了，我有摄影镜头。")她从摄影师那里得到了透明的底片，上面拍的是她的阴毛。她将底片作为结婚礼物送给狄马乔。她叫狄马乔"猛男"，但他在性方面比较保守。拍摄《七年之痒》时，她在纽约人行道上将腿叉开放在栅栏上，这极大地惹恼了狄马乔。一群影迷看见一阵风吹过她的裙摆，露出臀部，欢呼雀跃起来。对她而言，这是一生中最激动人心的时刻之一。

在生命的最后一段时光里，她一直致力于为《花花公子》拍摄裸体照片。她希望这组照片能同时出现在全世界的女性杂志封面上，这是她的夙愿。她期待青少年禁看的X级影片尽快上映。约翰·赫斯顿将《不合体的衣着》中她裸露胸部的几个镜头删掉后，她极度愤怒，大叫道："让观众们远离电视。我爱做审查员不会通过的事。我们在这儿干什么，难道是为了忍受这一切，让影片通过审查吗？总有一天，他们会放弃审查制度，遗憾的是，我可能见不到这一刻了。"

她成为像卓别林和嘉宝那样的大明星了，并荣获

“英国影后”的殊荣。这种成就感让她飘飘然起来。她的三段婚姻皆以悲剧结尾，流产两次后，她丧失了生育能力。好莱坞一直将她打造为金发的花瓶角色。她曾逃往东部，向斯特拉斯伯格认真学习表演艺术。但是两年后，她重返加利福尼亚州，仍寻求之前的那种角色。

1959 年 1 月上映的《热情似火》是她个人的极大成功，但是在耀眼的光环下，是人们未曾看见的阴暗面。她酗酒，依赖镇静剂。她从不守时，同事们渐渐疏远她。杰克·莱蒙和托尼·柯蒂斯在出演一对快乐的易装癖者时，一整天待在片场，等待她的出现。要想在早上 6 点半叫醒她，助手得用大量黑咖啡和按摩师。助手将她扶起来时，她鼾声如雷的身体会来回滚动。有时下午 4 点才能开始拍摄，有时甚至会延迟到第二天早上，然后又会重复叫她起床的程序。

她记不住自己的台词。在一个场景中，她的一句台词是：“是我，舒格。”但就是这样简单的台词，她都试了 47 次。她对于给剧组造成的不便之处和花销毫不在乎，这甚至会为一部影片增加 100 万美元的成本费。有一次，副导演敲她更衣室的门，告诉她其他演员已经准备就绪，梦露回答：“滚蛋”。

最后，20 世纪福克斯电影公司解雇了她。因为在拍摄《濒于崩溃》一片时，7 个星期里，她只到场了 5 天。那是 1962 年的夏天，36 岁的她似乎失去了对生活的热情。她对《生活》杂志的记者说：“结束也许是一种解脱。就好像我也不知道你在什么样的跑道上，但是当你到达终点线之时，你会感叹自己做到了！但如果没有到达终点，你就必须从头再来。”

她的最后一桩风流韵事是与一位既是律师也是政界人士的华盛顿人发生的。她担心破坏他的政治生涯，担心会怀上他的孩子。后来，他希望她出席一个晚宴，席间还有一些朋友和两个妓女，梦露因此大发雷霆。回家后，她在唱机上放上辛纳屈的唱片，吞下药柜中所有的戊巴比妥钠片（镇静催眠药），从此香消玉殒。

她的尸体（档案号：81128号）一直放在洛杉矶停尸处，无人认领。后来狄马乔前来认领，为她举行了葬礼。梦露从未想过自己灵柩的样子，但她一定想过自己死后的事情。她曾做出了具体安排。按她的要求，艾伦·斯奈德为她化妆，玛吉·普利彻做衣服，阿格尼丝·弗拉纳根做发型。

第二十一章　主席先生，主席先生

后来，奠边府这个幽灵在美国人心里变得越来越可怕，但在当时，那还是别人的事。它的陷落不是1954年唯一的大事，甚至不是重要事件之一。那一年对美国来讲就是新闻之年。1月，世界第一艘核潜艇“魟鱼”号驶出康涅狄格州格罗顿市的海军造船厂。6个星期后的底特律，6位密歇根州的共产党领袖被指控阴谋推翻美国政府。面对即将到来的不可否认的经济衰退的迹象，总统决定在3月12日的内阁会议上，将经济衰退称为“循环调整”。

1954年，《麦考尔》杂志在复活节出版的那一期介绍了“患难与共”的概念，它立刻风靡一时，有了社会改革的意味，几乎成为20世纪50年代全美国的目标。4月1日，空军学院成立，第一期学员在科罗拉多州丹佛市的劳里空军基地宣誓入学。国防部长查尔斯·威尔逊将华盛顿州契夫约瑟夫大坝的建造合同交给了一家美国公司，而拒绝了报价较低的英国公司。国会两院通过了修建圣劳伦斯河航道的议案。

朱利叶斯和艾瑟尔 · 罗森堡夫妇被处决。在此之前，白宫外有人示威反对这一判决，而另一群喧嚣的年轻示威者则举着标语牌，写着“两份煎罗森堡肉排即将出炉”。海军作战部长罗伯特 · 卡尼告诉记者，他和他的参谋团预计中国将在一个月内挺进金门和马祖的近海小岛，从而让冷战气氛更加紧张。总统说：“他们掌握着我没有的情报。”但他警告说，要进攻中国台湾地区，“就得从第七舰队身上踩过去”。7 月 23 日的内阁会议上，内阁成员个个兴高采烈，因为他们得知经济指标很快就会上升，“循环调整”即将结束。8 月的卡罗尔飓风吹倒了波士顿历史悠久的旧北教堂的塔顶。9 月，埃德娜和黑兹尔飓风旋即杀到。

艾森豪威尔与丘吉尔在百慕大群岛商讨世界和平。10 月 5 日，原子能委员会批准了一份合同，埃德加 · 狄克逊和尤金 · 耶茨执掌的一家南方公共事业集团将在西孟菲斯为田纳西河流域管理局修建一座发电厂。艾森豪威尔总统形容他的政府的政治哲学时，先是用“有活力的保守主义”，然后是“进步的、有活力的保守主义”，接着是“进步的温和主义”，然后又是“温和的进步主义”，最后是“积极的进步主义”。1954 年 12 月 21 日，克利夫兰市的整骨医生塞缪尔 · 谢泼德被判于 7 月 4 日谋杀其妻子玛丽莲罪名成立。征服珠穆朗玛峰的埃德蒙 · 希拉里爵士在中西部向听众做着激动人心的演讲。第一批有关吸烟与心脏病联系的权威报告发行后，在全国畅销一时。

《花花公子》每份售价 50 美分，这 10 年中的报摊上与其竞争的畅销刊物有：《鉴赏》(50 美分)、标榜“未经审查，不得出版”的《秘密》(25美分)、《疯狂》(10美分)，以及20世纪50年代最畅销的期刊《电视指南》(15美分)。到20世纪50年代末期，《电视指南》已有53个地区版本，订阅人数达700万人。

美国的毒品文化的流散还远在将来，但在一些波普音乐会上，人们已能从爵士乐大师迈尔斯·戴维斯和瑟隆尼斯·蒙克那诡异神秘的音乐中，隐约听出毒品文化的根源。他们把钱叫作“面包”，女孩叫作“小鸡”，了解说成“啪嗒”；过去形容某些事为“极好”的，现在用“疯狂”来代替。形容疯狂的最高程度的词是“酷”“棒极了”“终级”“遥不可及”(后者还发展成“目不可及”)。去欣赏就是“去嬉皮”，有人嬉皮到了精神恍惚的地步，不久就会被叫作“嬉皮士”了。

在这10年里，广告的流行语成为知识界的笑料。随着社会越来越重视广告人，他们也更加精明，他们创造的简短的广告语已成为语言的一部分。1954年，最流行的做法是加上“wise”后缀的词，表示“关于……”“在……方面”或“以……的方式”。过多使用后，它便成为万能词。人们不说“今年的汽车都是镀铬的”，而说“关于汽车款式，今年的都是镀铬的”。在钱方面，大亨都是富有的；在排序方面，输家都是最后一名。在年龄上，女孩都是年轻的；在穿着方面，她应该是时髦的；在性格上，她应该是魅力四射的。以痛饮的方式喝酒后，你可能会熟睡一晚；关于头脑，早上一定会难受；关于工作，你必须赶着去上班。

在麦迪逊大道的一端，坐落着音乐圣地——叮砰巷，当时那里还是民谣歌手的天下。1954年最流行的金曲是基蒂·卡伦的《事小情深》，紧随其后的包括佩里·科莫的《被需要》、弗兰克·辛纳屈的《年轻的心》以及板刷头乐队(当时只有古典音乐家才会留长发)的《嘘……砰》。阿奇·布莱耶的《希兰度的秘所》也是当年令人难忘的小调。“4个老A”演唱的《喷泉里的三枚硬币》(《罗马之恋》)是同名电影的主题曲，该片由多萝西·麦克吉尔、克利夫顿·韦伯和简·皮特斯主演，是一部高级彩色宽屏电影。1954年，关于纽约码头区腐败的消息不断传来（4月15日，阿尔伯特·阿纳斯塔西亚[①]被开除国籍），美国电影艺术与科学学院将这一年的奥斯卡最佳影片奖颁给了《码头风云》。其他获得奖项的电影还有《叛舰凯恩号》《乡下姑娘》《七新娘配七兄弟》《龙凤配》《纵横天下》《电话谋杀案》《后窗》以及迪士尼出品的《海底两万里》。电影仍然赚不了大钱，但当时有才华的人还是留在了好莱坞。

《剧艺报》杂志列出了1954年最受欢迎的电视节目，《我爱露西》《法网》以及格劳乔·马克思和埃德·沙利文的杂烩节目。当时唯一真正优秀的电视喜剧节目是每星期六晚，希德·恺撒和伊莫金·古柯主演的《你的演出的演出》。该片播放160集后停播，广播公司认为观众不再感兴趣了。1954年，机智问答节目尤为流行：《我有一个秘密》《停下音乐》《猜猜是谁》《猜歌曲》《猜歌词》。有些问答节目设有高额奖金，如《二十一》《6.4万美元的问题》都曾风靡一时。电视节目中，时间较长、奢侈的盛大场面更令人感兴趣。1951年，吉安·卡洛·梅诺蒂为电视台创作了平安夜音乐剧《阿玛尔和夜话者》，受到广泛欢迎。但1954年的重头戏《绸缎与马刺》糟糕透顶，以至于其主演贝蒂·休顿退出了影坛，尽管第二年其情况似乎乐观一些。玛丽·马汀的杰出影片《小飞侠》准备于1955年3月7日在电视上播放，那时正在签订合同。

显然，电视给美国的道德观念带来了巨大影响，但要定义影响的

① 阿尔伯特·阿纳斯塔西亚：纽约黑帮头目，杀手之王。——编者注

本质绝非易事。有人认为，电视网络太过开放，太过听之任之了。电视收费比广播收费更高，而且关于性的话题更为直白。大V领是20世纪50年代一个令人兴奋的设计，让女演员的胸部看起来很是丰满，并让她们以此为豪。德西·阿纳兹的妻子兼合作演员露西·鲍怀孕后，《我爱露西》的节目制作人抓住这个机会，每星期都会插播露西怀孕后的情况。甚至拍摄了因为露西的孕吐反应，德西也跟着呕吐的情况。

事实上，电视仅仅是一种趋势，10年后这个趋势的真正含义才会显现出来。媒体本身永远不会成为领跑者。它只是忠实地反映出20世纪50年代的生活方式，而它本身也是温和、无害、不引起争议的。电视中最常见的主题是迷人可爱但与现实问题毫不相干的，例如洛丽泰·扬在每次节目结束前所说的陈词滥调、戴夫·加罗威的“和平”、雷德·巴顿斯在画面外伴舞的“好好歌”。

这些节目是商业性的吗？绝对是。商业利益的动机与“患难与共”的概念一样神圣，谁要嘲笑它，就会被认为是搞颠覆活动的确凿证据。每个人都在出售某种商品，美国人也乐此不疲，美国市场的多样性在世界上已到了令人惊叹的地步。巴腾-巴顿-德斯廷和奥斯本广告公司为共和党全国委员会进行的一项秘密调查报告指出，外交政策在美国选民心中是首要问题，共产主义渗透美国的问题位列第二，但事实并非如此。这家广告公司不过是告诉雇主想要听到的东西罢了。美国人想要经济繁荣，而且也正处于繁荣时期——他们的体重因繁荣而上升，他们也享受着体重计读数增加的乐趣。市场正在蓬勃发展，而且还将更加繁荣。底特律市预计雪佛兰的戴娜·肖尔牌汽车在1955年会创销售佳绩。汽车工业预计下一年将售出800万辆车，比之前任何一年都多出近100万辆，他们信心十足，而且也是情理之中的。

1954年2月，7 500多名共和党人来到华盛顿椭圆广场庆祝林肯纪念日，他们吃着盒装的炸鸡午餐，唱着《上帝保佑美国》。总统到场做了简短讲话。那时，他没有卖弄“温和的进步主义”或类似概念。他用了简单的术语“保守主义”，短暂停顿后，他坚定地说：“千万别害怕使用这个词。”他们听后欢呼雀跃，共和党的中产阶级也兴高采烈。他们是美国生活方式的坚定保卫者，他们保守、富裕、墨守成规，他们为此感到自豪。他们不愿与怪人、赤色分子、异端、放荡不羁之人、激进者、傻子、布尔什维克、疯子、“左”翼、赞同共产党者、呆子、古怪的老家伙和神经质的人有任何瓜葛。“鸡蛋头”更是他们讥笑的对象。他们不允许那些怒目而视的大学教授搞乱他们的工作。1954年4月13日，詹姆斯·雷斯顿在《纽约时报》上报道，在艾森豪威尔总统的指示下，原子能委员会宣布在奥本海默的控诉案审查清楚之前，他不能参与其他工作。奥本海默被指控“自1月21日起，费尽心思地阻挠美国研制氢弹的计划”。

5个月前，两院原子能联合委员会前执行秘书、参议员布里恩·麦克马洪的高级助理威廉·博登提出该控诉。1953年11月7日，博登写信给埃德加·胡佛，表示“奥本海默很可能是苏联间谍”。信中附着一份详细的材料，包括1942年4月以前的指控内容：“他每月会捐给共产党一大笔钱”，“他的妻子和弟弟都是共产党人”，“除了共产党人，他没有任何亲密朋友”。

博登的动机尚不明确，他没有任何新证据。早在20世纪30年代，政府就已经知道奥本海默是一个随心所欲、中间偏“左”的理论家。但这并不影响他的工作，最近他与华盛顿也没什么联系。他曾经是不少于35个政府委员会的委员之一，但1952年7月，他辞去了原子能顾问委员会主席一职。自艾森豪威尔执政起，他已将大部分精力投入普林斯顿高级研究学院的工作，他出任院长。作为政府顾问，他保留着参与最高机密的特许证，但从未使用过。博登控告奥本海默时，他根本不在美国。1953 年，他受邀出席英国广播公司声望极高的里思讲座，担任发言人。在英国期间，牛津大学决定颁给他荣誉学位，这是他的第 6 个荣誉学位。很难说，奥本海默和牛津大学是谁给谁增光。此时，这位美国最杰出的科学家已是欧洲各个学会的成员，各种奖金、荣誉和外国勋章不断向他涌来。在美国国内，从美国人文与科学院到《大众机械》的名人堂，都有他的大名。

现在博登却说他是苏联间谍，他更像是科学界政治斗争的受害者。在美国两大核实验室洛斯阿拉莫斯和利弗莫尔之间，有两种不同的思想主张，双方的核物理学家展开激烈争论。洛斯阿拉莫斯实验室中有奥本海默的同事和学生，他们认为核导弹应该是美国军火库中众多武器的一种，这被称作“有限遏制”。而利弗莫尔（或说“泰勒实验室”）则认为国家安全取决于核打击力量的无限发展，这被称为“无限遏制”。大多数科学家赞同“有限遏制”，但提倡“大规模报复”的政府显然倾向于“无限遏制”。利弗莫尔派占了上风，实际上这也是奥本海默躲到普林斯顿的原因之一。但他的对手还不满足。这场辩论让某些科学家变得狂热起来——这毫不奇怪，因为该问题可决定人类的未来，爱德华 · 泰勒的某些崇拜者下决心诋毁奥本海默。他们显然都支持博登。

然而，博登不过是写了一封信。华盛顿的办公桌上堆满了这样的信。除非某个官员认为信中有问题，否则这种诋毁他人的信是不会得到注意的。这就是此次事件的真实情况。埃德加 · 胡佛很久以来就对奥本海默心怀疑虑。1947 年，胡佛用尽一切手段把奥本海默列为危险分子。据《先驱论坛报》报道，联邦调查局关于奥本海默的文件堆了 4 英尺 6 英寸[①]高。博登把信寄给胡佛真是再合适不过，而他早就想到了这一点。

胡佛在接下来的三个星期准备奥本海默的档案，整理出了一英寸厚的摘要。11 月 30 日，他将材料寄给白宫，同时也抄送给原子能委员会的刘易斯 · 斯特劳斯和国防部长威尔逊。阅读完毕，威尔逊致电总统，要求不让奥本海默接触一切军事设备。艾森豪威尔说这“让人烦恼不已”（当然，不管你对奥本海默看法如何，你也会因此烦恼），并召开紧急会议，商议这份控诉材料。他问，这位科学家知道这些材料吗？艾克得到否定回答后，下令举行听证会。同时，他说他希望在奥本海默与所有政府机密之间有一堵“大墙”。这是个引人注意的提法，尽管当时在场的只有威尔逊、斯特劳斯、布劳内尔以及国家安全委员会的罗伯特 · 卡特勒，但这个决定还在华盛顿引起众多议论，最后传到了参议员麦卡锡的耳朵里。

奥本海默刚从英国回来，就收到让他打电话给海军上将斯特劳斯的消息。斯特劳斯催促他立刻赶往首都，事情紧迫，并且不能在电话中商议。12 月 21 日下午，这位科学家进入宪法大道上原子能委员会所在的闪闪发光的大理石大厦，在 236 房间——这位上将宽大、镶着壁板的办公室，他发现斯特劳斯正与委员会总务处长肯尼思 · 尼科尔斯少将商议问题。他们请他在会议桌旁坐下。在一阵寒暄和小聊几句朋友的近况后，斯特劳斯尽可能得体地告诉奥本海默，他被怀疑犯了叛国罪，并向他说明了艾森豪威尔的指示，然后同他商议如何体面地退出，但奥本海默拒绝接受。

---

① 1 英寸≈ 2.540 厘米。——编者注

圣诞节前夕，让他特别难堪的事发生了。原子能委员会的保卫人员来到普林斯顿大学，没收了他手里的一切机密文件。听证会计划于4月举行。赖斯顿知道了这一情况，他打算在一切有定论后才发表，但麦卡锡已计划在参议院宣布这件事，说他迫使政府采取了这一步，赖斯顿便公之于众，引起轰动。为了不再引起更大的轰动，随后举行的听证会都有点儿偷偷摸摸的意思。会议在T–3号临时大楼举行，这是战时物价管理局官僚主义破败的遗迹。此次听证会不向媒体和公众开放。为防止记者知晓会议地点，奥本海默从后门进入。这次审判（就是名副其实的审判）在T–3号大楼2022号房间举行，这个24英尺长、12英尺宽的办公室被临时改造，以便放置桌椅及一张破旧的皮沙发。奥本海默坐在那张沙发上，后来一个与会人员回忆，这位科学家“懒散地靠在沙发上，有时心不在焉，在这种情况下，沙发就成了被告席”。

房间的另一端是审判席。那里坐着审判奥本海默的法官：戈登 · 格瑞、退休的工业家托马斯 · 摩根以及美国西北大学化学系名誉教授沃德 · 埃文斯。代表原子能委员会的是人事安全部的律师罗伯特 · 罗布。罗布采取了控方检察官般咄咄逼人的态度，让此次审判的气氛更为紧张。他对奥本海默采取蔑视的态度。走进2022房间的陌生人一定想不到接受审判之人，就是成功制造出原子弹的实验室的负责人。罗布在整个过程中使用各种审判手段，例如自己背对窗户，让阳光直射被告的眼睛。听证会的992页记录满是他蔑视的口吻。

偶尔，奥本海默那魂不守舍的声音会通过一个手提式扩音器传出来。这是用战时的G–2型电话录音带录下的，没征得奥本海默本人同意，他甚至不知道此事。这是有意羞辱，有时简直令人难以置信。安德烈 · 马尔罗阅读会议记录后，对于奥本海默作为一个自由的公民，竟坐在那里任由罗布故意侮辱感到震惊。马尔罗说："他应该站起来，大喊'先生们，我就是原子弹'。"但奥本海默太缺乏自信，太过羞怯，而且在摧毁广岛后思考过多。他这样认为也是这样告诉朋友的："我们做了魔鬼的工作。"

搜集了40名证人的证词后，听证会暂时休会以得出结论。指控奥本海默是敌人的间谍，这一点不成立："我们特别重视他的忠诚问题，并得出明确的可使美国人民安心的结论：他是个忠诚的市民。"的确，陪审团指出："奥本海默博士似乎高度谨慎，这反映出他拥有保守重大机密的超常能力。"审判小组中唯一一位科学家埃文斯主张恢复奥本海默进行机密工作的资格，但格瑞和摩根不赞同。他们不喜欢奥本海默的一些朋友。他们认为，他的"社交关系反映出，他压根儿不把保密制度放在心上"。接下来便是他对研究氢弹缺少热情的问题，这一点比较麻烦：

> 我们发现他在氢弹研究项目中的行为令人十分不安，以至于有人质疑，如果在关系国防问题的计划上，他的态度依然如此，那么他继续参加以后的工作，是否能符合最高的保密要求。

奥本海默就这项2：1的决定向原子能委员会提起上诉，委员会又以4：1的投票结果维持原判。亨利·史密斯委员希望其他委员看到，奥本海默的"忠诚和可靠显而易见"，从他杰出的光辉成就来看，"他的贡献会在未来对美国有重要价值"，而且"保密制度……既没有义务也没有权利规定一个人生活中的每个细节"。但正是在这些方面，其他委员与他看法不同。一个有着巨大成就之人在很大程度上可以被谅解，而就奥本海默对热核武器的复杂心情，原子能委员会的委员也没有采取像格雷那个委员会那么强硬的态度。但他未能与相信异端政治邪说的朋友和亲人划清界限，这一点也不能忽视。

具有讽刺意味的是，肃清奥本海默产生的影响正好与其敌人想要的背道而驰。奥本海默现在具有一个殉道者的新形象，泰勒反而像被社会抛弃的人。策划这起阴谋的人本来期望泰勒会成为核物理学的新掌门人，然而他却被排挤了。他是唯一反对奥本海默的著名科学家，因成为联邦调查局的告密者而被人瞧不起。他也是一个叛徒，同时背叛了科学界同事和科学本身。开科学大会时，他遭到其他科学家的冷落；他陈述观点时，他们便离席了。最终，他得到了宽容，但再也得不到信任。在小组讨论和谈话中，同行们对他都敬而远之。他向恩里科·费米求救（当时费米已将不久于人世），这位伟大的意大利科学家在《科学》杂志上发表了一篇文章支持泰勒，但批评泰勒的人认为这是他又一次违反道德的做法。他们认为他是追求名利之人，继续冷落他。在科学界，他那“奇爱博士”①的形象已经形成了。

与此同时，西太平洋的一阵风让“奇爱博士”象征的人类命运成为焦点，给美国人展示了一副短暂而恐怖的景象，让他们知道自己正在做的事会对自身和世界造成什么影响。3 月 1 日，罗布正在准备反对奥本海默的材料时，原子能委员会在埃尼威托克岛东边的比基尼岛上试爆了第二枚氢弹。其效果超出预计，它以相当于 1 800 万~2 200 万吨 TNT 当量的威力（相当于广岛原子弹威力的 900~1 000 倍）炸开了珊瑚礁。然后，风吹来了放射性尘埃。气象学家预计一股强风会往北刮去。然而，风却吹到了比基尼岛往南 120 英里的地方，远远超出了炸弹测试人员划定的危险区域。这些放射性尘埃落在一艘日本渔船上。恐怖的是，这艘船起错了名字——“福龙丸五号”。最初，受到

① 奇爱博士：库布里克所导演的同名讽刺电影，泰勒被认为是其主角的原型之一。——编者注

惊吓的日本渔民认为遇上了前所未有的热带暴风雪。直到他们回到家乡烧津港口时，可怕的真相才开始浮出水面。全部23人都病了，并且住院接受治疗。随后，其无线电操作员死了。与此同时，高敏度仪器检测出日本、澳大利亚、美国、欧洲等地的雨水中含有放射性物质，甚至飞过印度的民航机的燃油中也检测出这种物质。

这又在关于死亡的词汇表中加了一个新词：锶90或放射性锶，这是有高度放射性的锶同位素，半衰期为25年。这就是那场袭击了“福龙丸五号”的致命的“暴风雪”。锶90像钙一样在骨骼中累积，与放射性碘（已在渔民的甲状腺中发现）结合，成为致癌物质。据说，它会进一步影响子孙后代，尽管这需要几代人之后才能检测出来。斯特劳斯上将称这些警告危险的科学家是“绥靖派”和“杞人忧天派”。他将自己的技术团队派往世界各地，而他们的发现似乎与此次调查的代号“阳光行动”一致。其他调查人员则愁眉不展。加州理工学院生物系名誉教授斯特蒂文特说：“这个爆炸了的氢弹最终会导致生育出更多的畸形儿。”加利福尼亚大学伯克利分校遗传学教授柯特·斯特恩说：“由于过去的氢弹试验，现在世界上的每一个人体内都含有少量放射性元素。”比基尼岛氢弹试验的顾问、美国海军科研局原子弹研究处负责人、物理学家拉尔夫·拉普预计，到20世纪70年代的某个时候，放射性物质在平流层的积累量会超过最大安全许可量，从而影响地球上每一个人的健康。

20年后，这个问题似乎使那个春天发生的所有事都黯然失色（布里克修正案引发的激辩、中南半岛的危机以及奥本海默的革职），但那个时候，放射性物质和那些事一样，被认为荒谬无比、微不足道、毫无意义，甚至被毫不重要的问题所遮盖，以至于人们严重怀疑民主制度能否应对20世纪后半叶的挑战。现在看来似乎难以置信，但当时，在整整 35 天的时间里，全美国都卷入这场争论：是谁将“左”翼的陆军牙医欧文 · 佩雷斯，依惯例从上尉提升为少校的？

参议员麦卡锡一再询问：“佩雷斯是谁提升的？”他无法找出答案，而他对真相也没有太大兴趣。佩雷斯只是他插手军队的借口。事实上，这位牙医晋升为少校，并不是出于其上级的许可，而是根据《医生法（草案）》顺其自然获得的。相关规定使军队收入与公民收入相平衡，麦卡锡本人也赞同这一点。1952 年 10 月，佩雷斯加入陆军。第二年便获得铜橡叶章。后来发现他是美国劳工党成员，在当时几乎等同于共产党。1954 年 1 月 30 日，他在新泽西州基尔默营的麦卡锡小组委员会上做证时，援引了第五修正案。军务处长已下令让第 1 集团军把他解职，三天后他被革职。但对于威斯康星州这位新上任的参议员来说，这还不够。麦卡锡认为，军队应该对佩雷斯进行军法审判。如果不这样做，就证明共产党已渗透陆军部，他便打算使用自己的调查权力来挽救这一局面。

研究麦卡锡的人认为，麦卡锡要的远不仅如此，事实也的确如此。麦卡锡是一个虚无主义者，他反对陆军的理由就是它代表确立的权威——没有比这更好的理由了。在未发现共产主义这个议题前，麦卡锡第一次在华盛顿挑拨离间时，就是与陆军进行较量。在阿登战役期间，73 名党卫军在马尔梅迪屠杀了 150 名美国战俘。战争结束后，他们被判处死刑。而在 1949 年，麦卡锡曾为这些党卫军讲话。人们的抗议使这位参议员登上了其梦寐以求的头版头条（“麦卡锡抨击残暴行为”“麦卡锡暗示有秘密证人”“麦卡锡控诉掩盖真相的行为”等）。这些德国人被宽恕，但也没有任何迹象表明麦卡锡不再与五角大楼较劲。但他对陆军没有旧怨，也没有利益冲突。1954 年年初，他有更强烈的动机去攻击其他机构。攻击陆军并不是他的决定，而是两个优秀的年轻人为他做的决定。这两个人是麦卡锡的下属，可以说是20世纪50年代的利奥波德和洛布[①]，他们分别是罗伊·科恩和戴维·沙因。

科恩是他那一代人中热衷政治的年轻人的典型，正如后来的马里奥·萨维奥和马克·拉德是他们那一代的典型。他身材矮小、皮肤黝黑、反应迟钝、目中无人，却有着过目不忘的本事。他下垂的眼皮和有奇怪肉感的嘴让他显得阴沉而狡猾。他像麦卡锡一样，喜欢为了争吵而争吵。科恩总是将黑发梳得很整齐，这大概是能体现他出生于良好家庭的唯一标志。他的父亲是民主党人，是纽约最高法院上诉法庭的法官。罗伊的母亲崇拜自己的孩子。罗伊还是个孩童时，有一次受邀参加短途旅行，带队者是他一个朋友的父亲。这位父亲接到科恩夫人的电话，她说："你太幸运了。罗伊要和你一起去，他是个特别聪明的孩子，知道许多事情。我相信你一定会从他那里得到极大的乐趣，也许还能从他身上学到不少东西。"

毫无疑问，科恩少年老成。他20岁就毕业于哥伦比亚大学法学院，只得在曼哈顿无所事事，直到年满21岁成为律师。那一天，他宣誓就职，担任助理检察官。他成了研究颠覆活动的专家，除了其他案件外，还参与了雷明顿和罗森堡夫妇的审讯。23岁时，他已成为沃尔特·温切尔和乔治·索科尔斯基的内幕消息的来源。科恩奉承他们，而他们也提携他。他们给他写介绍信，为他开启下一个目标：担任美国司法部长詹姆斯·麦格雷纳里的特别助理。1952年9月，他实现了这个目标。科恩在华盛顿的第一天就已有所表现了：他在麦

① 利奥波德和洛布为少年杀人犯，1924年绑架杀害14岁男孩。——编者注

格雷纳里的私人办公室宣誓就职，尽管没必要再宣一次誓；他举行新闻发布会宣布自己的职责，却忘记说明其职位，于是举行第二次发布会纠正这一疏忽；他申请私人电报挂号号码以及连接他在纽约的前上司的私人电话号码，但都遭到拒绝。不过他成功地将其他三名年轻律师赶出他们共用的办公室，从而拥有了私人办公室。12 月，他准备起诉欧文 · 拉蒂摩尔做伪证。那次起诉失败了，但科恩根本不在乎。1953 年 1 月 14 日，他辞去司法部的职务，成为麦卡锡常设调查小组委员会的首席顾问。

沙因比科恩更时髦，他一头金发，懒懒散散，脸和体形都像是正在发育的希腊神祇。沙因出生于富裕家庭，毕业于安多弗高中，后于 1949 年从哈佛大学毕业。在剑桥市，沙因因为有贴身随从，以及一辆装有电话和无线电收发两用设备的黑色敞篷车而引人注目。哈佛大学校报《哈佛深红》记录了他参加聚会的方式：

> 他从车中通过话筒喊话："我是戴维 · 沙因，我现在驾车通过科普利广场，请指路。"隔一会儿，又喊道："我是戴维 · 沙因，我现在在肯莫尔广场，请指路。"

与科恩一样，沙因对共产主义极感兴趣。在学校时，他写了一篇关于共产主义的文章，随后制作成 6 页的小册子《共产主义的定义》出版。沙因出名后，《时代周刊》称他的文章"出奇的简洁"。《纽约客》则挑剔多了："这篇文章弄错了十月革命、共产党的成立、第一个五年计划的开始等这些大事所发生的年份。他把列宁的名字搞错了，将斯大林和托洛茨基搞混了，将马克思与列宁搞混了，将亚历山大 · 克伦斯基和利沃夫亲王搞混了，将 15 世纪的乌托邦主义与 20 世纪的马克思主义也搞混了。"现在这本小册子已经极为稀少了，但首次发行时,《共产主义的定义》在每个沙因旅馆都与吉迪恩会的《圣经》放在一起,其旅馆产业包括迈阿密海滩的罗尼广场饭店、奥尔巴尼市的坦艾克饭店、洛杉矶市的大使饭店、亚特兰大市的里兹-卡尔顿饭店以及博卡拉顿的博卡拉顿饭店。一位客人满心欢喜地读了这篇文章,他就是犹太教拉比本杰明·舒尔茨,他是美国犹太人反对共产主义同盟的负责人。舒尔茨拉比找到沙因,将他引荐给乔治·索科尔斯基。他通过索科尔斯基认识了科恩,又通过科恩认识了麦卡锡。

将一位千万富翁的名字放在小组委员会的雇员名单上简直荒唐可笑。而且,就国会提出的资格标准,沙因也没有任何资格。1953 年年初,科恩说服麦卡锡任命他的新朋友为心理战总顾问。当时并没有这样的职位,是科恩主张设立的。沙因很乐意不计报酬地担任该职务。两位年轻人在纽约市华尔道夫酒店塔楼(沙因在此处有一间永久套房)设立了临时总部,计划巧妙地对《美国之音》进行调查。他们秘密地煽动《美国之音》的工作人员告发想法或习惯怪异的同事。麦卡锡谈到有"忠诚的美国地下运动"支持他时,指的就是这些告密者。后来,在聚光灯下通过电视实况转播听证会后,媒体普遍认为,麦卡锡的这两位精力旺盛的门徒已让《美国之音》士气低落。那时,科恩和沙因只有 26 岁,真不知道他们会闹到什么程度。

他们飞往欧洲,4 月 4 日复活节的那个星期日,二人在巴黎露面。随后是 18 天的疯狂:在欧洲各国的首都来来去去,神气活现地摆出姿势让媒体拍照,他们要最大限度地利用他们作为美国国会代表的一般权利和特权。无论走到哪里,他们身后都跟着一群兴高采烈的记者不断喊着:

完全对，科恩先生！

肯定是，沙因先生！

或唱着：

科恩沙因走东方！

科恩沙因走西方！

麦卡锡知晓，

科恩沙因走何方！

1953年下半年，麦卡锡身边的人都已经知道麦卡锡对白宫充满敌意。感恩节前的两天，他公开表明。在11月16日的广播中，杜鲁门严厉地提起“麦卡锡主义”。麦卡锡要求给他同样的时间做出回应。同政府一样，广播也尽一切努力满足他的要求，以便讨好他。但在讲话最开始的几分钟后，麦卡锡将自己的矛头指向了艾森豪威尔，而非杜鲁门。在一星期前的新闻发布会上，艾克曾表示不知道“麦卡锡主义”的含义。麦卡锡不怀好意地说，他很快就会知道的。艾克也表示相信自己有能力清除政府中的危险分子。他说，明年国会选举时，这个问题将尘埃落定。而麦卡锡告诉广播听众和电视观众说，还差得远呢，“赤裸裸的、残酷的、令人不快的事实”就是“共产主义还是个问题，并且到1954年仍是个问题”。

当然，他居高临下地说，共和党政府在这方面比民主党做得“好太多”了，但“在对几个问题的处理上，我们的击球得分为零——因为我们把球打出界了”。他一如既往地罗列案例，列举名字、日期、数据、档案等——这些都是错误的，但听众也无法辨别真假。麦卡锡说，他为此感到丢人现眼、颜面无光，内心深处极为受伤。但更糟糕的还在后头。艾森豪威尔像他的前任杜鲁门一样，不顾麦卡锡的劝告，坚持遵守与英国签订的互助条约，枉顾英国也与北京进行交易，这是对朝鲜战争中牺牲的美国士兵的侮辱。麦卡锡鼻音浓重的声音响起来：

> 难道我们还要继续把香喷喷的钞票送给他们吗……我们共和党停止这个染血的大错的时候到了……我们承诺给美国人民的与之不一样。让我们实现这一承诺吧，不是明年，也不是下个月，而是现在……我们只需要告诉我们的盟友和所谓的盟友："如果你们继续运送货物到中国大陆……你们就得不到美国的一分钱。"

艾森豪威尔暴跳如雷。杰克逊和保罗·霍夫曼建议艾森豪威尔在下次总统新闻发布会上，否认麦卡锡的共和党身份。哈格蒂表示赞同，布赖斯·哈洛与其他4名总统助理也同意。但尼克松表示，这样做，真正的受害者会是共和党。后来决定由杜勒斯在自己12月1日的新闻发布会上回应麦卡锡的问题，其发言稿已由艾森豪威尔逐字审阅。该国务卿说，"麦卡锡已经击中了美国外交政策的中心要害"，该政策主张尊重别国主权，不干涉别国内政外交，或是"使其成为我们的卫星国"。然而，与麦卡锡不同，杜勒斯这个反共派的强硬分子说，美国必须时刻准备"报复苏联，对准其要害施以毁灭性地打击"。美国之所以仍有能力如此，"是因为我们能够享有其他友邦的良好地理位置基础"。

此时的麦卡锡如鱼得水，没有什么比得上与国务卿好好较量一番更能让他高兴了，而且他也将近一年没与国务卿交手了。另外，这也是个捣乱的好时机。艾森豪威尔即将在百慕大与丘吉尔进行会谈。如果在会谈前夜，通过电视向美国人民播放声情并茂的申诉，便会破坏这个会议，并使总统难堪。事实上，这就是麦卡锡的下一步。12 月 3 日晚，艾克前往会议地点时，麦卡锡通过广播大声谴责英国人，称他们与屠杀美国士兵的人交易，借此敛财。他恳求“每一个对于这场与不共戴天之仇敌进行血腥交易，和我有同样感受的美国人，写信或打电话给总统……这样他就会得到合适的指引”。5 天后，白宫宣布已收到 5 万多封函电。在华盛顿，没人相信“指引”这样的空谈，这纯粹是两个人之间的较量，报告邮件数量的总统发言人对此也直言不讳，麦卡锡获得了写信之人的信任，而艾森豪威尔则赢得了发送电报之人的支持。由于白宫收到相对较少的电报，这便成为麦卡锡战胜了总统的一种委婉的说法。

此时，华盛顿流行一种说法：麦卡锡在美国的地位是一人之下、万人之上。可以肯定的是，任何引起这种反应的煽动者都非常可怕。其他一些迹象表明，麦卡锡主义将要达到一个新高峰。下个月，也就是 1954 年 1 月，盖洛普民意测验显示，在过去 6 个月中，这位参议员的公众支持率上升了 16 个百分点。也就是，每 10 个美国人中，只有不到三个人不支持他。他如今巧妙地操纵着媒体，很可能 10 个人里没有一个知道他是江湖骗子，但如果把普通人的反应当作无知而不予理会——其实的确可以不必理会，美国参议院的反应就必须要重视了。最了解他的恶毒的就是参议院了，但到了 2 月，参议院投票决定是否向麦卡锡常设小组委员会拨款 21.4 万美元时，参议员们却屈服了。只有阿肯色州的富布赖特鼓起勇气投了反对票。不敢加入富布赖特投反对票的参议员有：马萨诸塞州的肯尼迪、得克萨斯州的约翰逊、明尼苏达州的汉弗莱、田纳西州的基福弗、蒙大拿州的曼斯菲尔德、华盛顿的马格努森、佐治亚州的罗素、路易斯安那州的朗、特拉华州的威廉姆斯、加利福尼亚州的基克尔、伊利诺伊州的道格拉斯、纽约州的雷曼以及缅因州的玛格丽特·蔡斯·史密斯。他们个个都刚毅坚强，受到选民的极大好评。但他们从未遇到过像麦卡锡这样的奇才。

谁信任他？他的优势在哪里？谁是麦卡锡主义的中坚分子？他们包括美国退伍军人协会会员、女民兵队员、得克萨斯州的百万富翁、惧怕公共水库中的水被氟化和提倡精神健康的人民。他们是美国革命女儿全国协会、我要回家子弟会、我们母亲们动员起来协会、民族主义行动联盟、警卫美国协会的成员。他们与路易斯·布罗姆菲尔德、约翰·张伯伦、马克思·伊斯门、詹姆斯·伯纳姆和威廉·巴克利一样，反对“鸡蛋头”。（巴克利曾写道：“麦卡锡主义……是将善良和有严格道德标准之人紧密团结在一起的运动。”）他们反对罗斯福立法，反对与西欧国家结盟，反对联合国，反对通信革命，反对反犹太主义，反对平等主义的狂热，反对种族平等，反对20世纪40年代的美国国内大迁徙，反对破坏阶级界线和取消性别歧视的社会起义，反对加深两代人间的矛盾。但在这些运动中，他们都失败了。在麦卡锡的阵营中，他们快乐地唱着：“只有人民爱着乔。”而政客们相信那些黑黝黝的大批困惑着的选民是支持他们的。1953~1954年冬，国会中有人认为，参议院中有8位参议员是在麦卡锡的支持下当选的。

艾森豪威尔执政的第二年，这位威斯康星州的新任参议员已站在令人畏惧的顶峰，而罗伊·科恩就站在他的旁边。戴维·沙因当时不在，他被招去服兵役了。沙因的缺席在华盛顿看来无关紧要，因为他不像科恩那样光彩夺目。事实上，麦卡锡私下认为他是个讨厌的家伙。他没向科恩提及此事，因为麦卡锡需要科恩，而他发现科恩也需要某人——他需要沙因。

7月，沙因的入伍通知书悄然而至。这显然是个意外打击，他似乎都已经忘记自己还登记服役。那时，沙因和科恩过着忙碌而活跃的生活：星期一到星期五住在斯塔特勒酒店相邻的房间里；在曼哈顿度过愉快的周末，策划对顽固守旧的官僚机构进行突然袭击，想到这些就十分愉悦。麦卡锡作为煽动者，极为懒惰地将小组委员会的一切事宜交给他俩。他们感觉自己天下无敌，似乎也是如此。如果首都没人敢反抗他们，那么谁敢？答案便是沙因家乡格洛弗斯维尔的征兵局。这极具讽刺意味。格洛弗斯维尔的良好市民离政治结构太远，他们不知道沙因那些位高权重的朋友们。他们也没有什么政治难题：华盛顿只对一件事的恐惧比麦卡锡更甚，那就是征募兵役的丑闻。

科恩的第一反应是，他的朋友应立刻取得军官的资格。但这不可能。陆军、海军和空军都予以拒绝，因为他不够格。后来，科恩将国会的陆军联络官迈尔斯·雷伯准将叫到办公室。后来，陆军特别顾问约瑟夫·韦尔奇就此事质问雷伯：

> 韦尔奇：你确实知道科恩先生担任这个委员会的顾问吗？
>
> 雷伯：是的，韦尔奇先生。
>
> 韦尔奇：他的这个职位……是增加还是减少了你对于处理这个问题的兴趣呢？
>
> 雷伯：……我觉得增加了我的兴趣。
>
> 韦尔奇：我们暂且不用“不正当”的影响或压力这样的词，你能否想起以前在什么情况下，承受过比这更大的压力吗？
>
> 雷伯：我想不起在什么情况下，有比这还大的压力。

五角大楼并没有轻视这一问题。事实上，对局外人来说，沙因案件最引人注目的不是来自科恩的压力，而是军事部门主动对一个年轻的富豪、麦卡锡的门徒示好——说到底，沙因不过是当年应征入伍的50万美国人中的一个。国防部长、陆军部长、两位陆军参谋长、一位副参谋长、陆军人事行政处处长、运输兵总监、负责和国会联系的空军少将和海军军事法官却都研究了沙因的情况。

陆军部长罗伯特·史蒂文斯（原为纽约的一名纺织制造商，在此事件中的作用越来越重要）命令两位上校和一位中校再仔细考虑沙因是否有资格成为军官。同时，这位年轻的申请人自己也开始对这件事感兴趣。雷伯第一次见他时，沙因已准备举起右手，当即宣誓成为军官。但他的热情被浇灭了，因为雷伯向他解释，要想成为军官还早。后来雷伯就此事做证时说："他显然认为填写表格和按照程序办理手续都是不必要的步骤。"

1953年11月3日，沙因穿上了军装，完成在纽约15天的临时任务后（完成小组委员会的工作），他被派往新泽西州迪克斯堡K连进行为期4周的基础训练。由于科恩的坚持不懈，他的问题还没有结论。实际上，事情变得越来越有趣。不能说军队处理问题不够灵活。沙因与其他新入伍的士兵不一样，他几乎每星期都可以离开军营，部队也允许他的轿车到营地接送他。他在训练期间，接了不少于250个长途电话。一个下雨天，其他人都在进行打靶训练，K连连长发现沙因却在偷懒。沙因热络地将胳膊搭在连长的肩上，向他解释，他正在研究后勤问题，"想把军队改建为现代化军队"——连长竟然接受了这个借口。沙因这种怎样为国家更有效服务的想法虽然异乎寻常，但本来会受到重视，如果不是麦卡锡与五角大楼直接对话，表明自己不像科恩那样对沙因充满没理由的热情。麦卡锡打电话给史蒂文斯（电话录了音），请求这位陆军部长“做个人情”，不要把“沙因派回我的委员会”。他说：“沙因虽然不错，但并不是不可取代……我很少见到罗伊做出这么不讲道理的事。”

陆军部顾问约翰·亚当斯随即成了科恩的出气筒。科恩与军营里的沙因通电话后，就知道该怎么能使自己朋友的生活过得好一点儿了。他随时都会打电话给亚当斯。有一次，亚当斯正在阿默斯特学院讲话，科恩打来电话，要求批准沙因第二天不用帮忙做饭。如果他遭到拒绝，就会变得怒气冲冲。在纽约一次激烈的辩论中，他要求亚当斯下车，那时车正停在公园大道和第46街交叉的三条行车道中间。1954年1月14日，亚当斯告诉他，沙因可能会像90%的新兵一样，到海外服兵役。科恩表示，这会“破坏陆军”，并使史蒂文斯“不再担任陆军部长”。

到此时，人们开始对这种奇怪的状况议论纷纷。12月中旬，德鲁·皮尔森写了一篇关于沙因的文章。第二个星期，《巴尔的摩太阳报》刊登了长篇报道，《纽约邮报》也于次年1月刊登了一篇文章。同时，麦卡锡对陆军的看法越来越差。麦卡锡被科恩激怒，又因为佩雷斯的控告而大发雷霆，也许他每天都需要胜利来刺激自己，总之2月18日在纽约举行的小组委员会的听证会上，他爆发了。而当时这个不走运的证人是拉尔夫·兹维克准将——阿登战役的英雄，也是新泽西州基尔默营的指挥官。麦卡锡斥责兹维克，说他“不适合穿这身军装”，应该“解除指挥官的职务”，连“5岁小孩子的头脑也没有”。当这些话传到五角大楼时，史蒂文斯在李奇微的压力下告知媒体，不能向麦卡锡透露遣散佩雷斯的官员们的姓名。史蒂文斯对兹维克遭受“侮辱性的对待”及“辱骂”表示遗憾。他命令兹维克不再前往小组委员会做证，由他自己代为出席。史蒂文斯很快就接到了麦卡锡的电话。麦卡锡威胁道："罗伯特，放手干吧，你尽管试试。我会拧掉任何保护共产党的人的脑袋……你尽管试试……我保证你一定会后悔的。"

接着，2月24日，在德克森的办公室举行了著名的"烤鸡午宴"，那是共和党的元老试图消弥麦卡锡和陆军之间嫌隙的一次尝试。史蒂文斯发现自己面对着麦卡锡、德克森、卡尔·蒙特和查尔斯·波特，而尼克松则在隔壁的办公室。一位记者说，这位陆军部长活像满缸梭鱼中的一条金鱼。史蒂文斯认为自己在这些和蔼又有同情心的共和党同胞手中是安全的，因此放松了警惕。他说，他想要的一切不过是井水不犯河水。当然，他乐意在能表达这一意思的声明上签字，而且他确实签字了。接着，门突然打开，记者蜂拥而入。蒙特走进记者的队伍，拿出"两方谅解的备忘录"，这是史蒂文斯在面对这些和蔼的参议员时放松警惕后刚刚签的声明。他痛苦不已，由于自己没能认真阅读条文，现在他几乎要屈从于麦卡锡的一切命令了。除其他内容外，该备忘录还规定：

> 陆军部长完全同意……告知委员参与提升佩雷斯并体面解除其职务的人员的名单，而且这些人将在委员会面前做证。如果委员会决定传召兹维克将军……那么兹维克将军必须出面做证。

第二天，五角大楼的官员们都挥着手帕相互打招呼。其中一人说："能使全军士气高涨的只有沙因一人。"伦敦《泰晤士报》评论："参议员麦卡锡今天做到了伯戈因将军和康沃利斯将军[①]没做到的事：

① 伯戈因、康沃利斯均为英国将军，在美国独立战争中落败。——编者注

使美国陆军屈服。”在赫布洛克的漫画中，艾森豪威尔从剑鞘中拔出一根白羽毛[①]，对麦卡锡说：“先生，手下留情！”《丹佛邮报》的帕尔默 · 霍伊特发电讯给舍曼 · 亚当斯：“如此看来，史蒂文斯的彻底屈服玷污了美国陆军，其程度比所有战争中敌人对我们的侮辱还要严重。”关于此事的消息在华盛顿满天飞：“史蒂文斯并不打算向这些参议员呈上指挥剑，他只是认为他们想看看他的指挥剑。”麦卡锡胜利后，仍冷酷地告诉记者，史蒂文斯“低声下气，下跪也不过如此”。

接下来的两星期，事情逐渐有了变化。共和党人全都挤在首都。不到一个月前，全国委员会主席伦纳德 · 霍尔还称麦卡锡是“伟大的财富”，如今却批评他对史蒂文斯的做法。总统在 3 月 3 日的新闻发布会上赞扬了兹维克，表示他的政府不会容忍任何官员“在国会委员会或其他地方做证时，受到任何形式的人身侮辱”。但大家还是尽一切努力迁就麦卡锡。此时，对于麦卡锡的要求是他表现出同样的妥协态度。但他非但不愿意，还嘲笑五角大楼，说佩雷斯是“某个陆军军官的圣牛”，并说他对案件的调查显示“陆军中的某些人提拔、掩饰并体面地解雇了一些为人知晓的共产党人”。

国防部长威尔逊说：“真他妈的胡说八道。”麦卡锡第一次在参议院遭到奚落，奚落他的是佛蒙特州的拉尔夫 · 弗兰德斯。“他涂上代表战争的油彩，跳起战舞，发出战争的哨声。他上了战场，骄傲地带着一名陆军牙医粉红色的头颅回来。我们可以认为这代表此时共产党渗透美国的深度和严重程度。”肯塔基州的参议员约翰 · 谢尔曼 · 库珀称赞弗兰德斯，总统则给他写信：“我对你今天在参议院所做的评论十分感兴趣。我认为美国需要听到更多像你这样的共和党人的声

① 从剑鞘中拔出一根白羽毛，意为怯懦投降。——编者注

音。”攻击麦卡锡仍然需要勇气，但既然已经开始，陆军就振作起来了。麦卡锡对军方的影响十分可怕，汉森·鲍德温在《纽约时报》上写道：“陆军士气低落，纪律和效率也不尽人意。”现在它已准备反击，而武器则是沙因事件。这可是很有分量的事件，因为麦卡锡和科恩为科恩的朋友必须服兵役而责难陆军。这也许是事实，并且无论在什么情况下，这都是麦卡锡坚硬盔甲中最薄弱的一点。3 月 11 日，陆军（通过一名民主党人）把沙因事件按时间顺序的来龙去脉，包括科恩 “破坏陆军”的言语威胁全面披露。

第二天，麦卡锡反击说，陆军用沙因做“人质”，企图“威胁”他，不让他“揭露共产党”。显然，国会需要举行正式调查听证会听取双方意见。白宫希望由参议院军事委员会处理此事（麦卡锡对它的影响力相对较弱），但委员会主席，马萨诸塞州的莱弗里特·索顿斯托尔即将在 11 月再次竞选参议员，不愿参与此事。接下来是国会的钩心斗角。民主党试图让参议院政府事务委员会调查此事，那里民主党参议员较多，再加上玛格丽特·蔡斯·史密斯，一定会在数量上战胜麦卡锡。但共和党又不同意，唯一可接受的解决办法对两党来说都愚蠢之极：麦卡锡和科恩的言行将由他们自己的小组委员会进行调查。麦卡锡同意在调查时不担任主席职务，而由他的一个狂热崇拜者蒙特接替。同样，科恩也被认为不够资格担任总顾问，但要找到他的继任者则颇为棘手，现在需要一个既能干又没对麦卡锡发表过任何意见的律师。德克森提名雷·詹金斯，田纳西州诺克斯维尔市的一名出庭律师。接着就是程序问题。德克森反对公开听证会，但林登·约翰逊还是成功使他同意了进行电视转播。麦卡锡取得了质问的权利——他担任主席时，可是坚决反对证人的质问权的。

1954年4月22日早晨，刚过10点30分，听证会就在灯光耀眼又华丽的科林斯式参议院中心会议室开始了。似乎一切都准备就绪，詹金斯坐在话筒前，蒙特手持小木槌，麦卡锡远远地坐在他的左边，棺材状桌子的末端。9个月前，委员会中的民主党人拒绝出席会议，以抗议麦卡锡的手段，但现在他们带着自己的法律顾问——28岁的罗伯特·肯尼迪回来了，他主要以攻击科恩闻名。蒙特与阿肯色州的老民主党人约翰·麦克莱伦[①]简单交谈几句后，敲敲桌子以示安静。蒙特说："现在，我们的辩护律师詹金斯先生将传唤第一位证人。"詹金斯张了张嘴（他的嘴很大），但刚要说话，就被打断了。会议记录是这样写的：

> 麦卡锡：议事的程序问题，主席先生，我能否提个议事程序的问题？

按照罗伯特的《议事规程》，允许提出议事程序问题打断主席讲话，只要所提问题符合规程。但麦卡锡在心中盘算的是其他事，他洪亮的声音响了起来。

> 麦卡锡：我曾听说军队的意见，上至战功赫赫的将军，下至最新入伍的普通士兵，他们都表示，对于少数五角大楼的政客试图破坏我们的调查并自称来自陆军部的行为感到十分愤恨……陆军部并没有破坏调查。只是陆军部有三人并非军人，应该点名。

此时，一位大公无私的主席一定会用木槌敲敲桌子以让麦卡锡沉

---

① 麦克莱伦对沙因享受特权的细节感兴趣。他有三个儿子，其中有两个在"二战"中战死沙场。

默，因为这显然不是提出程序问题，而是在发表讲话，但蒙特让他继续。他平静地接受了麦卡锡荒谬的提议：陆军部长是否代表陆军还未有定论。就像开头那样，麦卡锡又打断主席，再次发表讲话。他用紧绷绷的声音大喊道："主席先生，主席先生。"蒙特看看他，点头示意他继续，于是他又开始陈述自己的观点：

麦卡锡：我认为让几个企图阻止调查共产党的人自称陆军部军人，是对一支具有百万名杰出士兵的军队的侮辱。

麦克莱伦平静地指出，反对陆军的46份反控诉是由"乔·麦卡锡主席"的小组委员会签署的，而蒙特还是做出了有利于麦卡锡的判决。这样听证会就形成了一种格局：麦卡锡依然毫无疑问地控制着听证会，好像他仍是委员会主席。在他提出"程序问题"到对证人的反诘之间，他说了他想说的一切。蒙特本就是他的人，现在看来雷·詹金斯也是。大家选择詹金斯是认为他不偏不倚，但小组委员会的这位特别顾问公然鼓励麦卡锡胡言乱语，让他起誓，还让他解释"共产党的机构设置"。这让之前听过很多次这个问题的听众们感到沮丧，而麦卡锡又将地图钉在黑板架上，并拿出教鞭。上完课，他说："有许多人抱着这样的想法，那就是我们能与共产主义分子和平共处。"詹金斯热切地说："先生，你说的是什么意思？"他的回答耗去了那个下午的大半时间。即使如此，詹金斯还是一直鼓动麦卡锡：

詹金斯：麦卡锡参议员……结束时间快到了……现在你大概有2 000万~3 000万美国听众……我希望你能告诉每一个男人、女人和小孩，他们应该如何……为消灭共产党尽一份力。

批评麦卡锡的人绝望了，这位参议员似乎攻无不克、战无不胜。

任何力量，甚至美国陆军都无法与之匹敌。在他人格的驱动下，他将每次听证会都变成麦卡锡式的情景剧，带着处理过的照片和伪造的联邦调查局的报告、“忠诚的美国地下组织”从五角大楼文件中窃取的备忘录，以及麦卡锡那野蛮的长篇大论——例如他童年时有个叫查理的印第安导师曾教导他：“如果有人不怀好意地接近你，你应该迅速朝他胯下猛踢，直到他不能反抗为止。”每当出现任何对他不利的证词时，情况都变得非常有趣，因为会议记录又会记着他大声疾呼“议事程序问题”或“主席先生，主席先生”，然后他便开始岔开话题，说自己如何“讨厌和厌倦坐在这里”，并且听着“一派胡言”。于是中心会议室的听众呈现一面倒的趋势，他们本来是来看双方激战的，如今都为参议员斯图尔特·赛明顿敢于反驳麦卡锡而喝彩：“你谈到了害怕。我想你知道，在我的内心深处，我不害怕有关你的任何事，也不害怕你在任何时间、任何地点、任何场合所说的任何事。”

但坐在桌边的其他人似乎没有谁打算超出这个界限，而且在所有人中，最不可能摸麦卡锡这个老虎屁股的可能就是陆军部特别顾问了。63岁的约瑟夫·韦尔奇身材高大，魁梧却敏捷，一直是共和党人，也是波士顿著名而有地位的黑尔和多尔律师事务所的高级合伙人。他义务接受了这次任务。记者说，这一定就是他被选上的原因。时间一小时一小时地过去，他静静地坐着，胳膊肘倚在桌上，手掌心托着下巴，或者用手指摸摸前额的皱纹。他似乎又是个凑热闹的观众。他让麦卡锡恐吓他的当事人史蒂文斯，却不提出任何反对。他说的几句话都是庄重有礼的，倒显得有点可笑。他戴着绿色领结，神情大惊小怪，嗓音尖声尖气，更像是狄更斯笔下的律师，而并非一名成功的美国出庭律师。

在首都，很少看见像韦尔奇这样其貌不扬的人。他知道自己给人的印象，对此也十分满意。他发现有时被人低估很有用。韦尔奇在贝肯山和波士顿广场生活惯了，并未遇见过像麦卡锡这样虚张声势恐吓他人、睁眼说瞎话的人，因此他仰起头，听听他要说什么。韦尔奇把双手深深插在衣兜里，脚尖翘起，休息时他在人群中走来走去，听他们的谈话内容。当他在听证会上讲话时，与麦卡锡简直有天壤之别。迈克尔·斯特雷斯在其《电视审讯》中说："麦卡锡永远不会忘记广大听众，韦尔奇则似乎总记不起他们；麦卡锡讲话时对群众充满蔑视，韦尔奇则似乎在与每个人恭敬地交谈，因此他自始至终都能赢得听众的支持。"

渐渐地，那些关注韦尔奇的人开始感觉到他身上那股钢铁般的力量。他和麦卡锡在进行真正的较量，而他们第一次具有重大意义的交锋出现在听证会的第 9 天。当时韦尔奇反诘麦卡锡，联邦调查局的机密信函是怎样落到他手中的。这份文件中的字被重新打过。根据法律，重打的机密文件就等于将文件内容公布，这一点十分重要。麦卡锡倚在话筒旁，焦虑不安，脸色难看。在聚光灯下，其浓眉下的赘肉让他的上眼皮显出扭曲、恶毒的表情。韦尔奇让他等候片刻，这位波士顿人几乎是刻意装得懒洋洋的，胳膊肘撑在桌上，手指弯曲托着略带紫色静脉的脸颊，眉头紧皱，好像第一次看到如此难以置信的事物。现在他已准备就绪。

韦尔奇：麦卡锡参议员，当你出庭做证时，你当然知道会被问到关于这封信件的问题吧？

麦卡锡：我估计这是个问题。

韦尔奇：当然，你也理解你会被问到这封信的来源。

麦卡锡：……我不会回答的……

韦尔奇：难道你在发誓会讲出一切真相时，还有所保留吗？难道你认为应该由你决定该就何事做证吗？

麦卡锡：答案是，我会说出所有事实，毫无保留。

韦尔奇：谢谢你，先生。那么，请告诉我们，是谁给了你这份文件！

麦卡锡：答案是不。你不会知道相关信息的。

詹金斯为了帮麦卡锡解围，语出惊人地表示麦卡锡的做法合情合理，因为他是“执法官员……职责就是搜查犯罪行为”，然后委员会成员就转向了其他问题。渐渐地，委员们和听众才明白韦尔奇刚刚干了些什么。他在揭露麦卡锡是一名不法分子。麦卡锡承认他有一封偷窃来的信，就已经违反了联邦法规。他拒绝回答韦尔奇的问题，又让自己处在藐视国会的境地。而且，他对这位波士顿律师的蔑视也似曾相识。听证会结束后，大家相互交流各自的印象，就发现了其中的原因。4年来，美国人都看着麦卡锡在自己审讯的案件中，肆意欺辱那些拒绝回答问题的证人。他曾公开嘲笑这些人是“第五修正案的共产主义分子”，从而将《人权法案》变成一纸空文。现在，他却公然效仿。

煽动者特别容易成为受人奚落的对象，但能奚落他们的人少之又少。自从科恩和沙因初露锋芒后，人们一直猜测他们是否有不寻常的关系，但没人想出合适的方法来谈论这件微妙的事情。韦尔奇想到了一个办法。自从听证会开始后，他便一直磨着智慧之剑的刀锋，准备在麦卡锡的乱棍之下，刺向敌人。在谈到一幅经过剪裁的照片时，机会来了。科恩为了证明一件模糊的事情，给了詹金斯一张照片，那是在马奎尔空军基地拍的，史蒂文斯正对着沙因笑。现在原来的照片被找出来了。原来史蒂文斯是在对着别的什么人笑，而那个人的像被剪下换成了沙因。这时，中心会议室中寂静无声，大家都在思考。科恩极力否认，他不知道照片被修剪过。他说自己甚至不知道照片从何而来。韦尔奇佯装无知地询问当时的证人（麦卡锡的另一个下属）："你认为这是屁精[①]送来的吗？"

桌子的那头有人发出嘟哝声，棍棒举起来了。麦卡锡说："请这位律师帮我解释一下什么是屁精。我想他可能是这方面的专家。"

韦尔奇的利剑出鞘了："好的，参议员先生，我想屁精是神仙的近亲吧。"

听众忍住了笑声，但这位巨人已经受伤了。从那时起，麦卡锡就准备用最恶毒的言语对付韦尔奇，伺机报复。6 月 9 日，听证会进行到第 8 个星期，麦卡锡认为机会到了。当时科恩坐在证人席上，韦尔奇质问他，在新泽西州蒙默思堡的陆军通信部队的雇员中寻找颠覆分子的情况。

韦尔奇：科恩先生，如果我现在告诉你，蒙默思堡情况糟糕，如果可以的话，你想当天就解决问题，对不对？

科恩：是的，先生。

韦尔奇：先生，我可不可以小声请求，把你知道的关于颠覆分子、共产党人或是间谍的情况告诉我们，请快点回答！你记得我说的话吗？

麦卡锡的声音响了起来，紧张不安，颤颤巍巍的。

麦卡锡：主席先生，关于此问题……

---

① 屁精：韦尔奇借助原文"Pixie"与"照片"（Picture）谐音，又与"神仙"（Fairy）同义大做文章，因神仙一词在英文中有"同性恋"之意。——编者注

蒙特：你想提出议事程序的问题吗？

麦卡锡：不完全是，主席先生，但就韦尔奇先生的要求，我们现在必须给出我们知道的在为共产党工作的人的姓名。我想我们应该告诉他，在他的律师事务所有一个叫费舍尔的年轻人……他在很久以前就是一个组织的成员，这个组织在很久以前被称为共产党的法律支柱……

韦尔奇看起来吃了一惊。桌旁一片寂静，麦卡锡笑了笑，舔舔嘴唇，用充满讽刺的话语继续说道：

麦卡锡：……韦尔奇先生，鉴于我知道这件事，我只是认为我有责任回答你急迫的请求……我曾犹豫该不该透露此事。但我对于你向科恩先生提出假惺惺的请求，要他在日落之前把政府内的每个共产党人赶出去，十分反感。因此，我们将告诉你关于你的事务所的那个年轻人的消息……

他确实这样做了。韦尔奇的神情显得十分凄凉，坐在那里，双手托着头，盯着前面的桌子。到这个时候，显然有些事不太对劲。科恩仍在话筒旁，看着麦卡锡，摇头以示无声的请求。他似乎比韦尔奇更忧伤。但麦卡锡一直说到底，把一个之前还默默无闻的人弄得名誉扫地。

麦卡锡：……你是否知道他是共产党的一员，这一点我不清楚。韦尔奇先生，但我假设你不知道，因为你给我的印象是，你是一个演员，为博得大家的笑声而演戏，我认为你对于共产党的危险性没有任何概念。我认为你不会有意帮助共产党。但我认为你在我们尽力找出事实时，以滑稽的表演嘲弄听证会，是不自觉地帮了他们。

麦卡锡窃笑起来，在一片静默中显得有点可怕。房间里的人都等待着韦尔奇的回答，但他迟迟不作声。麦卡锡说话时，这位波士顿人似乎动了动嘴唇，准备说“闭嘴”，但现在似乎在考虑怎么说。他身体前倾，对蒙特说：“主席先生，在这种情况下，我必须拥有一种接近个人化的权利。”蒙特迅速回答：“先生，这是当然，你可以在说话的时间里享有这个权利。”蒙特也有点儿心烦意乱。桌旁的每个人似乎都受到了影响，只有麦卡锡还在大声地对自己的一个助手讲话。韦尔奇开口了三次才引起麦卡锡的注意。麦卡锡对他说：“我一只耳朵就能听见。”韦尔奇说：“这一次，我希望你两只耳朵都在听。”麦卡锡吩咐助手拿来一张剪报，上面是关于弗雷德里克·费舍尔曾是被查禁的组织律师协会成员的消息。麦卡锡说：“我认为这应该放到会议记录里。”

> 韦尔奇：当我讲完下面这番话，你就不需要将任何东西放到记录里了。参议员阁下，直到此刻，我认为我低估了你的残酷无情和胆大妄为。费舍尔是个年轻人，毕业于哈佛大学法学院，然后加入我的事务所，与我们一起进行一项大有前途的事业。

接着，韦尔奇告诉电视观众听证会内情人早已了解的情况。韦尔奇来华盛顿前，一直担忧的一个问题是，黑尔和多尔律师事务所的某些律师可能会因为他而遭到中伤。他计划带两名助手到首都，在与他们交谈时，他得知其中一人（即费舍尔）在离开法学院后，曾短暂加入过律师协会。[①]费舍尔后来在了解该协会的更多情况后就辞职了。

① 另一人是詹姆斯·圣克莱尔，20 年后在众议院举行弹劾听证会时，他担任尼克松总统的法律顾问。

韦尔奇把费舍尔留在了波士顿，知道他情况的麦卡锡和科恩也同意不提他。在 1954 年，对于一个人来说，最糟糕的事莫过于在全国电视中被指认为颠覆分子。麦卡锡为了报复，便如此残忍地对待费舍尔。如今韦尔奇说出了全部事实。最后，他转身对麦卡锡说：

> 韦尔奇：……我一点儿也没有想到你会对这个年轻人做出这么残忍无情的事。他仍在黑尔和多尔律师事务所，这是真的。他还将继续留在黑尔和多尔律师事务所，这也是真的。我很遗憾地说，他将要承受你强加给他的不必要的精神烙印，这同样也是真的。如果我有能力宽恕你的残酷无情，我会这样做的。我很想像个绅士那样宽恕你，但说到宽恕，你只能得到其他人的，而不是我的。

后来麦卡锡告诉一位朋友，韦尔奇讲话时，他如鲠在喉。这并不是悔过，他大概不具备这种情感。他知道这次他跌得很惨，而韦尔奇又赢了。他努力想重新站稳脚跟，咆哮着对韦尔奇说，他没有权利提到残忍无情，因为“他已经在此处折磨科恩先生好几个小时了”。

> 韦尔奇：参议员阁下，我们可以不谈这个问题了吗？我们都知道他过去加入过律师协会，科恩先生也向我点头了。

科恩显然很痛苦，也确实向韦尔奇点头了。他咬着嘴唇，明显在发抖。[①]他曾击败过许多证人，因此知道现在韦尔奇对付麦卡锡的后果。韦尔奇对科恩说：“科恩先生，我认为我个人没对你做出什么过分的事。”

---

① 1968 年 2 月，科恩在《绅士》杂志上揭露，麦卡锡会前同意如果韦尔奇不提科恩不服兵役的问题，他就不会揭露费舍尔。韦尔奇遵守了诺言，因此科恩有理由担心麦卡锡反悔所带来的后果。

科恩：没有，先生。

韦尔奇：我没打算对你个人做过分的事，如果我做了，请你谅解。

科恩再次点头，麦卡锡又想插嘴，但韦尔奇拒绝了他。

韦尔奇：……我们不要再中伤那位年轻人了，参议员阁下，你已经做得很过分了。难道你没有道德观吗，真的没有吗？

麦卡锡看着自己的大腿，抬起头，又一次问韦尔奇，费舍尔是不是他的助手。这次，这位波士顿律师以极其轻蔑的口吻让他闭嘴。

韦尔奇：麦卡锡先生，我不会再与你讨论这个问题了。你与我相距不过6英尺，竟敢问我费舍尔的问题。你将问题公开了。如果真有上帝，那么对你或你的事业不会有任何好处。我不会再与你讨论此事，也不再问科恩先生任何问题。主席先生，如果你愿意，可以传唤下一位证人了。

但那天没有人做证了。听众们费力地站起来，为韦尔奇鼓掌欢呼，甚至蒙特也为他鼓掌，他放下了小木槌。而会前被告知阻止任何人鼓掌的6名警察此时只是平静地站着。麦卡锡的脸色阴冷可怕，他呼吸沉重。韦尔奇走向门口，那儿的一个女人碰了碰他的胳膊便哭了起来。他走到外面走廊后，媒体记者们蜂拥而至。突然，每个人都向门口冲去，就像有人喊“着火了”一样。他们迫不及待地出去，而此时麦卡锡仍坐在证人席上，警卫和电视技术人员留在那里。他环顾四周，伸伸脖子，试图吸引人们的目光。起初没人看他，后来有一个人看过来。麦卡锡便摊开手掌，问道：“我做错了什么？”

陆军对麦卡锡的听证会进行了36天，于6月17日结束。小组委员会研究了那份7 400页的证词，发布了一份报告，指责双方都有责任。起初，麦卡锡遭受损失的程度还不明确。以前他每次被揭发，都会很快恢复。他的体力也未受到影响，8~10位重要的参议员仍对他忠心耿耿，他对国会里的共和党领袖也仍有很大影响。他还是野心勃勃，宣布将对陆军、国防工业和中央情报局的共产党人展开新的调查。

但他的所有计划都夭折了。这片土地上出现了关于麦卡锡问题的新声音，而原来的声音也变了腔调。共和党领袖吉姆·施拉姆从内布拉斯加州写信给舍曼·亚当斯，表示共和党本州中央委员会的每个成员都认为，共和党候选人因麦卡锡在听证会"出洋相"而深受其害。在科罗拉多州，帕尔默·霍伊特说："共和党到了拒绝麦卡锡的时候了，不然他会拖垮共和党的。"在俄亥俄州，保守派共和党众议员乔治·本德在竞选塔夫脱的参议院席位时表示："麦卡锡主义已是政治迫害、独断专行、剥夺民权的同义词。我们国家在历史进程中，区别于他国的正是拥有这种民权。"大家一致认为，科恩已经声名狼藉。除麦卡锡外，小组委员会的每个人都抵制他，于是他在7月19日辞职。(麦卡锡苦涩地说："这是共产党人的伟大胜利。")自从麦卡锡和陆军第一次公开撕破脸后，这一年年初，民意测验发现公众对麦卡锡的看法有了极大改变。8月下旬，约22%的成年人对麦卡锡的看法变坏了，超过2 400万美国人讨厌他。

拉尔夫·弗兰德斯等不及证据齐全就行动了。麦卡锡对费舍尔进行灾难性攻击之后的第三天，这位佛蒙特州的共和党人提出动议，希望参议院能撤销这位威斯康星州的后辈参议员的全部主席职位。麦卡锡说："我认为他们应该把他装在一张网里，放到一个安静的角落。"在当时，通过该动议的可能性很小。第二天，诺兰匆忙召开新闻发布会谴责该动议，南方民主党人表示，他们怕开创这样的先例，威胁到国会的资历规则。6 月 30 日星期五，参议院展开辩论。那天晚上，弗兰德斯改变策略，提出另一个简单的谴责："参议院认为，威斯康星州麦卡锡参议员的行为与参议院的传统相违背，并且可能会使参议院名声扫地，特此谴责。"诺兰将此建议提交给由三位共和党人和三位民主党人组成的委员会。这看起来很保险，委员会成员由诺兰和林登 · 约翰逊挑选，都是保守派，主席还是犹他州的共和党人阿瑟 · 沃特金斯。麦卡锡派认为他们胜券在握了。

但他们错估了沃特金斯。这位主席下决心避免一场闹剧，禁止电视转播新的听证会，并制定了严格的会场规则，甚至禁止吸烟。麦卡锡和他的律师只有一人能质问证人。由于麦卡锡是个蹩脚的出庭律师，这意味着他只能将舞台中心让给他人。第一次会议时，他大叫"主席先生，主席先生"以试探沃特金斯，但主席的小木槌像刽子手的大刀一样落下。沃特金斯直截了当地说："参议员阁下不符合程序……我们不会被不相关的事打断，我们将按原定程序进行。"麦卡锡冲出走廊，那里有电视工作人员在等待，他就对着话筒气急败坏地嚷嚷："我认为，这是我闻所未闻之事。"但特别委员会无动于衷，他们就弗兰德斯谴责麦卡锡的决议进行裁定，参议院全体以 67 ∶ 22 票通过，而在 1 月，还只有富布赖特一个人敢投麦卡锡的反对票。

副总统尼克松行使他参议院议长的特权，删去标题中的"谴责"，将其改为"关于威斯康星州参议员麦卡锡行为的决议"。他尽力帮助麦卡锡，而麦卡锡的崇拜者也在这样的语言中找到了安慰。但麦卡锡本人没有上当，他告诉记者："这不是完全的信任投票，我很高兴这场马戏结束了，这样我就能回到挖掘共产主义、犯罪以及腐败的真正工作中去了。"在白宫，艾森豪威尔见到内阁成员时，略微一笑，说：“听到最新消息了吗？麦卡锡主义已成过去了。”

确实如此。麦卡锡没了科恩的激励，变得无精打采、软弱无力、容易沮丧。他忠心耿耿的追随者组织了一个“千万美国人争取正义委员会”，一位退休的海军少将担任“参谋长”，抗议对麦卡锡的谴责。他们用一辆装甲车将 1 000 816 人签名的请愿书送到首都。在纽约，1.3 万人参加了“谁提升了佩雷斯”运动。这个运动的赞助人包括犹他州州长布雷肯 · 李、美国退伍军人协会的阿尔文 · 奥斯利、美国革命女儿全国协会的格雷丝 · 布罗索夫人、一位新泽西州前州长和一位前驻苏联大使。一个高中乐队演奏着《前进，威斯康星》，一个摇滚歌手表示，他会为他们的领袖“摇摆、颤抖、打滚”。科恩告诉群众：“我和麦卡锡更愿意拥有像你们这样的美国人，而不是世界上的所有政客。”但麦卡锡本人不在场。他与一位支持者握手时弄伤了胳膊。有人认为这是一次有象征的动作：那个人无意中将他的手肘猛推到玻璃桌上。麦卡锡住进了贝蒂斯海军医院，出院时吊着手臂。

接替麦卡锡的共和党主要竞选人是理查德 · 尼克松。民主党人表示，他们看不出他们二人有多大区别。尼克松指责民主党“向红色风暴屈服”。当艾德莱 · 史蒂文森发现美国经济似乎停滞不前时，尼克松谴责他“散播支持共产党的言论”。如果某个民主党人得到史蒂文森的支持并当选，尼克松就会说：“艾森豪威尔政府开除的危险分子会再次被雇用。”他力劝爱国的民主党人“忘记自己的党派，为艾森豪威尔的国会投票”，因为“我们知晓共产党的威胁，而这个政府决意粉碎这个威胁”。他警告，共产党“公开地、孤注一掷地”与共和党斗争，因为“争夺民主党候选人席位的人，几乎无一例外，都是民主党‘左’翼分子，他们对共产党的阴谋视而不见，并且容忍它在美国得逞”。

艾森豪威尔说："天啊，有时你一定会厌倦这些吵吵闹闹。"尼克松对此也有同感。他告诉一个朋友："我厌倦了，厌倦到了骨子里，我的心思压根儿不在上面。"他那段时间在美国国内进行巡回演说，似乎特别疲惫，但总统决定不积极干预竞选，使尼克松成为共和党内地位最高的政治家，他认为很多事情都处在危急关头。他在哥伦布的俄亥俄州共和党州代表大会上说："如果民主党在 11 月举行的第 84 届国会选举上占优势，便意味着共和党开始没落。就这么简单。"为避免出现这种结局，他发表了 204 次演说，举行了上百场新闻发布会，飞行 2.6 万英里，到访 31 个州的 95 个城市。最后，他成为美国最具争议的二号人物。史蒂文森谈到尼克松的策略时，说是"白领子的麦卡锡主义"。沃尔特 · 李普曼说得更严重，他将副总统形容为"残酷无情的党见极深之人"，"他的良心里没有美国人民期望的总统该有的原则和做派"。

20 世纪 50 年代的特征就是，甚至连艾森豪威尔的对手也希望他是完美的，他不必为尼克松的演说负任何责任。至于他为何不知道演讲内容，却无人解释。他最爱订阅的《先驱论坛报》可是在头版头条刊登了这些话。正如詹姆斯 · 赖斯顿写的，不管怎样，大家都觉得总统从未暗示过民主党对叛国罪视而不见，"但以他的名义做的事，他却不知道"。可以肯定，尼克松的方式绝对不是艾森豪威尔的方式。艾森豪威尔表示，他想被视为"人民的总统"，而谩骂并非他的长项。尽管如此，他也希望共和党候选人获胜，他认为尼克松在帮助他们，因此便鼓励他放手去做。

尼克松和艾森豪威尔都希望共和党不必靠花言巧语而是凭借政府的业绩竞选。1953 年 4 月，尼克松告诉内阁："时机，在 1954 年竞选获胜的适当时机就是现在。"艾森豪威尔认为，他在 1954 年立法上取得的成绩是值得大肆夸耀的。除了中心会议室那段插曲，国会的会议还是不错的。他签署的法案扩展了联邦建筑房屋计划、互惠贸易协定，放宽了《原子能法案》的限制，扩大了失业保险和社会保险的范围，简化了海关程序，启动了新的农业计划，拨款20亿美元修建联邦公路，并减轻了10多亿美元的赋税负担。他估计按棒球的击球率算，他的成功率为0.83，他对此十分高兴。《国会季刊》的计算方法则不同，认为其成功率为0.646。即使如此，他也干得相当不错了。民主党曾预测共和党政府会再次带来“大萧条”，这种看法像尼克松提出的共产党议题一样不负责任，现在被证明是荒谬的。

但20年来一直投票给民主党的趋势曾是在野的共和党的优势，现在在野的民主党也有了这一优势。在其他条件相同的情况下，中间派的人们有投民主党的趋势。艾森豪威尔与尼克松也在与历史斗争。执政党几乎总在中期选举时失去优势。而且战后繁荣也停下来喘气了。1954年已经没有人领取救济粮了，但农产品的价格却开始下降。经济衰退让一些雇主神经紧绷。

鉴于前方障碍重重，共和党委员会认为党内还需要一个打手。选择副总统是因为他善于当打手，而这会使他与党内人员的关系更为紧密，并且正如艾森豪威尔指出的，这也会提升尼克松的名望。尼克松是勇敢的（他说过“每次竞选总要有人走上前来，斗争一番”），但他的热情也不高。1954年春，他回到惠蒂尔学院做毕业典礼演讲，发现接待者分为两列，其中一列是不愿与他握手的学生。这令人十分不快。尼克松的妻子更不喜政治斗争。2月中旬，在一次长谈之后，他们讨论了1956年其任期结束时是否能退出政坛的问题。据默里·乔蒂纳所说，尼克松在选举前夜回到华盛顿之时，权衡了开创自己的事业与加入成熟的律师事务所之间的优劣势。飞机进入跑道时，他递给乔蒂纳 7 页纸的笔记。他说："这是我最后的竞选演说。你也许会想将它留作纪念品，我的政治生涯结束了。"

竞选结果扑朔迷离。民主党确实重新控制了国会，因此尼克松不得不说，选举结果无法决定共和党的存亡。麦卡锡称之为"一次惨败"，"在我们这些想要揭发和根除共产党的人中间掀起一场你死我活的斗争"，政府应为此负责。但这并非惨败。共和党在第 83 届国会的优势十分微弱，以至于现实派提前承认失败。尘埃落定后，民主党再次获得众议院 20 个席位（他们期望的是 50 个席位），在参议院多了两个席位。两天后《华盛顿邮报》和《华盛顿时代先驱报》总结道："此次选举中，政府既没有胜利，也没有惨败。"

同一天，尼克松向内阁表明了自己的看法。他说，实际上双方"不分胜负"。他认为自己有办法改善今后的表现。他说，未来竞选的关键在于好的宣传计划。美国人民必须被"兜售得当"。拥有最佳形象的那个党才能赢得选举。占据宾夕法尼亚大道 1600 号的关键不在商业大街或华尔街，而在麦迪逊大道。各党应想出朗朗上口的口号，而非创作矫揉造作的竞选歌曲。候选人在电视屏幕上的形象与他的言谈同等重要。尼克松告诉他们，要把它们打包成一个整体，而他可以把要点告诉他们。他把手伸进口袋，拿出一个玩具鼓手，上好发条，把它放在光滑的桌上，这个鼓手便咔嗒咔嗒地走过惊愕的总统和部长们面前。这位副总统说："总之，只要继续敲打那该死的鼓就行了。"

那年最令人难忘的广告主题曲，就像陆军—麦卡锡听证会上麦卡锡那洪亮的"主席先生，主席先生"一样留在人们的记忆里，歌词是这样的：

价值不断涨涨涨，
价格一直跌跌跌，
罗伯特 · 霍尔公司在这季节
会为你说明理由，
降低成本，降低成本！

罗伯特 · 霍尔服装制造公司像大型体育馆一样，是在各大城市郊区和乡村购物中心出现的折扣商店的前身。第一间折扣店的名字为 E · J · 科维特，于 1948 年开业，旋即顾客盈门。过去，打折商品大部分在破旧的小工厂附近出售，顾客很难找到这些地方，而且少有干净整洁的物品。商品上的标签被撕下来，因为批发商不愿让零售商知道，批发商在与它们竞争。如今一种全新的销售方式出现了。商人们逐渐了解了美国“汽车经济”的含义。20 世纪 30~40 年代，大部分顾客搭乘公共汽车和有轨电车前来购物，因此零售商店集中在商业区很有必要。但如今到了 20 世纪 50 年代，公共交通的作用大不如前。20 世纪 50 年代，城市中典型的购物者开始开车购物，却找不到停车位。在商业区停车几乎是不可能的。路边安装了好几百万个停车计时器，但还是不够用。商业大街的商人意识不到自己的利益所在，让员工将车停在店门口，每小时为其缴纳停车费，而顾客们却到处穿梭，找不到车位。

显然，购物中心就是解决之道。设计师设计了充裕的停车设备、宽阔的沥青道路。全国性的公司开始建立起折扣仙境，例如“科维特”“托普”“布雷德利”“格兰特”“金”等。在那里，制造商直接将商品销售给顾客，就减少了支付给零售商的一笔成本费。商业大街的零售商有能力在郊区修建商店的都开了分店，其他的只能慢慢衰落，这就是社会学家所说的“中心城区的衰退”。

与此同时，购物中心也遇到了自己的问题。由于顾客自己取货到门口付款，结账计算器取代了收银员，因此偷窃频发。晚上关门后，购物中心的停车场就被无所事事的少年霸占了。他们也像其父母一样驱车而来，需要一个聚集的地方。不幸的是，警察发现这些开阔区域变成了帮派斗殴和街头飙车的主要场所。

由于生活富足，青少年亚文化在20世纪50年代继续发展，带着自己独立的风俗、特征、身份象征、仪式和时尚：男孩剪个鸭屁股发型，将袖子高高卷起；女孩则是卷毛狗式发型，佩戴松紧项链（紧可紧到脖子，松可松到腰部）。长发和古怪的穿衣风格则还要10年才会出现，但与此相伴的新的语言已经开始发展。像他们敬佩的波普爵士乐音乐家一样，青少年经常使用“cool”（酷）这个词，尽管他们的重点有所不同，它的含义很多，与20年前的“敏捷的”“整洁的”“了不起的”“时髦的”或“流畅的”有类似意思。“like”（喜欢）则成了通用的节奏词和修饰词。

“滚开”（scram）已被“blast-off”取代，“笨蛋”也不再是“drip”而是“drag”。最笨的人有多种不同的叫法，如spastics（无能之辈）、turkeys（蠢货）、nerds（呆子）、yo-yos（迟钝），或是最流行的贬义词square（方脑壳）。一个青少年会说，“她是一个……”然后模仿她的样子，并用食指在空中画一个正方形。如果她本人在场，他就隐晦地用“L7”（因为这个字母加数字可以构成一个正方形）指代。正方形最终发展为正方体。爱开玩笑的人会说某人的脑袋四四方方，帽子都戴不进去。这也许会引发被嘲笑之人的一阵勉强的笑声，但一般来说，与那个时期的青少年开玩笑十分危险，他们通常会用令人难堪的辱骂予以还击。

每个熟悉当时所谓的生活真相的青少年都知道，汽车电影院是个充满激情的地方。当然能到此处幽会的只限于有汽车的（或有轮子的）人，但几乎每个中产阶级的男孩要么有轮子，要么知道可以从谁那儿借到轮子。好事达保险公司发现全美75%的高中生持有驾照，将近60%的人因“社交目的”可使用家里的车。汽车已是青少年亚文化的基本组成部分，青少年的行话与改装车赛车手的黑话（或隐语）几乎没有区别，但还是可以观察到微小差别。例如，对于一个纯粹的改装车赛车手，“drag”与社会所指的含义不同，它指的是大马力引擎推动的汽车从定点出发的比赛。高速车本身也叫hack、stormer、bomb、screamer或draggin’wagon。在同龄人中获得威望的好办法就是对汽车进行大改造，例如砍掉（把车顶降下来）或耙掉（降低汽车前面的一部分）。轮胎叫作skins（皮），车轮的白圈叫作snowballs（雪球）。为了兜风玩乐叫作bombing（轰炸）或spooking（游荡）。

这是为闪电恋爱准备的，当时还不意味着安非他命（一种中枢兴奋剂）。越来越多的青少年对性交技巧感兴趣。除非他被禁止使用家里的车，否则一个少年会将他的约会对象带到充满激情的地方，在黑暗的遮掩下与她做爱（等同于过去的求爱方式）。玩弄女性之人的灾难和所有女性普遍抱怨的就是月经，尽管新英格兰女子寄宿学校制定了更为合适和吸引人的条款，说“月经期间可不参与体育运动”。像公狗或野兽一般在耀眼的灯光下幽会，对于刚刚尝到了甜头的放荡少年来说很是挫败，除非他的约会对象是瞎子或他已经得到了她。当然，女孩也有鉴别和歧视的权利。如果她觉得她的伴侣是个累赘，她一定会用DDT（分两次手）甩了他。这是最大的侮辱。男孩的地位会因此十分尴尬，或用他的话说——“长毛了”。

青少年和他们的弟弟妹妹是全美广告商的主要目标人群。他们不仅有自己的时尚观念，而且对父母购买的商品提出越来越多意见。戴维·里斯曼说：“应该听听小孩子们讨论电视机式样、汽车款式或各种流线型汽车的优点，这样你就知道他们是多么有天分的消费者了……他们对父母购物的影响不容小视。”尤金·吉尔伯特创办了自己的咨询公司，为商人提供建议，制定针对年轻消费者的市场策略，他对自己的客户说：

> 一个在年轻人群中获得较好反响的广告商，总体来说可以认为他们的父母会屈服，为他们购买该商品……不可否认，年轻人如果认为他迫切需要在电视中看到的某物，父母会发现满足这些兴奋过度的孩子的要求比理智地同他们辩论要容易得多。

一项调查发现，94%的受访母亲表示，她们的孩子让她们购买电视广告里的商品。有人对小孩进行研究，发现他们甚至在不会读“洗涤剂”这个词的时候就认识了它。他们还在婴儿护栏椅上时就已接触电视，父母将他们放在电视机前以便让他们保持安静，因此他们对这个多姿多彩的商品世界颇为熟悉，这是到了他们这一代才有的。女童子军的杂志《美国女孩》表示，他们的读者“第一次使用口红、第一次穿尼龙袜、第一次戴文胸，都比10年前的女孩要早一点儿”。12岁女孩用的文胸被称为“留有余地”“新手”“小天使”和“小小天使”，这种文胸“随着女孩的发育而扩大”。《十七岁》杂志的商品销售顾问伯尼斯·菲茨-吉本告诉参加“时尚诊疗所”的广告商：“你的时尚部门是他们求爱的场所。让青少年一窝蜂地涌入你的商店，久而久之就形成了销售网。直到女孩们结婚，你也没有失去一个顾客。你得到了一座金矿。”伯尼斯·菲茨-吉本夫人建议她的听众“吸引年轻的富豪，不要说‘以后的’甜蜜，而要说更为甜蜜的‘现在和当下’”。

她将年轻女孩称作“有财力的女人”。

她们通常都是有财力的女人。美国未来家庭主妇协会的杂志《青少年时代》估计，七年级的孩子每星期花30美分到8.5美元不等，而高中学生花1.65~19.5美元，有时花得还更多。《生活》杂志上一篇配有插图的文章，描述一个17岁郊区女孩每年有4 000美元零花钱。她的开支包括1 300美元的卧室装饰品、1 500美元的衣服（包括7套泳装）、500美元的娱乐费，这不包括“高中毕业后到夏威夷进行毕业旅行”的费用。《生活》杂志认为“越来越多的青少年进入像这位苏西一样的行列”。文章结尾以欣喜的口吻写着：“父母的不断溺爱并没有宠坏苏西。她把一切奢侈品看作理所应当的事物，因为她一直过着这样的生活。”

全美对于新兴的青少年有闲阶级的数据统计很惊人。随着战时和战后的那代婴儿进入青春期，新的市场也在扩大，全美新增1 800万~2 000万消费者。他们每年的花费增长到100亿美元，然后增长至250亿美元。吉尔伯特指出，14~17岁的女孩光是在“开学服装”这一项上就花费了7.73亿美元。《青少年时代》发现，20世纪50年代里有一年，平均每个美国青少年在商品和服务方面的花费为555美元，其中“不包括他们家庭提供的生活必需品”。

所有行业都调整策略迎合青少年。唱片业为他们提供了两个版本的唱片：“单曲”（每分钟45转）是为13岁左右的少年准备的，而“专辑”则是为13~19岁的青少年准备的。他们总共购买了美国43%的唱片。青少年消费额占电影票房的53%、照相机销售额的44%、新收音机销量的39%、新汽车销量的9%。每年，15~19岁的人群将2 000万美元花在口红上、2 500万美元用于身体除臭剂、900万美元用于家庭烫发。每年男孩女孩花在化妆品上的钱超过3亿美元。

成长于推崇朴素之风的20世纪30年代的父母，对12岁的女儿每星期去烫头发或14岁的儿子专心致志地研究保险公司为他们承保的退休保险等现象，已经习以为常。在某些地方，青少年有自己的赊账户，那些名字极为吸引人："14~21岁俱乐部""校园账户"和"新星账户"。他们可以在自己的房间里通过公主牌电话订购商品，或与男朋友（女朋友）交换"固定关系"的戒指（共12.95美元，不用现付，每星期支付50美分）。在加利福尼亚州，一间公司花费250万美元修建了青少年购物中心，共6个商店、一个牛奶店、一个游泳池、一个溜冰场和一间银行。

1954年12月15日晚，华特·迪士尼在孩子中间引发了一阵狂热，让整个美国看到年轻的消费者也能成功带来商机。《迪士尼乐园》是每星期三黄金时段的电视节目，有4 000万观众，大多数是小孩和他们的父母。本星期节目第一次播放了关于戴维·克罗克特的系列剧，由29岁的费斯·帕克（那时还寂寂无闻）扮演魅力四射的主人公戴维。他平易近人的性格很容易让小朋友陶醉，出售克罗克特纪念品的小商贩也就轻易使小朋友上钩。那年春天，每个游乐场和超市似乎都挤满了戴着浣熊皮帽的5岁小孩。每磅浣熊皮的价格陡升至8美元。直到第二年夏天，那次销售热潮才结束，当时浣熊皮的销售额已达1亿美元，而戴维·克罗克特的汗衫、雪橇、毛毯、风雪衣、牙刷、学校午餐盒、秋千、儿童游戏室、沙盒、高脚凳、玩具枪和自行车等，还未计算在内。一位企业家囤积了20万顶儿童帐篷，在上面印上"戴维·克罗克特"字样，在两天内便销售一空。有些成年人忍无可忍，一位百货商店的买手说："谁再向我提到戴维·克罗克特，我将用克罗克特的枪给他的脑袋来一下。"很少有母亲听了上千遍帕克演唱的《戴维·克罗克特小调》后不捂住自己的耳朵。占据电视荧幕6个月的时间内，这张唱片卖出了400万张：

生于田纳西州的山顶，
这个自由国度最青翠之州，
长于茂密森林，了解每一棵树，
三岁就杀死一只狗熊。
戴维，戴维·克罗克特，
他是荒野国度之王！

《纽约先驱论坛报》的弗雷德·赫钦格担心，“占有欲”会对青少年的精神造成伤害。若考虑这一点，1954年的两种娱乐方式确实令人担忧。比尔·哈利和其彗星乐队的新音乐被打造为“最盛行的流行摇滚乐”，让人担心在新繁荣下成长的孩子会像20世纪20年代的人们一样，陷入没有思想的享乐主义。斯坦利·克雷默的电影《飞车党》加入了野蛮暴力的未来征兆。马龙·白兰度扮演的主角约翰尼是一个无意义的摩托车俱乐部的“主席”。该俱乐部成员穿着紧身牛仔裤和背上画有骷髅旗的黑色皮夹克。电影中，白兰度一帮人在一个懒洋洋的星期六下午，骑车到了一个安静的小镇，由于无事可做，他们就把那里闹得鸡犬不宁。显然，这部电影在控诉，但是控诉的是什么？是青少年吗？是放纵的态度吗？是对法律法规的不尊重吗？许多批评家认为，克雷默展示了战后繁荣丑陋的一面，以及贪得无厌的肆意妄为。有人抵制电影中的野蛮暴力（在那个温和的时代，这确实有点儿野蛮），认为也许这样的控诉太过了。

一小群年轻的波希米亚派认为，对物质主义的控诉怎样都不过分。对他们来讲，富足的生活就是道德败坏。他们努力与它斗争，但失败了。他们现在承认被打败了，或更简单地说，就是败了。20世纪50年代初期，“垮掉的一代”第一次浮出水面，他们出现在洛杉矶底层的威尼斯西街油漆脱落的广告牌以及斑驳的墙后面。这场运动萌芽于那里昏暗的咖啡馆，然后往北350英里蔓延，在旧金山市哥伦布大道261号找到了一处圣地，这就是很快在此运动中闻名的城市之光书店。这个书店的合伙人之一是有意思的劳伦斯·费林盖蒂，他是地道的巴黎人，满脸胡子，曾在海军服役，在《时代周刊》做过收发员，并获得哥伦比亚大学和巴黎大学的学位。1953年，他与彼得·马丁创办了这间美国第一个销售平装书的书店。费林盖蒂用卓别林电影名称命名该书店。后来规模扩大，他创办了城市之光丛书出版社。列在出版书目上的第一个诗人就是他本人，他的其中一首诗名为“发动弹劾艾森豪威尔总统的宴会初描”，让人了解他与20世纪50年代的典型商人有多么不同。

城市之光书店是某些没有固定地址的作家的通信地址。他们不同寻常，即使在他们这一行业里也非同一般。1946年，格雷戈里·科尔索被捕，因为他试图与朋友进行一系列精心策划的抢劫案而占领纽约。被捕时，他还在使用对讲机指挥抢劫行动。他在监狱里待了三年后，就在哈佛大学怀德纳图书馆自学，写了不少像《婚姻》那样的诗歌，他在此诗里对一个即将与未婚妻共度夜晚的年轻人提出建议：

……不要带她去电影院而去墓地
告诉她狼人的浴缸和叉状的单簧管
然后对她下手，吻她，如此这般
我知道她为何没生气，她甚至会说：
你摸吧！摸起来真舒服……

“垮掉的一代”的作家属于“摇摆世代”，但他们现在要退出曾经的那一代了。作为社会预言者，他们提倡自发的表达、旅行、东方神秘主义，倡导唱民谣、玩吉他、玩蓝调，倡导各式各样的性行为以及他们的美国梦。其中有一些成了社会名人，最出名的是一位健硕的法裔加拿大人，他在哥伦比亚大学打过橄榄球，“二战”期间做过商船水手，20 世纪 40 年代后期在社会研究新学院任教。他出生时的名字叫作让–路易 · 凯鲁亚克，1950 年出版第一本书《镇与城》时，改名为杰克 · 路易 · 凯鲁亚克。一些评论家认为他与其他新文艺复兴时期的作家一样消极，他反驳了这样的说法。他坚定地认为，他们实际上乐观积极。在电视节目中，本 · 赫克特问他，为何不多写一点儿“美国的问题”，凯鲁亚克后来写道：

> ……他想让我做的无非就是说出反对人民的看法，他轻蔑地提及杜勒斯、艾森豪威尔、教皇这一类人物……不，我要为一些事说话，为了耶稣的十字架，我要说话；为了以色列之星，我要说话……为了亲切的穆罕默德，我要说话；为了老子和庄子，我要说话；为了 D · T · 铃木，我要说话……为何我要攻击我生活中热爱的事物呢？这就是“垮掉的一代”。是活到死去的那一刻吗？不，是爱生活到死去的那一刻。当他们前来向你扔石头时，至少你没有玻璃房，有的只是玻璃般的肉体。

凯鲁亚克写出《在路上》这本书只用了三个星期。杜鲁门 · 卡波特评价：“这根本不是写作，而是打字。”但它告诉了人们一些他们想听的事，一下子售出 50 万本。书中谈情说爱的部分单调乏味，人物的眼界也十分浅。他们在全美国兜兜转转，却似乎没有到达任何地方，也没有找到任何东西，甚至连自我都没有找到。也许这就是重点。至少凯鲁亚克笔下的人物都在探索，而不是被所拥有的物质所包围。“垮掉的一代”是真诚的，他们因这10年毫无生气的生活而愤怒。艾伦 · 金斯伯格是一位比凯鲁亚克更有力的作家，他写的关于冷战的文章气势磅礴：

> 美国，你并不是真想陷入战争。
> 美国，都是那些坏蛋苏联人的错。
> 坏蛋苏联人、苏联人、中国人、苏联人
> 苏联想生吞我们。苏联是权力狂。
> 他们想把我们的车拖出车库。
> 他们想占领芝加哥，他们想要《红色读者文摘》。
> 他们想要把我们的汽车厂搬到西伯利亚，
> 由他们庞大的官僚机构管理加油站。
> 这不好。啊，他们让印度人读书认字，他们需要大个儿的黑鬼。
> 哈，她让我们一天工作16小时。救命啊。
> 美国，现在情况危急。
> 美国，这是我从电视中得到的印象。
> 美国，这是真的吗？
> 我最好赶紧工作。
> 的确，我不愿参军，也不愿在精密仪器工厂里开机床，我是近视，并且精神错乱。
> 美国，但我将担负起这一重担。

金斯伯格并不是真的精神错乱，但一年的心理治疗改变了他的生活。那是在1954~1955年年初。这使他结束了市场研究顾问的生涯。离开治疗师的长椅后，他在无休止的狂怒中写出了《嚎叫》。旧金山警察认为其内容淫秽，将其没收，但一位法官认为这首长诗有“重要社会意义”。因此，金斯伯格便进入凯鲁亚克、科尔索、费林盖蒂和其他“垮掉的一代”的耀眼星空中。

他们一出现，那些古板的崇拜者就试图净化他们。着了迷的英国教师对金斯伯格的同性恋和凯鲁亚克的不道德视而不见。他们说，beat（垮掉）是beatitude（福音）的缩写，这些诗人都受到了上帝赐福。“垮掉的一代”被惹怒是可以理解的。无论他们作品的真正价值是什么——也许价值很微小，他们都成功地达成了自己的社会目标，即让人们开始怀疑自己那连思想都与别人毫无二致的生活。否认他们，就等于让他们变成文化阉人。但在当时不可能，因为他们还会继续引发社会骚动。

20年后来看，这次运动唯一令人感到奇怪的是，它为何会引起如此大的争议。它没有任何革命性，这些诗人都是唯唯诺诺之人，而非社会秩序的挑战者。他们没有破坏一扇窗户、安装一枚炸弹、亵渎一条信仰，对体制（这个词义在那时美国的语言中还不存在）也没有造成任何威胁。肯尼斯·雷克斯罗斯当时已经50岁，是他们的前辈，他大声讽刺道：“我写诗，是为了勾引女人，推翻资本主义制度。”然而事实上，雷克斯罗斯已婚，有两个孩子，是多个文学奖项得主，他以前还是爆米花销售员，有点儿企业家的气质。事实上，凯鲁亚克也是如此。在《地底海》中，他巧妙地描写了一个作家知道另一位“垮掉的一代”的作家获得的图书预付版税比他的多时，所感到的失望和沮丧。凯鲁亚克在别处说：“我们热爱一切，比如葛培理[①]、十大名牌学校、摇滚、禅宗、苹果派、艾森豪威尔，我们都喜欢。”

① 关于葛培理，详见《光荣与梦想2》第十六章。——编者注

当然，他们并非如此，他也不认为会有人认真看待这番话，但“垮掉的一代”不善于战斗。如果认为他们在五角大楼前游行或向国民警卫队扔石头，那简直可笑至极。他们会被任何称警察为猪的人吓到。若是说到游行，他们之中最接近游行的也不过是金斯伯格在身上挂着广告牌，上面写着“抽大麻”而已。

但那已经足够伤风败俗了。抽大麻被认为是邪恶得超出想象的事。而且，“垮掉的一代”经常说脏话，有时甚至在公共场合也如此。那不是一个宽容的时代，怪异的生活方式会被指指点点。这次运动的成员说自己与众不同，仅这一点就能显示出他们异于常人。“垮掉的尼克”已成为人们对其表示轻蔑的词。男性穿着卡其布的裤子和拖鞋，蓄胡子（但还是短发）；女性则以乱蓬蓬的头发和黑色紧身连衣裤而独树一帜。尽管她们瞧不上口红，却在眼睛周围涂满化妆品，因此有时被叫作“浣熊”。据说他们打地铺，周围摆满了不健康的书和唱片。他们自己从不打扫卫生，也不整理床铺——事实上，他们甚至没有像样的被子。据说，他们一丝不挂地睡在床垫上，甚至在没结婚时，就在黑暗中干下流之事。有些人还提倡未婚生子。

艾森豪威尔管理下的美国被他们吓了一跳。父亲告诫女儿，不要与“垮掉的尼克”约会；罗纳德 · 里根取笑他们是穿拖鞋的橄榄球运动员；通俗杂志的作家认为他们骄奢淫逸；坐车上下班的人相互谈论他们的放荡之事；好莱坞制作了以他们为反面角色的道德剧，甚至连海伦 · 特伦特都来扮演这种角色。在康涅狄格州的中部城镇，开敞篷车的青少年想把骑自行车的大胡子男人撞倒，因为他们认为这人挑战传统，必定是“垮掉的一代”。而所有这些骚动的根源不过是一些浪漫的诗人躲避主流生活的一种方式，没什么危险的。他们是独立的个体，从这个意义上讲，他们自称是真正的美国人倒是真的。他们只是渴望远离大众，他们追求的只是永恒的波希米亚文化，正如《在路上》中的一段文字所写：

> ……他们疯疯癫癫沿着街道跳舞，我随后蹒跚而行，正如我一生都走在我感兴趣之人的后面，因为我只喜欢疯狂的人，他们疯狂地生活、说话、要人拯救，同时又渴望拥有一切，他们从不会打哈欠或谈论普通之事，而是像那些美妙的黄色烟花燃烧、燃烧、燃烧，爆炸出蜘蛛样的形状，与群星交织。在它的中间，你会看见蓝色火芯突然出现，每个人都高喊“哇哦”。

在当时，这就被认为是特立独行的人，但下一次，拉响警报的可就是真刀真枪了。

剪影：20 世纪 50 年代中期

DAISY: You the policeman?
JOE: Yes ma'am (Shows ID) My name's Friday.
This is Frank Smith.
FRANK: Hello.

not a recession, said the White House, but a "rolling readjustment" . . .

Best actress of 1955: Anna Magnani in The Rose Tattoo

"Sincerity," said Vice President Nixon, "is the quality that comes through on television."

And here is the best part
You have a head start
If you are among
The very young
At heart

The Man With the Golden Arm   Bad Day at Black Rock   East of Eden
Mister Roberts   Diabolique   The Desperate Hours

She's the sweetest little rosebud that Texas ever knew
Her eyes are bright as diamonds, they sparkle like the dew
You may talk about your Clementine and sing of Rosalee
But the yellow rose of Texas is the only girl for me

AFL, CIO TO MERGE

Better dead than Red

See the U.S.A. in your Chevrolet

According to Nancy Mitford, "England" is U and "Britain" non-U, and "dentures" is non-U for false teeth.

"A Classic"
— Brooks Atkinson
New York Times

KURT WEILL'S
THE THREE-PENNY OPERA
English adaptation of book and lyrics by
MARC BLITZSTEIN
Original text by
BERT BRECHT
THEATRE DE LYS
121 Christopher Street
WAtkins 4-8782

MARTY (in a low, intense voice): ***You don't like her. My mother don't like her. She's a dog, and I'm a fat, ugly little man. All I know is I had a good time last night. I'm gonna have a good time tonight. If we have enough good times together, I'm going down on my knees and beg that girl to marry me.***

McCALL'S
The magazine of Togetherness

When it seems that everything is lost
I will smile and never count the cost
If you love me, really love me,
Let it happen, darlin', I won't care

EINSTEIN DEAD

BEST SELLERS: Nonfiction
Gift from the Sea by Anne Morrow Lindbergh
Life Is Worth Living by Fulton J. Sheen
MacArthur 1941-1951 by Major General Charles A. Willoughby and John Chamberlain
Call to Greatness by Adlai E. Stevenson
The Scrolls from the Dead Sea by Edmund Wilson

Best actor of 1954: Marlon Brando in On the Waterfront
Best actress of 1954: Grace Kelly in The Country Girl

BEST SELLERS: Fiction
Not As a Stranger by Morton Thompson
Marjorie Morningstar by Herman Wouk
Andersonville by Mackinlay Kantor
The Man in the Gray Flannel Suit by Sloan Wilson
Something of Value by Robert Ruark

"In the opinion of the Joint Chiefs, MacArthur's strategy would involve us in the wrong war, at the wrong place, at the wrong time and with the wrong enemy."

Seven Brides for Seven Brothers   Three Coins in the Fountain
Twenty Thousand Leagues Under the Sea   Dial M for Murder
Executive Suite   Rear Window   Mr. Hulot's Holiday

two doctors working together, Gregory Pincus of the Worcester Foundation for Experimental Biology and John Rock of the Reproductive Study Center in Brookline, Mass., have discovered a drug which, when taken as a pill by a woman, interrupts the process of ovulation.

Hey there you with the stars in your eyes
Love never made a fool of you
You used to be too wise

Better Red than dead

Mama   Make Room for Daddy   Our Miss Brooks   Mr. Peepers
Burns and Allen Show   December Bride   Leave It To Beaver
Father Knows Best   The Phil Silvers Show   Ozzie and Harriet
Dobie Gillis   The Honeymooners   Goodnight, Mrs. Calabash

第二十二章　从容前行

据致力于搜集美国民俗资料的乔治·盖洛普博士民意测验研究所指出：1954年美国男性的平均身高是5英尺9英寸，平均体重是158磅；女性的平均身高是5英尺4英寸，平均体重是132磅。丈夫认为妻子懂得持家之道比什么都重要，但他们中大多数人（约55%）都认为美国的女人被宠坏了。

该研究所在宣布有关美国生活的各种详细调查研究结果时指出："在历史长河中，国家和民族有时会因其性格上细微的特点被人们记住，而非某些壮举和战役。上述这些情况可能就是千载之后美国人闻名于世的特点。"事实上，仅仅过了20年，人们便已经开始对此产生兴趣。尽管其中有些许无聊之处，但在了解他们生活细节的过程中也有有趣甚至有意义的地方：了解他们如何看待自己和他人，他们的忧虑，以及他们如何生活。然而，这些调查得出的一些结论，现在看来似乎比较离奇。

对传统的两性间区别的公然抗议在当时还没有。妻子认为男人喝酒太多了，丈夫的主要错误之一只是“因为他们对什么事都不关心”，与所谓的大男子主义无关。女人一般会选择婚姻而放弃工作，她们也的确想将“服从”这个词从结婚仪式中除去，而令人吃惊的是，它仍然存在。但在其他方面，这些女人则接受双重标准。例如，61%的女性认为妻子不应该拆看丈夫的信件，即使信封上弥散着香水味，娇柔的字迹也明显是出自女人之手。当被问到“妻子通奸是否比丈夫通奸更应受到谴责时”，绝大多数的女人（80%）都会回答：“是的，当然是。”

大多数人认为钱是他们最担心的，只有21%的人认为最担心的应该是“爆发世界大战和维护世界和平”。他们对美国信心十足、自豪感泛滥。美国人认为慷慨是他们最显著的性格特征，其次是友好、理解、虔诚、崇尚自由和不断进取；缺点则是：浅薄、利己主义、奢侈、拜金和自私。

那时，仍然有相当多农民被视为另一类人。他们每天起得最早：69%的农民6点以前起床。而在工作日，典型的美国人6点半才起床，周末8点起床。（令人惊讶的是，女性普遍比男性起床晚一点儿）。在工作日，人们睡觉的平均时间是晚上10点，周末是11点。通常早上7点吃早餐，12点吃午餐，晚上6点吃晚餐。战后，上班时有15分钟喝咖啡休息的时间这一习惯仍然延续下来，但只有不到一半的人可以享受这样的待遇。当被问到“你工作的地方，是否给员工时间喝咖啡、吃茶点或者休息”时，51%的人的回答是否定的。农民比其他任何群体都更容易感冒。患感冒的高峰在2月，15%的成年人，即 1 500 万人会患上感冒。患感冒最少的月份是 7 月，但即使在那时也有 5%的人，即 500 万人会咳嗽、打喷嚏，感觉不舒服。

即使没有战争，没有分裂国家的丑闻，人们的生活也不如意。50%的成年人抱怨入睡困难。对女性而言，这个问题尤为突出。其中未婚妇女比已婚妇女更严重，离婚和丧偶的妇女则是最严重的。失眠主要原因是“神经紧张”。使用镇静剂还没有得到大众的普遍认同，大多数失眠的人只能躺在床上辗转反侧。其他疾病问题还包括，1/3 的美国人会脚疼、1/5 有听力问题、2/7 担心体重超重、2/3 戴眼镜，并且其中有一半是常年戴着。

以美食家的标准而言，美国人的饮食习惯很单一。如果让他们随意点菜吃饭的话，他们说自己会点水果丁、蔬菜汤、牛排配法式烤土豆、豌豆、黄油卷、苹果派和咖啡。有 300 万的美国人是素食主义者。大约有 60%的美国人会喝葡萄酒、啤酒或白酒，但喝得并不多，只有不到 20%的人会每天喝。他们最喜欢的运动是打保龄球，并且令人吃惊的是，至少有 800 万人每星期会打一次保龄球。稍微次之的运动是高尔夫球或乒乓球，偶尔打保龄球的人比这后两者的人数多两倍。只有 52%的成年人会游泳，这反映出当时游泳的机会很少，主要是因为假期时间短、机会少。超过 1 500 万人，即 15%的成年人从没有到过离家 250 英里以外的地方，相当于当时汽车一天的行程。星期日午餐后，一半的家庭会利用下午的时间开车出去兜风，但他们不会走远。1/4 的美国人从没有到过大西洋和太平洋沿岸。

90%的成年人坐过火车，其中至少有 40%的人在单间卧铺中住过一晚。虽然人们坐飞机的频率在上升，但飞机仍然只受到少数人的青睐。他们会开车进行短途旅行，当时的交通远比后来畅通。一个原因是那时生活在乡村的人比现在要少大约 5 000 万。除了农民，一般工人的工作地点离家不到两英里，18 分钟以内就可以到达。1/3 的人会回家吃午饭。全美国不到 1/3 的家庭会在用餐前祷告，但 95%的人说他们相信祷告会以“这样或那样的方式”帮助他们。94%的人相信上帝，68%的人相信死后还有生命。1954 年 6 月 14 日进行忠诚宣誓时，69%的人赞成在誓言之前加一句“向上帝保证”。《圣经》的读者在南方城市的比例最高，在新英格兰地区和中大西洋地区最少。美国最受欢迎的两句格言是“你希望别人如何对待你，就如何对待别人”及“自己活，也让别人活”。

在冬季，一般家庭取暖温度保持在白天 70 华氏度（约 21.1 摄氏度），晚上 60 华氏度（约 15.6 摄氏度）。美国社会一个普通四口之家的生活费平均为每星期 60 美元（1937 年，每星期需 30 美元）。电影和电视给人们的印象是：夫妻分床的现象越来越普遍，但实际上只有 1/8 的夫妇这样做，其余的还是睡双人床。男性喜欢淋浴，而 3/4 的女性更青睐盆浴。平均每个家庭都会养一只宠物，狗和猫的比例大约是 2 : 1。大多数美国人说他们喜欢并信任他们的邻居。在“大萧条”时期养成的节俭已成习惯。如果突然得到了 1 万美元，多数美国人都表示会购置一处房产。第二多的人会选择还清债务，把钱存入银行或投资证券。只有少数人说他们会选择轻松的生活——去旅行或者挥霍掉。一个 23 岁的芝加哥速记员说，如果她有了钱，会立刻结婚。另一个工作的女孩说，她会去“男性众多的”加利福尼亚州。

总体上，当时的美国仍然是一个乐观向上的国家。尽管美国民众会抱怨税收重和物价高——实际他们认为已经相当高了，但大多数人都认为他们比父辈过得好一些。一般的美国人都想活到 100 岁，男性比女性更希望这样，但女性实际更长寿，更有机会活到 100 岁。当被问到想回到多少岁时，成年人普遍会选择 21 岁。近一半受访者都有些迷信，最普遍的是敲木头、避开路上遇到的黑猫，以及把盐撒在肩后以求得好运。女性通常比男性更迷信。

大多数人认为理想的家庭要有三个孩子。做妈妈的认为，婚后第二年应有第一个孩子。父辈们对1954年的年轻人评价很高，通常认为他们比其父母在那个年纪时更明智、更冷静。但这群孩子更具有批判意识：只有1/5的孩子没有抱怨过父母。几乎所有的美国成年人都认为孩子应该有零花钱，虽然他们之中只有不到3/10的人小时候有过零花钱。“二战”以后，未成年人犯罪率不断上升，已经成为让人们焦虑的问题。多数成年人为此苦恼，认为责任主要在于父母，而不是年轻人。当时父母普遍认为女孩子应该在16岁以后才开始交男朋友。

通婚，这一名词意味着不同教派信仰的基督徒可以结合，这又是引起广泛争议的一大主题。略超过一半的人，即54%，对此表示支持，但只有1/4的人认为这种婚姻可能会成功。非犹太人和犹太人之间的婚姻尤其少。中产阶级中，白人和黑鬼（那时还这样称呼黑人）结合的婚姻更是从未出现，甚至其可能性也没人提起。

在美国主流社会，黑人依然没有被算在其中。大众娱乐中，他们更像是宠物。斯蒂宾·费希特、海蒂·麦克丹尼尔、巴特弗莱·麦奎因和艾迪·安德森，这些人都只是用来逗逗乐子，而并没被视为人。如果好莱坞要表现黑人的感情，他们不会让黑人来演，而是把烧焦的软木涂在像阿尔·乔森这样的演员脸上来扮演黑人。美国白人根本不会把黑人放在眼里。在拉尔夫·埃里森1953年的一部小说里，男主人公哭喊道：“我是一个别人看不见的人……我是不被看见的，懂吗？这只是因为其他人都拒绝看到我。我能听到你说：‘真是一个可怕、不负责任的混蛋！’你是对的……但你们都不看我，我应该向谁负责呢？”

在黑人遭受了300年的屈辱和奴役后，如埃里森所言，“这些长期形成的欺骗和逃避的习惯”即将结束。美国最高法院对其进行讨论，得出的结论是黑人也是人，因此无论在哪里，他们都应该被看到，并且与他们的白人同胞一样被一视同仁，公立学校应首先起带头作用。

1954年5月17日，美国最高法院的大钟显示的是下午12点52分，一只看不见的手拉开了法院宏伟大厅前面的红色天鹅绒窗帘，9名男子身着黑袍，穿过金碧辉煌的古希腊式石柱，坐到了桃花心木工作台后的皮椅上。世界各地的编辑们在等待这个已经被称为自1857年得雷德·史考特判决案以来，最高法院历史上最重大的时刻。因心脏病住院的罗伯特·杰克逊大法官，那天早上也离开病床来到这里。这样全部法官都到场了，包括三位南方人。与惯例不同的是，记者没有提前得到决议的副本，他们无从知晓案子进展。新任首席大法官厄尔·沃伦刚上任6个月。他上任时，律师们都为他司法经验的缺乏感到惊讶，华盛顿几乎没有人愿意预测他在布朗投诉托皮卡市教育局一案中，将如何判决。厄尔·沃伦不是种族主义者，但他以坚决维护各州的权利而名声在外。

负责报道法院情况的通讯社记者坐在法官席下方的记者席上，速记下新闻简报，并将它们通过气动管道送出去。12点57分，美联社A线报道：

> 今日，首席大法官沃伦将宣布最高法院关于公立学校种族隔离问题一案的判决。法院的最终判决，目前尚不确定。

由首席大法官宣读判决书，意味着他与大多数法官意见一致。这是沃伦第一次重要的宣判，旁观者听了一会儿才确定，他花过长的时间宣布决议。他没有简明扼要地说出主题，而是一直讲空话、套话，引用一些心理学家和社会学家，如肯尼斯 · 克拉克和冈纳 · 米达尔关于黑人儿童的心理发展的观点。1 点 12 分，不耐烦的美联社记者发出了第二份电讯说，沃伦显然从原则上反对种族隔离，但是“首席大法官还没有宣读法院的判决书，因此新闻记者没有足够的证据说种族隔离制会因违宪而被取缔”。

判决的主要依据是《宪法》第 14 修正案：“各州不得剥夺任何人依法享有平等法律保护的权利……”但此前，这一项还未被援引并在司法上付诸实践过。最高法院从没有干涉学校种族隔离的问题。1896 年，它以“座位隔离、地位平等”的原则来处理火车乘客的种族隔离案例。自那时起，法院还反对在住房和铁路交通方面实行种族隔离，并裁定黑人学生可以进入南部边境地区的 6 所州立大学的研究生院学习。现在是下午 1 点 20 分，沃伦讲到了判决书的重点：

> 只因为种族不同，就将他们（黑人孩子）从年龄相仿、条件相当的孩子中隔离出来，会让他们产生自卑心理，其社会地位的低下可能会对他们的身心造成无法磨灭的伤害……我们的结论是，在公共教育领域不允许“座位隔离、地位平等”之说存在。隔离教育设施本身就是不平等的。

因而学校的种族隔离是违宪和违法的。这次决定得到法官们的一致通过，这对美国全国有色人种协进会和其学术顾问瑟古德 · 马歇尔来说，是一场有着特别意义的胜利，马歇尔自己就毕业于“吉姆 · 克罗”[①]学校。最高法院考虑到改制需要一定时间，便宣布等到秋季开学

① 吉姆 · 克罗：原文美国剧作家T · D · 赖斯所创作剧目中的一个黑人角色名字，后被引用以表达贬抑黑人、对黑人实施种族隔离政策等。——编者注

时再做进一步说明。同时，各方都要准备讨论何时废除学校种族隔离，以及应当由谁——特别主管或联邦地方法院，来制订措施并加以贯彻。

南部的白人显得有些垂头丧气，因为他们想象不出还有任何打击比这更能摧毁现有社会结构。此前，在 17 个州和哥伦比亚特区，种族隔离是合法的，其他 4 个州也对此表示同意。现在 1 200 万学生都会受到影响。教育当局负责人的第一反应也因地而异。地处美国南北交界地区的堪萨斯州和俄克拉何马州的官员们表现得很平静，他们预测这并不会引起大的骚动。在奥斯汀市，艾伦 · 希弗斯州长说得克萨斯州将会服从决议，但他强调，完全实现可能“需要数年时间”。在研究了各方意见后，弗吉尼亚州州长托马斯 · 斯坦利告诉记者：“我要召集……本州政府和地方政府的代表一起来探讨这件事情，制订出一个既能与法院的裁决相符，又可以令本州所有公民都接受的方案。”

深南部城市的反对情绪极为浓重。75 岁的南卡罗来纳州州长詹姆斯 · 伯恩斯说他完全“震惊了”，然而却不能声称对此感到惊讶。原来此前为了威胁法院，南卡罗来纳州已经修改了宪法，允许废弃公立学校制度。现在的问题是，是否将此威胁付诸行动。佐治亚州也采取同样的步调，其领导人情绪更为激烈，参议员理查德 · 拉塞尔认为种族问题属于立法部门的权限范围，不属于司法部门，他指责沃伦主持下的法院“明目张胆地滥用司法权力”，之前有些人也这样说过。赫尔曼 · 塔尔梅奇州长公开抨击：“美国最高法院……公然无视法律和先例……把自己降级到庸俗政治的水平……佐治亚州人民深信并坚持不懈地愿意为美国宪法和佐治亚州宪法赋予他们的自治权斗争到底。”他说，他们会“努力制订出一套方案，以确保持续而永久的种族隔离制度”。

到了秋天，南部各州进行选举，当地候选人捍卫白人至上的论调多不胜数，都在为谁才是白人至上更得力的维护者而争吵。法院为了提防内乱，没有规定执行的严格时间。与此同时，法官明确指出，法律一经制定，就要严格执行。联邦法院和地方学区被命令评估其所在地区的实际情况并研究其行政问题。接下来，它们将“迅速合理地开始”实施，一旦“可行”，便“从容”地贯彻法院的决定。

这一切都困扰着艾森豪威尔总统。他知道这是大势所趋——欧洲在非洲和亚洲殖民主义的瓦解，必定会激起美国日益增长的反种族歧视的声音；美国人越来越意识到，美国在世界各国的领导地位正受到国内种族主义的拖累。尽管如此，他与生俱来的保守主义使其抗拒这种突如其来的变化。他私下里承认对沃伦的任命是“自己犯的最大错误”。虽然他相信黑人与白人最终会融合，但他认为：“如果走得太远太快……就必定会犯错误。”尼克松不同意，他说自己强烈感到“公民权利主要是道德问题而非法律问题”。但艾克对这个微妙的问题保持沉默。他对一个顾问强调说：“我确信最高法院的决议会让南方城市的发展推迟 15 年……讨论学校中黑人白人融合的问题的确很好——如果你还记得你谈论的也是社会解体的问题。人们在这个问题上常常感情用事，尤其涉及孩子时……在这些道德问题在，我们无法做到完美。我们能做的就是保持朝着一个目标，努力工作，不断进步。那些试图告诉我可以强制推行这些事的人，不过是一群疯子。”

然而，作为老兵，艾克知道命令必须服从。法院对宪法进行了阐释说明，主要的行政人员必须执行命令。在艾克的指挥下，所有哥伦比亚特区学校都立刻开始黑人白人合校。他下令结束了所有海军基地的种族隔离（杜鲁门早在陆军中废除了这个制度），一夜之间，种族隔离消失了，用来区分白人和黑人各自的饮水机和厕所的标志消失了。波士顿黑人洛伊斯 · 李普曼成为白宫秘书处的第一个黑人工作人员；几个月后，又有一个名叫弗雷德里克·默罗的黑人被任命为总统行政助理。哈格蒂认为这些事实都应见报，这样就没有人会说艾森豪威尔要求别人做的事，自己却没有做。

在接下来的几个月，报道称俄克拉何马州、得克萨斯州、肯塔基州、西弗吉尼亚州、马里兰州、田纳西州、阿肯色州和特拉华州等地共有350个学区实现了部分合校，其他地方的情况则不太乐观。在弗吉尼亚州和深南部各州的立法机关，借着烦琐的办事流程延长了法律斗争过程并使其更加曲折，以规避最高法院的判决。这些州长们顽固地说起“州主权”、“宣布无效权”和“干预权”，以反对联邦法律的实施，这些是自从约翰·卡尔霍恩死后就再也没人提起过的。南方社会底层的人们受到其领袖好战姿态的鼓励，开始复兴三K党，并组织白人公民委员会，以抗议合校。在南部白人区，抗议氛围颇为浓厚。

但现在已不能再反悔了。黑人也有怨气。一个世纪前，托克维尔曾预言，一旦黑人“加入自由人的行列，便会因自己长期被剥夺几乎所有的公民权利，以及和白人不平等而愤怒，他们会毫不犹豫地把白人看成敌人”。这也是实质的融合中会出现的一种局面。法院已经唤起了黑人心中的希望，正是希望，而不是绝望，是社会行动的驱动力。埃德加·胡佛向白宫报告，南方小型武器的销量已经开始增长，在一些社区增长了4倍。最激烈的言辞出自南方白人之口，但值得注意的是，在1954冬，黑色穆斯林宣扬歧视白人的种族主义和以暴制暴的思想在迅速扩张。

使美国人恐慌的是，他们发现自己正迅速进入一个种族纷争的时代。由于双方根深蒂固的对立信念，这样的情况不可避免。激进的白人发誓要捍卫种族关系的现状，美国全国有色人种协进会和如雨后春笋般出现的黑人组织定会坚决反对，而处于中立的官员也常常不起作用。一名26岁的黑人女子奥瑟琳·露西，在以瑟古德·马歇尔做顾问的情况下，宣布她打算进入亚拉巴马大学读书，使该大学董事会惊慌失措。在塔斯卡卢萨市，她的车被一群暴徒用石头乱砸，在与他们周旋了三天之后，露西到达注册办公室，却只得到了董事会的一封电报：为了学生、教职工和你本人的安全，决定让你暂缓入学，请等待进一步通知。马歇尔将她带到法院提起诉讼，法院否定了延期入学的决定。董事会当晚开会，指责露西对该校进行“虚假的、诽谤性的、无礼的和可耻的指控”，下令将她永远开除。

在这种情形下，双方的处境都很艰难。露西背后有联邦法院的支持，她注定最终会赢，大学董事会也明白这一点。只有子弹能阻止她入学——这个想法一直阴魂不散。不只是枪支和持枪者随处可见，事实上，在某些情况下，这样的杀手很可能会逍遥法外。宪法方面规定政策取消种族隔离，也同样允许被告享有由与其同等地位的公民组成陪审团参与庭审的权利。在南方大片地区，这样的陪审团可能会判他无罪。这样的事很快发生了。1955年8月，在密西西比州的格林伍德县发生了第一桩此类事件：来自芝加哥的14岁黑人青年埃米特·蒂尔来拜访当地的亲戚，有人说他侮辱了一名白人女性，三名白人男性将他从他亲戚家拖走，并把他按在水里活活淹死了。目击者帮助联邦调查局认出了其中两名凶手，但全部由白人组成的陪审团宣告他们无罪。这两个人是同父异母的兄弟，后来被美国联邦检察官指控参与绑架，但大陪审团却拒绝起诉他们，联邦调查局本已竭尽全力地搜集了确凿的证据，也不得不结束调查。

最高法院宣判一周年后，种族主义在南方大部分地区像瘟疫似的大肆传播。煽动者鼓动暴徒恐吓，有时还袭击坚持宪法权利的黑人。最残忍的事件发生在小学里，那里的孩子太小，都无法理解为他们发动的野蛮斗争，但也受到了恐吓威胁。每年 9 月开学是美国人一直以来的惯例。开学这天，妈妈为孩子穿上新衣服，梳好头发，装好文具，把他们送到新教室。而正是这个时候，教育委员会介绍了法规的变化，例如实行黑人白人学童合校。从最高法院宣判时起一直到 20 世纪 50 年代末，美国报纸每年秋季的头条都是惶恐不安的学生面对着可怕的示威游行，有时还会有暴力行为。

1956 年，两起有代表性的事件在同一星期内几乎同时爆发。从华盛顿来的种族主义者约翰 · 卡斯珀，激发起了田纳西州克林顿镇暴民们歇斯底里的反抗情绪。（他荒谬地指控种族隔离是“外部煽动者”的行为。）在卡斯珀来到克林顿镇之前，这里是一个仅有 4 000 人的小镇，12 名黑人学生已准备到当地的高中报到。但因为受到他的煽动，1 000 名克林顿镇居民冲进了学校，封锁了交通，袭击了所有路过的黑人的车辆，跑到只有 8 名警察的克林顿镇警察局，对他们高喊：“让我们抓住那些保护黑鬼的家伙！抢了他们的枪，杀了他们！”一夜恐慌后，100 名州警察、633 名国民警卫队和 7 辆 M–41 坦克才镇压了这个类似革命初期的暴行。对于一个小镇就需要如此多的武装力量，而这个国家马上就要知道，学校正在遭受何等的暴徒袭击。得克萨斯州曼斯菲尔德市的人口只有 1 450 人，比克林顿镇还要少。当地联邦法院命令当地三名黑人同 300 名白人共同上高中。注册当天，400 人闯进学校，挥舞着标语牌，上面写着“死黑鬼才是好黑鬼，黑鬼耳朵两美元一打”。三名黑人学生们很快就退学了。一名 14 岁的白人女孩对记者说：“如果上帝想让黑人和白人一起上学，就不会创造出白人和黑人了。”

在美国南部以外的人很容易反感这些地方，但这不一定公平。事实上，种族主义破坏分子虽然可能会扰乱和平，但也没有占到多数。

克林顿镇在混乱后成了顽固势力的要塞。被指控煽动暴乱而被逮捕的卡斯珀被释放。在当时的市政选举中，白人公民委员会推举他们自己的市长候选人，竞选海报似乎无处不在。在学校，学生穿着缝有南北战争时南方联盟旗帜的毛衣，向黑人男孩扔石头，向黑人女孩高喊“黑鬼婊子”和“肮脏的黑鬼妓女”，并把墨水泼在黑人学生的书上。选举当天早上，一名白人牧师因试图护送黑人孩子穿过学校外面的人群，而被暴徒暴打，前来支援的两人也挨了揍。一名校长开除了一个性侵黑人女孩的13岁白人男孩，因此受到威胁，最终对外宣称该学校“混乱不堪”而关闭了事。正当克林顿镇似乎快要失去控制时，情况发生了逆转。在司法部长布劳内尔的命令下，联邦调查局逮捕了16名暴民头目。在一名17岁足球队长的带领下，50名白人高中生呼吁人们遵守“联邦法院的决定，为安德森县所有想要受到教育的公民提供教育”。紧接着意外产生了，甚至那些自认为了解这座小镇的人都没有预料到。选举结束，清点完选票后，发现所有提倡种族隔离的地方公职候选人都以接近3：1的票数比落选了。

那一年，公众演讲者嘴里都会冒出一个新词：“改革之风”。这个词来自摩洛哥，法国部队从越南战争中转移到那里，又在打一场即将失败的镇压反殖民主义者的战争，这似乎也同样适用于美国，尤其是沃伦掌权的法院成了改革之风的核心。没过多久，它对宪法重新解释的范围扩大到废除教室里的祷告，增加被告聘用律师的权利（在米兰达与亚利桑那州的案件中可以看出来），使电影制作者也享有言论自由和出版自由，废除了对色情作品的审查制度，规定州立法机构人员的任命准则。

顽固的保守派又不屈不挠地反抗起来。在整个南方，“弹劾沃伦”的标语四处可见。这位首席大法官是罗斯福以来，政府官员中最有争议的人物，所有混乱和种族间的紧张都算到了他的头上。然而，最高法院只是改变旧体系的诸多联邦机构之一：国会正在制定最终发展为“民权五法案”中的第一个；公务员委员会正在大力提拔黑人员工；一些联邦机构突然对关于种族歧视的控告产生了兴趣。其中，美国州际商业委员会正在考虑是否要废除在州际的火车、公共汽车和候车室的种族隔离时，亚拉巴马州蒙哥马利市的一个黑人女裁缝却抢先走在了前面。

她的名字叫罗莎 · 帕克斯，42 岁。1955 年 12 月 1 日星期四这天，她很累，便在蒙哥马利市的公共汽车上找了个空位坐下，但是当车上乘客满员时，司机却让她站起来，把座位让给一名白人男子。在美国南部，黑人给白人让座是一个传统。另外，违反司机的指令也违反法律。帕克斯夫人想了一会儿，然后说她不会让座。埃尔德里奇 · 克里夫后来写道：“在那一刻，在宇宙中的某一处，某架机器的齿轮转动了一下。”

帕克斯夫人在下一站被捕，因品行不端而被指控有罪，并罚款 10 美元。这让帕克斯夫人的朋友们十分气愤，她可是个人缘很好的人。48 小时内，已经有油印小册子开始在黑人社区里传播，呼吁大家全天抵制城市的所有交通工具。这次抵制活动声势十分浩大，以至于蒙哥马利市的黑人社区领导者开始思考一些更大的问题。这个城市有 25 000 名黑人，占公共汽车公司载客量的 75%。假设他们持续抵制，并提出结束抵制的条件会如何？最终，公司要么屈服，要么破产。

抵制就这样拉开了帷幕。他们告知公司，只有保证谁先来谁先坐的规矩，黑人才会上车。另外，黑人领导者要求司机礼貌地对待黑人，并在黑人居住区雇用黑人担任公共汽车司机。但公司只承诺愿意接受白人司机礼貌待客这一条，因此黑人继续抵制，该活动的有效率达到了95%。几个星期之后，双方依然没有妥协，这更加大了黑人的决心。亚拉巴马州的其他地区开始关注蒙哥马利市，接着是美国的其他地区，再接着是全世界。蒙哥马利市市长W·A·盖尔坚持种族隔离主义，并和市政委员会成员高调加入了当地的白人公民委员会。紧接着，他宣称当局绝不会向抵制运动投降。他说："我们谨慎行事的时间太久了，是时候把话说明白了。黑人似乎认为他们可以将白人挤到墙角，除非白人答应他们的要求，否则便不会让步。"

盖尔的主要对手是黑人领袖马丁·路德·金，一个不出名的26岁牧师。他一年前来到蒙哥马利市，成为德克斯特大街浸信会教堂牧师。南部白人向来不尊重黑人牧师，但金是黑人中的新人物，南部白人没有遇到过这样的牧师。他是哈佛大学的哲学博士，是一位真正的学者。他在布道中谈论更多的是苏格拉底、亚里士多德、莎士比亚、伽利略、汤因比的智慧之言，而不是约旦河故事。他住在蒙哥马利市的白色平房里，在动听的古典音乐中，他将基督教教义、黑格尔哲学和甘地主义融汇成一种新的哲学，用以从斗争中获取力量和在伤痛处找到和谐。甘地的非暴力不合作运动思想（以非暴力的消极抵抗和不合作主义来反对暴政）已经成为金的"灵魂力量"。他给他的信徒放映印度圣雄的电影，并谈到此次抵制运动：

> 这不是黑人和白人之间的紧张关系。这仅仅是正义和非正义的斗争。我们不仅仅在努力提高蒙哥马利市黑人的地位，而是正在努力改善整个蒙哥马利市。就算我们每天都被逮捕，就算我们每一天都被剥削，就算我们每一天都被打败，我们也不要堕落到对那些人心怀憎恨的地步。

他在德克斯特大街浸信会教堂讲授“以爱来战胜敌人”的含义，他用鼓舞人的浸信会旧赞美诗和野营布道会的曲调来启迪他们，有时也用上新词汇：

在内心深处，我十分确信，有那么一天，我们会胜利。

顽固的种族隔离主义者们对他们这样的行为嗤之以鼻。有人形容马丁·路德·金只是“共产党‘有色人种协会’派来的另一个煽动我们体面的黑人朋友的煽动者”。但并非所有的白人都如此认为。市长盖尔发现，那些常常雇用黑人的白人家庭现在会让他们的厨师和杂工搭车，或替他们付出租车费。他生气地说：“这些家庭用人同那些领导他们的黑人激进分子一样，正在摧毁我们的社会。黑人在白人背后嘲笑他们。他们认为白人一方面反对黑人抵制公共汽车，另一方面又在充当那些参与抵制的黑人的司机，这实在是很可笑。”

在僵局形成三个月后，市检察官拿出了一份1921年的限制工会的州内反劳工法。在这条法规下，大陪审团对金和其他114名黑人领袖提起控告。起诉书写道：“在美国，习俗和法律都要求我们应该实行种族隔离，我们会一直坚持这样。”被告都按了手印，每人交了300美元保证金后被释放。3月末，金第一个受审，罪名是在“没有正当理由和合法理由”的情况下，妨碍了汽车公司的运营。黑人的证人们都做证说他们有正当理由。一个证人控诉，公共汽车司机是如何关上车门夹到她失明丈夫的腿，然后又突然踩下油门。第二个证人描述了一位黑人因没有零钱而被迫从公共汽车下车的事情。第三个人说，他那怀孕的妻子被迫为白人女士让座。第四个人说司机叫她“丑陋的黑猴子”。

已放弃要求由陪审团参与审判的金指出，抵制运动是自发的，他是在抵制运动全面开展后才成为该运动的发言人的。然而法官还是判他有罪，并勒令他支付罚款 1 000 美元且交付所有诉讼费，批准其保释，等候上诉。如果这样判决的目的是恐吓蒙哥马利市的黑人，那么其效果刚好相反。黑人们立即在法庭外的草坪聚集，一名黑人喊道："从此以后，我们绝对不会再去坐公共汽车。"一个中年妇女从人群中挤出来告诉金："我的心永远跟随你，我的钱包也属于你。"当晚，群众聚集在一起开了个祈祷大会。一个男人向其他人大声问道："你们会去那里吗？"他们大声回答："是的！"他再问："你们要乘公共汽车吗？"他们呼喊："决不！"

他们也真的没坐。春天过去了，夏天过去了，黑人们依然斗志昂扬。市长向朋友吐露，他从没想到黑人会如此坚定。公共汽车公司陷入债务危机，公共汽车司机要么换了职业，要么离开了这座城市。所有迹象都显示，黑人没有公共汽车依然活得下去。一些黑人已习惯步行上班，一些人有了自行车，金还组织了一个规模很大的汽车互助组，集中了 200 辆汽车来帮助其他黑人。然而市长宣称这是非法的，于是在抵制运动的第 12 个月，金和其他 12 名黑人领袖因未经许可经营公司而被拘捕。他们正在州巡回法院受审时，令人震惊的消息传来：最高法院本已经在娱乐场所和学校推翻了"座位隔离、地位平等"的原则，现在在公共交通中也开始实行。现在，在公共汽车上搞种族歧视视属于违反联邦法律了。金得以释放，也因此成了世界名人。这场史无前例的抵制运动已经给亚拉巴马州的种族隔离带来了毁灭性打击，美国各地的黑人都从中看到了新的希望，这位年轻的黑人牧师已经进入民权斗争最高领导层。

金没有因此扬扬得意。他要求信徒们要自重，而不是骄傲。他说："长期以来，我们一上公共汽车就一直走到车尾，以至于现在存在一个危险，即我们还会本能地走到车尾，这样就无法将种族歧视根除。”同时，他继续说：“如果你们中的任何人坐到公共汽车上就吹牛嚷着说‘我们黑人，打败了白人，赢得了胜利’，我会感到非常失望。如果你们这样做了，我们在整个南方的斗争都将失败。再去乘坐公共汽车时，千万要谦卑一些。”

在罗莎·帕克斯引发的抵制运动开始381天后，这场运动结束了。这时，如果金自己还不去坐一次公共汽车实在说不过去。金便开始乘坐公共汽车。司机对他说：“你是那位牧师吗？”这位牧师说：“是的，多少钱？”现在是15美分（去年只要10美分），他把硬币放入收币箱，坐在了前排一个座位上。他后来说：“这是一次伟大的旅程。”大多数蒙哥马利市的白人都为抵制结束而终于轻松下来，有的人还幽默起来。一个银行出纳员讽刺地告诉记者：“他们一年的祈祷和抵制，换来的只是我每天都坐的、讨厌的公共汽车。”一个白人在公共汽车上自言自语道：“我想今年的圣诞节不再是白人的圣诞节了。”坐在旁边的黑人微笑着说：“是的，先生，你说对了。”

一件事发生很久以后，该事件在整个形势发展中的作用才会变得清楚，但在当时却往往显得微不足道。毫无疑问，当时那个司机叫帕克斯夫人让座时，他认为他对待的只是一个傲气的黑人。如果他知道有一天自己的孙子会在学校课本上接触到这件事时，他当时可能会更谨慎一些。总统比公共汽车司机有更强烈的历史意识，但他们也可能看不清自己决策的后果。艾森豪威尔毕竟是个爱好和平的人，再加上他对国会特权的尊重，都使他阻止政府其他成员对中南半岛做出不明智的承诺。然而，在帕克斯夫人扭转历史的同一年，艾克却带着美国走上在越南采取疯狂行动的漫长道路。

这样的事情已经不是第一次了。任何对总统发动战争的权力所做的评估，都应当注意到，在1941~1942年，富兰克林·罗斯福已经开创了这种先例。在此之前，国会的权力还是和以往一样，之后它便开始弱化。罗斯福利用他高超的政治手段创造了一种新的局面，在这种局面下，轴心国几乎都陷入被迫攻击美国的状态。接着便是朝鲜战争。杜鲁门的传记作者卡贝尔·菲利普斯写道："他那干预朝鲜的决定……近似于抢占宣战的权力……之后的所有总统都仿效杜鲁门的先例，在他们认为国家利益需要时，便随时随地进行必要的、迅速主动的出击。"

国会权力受到侵蚀的最后那些阶段，以及伴随着的执行力的提高，是在林登·约翰逊和理查德·尼克松对付东南亚问题的背景下完成的，但这个链条的每个环节都值得注意。1955年，《"台湾"决议案》就是其中之一。这是冷战的特殊产物之一，但其对未来的影响广泛而严重。

迪安·艾奇逊已打算等到中国的问题"尘埃落定"时，再制定新的对华政策。到1955年，尘埃已基本落定，但版图东部边缘仍然有些模糊。共产党在中国大陆已建立起新中国，国民党盘踞在中国台湾地区，但台湾海峡将他们分隔开来。这个115英里宽的海峡上遍布着贫瘠的小岛。它们存在的唯一的真正意义是，中华人民共和国同蒋介石及其美国盟友在竞相争夺这块没肉的骨头。

这些岛屿大小不一，与双方的距离也或远或近。由64个小岛构成的澎湖列岛，距离中国台湾仅30英里，因此被认为是它的一部分。白宫公开表示，对澎湖列岛的任何攻击都预示着准备侵占中国台湾，从而将受到第七舰队的阻击。保卫澎湖列岛并不需要国会批准，因为在"二战"中该岛就从日本人手中抢过来了。根据国际法，美国有权保护该岛。在海峡的另一边，情况则大为不同。金门、马祖和大陈群岛离中国台湾都有100多英里，而离中国大陆则只有5~10英里。正如史蒂文森指出的，“这些岛屿到大陆的距离，就像斯塔腾岛到纽约的距离，它应该永远属于中国大陆”，无论在什么法律下，美国和中国台湾的国民党都无权拥有。沃尔特·李普曼强调了这句话暗含的意义：“……如果我们介入近海岛屿，就得准备在中国的领土上进行一场中国内战了。”

除此之外，没有什么会给杜勒斯带来更大的满足感了。他随时准备为近海岛屿战斗。他向舍曼·亚当斯抱怨英国和美国的其他盟友无法理解“从金门、马祖撤退会让东亚的自由人民感到何等的震惊”。杜勒斯就是这样看待世界的，他幻想着在像苏门答腊和中国西藏这样的地方，群众举办大会的情景——数百万坚强的农民聚在一起举着横幅，上面写着：“东亚的自由人民团结起来支持集体安全”。中国共产党知道杜勒斯很难对付，于是专门与他斗智。1954年9月，他在马尼拉签订东南亚条约组织的草案①，之后他们便炮轰了金门。次年1月18日，他们登上了大陈群岛中的一江山岛。这个岛屿非常小，甚至没有出现在美国国务院的地图上，而大陈群岛离中国台湾北部有200英里，因此对蒋介石的国民党威胁也不是很大。然而，参谋长联席会议立即召开紧急会议，参会的大多数都是鹰派。雷德福海军上将、卡尼海军上将和内森·特文宁将军都认为是时候表明反共立场了，来一个彻底摊牌。

只有李奇微将军是唯一的反对者。他对总统建议说：“这样的行动一旦发生，就没有办法控制。它将让我们与中国正面冲突，甚至

① 草案：1954年9月8日签订的《东南亚集体防务条约》——编者注

可能蔓延为全面战争，需要用上我们手上的所有恐怖武器。”李奇微继续说道，即使中国被征服，情况仍然不会令人满意。美国得到的只是“用军事手段得到的巨大真空，然后我们需要千千万万的人去填补这个真空——最后会让我们在长达 7 000 英里的边境上与苏联对垒”。

李奇微是参谋长联席会议上唯一的鸽派，所以最终的投票结果是还是要采取行动，对抗中国。杜勒斯和参议员诺兰也表示同意。但艾森豪威尔认为李奇微是对的。他再一次拒绝卷入亚洲大陆上的战争。这次战争狂热终于消退。然而，杜勒斯却成功地说服艾克，还要顾及颜面。收回一江山岛后，北京广播电台发表声明说，这次进攻表明了他们“为解放中国台湾而战的坚定意志”。杜勒斯告诫总统，如果在这种情况下，美国不采取任何行动，亚洲人就会以为美国是纸老虎。因此，美国总统决定干些什么，他将要求国会做出决议。

1 月 24 日，他发表了美国历史上史无前例的声明。艾克向国会要求批准宣战。他希望这能让他决定美国开战的时间和地点。他说：

> 情形已紧迫万分，使我无法再等待联合国的决定，请示国会立即通过明确的决议参与有利于和平前途的各项措施。这些措施在必要时将动用美国的武装力量，以确保台湾和澎湖列岛的安全。

总统接着暗示说，中国如对近海岛屿进攻，美国是否对其报复，要取决于攻击的性质。如果他们只想要金门和马祖那两个岛屿，那就让他们拿去，但如果他们想要向中国台湾迈进一步，他就不答应了。总统希望国会能让他揣摩中国共产党的意图，并采取任何他认为适当的行动。

这个措施本来是让人消除疑虑的，反而让很多人都迷惑不解。民主党自由派争辩道，艾克已经有权力采取他谋划已久的行动了。作为罗斯福–杜鲁门外交政策的拥护者，他们认为必须维护总统的权威。他们认为宪法赋予总统总司令的权力，就允许他以他的意愿任意调度美国的军事力量。那年冬天罗织出来的某些论点，今天读来颇为奇怪。越南战争后来注定成为美国众多政策的坟墓，这一条更是如此。在关于布里克修正案的争议上，保守派希望美国国会仍然有决定重大涉外政策的特权，而自由派则认为这种决定权应属于白宫。理查德·罗维尔明确表明了自由派人士的绝对立场。他在1955年3月19日写道：

> 总统保卫台湾的权力并不是由国会1月仓促通过的决议赋予的。作为美国总统，他有权选择任何他认为有利于保卫自己国家的决策，不管涉及台湾或者其他任何事情。

艾森豪威尔自己也不确定他是在给予国会权力，还是在剥夺。在向国会大厦发送消息之前，他做了一处改动：原文是“我要求的某些权限，可能已经包含在总司令的职权范围以内”，他将这句话删除，换成“决定是否采取某些行动所需的权力，是在总司令的职权范围内的”。国会对这个问题也同样不确定。在这里最普遍的解释是，行政当局在寻找一种方式逃避近海岛屿的问题。

休伯特·汉弗莱曾试图增加一条修正条款，以限制对中国台湾及澎湖列岛的管理权，但最终也是徒劳。其他一些国会议员则担心，美国可能会因为一些与美国安全没有任何关系的偏远地区而陷入一场战争。参议员拉尔夫·弗兰德斯进一步说道：“我们有来自最高层的信息：认为防止部队集结和装备囤积以进行对岛屿的袭击，从军事角度上讲是有道理的。简单地说，就是要将战争防患于未然。谨认真地建议将其列为符合此决议精神的一项行动。”

当参议员乔治也表示强烈支持这个议案时，反对势力就只有退缩了。乔治说：“我不希望所见民主党人说什么因为美国总统来到国会，就该批评他。”该议案在参议院以 85∶3 的票数得以通过，在众议院以 410∶3 的票数得以通过。1 月 29 日，艾森豪威尔正式签署此议案。这天刚好是乔治 77 岁的生日，当他抵达仪式现场时，立即引起一阵骚动。然而，不到一个月，第七舰队从大陈群岛撤出 14 000 名国民党军队，似乎向人们表明之前的所有争论都毫无意义。华盛顿等于说，《“台湾”决议案》到此为止，从此以后，它就是一纸空文。但有一个人看法不同。艾德莱·史蒂文森发现，总统对国会要求和得到的是一张“空白支票”。事实也的确如此。某一天，不论是艾森豪威尔还是另一位白宫之主，都可以在没有咨询美国国会的情况下，兑现这张支票。宪法之下的权力平衡又有了微妙的变化，对行政首脑的又一个束缚被打破了。

6 个月后，艾森豪威尔迎来了他外交政策上的最伟大的壮举，这是一次公共关系上的胜利。为了实现这次胜利，他把杜勒斯折磨得够呛。10 年来，这位共和党保守派一直坚决反对与苏联领导人举行任何会议。此前，温斯顿·丘吉尔曾提出举行高层会谈——他称其为“首脑会议”，但对于美国的保守派来讲，仅仅是建议美国总统与苏联人端着鸡尾酒酒杯碰个杯，就像是听到巴甫洛夫的铃声一样。他们抗议再搞一个如雅尔塔、波茨坦那样出卖自己人的会谈。杜勒斯也表示同意，作为一个正统的反共人士，是决不能和充满罪恶的苏联人谈判的。

但杜勒斯不能直接这样说，因为总统曾多次声明，为了和平，他愿意在任何地方与任何人进行会晤。因此，杜勒斯尽力为这种会晤设立各种不可能达到的先决条件。杜勒斯说，莫斯科必须用行动表明苏联也是尊重国际礼仪的，并愿意合作解决分歧，美国才可以认真考虑会晤。当被要求为这样的事情举例说明时，杜勒斯则常常回答得含糊不清。他给人的印象是，如果所有苏联军队能全部撤离东欧，或苏联能在联合国监督下进行自由选举，他才会满意。有时他也会暗示，他希望苏联能为以前的罪过诚恳地道歉。

为了安抚杜勒斯和共和党激进分子，艾森豪威尔召集了一些重要的参议员和众议员，向他们保证他不会参与类似雅尔塔会议的任何活动。他要他们放心，不经他们批准，他不会许下任何承诺。在场的杜勒斯表示，他不会忘记苏联过去是如何以世界和平的名义上演那些闹剧的。他冷冷地说，他将拭目以待。

当杜勒斯轻蔑地谈论这次戏剧化的和平建议时，艾森豪威尔什么也没说，但他的内心肯定很烦扰。他自己也正在筹划着这件事，虽然什么事情都还没有决定，但裁军的新方案已经草拟出来，就放在他的桌上。3 月，总统任命了纳尔逊 · 洛克菲勒为研究军备控制和心理战专家小组的主席。他在匡提科海军陆战队基地给洛克菲勒安排了办公室，并让他草拟出可能会在首脑会议上提出来讨论的新建议。杜勒斯听说过这个专家组，但不知道其具体任务是什么，所以对此一直充满疑虑。他跟舍曼 · 亚当斯谈起洛克菲勒时说道："他似乎召集了大量人员，把他们安置在匡提科，没有人知道他们正在做什么。"

他们正在研究欧洲民意测验。据他们调查，北约国家的人民已经厌倦了联盟，对美国在欧洲大陆的基地毫无热情，他们支持禁止使用核武器，这令人非常不安。美国没有苏联那样庞大的常备军，它需要炸弹和在欧洲的基地作为震慑。所以，必须找到某种方式来保住这些，并让他们相信美国正在寻求和平。匡提科小组给出的答案是建议空中视察，对此用了一个巧妙的词——“开放天空”。这个想法并不新鲜。早在 1946 年，伯纳德 · 巴鲁克对原子能的国际控制计划中就出现了“空中视察”这个概念，后来还出现在了联合国裁军委员会的报告里，以及艾奇逊建议把一些武装力量和武器“向国际公开和容许国际核查”的所有计划中。尽管如此，但直到现在，这个词仍然被忽略。艾森豪威尔觉得它很有吸引力，也很实用。虽然他还没有下定决心是否在首脑会议中讨论它，但在去乘其专机“科伦拜恩”号的路上，他把该建议书塞入了公文包。

“科伦拜恩”号的目的地是日内瓦。到达后，他入住有 15 个房间的简多谷堡，这是一个瑞士香水大亨的妻子安排好的。与此同时，伊留申航空公司的第 001 号飞机也着陆了，放下舷梯，走下来斯大林的两位继承人——尼基塔 · 赫鲁晓夫和尼古拉 · 布尔加宁。前者看上去像一个工会主席，后者则酷似桑德斯上校，就是那位 20 世纪 70 年代早期的炸鸡大王。那天下午晚些时候，安东尼 · 艾登和法国总理埃德加 · 富尔也抵达会场，四巨头会谈（或用瑞士人的话说，“四方会议”）的客方全部到齐。新闻记者定义的日内瓦精神开始散发出魔力，吸引了大批游客和国际名人。牧师马丁 · 尼莫拉在那里举行新闻发布会，另一位美国牧师葛培理则要在大潮公园举行福音布道会。

在日内瓦万国宫的杜勒斯看起来闷闷不乐。相比之下，艾克的状态却很不错。起初他试图配合杜勒斯冷漠的表情，因其与这位国务卿的观点一致，寄情于可能因会议失败而破灭的虚假的希望是不明智的。但艾森豪威尔太乐观，情绪太好了，所以不会很郁闷。他告诉记者："新的曙光可能即将来临。"7月18日星期一的开幕式上，他竟用致词的最开始的15分钟对朱可夫元帅表示欢迎。

至于这几位苏联人，似乎体会到了从战争结束后的前所未有的轻松。赫鲁晓夫向听众保证："双方都不希望发生战争。"苏联的《真理报》和《消息报》也在告诉苏联人民同样的事情——这是党的路线上的一个重大转变。之前，苏联一直认为世界上其他国家都坚决反对他们。赫鲁晓夫、布尔加宁和朱可夫坐着敞篷车在日内瓦闲逛，不让保镖跟随，自己漫步在街头。这让美国人十分尴尬，因为艾森豪威尔的一举一动都被特工监控，其头顶上还一直有直升机在监视。

然而，主导此次会议的是艾克。他的微笑、他的直率和他对全人类前途的关注，征服了欧洲人。一向反美的巴黎《世界报》经观察得出结论："艾森豪威尔的性格一直被误解了，今天看来，他一直都是人类需要的领导人类型。"在向苏联人讲话时，艾克诚恳地说："美国人要与苏联人做朋友。我们两国以及两国的人民之间没有本质的差异。我们没有领土争端问题，也不是商业竞争对手。从历史上看，我们两国一直和平相处。"之后他提出加大东西方自由交往的力度、裁减军备以及建立统一的民主德国等建议。

尽管苏联人的态度有所改善，但在重要关头，苏联人仍然是苏联人。关于和平共处，苏联也表达了一些赞同的观点，但他们要求以解散北约作为前提。他们把在场人士都听过的那个计划掸掸浮土又提了出来：美国、苏联和中国的军队都不得超过150万人，英国和法国的标准为65万人，所有核武器都将被禁止，等等。当他们把该计划摆在桌上，谈判陷入了僵局。美国人在简多谷堡商量了两小时后，史塔生赶紧拟定了一份全面裁军的建议，总统则亲自起草了一份关于"开放天空"的草案。艾克仍然不确定是否要提交，他想听听第二天早上布尔加宁会说些什么，而布尔加宁却什么都没说。这时大家认为也不会听到艾克的意见了。这已经是会议的第 4 天了，其他人都认为他已经表明了自己的观点。他的开场白大家都很熟悉：美国“准备签署一个健全可靠的协议以使裁减军备成为可能”。然后他暂停了一下，背朝俯瞰日内瓦湖的落地长窗，挺一挺胸，摘下眼镜，缓缓地说：

现在我应该对苏联代表说几句。因为我们两个大国都拥有大量可怕的新型武器，这使世界其他地区以及我们两国遭受突然袭击的恐惧和危险增大了。

因此，我建议我们两国采取一个可行的步骤，即开始迅速在我们之间做出一项安排，其内容包括：

分别向对方展示两国完整的军事设施蓝图，从头到尾，从东到西，把这些布局公开出来，并彼此提供相应蓝图。

下一步是，在各自国内为对方国家提供航空拍摄的设施——我们将在美国提供齐全且足够的航空侦查设施，你们可以拍摄任何想拍摄的地方，也可以将所拍摄的照片带到自己国家研究；你们也要向我们提供几乎相同的设施，并同意我们做同样的侦查。通过这一行动，我们便可以让世界相信，我们两国已经设法在防止发生大规模的突然袭击，从而减少危险，缓解紧张。

同样地，我们也要使全面有效的侦察系统和裁军制度更易实现，因为我不得不坦白说，我现在所提的建议将只是一个开始……

美国已准备好对一个可靠的侦察和报告系统进行测试和研究，当这个系统被证明可行后，将结合这个系统产生效果的程度，裁减各国的军备。

如果能成功地做出这样的系统，不仅有利于我们双方发展互信，也为全人类开拓出一条宽广的前进道路。

正在工作人员同声翻译他的发言时，一道炫目的闪电照亮了整个房间，湖面上雷声隆隆，日内瓦万国宫的灯全部灭掉了。艾克笑了笑说道："我本没有打算关灯啊。"电灯闪烁着又亮了起来，照出了苏联代表团目瞪口呆的模样。苏联仍然没有摆脱斯大林时期的怀疑狂：驻莫斯科的外交官受到监视，外国记者的行动受到限制，外国人的电话被窃听，与外国人交谈过的任何苏联人都要被仔细审问。当得知需要向美国人提供军事基地详细的地图，允许美国摄影师从头顶飞过并拍摄所有的照片，他们都惊呆了。赫鲁晓夫和其他代表不知道该说什么，只能干瞪眼。

欧洲人却高兴得不得了。他们称这个建议是外交上的创举。法国总理富尔说："我希望全世界的人都能来这个会议室听听这位有伟大军事经历的人讲话。如果真是这样，他们就会相信，在裁军的问题上，世界已经有了新的变化。我相信，本次会议取得了第一个胜利——战胜了怀疑。"第二天早上，西欧地区所有报纸的内容都在回应富尔的讲话。"开放天空"是每个人都能理解的，它既简单又直接，只有坚信国家没有任何不可告人之处的总统才敢提出这种建议。

但无论是美国还是苏联，要实践这个计划都不大可能。艾克的军事顾问都知道这一点。他们已经读到了完整的计划书中艾克即席演讲时省略的部分——"开放天空"是提示"裁军委员会代表执行来自美国的指令时，着重于对侦察和报告的研究"。他们认为，艾克只是在谈论一个遥远的目标，只有在许多其他的协议已经达成后才有可能实现。五角大楼的工作人员并没有怀疑成癖，但谁要想拿到这些分类材料，必须要闯过很多关卡。一个向奥本海默隐瞒数据的政府是不会把它交给苏联人民内务委员会的。这仍然是麦卡锡时代的余风。这位参议员已遗臭万年，全国人民对支持佩雷斯的人也愿意原谅，但这跟允许米格尔飞机盘旋在洛斯阿拉莫斯上空，还是相差甚远。①

会议结束后，布尔加宁把总统拉到一旁说："不要担心，结果会好的。"艾克离开日内瓦时，确信苏联领导人已经被他的真诚打动，尤其是朱可夫。在接下来的几个月里，苏联对"开放天空"的态度很小心翼翼，也许是看到了其他地区满怀热情的态度。直到 1956 年 3 月 1 日，艾森豪威尔还写信给布尔加宁，提出把和平使用原子能计划和"开放天空"的计划合并。但在那时，布尔加宁已被赫鲁晓夫冷落在一边，而赫鲁晓夫对和解姿态没有一点儿兴趣。他喜欢做关于"民族解放战争"的演讲。日内瓦会议的精神已荡然无存，局势一直没有缓和。会议没有解决当时的任何问题，现在能回忆起的只是艾克温暖的笑容，以及那注定不能被这股温暖所融化的寒冰。

还比较幸运的是，幻想破灭的步伐是缓缓而来的。总统乘飞机回国时，日内瓦会议被誉为惊人的成功。盖洛普民意测验称，84%的美国人想不出艾森豪威尔政府有任何应该受到批评的地方。7 月 24 日星期日凌晨，总统乘坐"科伦拜恩"号回到家。天色仍然漆黑，华盛顿国家机场被雨水浸透了。然而，当他走下舷梯时，等在那里的人们都欢呼起来，从机场一直到白宫的道路两旁都站满了围观的群众。那是他总统生涯中的一个高峰，也是 20 世纪 50 年代最重要的时刻之

---

① 假设一群苏联摄影师本来在苏联的飞机里，当美国的摄影师乘着苏联的飞机飞过苏联上空时，这些苏联摄影师就会被转移到美国的飞机上。艾森豪威尔并没有解释清楚这件事，但也没人问他。也许即使是欢欣鼓舞的欧洲人也觉得"开放天空"实在是太像作秀了。

一。离开的时候，他决心要缓解世界紧张局势，此刻他带着触手可及的胜利回国，现在他期待着可以在丹佛休个假，打打高尔夫球。

1955年9月23日，艾森豪威尔总统在丹佛拜尔斯皮克农场早早地醒来。他正在科罗拉多州的银行家阿克塞尔·尼尔森家里做客。他自己做早餐，包括牛肉培根、猪肉香肠、炸玉米饼和煎饼。他先在劳里空军基地那栋水泥墙面的行政大楼前停下来，在助手的帮助下紧张地工作了两小时，再开车去樱桃山乡村俱乐部打18洞高尔夫。他打出了84杆，这成绩实际不算差，因为他被两次紧急电话打断，其中一次是杜勒斯告诉他苏联对“开放天空”的反应。

总统在午餐时吃了汉堡配生葱，接着又去打9洞高尔夫。打到第8洞时，他停下来，皱了皱眉头，揉了揉胸口。他对俱乐部的人员说：“我再也不吃那些生葱了，好像全都堵在胸口了，心口也有点烧得慌。”下午的其余时间，他都在位于拉斐特街的岳母家的地下室里画画，临摹7月11日那期《生活》杂志上一个阿根廷女人的照片。乔治和玛丽·艾伦过来吃了晚饭，有烤羊肉、土豆和蔬菜。艾克提到他午餐时吃生葱带来的不适，但他似乎说完就忘了。晚上10点，他到二楼的卧室休息。玛米的卧室刚好在走廊对面。

凌晨2点30分，玛米醒过来，听到艾克辗转反侧。她穿过走廊去看他，却发现他已睡着，但不踏实。“怎么啦，艾克？”她问，“你做了噩梦吗？”他迷迷糊糊地说没有，他很好，于是她离开了。但他并不好。他的胸口突然剧痛起来，于是他起床，穿过走廊去找她。他说不出话，只是揉着胸口表示那里很难受。玛米想起可能是因为生葱，便给他喝含有氧化镁的牛奶。她很不解，因为之前从未发生过这种事情，他从来没有说过那里疼痛。她赶紧打电话给总统的私人医生霍华德·斯奈德少将，他在4英里外的劳里单身军官宿舍。她告诉他发生的事情，并说："你最好马上过来一趟。"

斯奈德不用她说也一定会跑这一趟。这些症状足以让任何医生感到病人有危险。他在睡衣外面套了件衣服就出发了，他告诉司机："拉斐特街75号，赶快。"他们一路上都闯了红灯。凌晨3点12分，斯奈德来到总统床边。艾克脸通红，不停流汗，极度不适。他的脉搏很快，血压很高。斯奈德用听诊器听了他的胸部，几分钟内就做出了诊断：总统得了冠状动脉血栓。他的心脏已经受损，但斯奈德不能断言其严重程度。他使用亚硝酸戊脂和盐酸罂粟碱来扩张血管，又用吗啡来刺激，以防休克。然后他给艾克打了一针肝素以抗血凝。3点45分，他第二次注射吗啡。艾克终于陷入深深的睡眠，他度过了危险期。但斯奈德决定暂时不告诉任何人，甚至是艾森豪威尔夫人。他们做不了什么，惊慌骚动的一家子只会减少总统康复的机会。

斯奈德医生独自守在艾森豪威尔的床前将近4个小时。快到早上7点时，灰色砖房子里的人也醒来了，他派人请来了安·惠特曼。他告诉这位秘书，总统因为消化不良，感觉不舒服。10点35分，总统消化不良的新闻传遍了全世界。然而到那时，斯奈德知道他不能再隐瞒事实真相了。他悄悄把实情告诉了艾森豪威尔夫人，并打电话给丹佛郊区的菲兹西蒙斯综合医院心脏科的主任医师，请他带一个心电图描绘仪过来。11点45分，艾克醒来，意识清醒，但很虚弱。心电图扫描结果放在餐厅桌子上，证实了斯奈德医生的判断。斯奈德告诉艾克昨晚上发生的事情，他说："我们想带你去菲兹西蒙斯综合医院。"然后又说，不必用救护车。总统点头表示同意，并叫他通知特工人员。总统被搀扶下楼梯，坐进在车道上等待的轿车，驱车9英里，来到了那家医院。他坐上轮椅，被推到了一个有氧气供应的特殊套房。

下午2点30分，在劳里的新闻助理告诉白宫的记者："总统刚才患了轻度的前期——我们还是去掉'前期'吧——总统刚刚患上轻度冠状动脉血栓，已被送往菲兹西蒙斯综合医院。他坐的是自己的汽车，并且自己从房间走到了车前。"

而最后的这句话，被淹没在一片喧嚣的混乱中。

此时华盛顿时间是下午4点30分，吉姆·哈格蒂那天早上度假回来。在丹佛向新闻界发布总统心脏病消息前一会儿，他已经从电话里知道了这个消息，他立刻给副总统尼克松打电话——他住在位于华盛顿高级住宅区斯普林谷的一座白色砖屋里。那时尼克松夫妇刚参加完一个婚礼回来，尼克松正在阅读《华盛顿星晚报》上关于艾森豪威尔消化不良的新闻。哈格蒂在电话里问他："迪克，你休息了吗？"尼克松回答说没有，接着总统新闻秘书便用很平缓的口气告诉他所发生的事情。他说："新闻将在半小时后向外宣布。"尼克松大叫一声："我的天啊！"

放下电话，副总统走进他的房间，坐下来，大脑一片空白。据他后来回忆说，他当时沉默了至少5分钟。震惊的感觉慢慢消失之后，他打电话叫司法部副部长威廉·罗杰斯马上过来。罗杰斯坐出租车来到时，总统生病的消息已传遍了整个丹佛。尼克松的电话响个不停，家门外也聚集了很多人，包括邻居、记者和摄影师。尼克松决心不向新闻记者吐露任何消息，尽量待在家里。当他吃完晚饭后，家外面的吵嚷更严重了，他决定前往罗杰斯位于贝塞斯大街的家中暂避一下。就像电影里的潜逃场面一样，罗杰斯打电话让他的妻子驱车前来，将车停在街区口，并不熄火。然后，他们让9岁的特里西娅·尼克松跑到草坪上，分散人们的注意力，趁此机会，尼克松和罗杰斯两人从侧门冲出，奔跑着穿过小巷，跳进车子走了。

苏格兰的普雷斯蒂克的天气很冷，下着毛毛细雨，总统助理舍曼 · 亚当斯同安德鲁 · 古德帕斯特上校住进了美国基地总部。亚当斯刚刚完成对美国驻欧洲军事设施为期 4 个星期的访问。那晚，他正要与格伦瑟将军见面商量联系当晚回华盛顿的飞机。他们还没来得及开始谈论，基地指挥官突然出现，告诉他们，刚得知总统心脏病发作，已经在丹佛住院治疗，具体细节尚不知晓。亚当斯突然想到，海拔 5 000 英尺的丹佛是否有助于心脏病的治疗呢？然后他又想到，如果艾森豪威尔要生病，现在是最好的时机。因为国会正在休会期间，作为总统的艾克没有太多政务，此时正是总统事情最少的时候。至于国会正在制订的明年计划，目前正在早期阶段，也不需要总统操心。

但华尔街并不知道这点。星期一上午，那像哈哈镜一样夸大着美国人情绪起伏的股票市场，在紧张的氛围中开盘了。此时，亚当斯正坐在接近美国海岸线的飞机上。顷刻间，股票直线下跌，道琼斯指数暴跌到 444.56 点，估计损失高达 120 亿美元。这是自从股市大崩盘以来，华尔街最糟糕的一天。

当亚当斯及时赶来与尼克松、罗杰斯和杰里 · 帕森斯共进午餐时，总统的病情程度成为宾夕法尼亚大道 1600 号谈论的唯一话题。吃到一半时，接到丹佛的来电，说波士顿著名的心脏病专家保罗 · 达德利 · 怀特医生完成了对总统身体的初次检查，检查结果出人意料的乐观。他说，艾克的身体状况令人满意，精神也很好，如果一切进展顺利，两个星期内总统就能着手处理一些公务，再过几个月，就可以重新完全投入工作。事实上，怀特医生说，除非出现无法预料的情况，艾森豪威尔总统还是能够参加总统连任的竞选的。在这个预断的鼓励下，股票市场于星期二开始回升。政府领导人再次一起共进午餐，这次是在财政部大楼汉弗莱部长的办公室，大家一起讨论总统不在的这段时间如何继续开展工作。

整整一个星期里，华盛顿充斥着政府最高层彼此不信任和相互误解的各种谣言，而这些并不属实。当艾森豪威尔躺在 1 551 英里以外医院的床上时，他那备受诟病的工作班子仍然在顺利开展工作。星期四，尼克松主持内阁会议，宣读了丹佛的晨报，告知总统从氧气房里出来的第一晚休息得很好。接着，在杜勒斯汇报完外交事宜后，布劳内尔提出讨论代理职权的问题。随着之后几天公务的进行，尼克松“代表”总统签署了一些文件，亚当斯则全面负责总统办公室事宜。从此，在艾森豪威尔疗养期间，亚当斯每星期都乘飞机来丹佛一次，向总统汇报内阁和国家安全委员会的会议情况。只有遇到十分紧急的问题才会直接来问总统，而这些问题也不多。其中重要的问题之一就是国情咨文，但这也要等到 1 月了。

在亚当斯看来，在这个秋天“政府真正的关键人物”是保罗 · 达德利 · 怀特。9 月末，怀特医生已成为美国最著名的医生。他直接而明确的诊断书让国家和记者放下心来，在他的鼓励下——有时是出于他的坚持，总统的助手们才消除顾虑，让总统在医院处理公务。“你看，”怀特对哈格蒂说，“作为美国总统，虽然躺在这里，他还是可以发挥自己的作用的。他想工作啊。” 10 月 14 日，艾克告诉亚当斯他感觉很好。“真有趣，”他说，“如果医生没有告诉我患了病，我会觉得这次得心脏病的是别人。”

那天是他 65 岁生日，装着贺信的邮件在医院大厅里堆得很高。总统一次又一次地告诉来访者，他非常感动。他对玛米说：“知道全世界都在为我祈祷时，真的让我觉得了不起。”收到白宫记者团的礼物时，是他那一天最快乐的时刻。他们的礼物是一套大红色睡衣，两边领子上镶有 5 颗金色的小星星，胸前口袋上绣着“愿越来越好，谢谢”。为了搭配这套华丽的服饰，美联社的梅里曼 · 史密斯和《芝加哥论坛报》的劳伦斯 · 伯德还一起送了一条价值 39 美分的带有银色亮片的黑色牛仔领带。艾克很高兴，他告诉怀特医生他从未有过这么棒的睡衣。医生鼓励他尽可能多穿。怀特医生私下告诉伺候在旁的人说，这些东西的价值远胜于它们本身，心脏病最怕的就是恢复期间的心情抑郁。

按照当时的情况，艾克可能就会这样慢慢好起来。在菲兹西蒙斯医院做了透视检查后，他就出院了。11 月 11 日，他返回华盛顿，在白宫度过了周末。11 月 14 日，他开车同他的夫人一起前往他位于葛底斯堡的农庄。7 000 多名宾夕法尼亚州人在那里迎接他，举着 “艾克和玛米，欢迎你们回家”的标语牌。11 月 22 日，他主持了自他病后的第一次内阁会议，地点是戴维营。在场的所有人都注意到，他消瘦了不少，但精神还是很不错的。他说看到一篇社论，说对于没有他的内阁工作仍然进展顺利表示惊讶。事实上，他笑着说，这是在暗示内阁工作比没有他时做得更好。亚当斯说：“他反应快速、果断、热情。我能看出内阁看到他很是高兴。他们中的一些人对总统能如此快速地康复表示很惊讶，但是所有人都很高兴。”

但回到葛底斯堡后，总统开始忧郁起来。12 月的天气黑暗、寒冷、潮湿，农场的绿草变得枯黄而潮湿。他只有整天待在室内，如哈格蒂所说，忍受着“不在其位的烦闷、无聊”。足足 5 个星期，他拿着高尔夫球杆当拐杖，独自在农舍周围走来走去，承受着严重抑郁症患者才有的极度痛苦。在他心脏病发作后的两个月里，他自己和他身边的人都没有认真地想过他是否能够竞选连任总统。现在，他又得再次思考这个问题。怀特医生认为他没有理由不参加竞选。总统将怀特医生的话告诉了周围其他人，说要认真考虑一下了。

1956 年 1 月 8 日，在基韦斯特举行的新闻发布会上，新闻记者提出了这个问题。艾克已经乘飞机抵达此地数日，想边工作边锻炼几天。艾克散步 30 分钟后，记者开始询问他的政治设想。他回答说："所有需要考虑的事情都很复杂。当然，我会与我最信任的顾问协商这个问题。"他指出，美国总统可能是世界上最累的职业，但是"正如我之前所说的，它也有激励人的地方"。随后，记者彼此研究着这句话的深层含义。最后，他们中差不多有 4/5 的人都认为艾克将会在这一届任期期满后，选择退休。

少数人却不那么确定。他们打听到流传很久的谣言，说总统将安排会议来商讨这个问题。这的确是真的，就在同一星期，总统举行了此次会议。艾克故意开了个玩笑，将会议定在 1 月 13 日星期五晚上，并正好安排了 13 个座位。①在国会大楼的饭厅，艾森豪威尔夫人同他们共进晚餐，随后他们聚集到二楼客厅，艾森豪威尔夫人才离开。艾克背对壁炉坐着，说他想要听每个人坦率地谈谈他是否应该争取连任并说明原因。显然风往哪边吹，是不用怀疑的了。亚当斯冷冰冰地表示："我认为总统并不是想看到赞成方和反对方吵得火热的场面……如果艾森豪威尔想要为不连任找个好理由，他才不会从自己任命的人员中来找。"

亚当斯、汉弗莱、杜勒斯、哈格蒂、萨默菲尔德、洛奇、帕森斯、莱恩 · 霍尔、布劳内尔、霍华德 · 派尔、汤姆 · 斯蒂芬斯，他们一个一个告诉总统，他有多么的不可或缺。接着不赞成哥哥再次竞

---

① 在西方，13 是个不吉利的数字。——编者注

选的米尔顿·艾森豪威尔总结了双方的观点。当时，总统并没有表态。直到2月13日，他似乎还在犹豫不决。那天早上，他在内阁会议上表示，他原想在就职演说中就表明他不会连任，当时有人劝阻了他，但是现在有些后悔了。而亚当斯则已经在按照他们还会在白宫再待4年的设想去办事了。虽然总统还在基韦斯特，他的这位首席助理已安排白宫的木匠缩小总统秘书的办公室，从而隔出一个相邻的小房间来放一张行军床和一把躺椅，作为艾克午饭后休息的地方，这是怀特医生特别建议的。亚当斯指望这位医生也能大力支持总统连任，结果他没有失望。2月14日，在怀特对艾克的最后那份诊断报告中，连总统精力不足的疑虑也得到了排除。总统这次的心脏透视片同其病前几乎相同，这说明自从总统1月恢复正常的工作以来，心脏病并没有恶化现象。怀特说如果总统再次竞选，他肯定会投他一票。

第二天，总统飞往汉弗莱部长在佐治亚州的农场，打打高尔夫球，打打猎，试试自己的力量。他感觉很不错，便决定参加竞选，争取连任。星期二下午4点，总统将这个想法告诉了亚当斯、尼克松、帕森斯和霍尔。2月29日星期三上午10点37分，艾克在印第安人条约室向媒体宣布了这个消息。他说："如果有人问我是否会再次参加总统竞选，我的回答是肯定的，我一定会参加。"

10点52分，全美各广播网第一次公布了这个消息。这时，众议院军事委员会开始听取战后通信改革的宏伟计划，一位证人复述了一长列的统计数据。国会议员们听得打瞌睡，记者们则在纸上涂鸦。只有主席——路易斯安那州的爱德华·赫伯特睁着大眼，精力充沛。他突然敲了一下木槌，喊道："先生们，总统刚刚宣布再次参加竞选了！"激动过后，来自伊利诺伊州的同事问赫伯特怎么会知道，因为没有电话响，没有传进文件，也没有人进入房间。感到羞愧的赫伯特不得不承认，他在听新式小半导体收音机，他把它放在他的外套口袋里，还戴了耳机，装作在用助听器。

当晚，艾克在从白宫椭圆形办公室发出的电视广播中告诉6 500万美国人：“今晚，我想到你们的家里，因为我觉得我需要和你们当面谈论自己经过多个星期慎重和虔诚的思索后，下定的决心……我已经决定，如果共和党提名我为候选人，我就接受提名。因此，如果祖国的人民推举我，我将继续担任我现在的职务，为人民效力。我认为我必须让美国人民在这件事情上做决定。”

随后，他和电视顾问罗伯特·蒙哥马利聊天时，一个广播工作人员问他是否要保留他书桌上那个约一英寸高的铜牌，上面写着拉丁格言：“Suaviter in Modo, Fortiter in Re”，意思是：“待人温和，行动果敢。”总统笑着说：“也许我还是把它藏起来得好，否则会显得我像个书呆子。”

美国鼎鼎大名的书呆子这时也很诙谐幽默。被问及对总统的决定有何看法时，史蒂文森说：“真正让艾森豪威尔再次参加选举的原因是，他无法忍受自己他隐居葛底斯堡而本森出任农业部长。”

1956年盛夏，从拉什莫尔山到西弗吉尼亚州的玉米都长高了。美国似乎——至少暂时是，回到了轻浮的20世纪20年代，大家沉醉于精彩的琐事、热门的音乐、平静的政治、迷人的运动员和对汽车的狂热。通用汽车公司总裁哈洛·柯蒂斯是当年《时代周刊》的年度风云人物。精巧的漫游者牌汽车是当时底特律的一大成功。共和党人不禁开始猜想，美国汽车公司的乔治·罗姆尼会不会成为未来的总统。

艾森豪威尔总统对美国地貌的贡献——州际公路系统开始动工，

最终它会成为 4.1 万英里的新公路网——速度快、岔道少、线路直达的干线。这将是在美国历史上最大的公共工程项目，成本预计在 330 亿~410 亿美元（但实际成本是 760 亿美元）。中西部内陆城市将向着新的商业张开怀抱。单说芝加哥和印第安纳州波利斯市之间的车程就从 6 小时缩短到 3 小时。公路沿线服务将成为创造亿万美元的产业，客运和货运在这精心设计的混凝土道路上既安全又快速地行驶，穿梭于美国各地。

恰好在 1956 年，俄勒冈州的吉姆 · 贝利在一英里赛跑中跑出了 3 分 58 秒 6 的纪录，不到 4 分钟就跑完一英里，这在美国还是首次。美国人不仅仅是走向新天地，而是迫不及待地要到达那里。那一年，美国的国民生产总值按商品和劳务折合，达到 4 000 亿美元，通货膨胀则完全可以忽略。尽管如此，还是有一些值得警惕的地方：24 年未变的邮费变了，一级邮件的邮资从 3 美分涨到 4 美分，航空信从 6 美分涨到 7 美分。

商人们对生产率的增长感到无比自豪，教堂布道和报刊社论则对美国生活的狂乱步伐警惕起来。然而，美国的自杀人数在世界上并不算高，并不像人们普遍误解的那样。根据世界卫生组织的数据显示：美国的自杀率为每 10 万人中有 10.8 人（男性 16.1 人，女性 4.3 人），这低于丹麦（24.1 人）、奥地利、瑞士、日本、瑞典、德国、芬兰、法国、英格兰和威尔士。当然，现在美国人更容易得到精神病科的治疗。1956 年开始，那些常常紧张不安的高级官员们都可以通过吃氨基甲酸酯类镇静药来让自己得到片刻的安宁，这是一类非常有效的镇静剂，它的商标名“眠而通”更为人所熟知。《时代周刊》将它称为“事事顺利药”。它们的第一大市场是麦迪逊大道和好莱坞。在好莱坞，日落大道和高尔区的药店在窗口上贴着巨大的红色广告：“注意，本店销售眠而通！”米尔顿·伯利说：“我想改名叫眠而通·伯利。”总之，这一年没什么意思。

20世纪40年代那些曾经非常受欢迎的运动员开始进入他们残酷的黄昏时期：乔·迪马乔已经40岁了；弗洛伊德·帕特森成为当时的重量级拳击冠军；乔·路易斯变得臃肿了，动作也慢了，只好勉强在职业摔角界混饭吃；杰克逊·波洛克去世了，接替他的是利伯雷斯，每次出场都是在他那寸步不离的母亲的陪伴下。格雷斯·麦泰留斯和弗朗索瓦丝·萨冈也出现在了观众眼前，但没有引起多大的反响。还有另一位新出名的年轻歌手，他的歌声似乎无处不在，哼唱着“嗨！咯咯咯！耶霍”，要不就是：

阿呜波啪鲁波普！阿罗巴布姆！
图提富鲁提！噢鲁提！
图提富鲁提！噢鲁提！

那年秋天，埃尔维斯·普雷斯利（猫王）在他的电影处女作《温柔地爱我》中露面。他作为配角在其中唱了4首歌曲，他的音乐融合了摇滚、蓝草和黑人音乐，竟在该影片中最为醒目。之后他整年都在南部和西部巡演，躲避那些骑着赛车歇斯底里追逐他的少女，宣传他的第一张唱片专辑。根据《告示牌》杂志上的排名，这张专辑的销售量一下子跃居第一。像《不要如此残酷》和《伤心旅馆》等单曲唱片，每张的销量都超过百万张。

普雷斯利震惊了那时年轻女孩的父母们。他穿着宽松的上衣、紧身的裤子，易怒的眼睛朦朦胧胧，撅着的嘴唇微微张着，他会抓住麦克风，猫着腰，扭动的臀部撞着吉他晃来晃去。电视制片人不会给他的腰部以下任何镜头。他们说他下流，的确是这样，那也是他魅力的秘诀所在。十几岁的女孩用铅笔刀把他的名字刻在她们的手臂上，年长一点儿的女性就猛送礼物，以此来勾引他。有一次在阿马里洛，一位记者问他是否打算结婚。他回答说："既然你可以隔着栅栏取到牛奶，为什么还要买奶牛呢？"

私下的普雷斯利很直率。不像利伯雷斯，普雷斯利没有伪装自己很有音乐才华。他回忆说，他 12 岁的时候得到了一把吉他，"我胡乱弹了一两年，却从来没有认真研究它"。在厌倦了开卡车后，他带着吉他来到了一个录音工作室。"我弹吉他的声音听起来像是在敲打桶盖，"他说，"但这个工作室的一位技术师开了一家叫太阳的唱片公司，他说我的声音很不寻常，他稍后可能会跟我联系。"普雷斯利的唱片开始出售，他聘请了一位经理人，他评价说："普雷斯利的音乐可能听起来不像真正的山地音乐，但他却得到了同样的回应。"

普雷斯利的粗俗使得人们把埃尔维斯读作"佩尔维斯（意思是扭动骨盆）"，这也正是他的魅力所在。他喜欢花几个小时在游乐园玩碰碰车，穿 1 万美元的镶有金色金属片的外套，还买了一系列色彩斑斓的凯迪拉克车。他格外喜欢自己的头发（已有些少白头），身边有一群肌肉发达的年轻人，既是保镖也是他的玩伴。他住在一个华丽俗艳的被岗亭围绕的地方。如果他晚上想去俱乐部玩，会事先打电话，这样那里就会提前做准备。他像贵族一样，从不带现金在身上。他后来和戴维·沙因一样，也被征入伍。他在德国服役期间，得到了当地媒体的大量关注，被当作美国文化的标志之一。

普雷斯利本人并没有和他在大银幕上饰演的喜剧角色相差太多。正因为如此，他才能成为那个时代的当红人物。在 1956 年的那种氛围中，悲剧完全没有应有的地位。许多严肃的事件往往被忽略或草草带过。值得深思的一件事是，在 1956 年 7 月 20 日这个美国历史上最重要的日子之一，报道都以艾森豪威尔终于平衡了预算为标题，却没有谁注意到，按1954年在日内瓦达成的协议，这一天要在越南举行自由选举。由于不能成功进行，那么就会带来越共、内战以及美国的干预，但那时的评论人士才没有空去关注它的影响。

那些吸引人们眼球的大灾难是那样明显又直接，无非就是小报赖以糊口的话题。这真是充满奇闻的一年：纽约劳工问题的专栏作家维克托·里塞尔被人泼硫酸而导致失明。赫苏斯·德加林德兹博士在曼哈顿地铁站附近突然失踪，很可能是被多米尼加共和国的独裁者拉斐尔·特鲁希略的手下绑架并谋杀了。在南卡罗来纳州的帕里斯岛，一个海军陆战队教官带领74名新兵练习潜水时遇到潜流，造成其中6人溺水而亡。联邦调查局在波士顿成功破获了一宗277.5万美元的抢劫案，而匈牙利大叛乱则是由不负责任的自由欧洲电台煽动引起的。

1956年6月，美国研究所的一位编辑菲利斯·布朗小姐在威斯康星州的银行家年会上以有趣的方式调侃了女人天生的脆弱。她说，千万不要告诉女人她不合逻辑，“一般来讲，女人通常一开始就会觉得，自己的直觉就是最有说服力的依据”。布朗小姐还建议男士们多称赞女士，而不是男士，并记住女人看待问题永远是从自身出发的。

《时代周刊》转载了这位汤姆大婶的论述，口吻完全是男人式的幽默。《时代周刊》的编辑为了奚落一位自以为很有才华的女人，在另一期杂志里写道：“像被她痛心地划入‘第二性’的姐妹一样，法国的波伏娃宁愿说话也不愿吃饭。”由男性编辑的妇女杂志对待他们的读者也是做出男人高女人一等的姿态。《妇女家庭杂志》的编辑向一位作者解释：“如果我们收到一篇讲述某位女性热衷冒险的文章，你也知道，我们会认为她过于强势，甚至是神经质。”作为女性成就的最好代表，这份杂志介绍了得克萨斯州的一位家庭主妇，她每天早餐后一小时就梳妆打扮好，然后说：“到早上 8 点半，我最小的孩子上学了，整个屋子都打扫完毕，我也打扮漂亮，有时间就去打打桥牌，参加俱乐部活动，或者待在家里看看书，听听贝多芬，简单自在地打发时间。”

对于那些读到这些的人会发现，有迹象表明，并非这位女士所有的姐妹都满足于桥牌或俱乐部活动。1956 年，《麦考尔》杂志发表了一篇天真的名为“出逃的母亲”的文章，结果出乎人们意料，这篇文章受到的关注比该杂志以前任何文章都多。后来《红皮书》杂志发表了一篇题为“为什么年轻母亲感到被困住”的文章。有这种感觉的年轻母亲们被鼓励参与征文，最终有超过 24 000 位母亲写下了文章。但认为女人除了做家庭主妇还要立志在其他方面有所成就的说法，还是会被认为是异端邪说而不被大众接受。婚姻仍然是单身女孩们唯一能得到公众认可的归宿，那些有幸步入完美婚姻的女士，也能够成为名人。1956 年，那些有名的新娘包括小克利夫顿 · 丹尼尔夫人（原名玛格丽特 · 杜鲁门），以及奥黛尔 · 罗丁——她成了波菲里奥 · 鲁维罗萨的第 5 任妻子（之前的 4 任妻子分别是达妮埃尔 · 达里厄、多丽丝 · 杜克、芭芭拉 · 霍顿和拉斐尔 · 特鲁希略的女儿）。然而，当年的大奖却颁给了一位来自费城的漂亮女演员，她曾经被服装设计师奥列格 · 卡西尼和演员让–保罗 · 奥蒙热烈追求过，后来成功钓到欧洲首屈一指的钻石王老五——摩纳哥亲王雷尼尔三世。格蕾丝 · 凯利究竟是如何做到的，成了美国家庭主妇将衣物装入全自动洗衣机或给丈夫清洗电动剃须刀刀片时思索的问题。凯利的父亲会说：“格蕾丝是在法国的里维埃拉遇见亲王的。她去那儿拍了一部名叫‘捉贼记’的片子——结果看她捉回了什么。”

格蕾丝的父亲是费城的一名承包商，也是政治家，曾在国家赛艇比赛中获得过冠军，因此他自己以前也很抢手。他回忆亲王第一次登门拜访的情形时说：“我原以为他只是待几小时，但他却一直待着不走。”格蕾丝的父亲便开始有了戒备心。（“我通常都不认可她的那些狐朋狗友。”）然后，雷尼尔三世向格蕾丝求婚。这对格蕾丝而言是终身大事，非常重要，这位父亲便让她出去，就他们两个男人谈起来。凯利父亲的这番话，应该被每个有女长成、受到贵族青睐的美国大亨记住。老凯利告诫雷尼尔三世，要注意王族身份的弱点：“我告诉亲王，我们并不在乎王族的身份。我告诉他，我当然希望他不要有某些亲王那样的恶习；我告诉他，如果他那样做了，他就会失去一个非常好的女孩。”凯利夫人将她替女儿写下的回忆录（《我的女儿格蕾丝 · 凯利的生活和爱情》）卖给了赫斯特报系出版。《芝加哥论坛报》为凯利叫屈：“她是很有教养的女孩，却嫁给了一个赌场的幕后老板。”这完全是在暗示摩纳哥的蒙特卡罗大赌场。亚里士多德 · 奥纳西斯却是蒙特卡罗大赌场的实际拥有者，只要格蕾丝能为她的丈夫添加一位继承人，他就可以继续不向法国政府缴税，因此欢呼着说：“我要高兴坏了！”之后，他向摩纳哥红十字会捐献了100万法郎。

格蕾丝和雷尼尔的婚礼是米高梅电影公司新闻人的梦想，其中一个原因是米高梅电影公司的宣传部门曾经参与其中。4月12日，美国出口公司的“宪法”号船开到法国海岸，把格蕾丝送上了亲王的“青年二号”白色游艇的甲板上，陪她参加婚礼是80位客人、24位专栏作家、4只大箱子、20个帽盒，36件其他行李和新娘的黑色法国卷毛狗奥利弗。头顶上的奥纳西斯的私人飞机队向游艇洒下红色和白色的康乃馨。海岸边传来一片喧嚣热闹的声音：电喇叭声、警报器声、火炮声、21 响礼炮声。码头上黑压压一片，是来自世界各地的 1 500 名新闻记者，比上一年去日内瓦首脑会议的记者还多。上岸时，格蕾丝优雅地走在雷尼尔的身旁，并肩坐上绿色克莱斯勒皇家牌轿车，这时雷尼尔发现 50 名摄影师挡住了他们前进的道路。似乎所有人都来到了摩纳哥，除了这一对夫妇最想见到的人——欧洲皇室的长辈们。伊丽莎白二世拒绝出席，欧洲其他皇室成员也都不出席。英国派来了一位低级外交官，温斯顿 · 丘吉尔恰巧在摩纳哥，气愤地喊道："我不是来见像凯利这般俗人的。"

如果说伊丽莎白二世担心被世界各类报纸炒作，其他名人则一点儿都不在意。艾森豪威尔总统派酒店大亨康拉德 · 希尔顿作为代表参加了婚礼；阿加汗和夫人一起出席了婚礼；萨默塞特 · 毛姆带着蒙特卡罗的文学界队伍出席；已经肥胖而痴傻的埃及前国王法鲁克，摇摇晃晃地爬着圣尼古拉斯大教堂中央的楼梯。这可急坏了婚礼主办人，这是专门为新郎新娘准备的。于是法鲁克被请到了旁边，主角们走了上来。格蕾丝应了一声："Je veux"（我愿意），便拥有了数个封号：2 个公主封号、4 个公爵夫人封号、9 个男爵夫人封号、8 个伯爵夫人封号、4 个侯爵夫人封号和 1 个子爵夫人封号。她的结婚礼物中，仅钻石就价值 25 万美元。在婚礼上被偷走的东西价值 15 万美元，但对于婚礼主办人奥纳西斯而言，这一切都是值得的。8 月，雷尼尔透露妻子怀孕了。摩纳哥为庆祝这一喜事，燃放烟花，张贴公告，点起篝火，人们在街上载歌载舞。《纽约每日镜报》终于用上了准备将近一年的新闻标题：摩纳哥天气预报，2 月将有小雨（暗示小雷尼尔出生）。

谈到法鲁克，他带着他收集的色情文学逃离开罗已经 4 年了，埃及已经成为军事集团的据点。1956年6月，中校迦玛尔·阿卜杜尔·纳赛尔以军政府领袖的身份出现。杜勒斯自以为他能掌控纳赛尔，便决定给他一个教训。结果引起了一场短暂的战争，讽刺的是，这有力地推动了艾森豪威尔竞选连任总统。

纳赛尔在冷战中保持中立，自然让杜勒斯讨厌。美国一直试图让埃及加入它的西方阵营。为了实现这个想法，华盛顿已经在前一年的冬天告诉开罗，它将贷款5 600万美元给埃及，用以建立埃及尼罗河上跨度3英里的阿斯旺水坝。但纳赛尔不领情，他认同中国，试图打破巴格达条约，宣布计划访问莫斯科，以价值两亿美元的棉花兑换捷克斯洛伐克[1]军火。于是，7月19日，杜勒斯公开取消了美国的这项贷款。国务院中东处的外交人员警告说，纳赛尔可能会通过夺取苏伊士运河作为报复。他果然这样做了。他对外宣称："我要看着美国人说，让你们气死！"还说："我们要按照我们的意愿修大坝。苏伊士运河的年收入将达1亿美元，我们为什么不自己赚呢？"接着又说："我们必须依靠我们自己的力量、我们自己的劳动、我们自己的资金。必须由埃及人来掌管！埃及人！埃及人！"

这次受挫带来的影响并没有伤害美国，而是伤害了英法两国。在华盛顿的反殖民主义者的强烈要求下，英国于6月撤回了他们在苏伊士运河最后一批部队。而此时，纳赛尔切断了英法两国工业的主要石油来源。每天有150万桶原油通过运河，其中120万桶是运去西欧的。欧洲大陆供暖和生产所需燃料的2/3是通过苏伊士运河运输的，其他1/3则通过陆路的管道运输，而这很容易遭到阿拉伯人的破坏。因此，伦敦和巴黎将遇到真正的危机。这对迪斯雷利这般能人来讲也

① 1993年1月1日，捷克斯洛伐克和平分裂为捷克和斯洛伐克。——编者注

是很大的考验，况且唐宁街10号主人也不是迪斯雷利。他是丘吉尔手下得意的外交官安东尼·艾登爵士，而他现在正处于困境当中。对他来说，做首相有点儿不堪重负。他每晚辗转反侧，睡眠不足5小时，只能依赖安非他命药片。多年后，医学家发现安非他命可以让人失去良好的判断力，而在1956年，这在他身上得以验证。

艾登和法国总理居伊·摩勒指责杜勒斯使他们陷入困境，因此对华盛顿不予理睬。他们决定以他们自己的方式解决问题，具体来说就是按戴维·本–古里安主张的方式行动。对这位以色列总理而言，这似乎是跟讨厌的埃及人算账的完美时机：苏联正忙于处理与匈牙利日益严峻的危机；美国正处于大选的白热化阶段；英法两国正处于对纳赛尔的行为的愤怒当中，都想打一仗。本–古里安提醒他们，某些情况下，英法联军可以披着合法的外衣征战中东。按1950年的三方宣言规定：如果埃及和以色列之间发生战争，英法两国可以重新占领苏伊士运河。本–古里安说，他将很乐意提供相关借口，于是艾登和摩勒完全赞同，大计遂定。

10月的最后一个星期，中央情报局收到令人不安的消息：以色列正在军事动员，超过10万名以色列士兵已经在埃及边界就位，坦克也准备好西进。英法两国的外交部却陷入沉默。华盛顿仍然对英法此次行为的正确性持怀疑态度，因为它们一贯都有喜欢找借口推脱的作风。尽管如此，华盛顿也很难相信它们会私下同耶路撒冷密谋。10月28日星期日，在沃尔特·里德医院准备体检的艾森豪威尔拒绝这个想法。他一边在医院的走廊上来回踱步等待检查，一边起草给本–古里安的信件，他苦笑着说："以色列和锁餐结合得相当巧妙啊。"

以色列果真在第二天发起了攻击。华盛顿时间下午3点，电传打字机嘟嘟嘟地打出第一则公告：以色列军队入侵埃及领土。艾登和摩勒现在有了借口。他们故作姿态，向耶路撒冷和开罗发出最后通牒，要求双方放下武器。艾登在下议院宣布："我们已经要求埃及政府同意英法联合军队暂时占据关键据点。"如果他们拒绝这个建议，他说，英法联军"将以必要的军事力量"干预苏伊士运河。

此时，艾森豪威尔已经离开了医院，赶去南部参加总统竞选。现在又赶回了华盛顿。星期一晚上 7 点，华盛顿沉浸在黄昏中，他的豪华轿车从白宫的西南大门开进。在同亚当斯、雷德福和杜勒斯兄弟商议后，他授权哈格蒂声明："在会议中，总统回顾了美国本届和上届政府都曾承诺要援助遭到侵略的中东国家。我们将履行我们的承诺。"

星期三，驻塞浦路斯的英国轰炸机袭击了埃及机场。艾克说："我完全猜不透这些人是怎么想的。这是我见过所谓有头脑的人做过的最糟糕的事情。"但是"我们不能对弱者实行一种法律，对我们的盟友实行另一种法律"。在星期三的广播中，他也告诉了美国人民这些。英法两国都将这一切归罪于杜勒斯，简直气疯了。艾登公开表示他将拒绝联合国的任何停火协议。星期六，疲惫的杜勒斯心烦意乱，彻底崩溃了。他的胃溃疡已经恶化成胃穿孔，被送进了沃尔特 · 里德医院，并立刻做了两个半小时的手术。那个周末，战争对整个世界来说，似乎都近在咫尺。星期日，白宫获悉英法部队在塞浦路斯登船，准备入侵苏伊士运河。星期一早上，英国伞兵开始在运河北端着陆。那天晚上，布尔加宁警告艾登、摩勒和本–古里安，他们的部队必须立即撤出，否则就会成为装载原子弹头的红色导弹的攻击目标。同时，布尔加宁向艾森豪威尔提出，应由苏联与美国结盟以阻止这场侵略。艾克非常愤怒。他向一位助手说道："那些英国人，他们还是我的右臂吗！"他告诉布尔加宁，苏联和美国联合干预是完全"不可思议"的，并指责这位苏联总理说，红军"这时正残酷镇压匈牙利人民的基本人权”，苏联的建议不过是企图分散人们对匈牙利事件的注意。

这可不仅仅是冷战的论调。艾克是正确的：那个星期，苏联也的确犯有暴行。之后，共产党人依然记得苏伊士问题，西方人也对匈牙利事件念念不忘，事实上两件事情同样恶劣。星期三，英国皇家空军首次突袭运河区的那一天，布达佩斯的反苏暴乱分子选举出了匈牙利总理伊姆雷·纳吉。星期六，整个国家都开始暴动，纳吉宣布不承认使匈牙利成为苏联卫星国的《华沙条约》。苏联军队撤离布达佩斯，然后重新集结，粉碎了暴动。布达佩斯的街上都是遇害者的遗体，红衣主教约瑟夫·明雷蒂躲在被围困的美国大使馆中避难。匈牙利驻联合国代表团向联合国请求干预。洛奇提出了一个可以解决该问题的办法，苏联予以否决。艾森豪威尔从互助安全基金中拨款，为匈牙利提供了价值 2 000 万美元的食品和药品，又下令允许 21 500 名匈牙利难民进入美国避难，命令他的手下由政府安置这些难民，为他们提供工作。与此同时，他向布尔加宁发出抗议。苏联总理冷冷地回答说：“苏联和匈牙利不需要外人的帮助，可以解决自己的分歧。”

1956 年 11 月 6 日星期二上午，法国步兵占领了苏伊士运河的东边，苏联军队抓住了纳吉，联合国大会谴责苏联入侵。当天，61 616 938 名美国人参加了总统选举。每个人的心中都惦记着战争，而全美最出色的将军也在候选人名单上。不可避免地，选民们会将这两者结合起来考虑。他们这样做恐怕是对的。当然，艾克在这可怕的一星期里仍然处变不惊。当亚当斯正和总统待在椭圆形办公室时，艾登的电话来了。艾森豪威尔亲切地说：“哦，安东尼，你好吗？”

亚当斯事后严肃地说，这的确是一个问题：“在当时的我看来，这个问题有一个很长、很复杂的答案。”

这次事件之后，总不可避免地会出现政治上一边倒的情况，这一次也不例外。如果纳赛尔不动苏伊士运河，匈牙利也一直屈从于苏联，艾森豪威尔肯定也会连任成功。没有哪个民主党的候选人可以将他赶出办公室，对那些喜欢放马后炮的人而言，像史蒂文森那样聪明的人都没有意识到这一点，倒很是奇怪。盖洛普民意测验的数据显示，10 个美国人里有 7 个是信任总统的。在他第一个任期内，他已经完成了很多 4 年前看来还遥不可及的事。朝鲜战争得以结束，没有带来经济萧条；麦卡锡被击败；布里克修正案已经被搁置，这本是一个完全解决不了的问题；诺兰在参议院已被孤立；共和党现在都认可联合国事务；除了斯泰尔斯 · 布里奇斯，没有哪个稳在其位的共和党人主张入侵中国或者对苏联来一场预防性战争。此外，艾克在美国国内许多问题的管理，都显示出他是一位比看上去更有智慧的政治家。他的联邦公路修建项目超出了工程兴办署的预算；通货膨胀已经停止；劳动力收入占国民收入份额越来越大；社会保险事业得以扩展；政府已建立健全的反托拉斯程序；而其土地银行由于为农业做了好事，民主党已不能再用这个大做文章了。

总统还有其他优势之处，虽不那么具体，却很真实，可以在竞选中助他一臂之力。他的性格就是殷实的政治资本。约瑟夫 · 艾尔索普写道："艾森豪威尔的最伟大的贡献，就是带我们回到真正意义上的美国风格——他在最艰难的情况下以身作则，为我们设立了这种榜样。"理查德 · 罗维尔也总结说："当艾森豪威尔代表美国发言时，总的来说……他算是世界上为数不多的、值得人尊重的少数几任美国前辈总统当之无愧的继承者。"

当然，这样的描述并不全面。如果只是以上几点，民主党人就不会那么拼命地去争取提名了。对他们而言，艾森豪威尔政府是非常脆弱的。到目前为止，共和党成为大企业家的党派。共和党自由派和保守派之间的斗争仍在继续，一片混乱。杜勒斯在国外的表演已经不那么成功，中东的混乱局面也证明了这一点。除了这些，还有三个压倒一切的主要问题：现任总统的健康状况、副总统尼克松，以及民主党候选人的口才与魅力。

希望艾森豪威尔能够长寿并不太现实。如果再次当选，他任满前就将年满70岁了。仅仅一年前，他突发了心脏病，而他自己也曾表示，美国总统是世界上最累的职业。此外，比起他的心脏，他还有更大的问题。在共和党全国代表大会之前的两个多月，他新病又发，从白宫被救护车接走，在手术台上忍受了两个小时的折磨。

起初，这次发病就像是丹佛市那次的重演。6月9日凌晨，住在康涅狄格大道的斯奈德医生接到心急火燎的艾森豪威尔夫人的电话。原来总统正在床上辗转反侧，说是胃疼。她应该怎么处理？服氧化镁乳液已经无效了。斯奈德立刻赶到白宫。早餐后，哈格蒂发表了简短的声明："总统胃痛兼头痛。从今天早上起，斯奈德医生就和他在一起。这一次，总统的心脏没有问题。"但这远不能让人安心。上次在丹佛时，一开始也报道说是"消化不良"。后来发出的第二个声明更具体了："总统患上肠炎（小肠部分有轻微炎症）。"作为"预防措施"，总统被送往沃尔特·里德医院。

对哈格蒂而言，这是糟糕的一天。他一直告诉记者，肠炎看起来来势汹汹，但实际并没有那样严重。救护车离开了白宫，一队拉着警报的摩托车在前面开路。保罗·达德利·怀特也出现了。（他说："他们让我随时待命，以防有情况发生。"）另一位专家被南卡罗来纳州的警察半路截住，匆忙上了一架喷气式教练飞机赶往医院，在那里已经有十几个外科医生在检查总统的消化系统。手术是必要的了，否则可能会导致肠坏疽，但哈格蒂是正确的，这并没有什么好怕的。后来有人询问主治的外科医生伦纳德·希顿，是否认为艾克应当放弃竞选连任时，他说："我当然不这么认为。"当被问到总统的寿命时，斯奈德说："我们认为这次手术对他的长寿有百利而无一害。"医生都估计4~6个星期后，总统就可以回去办公了。因此，全美各大报纸的头条新闻都写道：医生认为艾克可以参选连任。

史蒂文森的传记作者肯尼思·戴维斯后来认为，艾森豪威尔虚弱的身体"绝不会妨碍他在竞选中争取连任，甚至可能成为他的政治资本。他穿过死亡的幽谷，成为人民心目中更伟大的英雄，比以往更受人们爱戴"。戴维斯认为，这应当归因于艾克的个人品格，"归功于对国家主导情绪的完美表达，以及他个人博得的爱戴"。民主党人意识到艾森豪威尔的吸引力，因此对他格外小心。

尼克松则是另一回事。在野党的领导层看到他重新考虑并决定再次参选总统，在一旁幸灾乐祸。他们理所当然地认为美国所有人民都不看好这位副总统，所以便开始针对他。史蒂文森认为这位副总统"狡猾"、"鲁莽"、"欠缺经验"、"戴着面具做人"等。11月5日，史蒂文森在明尼阿波利斯告诉他的听众，尼克松"已经收起了他的弹簧匕首，扮成一副高级童子军的模样"。他提醒大家说，这位副总统最近宣布中东不会发生战争。史蒂文森像许多其他民主党人一样，认为尼克松继任总统将是一场灾难。

尼克松可以不顾反对党的意见，他也的确做到了。然而，他自己所在的共和党对他的批评更为激烈。具有讽刺意味的是，"反尼克松运动"的共和党领袖竟是被尼克松奉为政治偶像的哈罗德·史塔生。史塔生相信如果这场运动成功，总统也不会难过，这个说法也不是没有道理。艾克曾对一位顾问表示，他对尼克松的为人持怀疑态度，然后说："嗯，事实是，我已经关注迪克很长一段时间了，他完全没有什么进步。所以我还真的不能相信他是总统的可造之才。"

此时，共和党党内基层开始插手此事。共和党的选民一直都支持尼克松，现在终于表明了他们的立场。在新罕布什尔州和俄勒冈州的初选中，52 202 人将尼克松的名字写在了艾克的名字下面。这让尼克松印象深刻，对史塔生则不然。4 月 26 日，副总统请求总统接见，并说他很荣幸能再次参选。艾森豪威尔打电话叫来了哈格蒂，后者进来时正看到这两个 1952 年的竞选搭档相视而笑。根据哈格蒂的回忆，总统说："吉姆，迪克刚告诉我，他已经下定决心再次和我一起竞选了。"亚当斯和帕森斯也进来了，听到了总统的话。然后艾克对哈格蒂说："对于这个消息，你觉得我们应该做些什么？"这位新闻秘书建议尼克松现在就去向白宫记者团宣布。艾森豪威尔点点头，说："吉姆，你跟他去，等他宣布完毕，你就说我很高兴听到副总统告诉我这个消息。"

这是 1956 年严肃的反尼克松运动的结束，也是哈罗德 · 史塔生政治职业生涯的结束。在共和党全国代表大会上，他的论证只说服了一位代表——来自内布拉斯加州的特里 · 卡朋特，他性格古怪，被认为和 20 世纪 30 年代的库格林、汤森是一类人。在各州提名时，卡朋特为了表示对尼克松的不满，竟在副总统栏下胡写了一个"乔 · 史密斯"的名字并投票给他，从而成了旧金山选举中最难忘的时刻之一。

4 年前，史蒂文森曾以自己在失败中表现出的尊严和优雅赢得了评论者的赞赏。这是他第二次失败，人们对他的表现已经有了过高的期待。果然，他最终没有做到再次打动人，也让第一次的辉煌黯然失色。因为念念不忘1952年胜利时用的战术，这位民主党派的旗手终于输在了媒体操控者的致命诱惑上。他让自己卷入了比较“新”史蒂文森和“旧”史蒂文森优劣的讨论中，似乎真有两个他似的。此外，在他的周围也传出很多无聊的闲言碎语，损害了他的形象。

后来，一名资深民主党人告诉埃米特·约翰·休斯：“1956年的竞选古怪又特别。这几乎别具一格，因为几乎没人记得你们做错了什么，也几乎想不起我们做对了什么。”最糟糕的是，杜鲁门在退出政治舞台之后再次出现。他试图为埃夫里尔·哈里曼保住纽约州州长的提名，竟把史蒂文森拉向一场为政治生存进行的无聊党内斗争。当他发现他不能操控代表大会时，便一心要毁了史蒂文森的希望。在极度愤怒之下，这位前总统给予共和党意想不到的弹药。他将史蒂文森称为“保守分子”，说他做事“犹豫不决”，缺乏“现阶段我们胜利所需的那种战斗精神”。

史蒂文森还遇到了其他障碍。他本应该是与艾森豪威尔较量，而不是杜鲁门和尼克松，但艾森豪威尔总统已经在竞争中采取了超然的姿态。像罗斯福总统一样，他不会让他的对手与他短兵相接。除了专注于不断深化的外部危机，他沉着地打着共和党平和的竞选口号——“和平、发展、繁荣”。同时，尼克松找到了成为他后来最常用的政治谋略：面对选择，他会选择一个大家普遍赞同的办法，同时坚持认为这是较为艰难的那个选择。他说，要像史蒂文森那样赞同结束氢弹试验很“容易”。接下来，这位副总统声音颤抖着说，他的良心迫使他无视公众意见而呼吁继续试验。事实上，此时是史蒂文森在走那条更艰难的路。在那个时候，要求制造更大、更强的炸弹的人，根本不会丢几张选票。尼克松一箭双雕，既赢得了广大民众的心，又赢得了作风大胆的美誉。

史蒂文森阵营的专业人士提醒他说，核试验问题会使民主党的大多数人不满，尤其是在小种族区域和蓝领社区。这一点他知道，但他决定投身向前，坚持说他所说的都是该说的，这才是真正有政治勇气的人。在这样的时刻，我们倒是可以看到这位1952年的候选人的勇敢形象。当年他信心十足，现在依然是这样。他的不足之处在于他不够精明圆滑，虽然精明圆滑只是微不足道的品德，但也是政治领袖必需的。

艾森豪威尔关于核试验的论点，一是必须改进原子弹才可以使美国在“讨价还价”时，从“弱势变为强势”；二是“赢得第三次世界大战的唯一方法就是防止它发生”。在外行听来，这些论点很有说服力。时间会证明史蒂文森是正确的，但选举不是靠这样的道德取胜的。1956年，冷战仍然是可怕的现实。史蒂文森错误地判断了它的影响力，而且不仅是对核试验问题的影响力。在一次演讲中，他宣称现在是时候对美国国防采取“新看法”，并且考虑“结束征兵”了。很多人提出抗议，他便又拿出防守的态度，这对于挑战者来说，当然是不应该的。

11月到来的时候，史蒂文森的竞选已经快要支持不住了。他已疲惫不堪、无心思考，在选举前夕的电视广播中，还因说话不当而被责骂。他说，无论这样说有多不中听，“我必须坦率地说，所有的科学证据、所有的历史和经验的教训，都表明明天共和党的胜利将意味着尼克松可能在未来的4年成为国家的总统”。这的确是真的，但在全国广播里说这样的话，就另当别论了。这动摇了史蒂文森的追随者，也结束了这场向另一派勇敢挑战的不愉快的斗争。

艾森豪威尔在第二次竞选中的领先优势令人咋舌。他赢得了457张选举人票，而史蒂文森只有72票，这意味着艾克取得了近1 000

万票的领先优势。这是25年来，黑人第一次投了共和党的票。总统赢得了非工会会员劳工的2/3选票，以及工会会员的45%的选票。他包揽了所有新郊区的选票。他胜出的票数总数超过对方达16%之多，只比1928年胡佛获胜时的票数少2%。

这一次，艾森豪威尔在华盛顿的谢拉顿公园总统住所里举行了庆功宴。晚上9点，所有悬念尘埃落定。舍曼·亚当斯坐在地板上，兴高采烈地盯着一个小电视：杰里·帕森斯用他亚拉巴马州人的口音喊道："我希望你们所有人都知道，美国南部联盟的策源地，亚拉巴马州的蒙哥马利市，刚刚投票给了共和党人，这在历史上是第一次啊！"艾克带头欢呼，对休斯说："还要看看密歇根州和明尼苏达州的情况。你还记得纳尔逊的故事吗？在临死之时，他环顾四周，问道：'他们还有留下的吗？'我想这就是我现在的状态。当我参战时，总想赢得一切……有六七个州是我们无能为力的。但我任何一个州都不想失掉，跟纳尔逊一样，不想有任何一个'留下'。这就是我现在的感受。"

总之，这是一次乏味的选举。然而在民主党全国代表大会上，还有一个激动人心的时刻，那就是史蒂文森拒绝选择他的竞选伙伴，宣布让代表们做出选择。在随后的混乱中，美国的未来已经可以略知一二了。

参加竞选的是艾斯蒂斯·凯弗维尔、艾伯特·戈尔、罗伯特·瓦格纳、约翰·F·肯尼迪和休伯特·汉弗莱（他是来到芝加哥前唯一公开宣称要竞选副总统的候选人）。最终，凯弗维尔赢得了胜利，但是差一点儿就打败他的肯尼迪似乎给观众留下了更为深刻的印象。参议员林登·约翰逊为肯尼迪激动地喊出"得克萨斯州自豪地将选票投给这位挂过彩的勇敢的水兵"的时候，肯尼迪得到提名似乎已胜券在握，但在那一刻，密苏里州本要投给戈尔的选票投向了凯弗维尔。第二天，《纽约先驱论坛报》关于选举的报道开篇就是“著名的”肯尼迪“今天没有了好运”。实际上，在副总统提名中失败是肯尼迪一生中最为幸运的事情。他在演讲台上简洁而风度翩翩的讲话，以及他动人的举止让他获得了一大批支持者。现在，全国人民都知道了肯尼迪。正如詹姆斯·麦格雷戈·伯恩斯指出的：“肯尼迪在胜利近在咫尺之时突然遭遇失败，给人们留下了一个干净利落的年轻人的印象。他先尽力求胜，又微笑着接受失败，这一切都让全美国人为之折服。”

这只是其中一半原因。另一半是由于他最终并未成为候选人，随后民主党的失败便不能归咎于他，或者更具体地说，不能归咎于他的天主教信仰。自 1928 年胡佛打败阿尔·史密斯以来，天主教信仰就被视为决定性的政治障碍。选举过后不久，有人对肯尼迪说，到 1960 年选举时，他将会轻松获得副总统提名。“我不会再竞选副总统了，”他干脆地说，“我下次会竞选总统。”

第二十三章　追逐幸福

从 1953 年朝鲜停战到 1957 年秋的这段时间被称为“艾森豪威尔的假寐期”。当时美国人认为自己技术超群、所向披靡。然而，令他们沮丧的是，他们发现苏联的火箭技术早已偷偷地超越了他们。在这之后，美国人再不复此前自信。美国计划投资上千亿美元疯狂探索星空，以夺回美国科技的领先地位。然而，年复一年，地球上令人沮丧的发展使美国人遭到了新一轮的自尊侵蚀。对那些珍视 1953~1957 年短暂休整的人而言，那是一个单纯的黄金时代，如同失去的纯真童年般那样让人哀悼和怀念。

这段假寐期虽不很辉煌，但也不像美国知识分子描述的那样虚无。在知识界看来，这是沉闷无味、骄傲自满、物欲横流、追求享受的年代，大众社会分崩离析、随波逐流、毫无个性、道德败坏，整个社会笼罩在无聊厌烦和恶俗的氛围当中。在那个浮游无根的时代，小城镇的旅馆被 41 000 家汽车旅馆取代。还有更多意想不到之处，比如你只需要花 25 美分就可以躺在一张能够刺激性欲的床上。梦想破灭的美国，其宗教态度已经堕落到了打电话听祷告的地步，《现代电影》杂志连载了“明星如何找到信仰”系列。还有预先包装好的 60 秒解决所有精神困扰的锦囊。照此看来，20 世纪 50 年代中期没有任何值得赞扬之处。在这期间，身份的标志就是高级职员专用厕所的钥匙，男子气概要靠加入“美身牌刮脸香水俱乐部”来体现，民主就是给有钱人投票，排场就是用松木装饰房间，经济标志则是“阁下应该购车”。

那时有很多小玩意儿。技术革命对美国人有着前所未有的巨大魅力。人们好奇地谈论着晶体管，说着这些还没有他们的鞋带头大的锗片和硅片，它们既可以被用在像国会议员赫伯特携带的小收音机上，又可以给助听器供电（这种助听器小到可以装在眼镜架上），还能为战斗机减轻 1 500 磅。这些小玩意儿用处大着呢！只有苦行僧一般的人才会鄙视席梦思公司促销的国王型和女王型甜梦牌床垫。虽然看到汽车旅馆坐便器的座圈上盖着写有“为了保护你的健康，本座圈已消毒”的纸条时人们会觉得很荒谬，但洁癖还是比不讲卫生要好。洛斯阿拉莫斯等国家实验室外，技术人员们正在致力研究如何使人们的生活更加舒适，还是让人高兴的。

虽然新发明本身没有错，但数目之多真是令人眼花缭乱，比较突出的有：中央吸尘器、乙烯基塑料地板、按键式电话、立体声调频收音机、洗衣烘干一体机、汽车自动变速装置、开车入场商店、带空调的公共汽车、电热毯、电动地板打光器、电动卷笔刀、电动开罐器和电动地板打蜡机。这些发明一个接一个地出现，逐渐成为美国中产阶级家庭的日用品。渐渐地，这些更实用的新产品一点儿一点儿地改变了日常生活。20 世纪 50 年代中期，"摇摆世代"意识到，生活中数不清的方面都变得更容易、更安逸、更方便、更有趣了，换句话说，更宜居了。几乎同时，他们想起了"大萧条"。带着敬畏和恐惧之情，他们意识到：那已经永远离他们而去了。

"大萧条"的确已经离他们而去了，到处都是日渐富裕的迹象。自然资源、"二战"后的全球政治变化、人口情况、西欧经济的变化以及美国人的工作热情，都是造就繁荣的原因。美国制造了世界上一半的商品。战后，美国国民生产总值翻了一番（20 世纪 70 年代初期，又再翻了一番）。美国的海外投资从 120 亿美元增加到 800 亿美元。单是美国通用汽车公司的预算规模就已经达到了波兰全国的预算规模。

这一切的结果是，美国的生活水平提高到了让世界其他国家无法理解的高度。几乎 60% 美国家庭报告的工资收入都达到了中级资产阶级水平。自 20 世纪 40 年代后期以来，家庭平均收入已从 3 083 美元上升至 5 657 美元，即使考虑到通货膨胀，也意味着上升了 48%。按照阿道夫 · 伯利的说法，美国正处于"疾驰的资本主义"阶段。无产阶级正在转变。流水线上的工人和他们的妻子都可以开着昂贵的新汽车，还投资股票。1954 年 5 月的《财富》杂志指出："是改变美国中产阶级消费者旧形象的时候了。他们不是，而且几年前就已经不是小房东或药店老板了。如果说到最典型的形象，最合适的也许就是底特律的车工。"

"大萧条"时期的幸存者还没有来得及感受新繁荣，就开始变得与时代格格不入了。经济繁荣是这些人年轻时以为不可能实现的梦想。他们的消费本能胆小保守。如果他们总共有 100 美元，他们会把它全部存起来。然而，节俭突然变得不合时宜。在“二战”后成年的美国人不了解那些拮据的岁月，他们会花光现有的和未来将得到的每一分钱。“大手大脚”成了恭维话。这些挥霍无度的人像 1929 年的投机者一样依靠赊欠过日子，但他们买的不是股票，而是消费品。对于他们来说，生活靠的就是分期付款。1952~1956 年，美国消费者的债务从 274 亿美元增至 425 亿美元，增长了 55%。分期付款信贷增长了 63%，此数据在汽车行业几乎增长了 100%。虽然这是繁荣时期，个人可支配收入却仅仅增加了 21%。新一代美国人把自己抵押给了未来，却显然还过得很享受。谈起“债务整顿”和周转性信贷计划，他们很不以为意。这种形势下，诞生了一种新兴职业——债务顾问，他们的职责就是为这些人处理信贷和还款出谋划策。

即使是那些生活在新郊区的高新家庭，也几乎没有存款。在长岛的莱维敦和伊利诺伊州的帕克福雷斯特地区，储户的平均银行存款为 300 美元。年轻夫妇习惯于按月扣所得税和一次性的抵押贷款，因此对利率的高低毫不关心。他们在分期付款购买物品时，只关注每月需要支付多少钱。他们将生活保障寄托于银行贷款的圈套、附有特定付款和债务条件的优惠券上，而银行自然乐意效劳。威廉 · 怀特说，银行提供的是“储蓄之处”，而不是推广“储蓄的理念”。

错愕的父母们称这些年轻人为“蝗虫”，他们的哥哥姐姐们也很惊讶。常常听见 30 多岁的夫妻讨论那些 20 多岁的夫妻：“我们在他们那个年纪时，做梦也不会想到要欠债。”但在过去，美国人并没有医疗保险和广泛的社会保障机制提供保障。如果遇到紧急情况，现在的年轻人总会弄到贷款以渡过难关。这显然违背了严格的个人主义信条——马克斯 · 韦伯所说的新教徒道德，但身处社会发展阶段的享乐主义年轻人明确指出，正是个人主义引起了“大萧条”。人们发现，在广告中，新教徒道德的有些用语渐减少，如“强迫”、“强制”、“向上”和“控制”等已经显得不合时宜了。年轻人争辩说，消费不仅可以带来乐趣，也是更明智的选择，有些人认为这样也更爱国。一个广播电台录制了一首五声合唱曲，结尾是“买买买，今天需要什么就买什么”，每天都要反复播放70次。

即使你买的是你并不需要的东西，你至少促进了经济繁荣。任何与潮流不符的路线都会令人感到惊悚。纽约一家报社报道说，“节俭之风的兴起”将“影响政府”。麦迪逊大道援引塞缪尔·巴特勒的话：“所有的进步都基于每一个人都希望过上超出他收入水平的生活。”沃尔特·汤普森广告公司的研究人员居然向人们引用出自本杰明·富兰克林的名言：“难道不是有朝一日能够尽情购物和享受奢侈品的强烈欲望推动着劳动和产业吗……如果没有这样的刺激，人们的天性会让他们逐渐变得懒惰，而奢侈难道不会使消费市场出现供大于求的局面吗？”（引用这句话时，广告公司说：“这看起来才是成熟的思想，修正了他早期关于节俭之风的广为人知的论述。”）

约翰·肯尼思·加尔布雷思坚持认为客户主宰一切的说法毫无意义。需求是被操控的，认同是被设计的，公众生活在有组织的欺诈之中。这就是消费者，了解它对于理解新经济进化的重要性，就如同了解杜勒斯，才能理解美国外交政策。在郊区的住宅区，这被称为“美好的生活”。这意味着其满足了人们的贪欲——跃层的住宅、双车库里停着两辆车，以及游艇、海景房，东西坏了或过时了就添加更多的新物品（这完全得益于发明“过时”的奇才们）。在朦胧的未来，受过大学教育的孩子们也将开始重复这样的过程。但这种繁荣的心理不仅仅限于郊区居民，也包括正在不断壮大的中产阶级群体。这是必然的，因为批量生产需要大规模的消费来保证。处于较为底层的美国人收入较低（年收入在 4 800~5 200 美元）无法搬到帕克斯雷斯特、帕克默希德和德雷克赛尔清溪这些地方去，便常常购买其他相关产品，特别是那些电视广告上宣传的啤酒、牙膏、止痛药、洗发露、配好的蛋糕料、轻泻剂、洗涤剂、剃须刀、润肤露、香烟，以及对大多数家庭来讲的大笔开支——购买新汽车。在商品的大肆宣传中，观众们被不断地推到广告品牌的浪潮中，不断购买新商品，资金不足就向可靠的信贷公司借款，以获得那被胡乱吹嘘的美好生活，否则就有失去这珍贵的一切的危险，以及脱离群众的危险。

20 世纪 50 世纪中期，对消费者欺诈和操纵的概念已然不新鲜，但人们开始普遍意识到这种现象是基于这个时期对消费者消费驱动力的研究，而这种驱动力正变得越来越复杂。其诱人性遍及生活的方方面面。广告界那些善用花招的人之大言不惭，有时让人惊讶不已。他们为建立在肥皂的香味、泡沫的结构和纺织物的洁白度上的帝国自豪不已。他们自吹自擂（用他们的调查和销售数据来支撑），说从俄勒冈州到科德角的抽烟者全都改抽万宝路牌香烟；人们扔掉了普通短裤改穿纺织机之果牌的骑师式短裤；人们向信贷公司借钱，以便他们的妻儿可以肯定地回答那个有名的问题——菲利普 · 怀利说，这个问题被植入了所有针对美国女性的广告中："太太，你够条件吗？"

斯佩克托尔斯基谈到这些有创意的广告员时，说：

> 上帝保佑我们，这些人创立风格，制造时尚，宣扬美国其他人民的梦想。无论他们做什么，几星期或几个月之后，在森林湖和圣巴巴拉市以及交通干道区的同行都会进行类似的活动。

通过像*Vogue*杂志上的专栏“人们正在谈论……”这样的渠道，他们规定的一切常常在贝弗利山、格罗斯角和塞威克利等地方流传和谈论。他们告诉我们买什么，我们向上帝发誓，就买什么。

斯佩克托尔斯基开始着迷于这些生意经。其他人却有自己的意见，说这是故意鼓励非理性行为和冲动购物，是对别人隐私的侵犯；说人们成为受害者，激发人们的欲望是奴役的一种形式。评论家认为，他们可以在艾森豪威尔引领的美国繁荣的表面现象下，察觉到深刻的动乱征兆。酗酒和服用镇静剂成瘾的人数的数据令人担忧。1957年毒品的销售量是战争结束时的8倍。商店的盗窃案件也大为增加。在伊利诺伊州的一个社区里，商店的扒手并不是如人们想的那样贫困潦倒。警察局局长说，她们是家庭主妇，老公是年薪8 000美元的中层管理者。她们每星期都做礼拜，活跃在小学家长会中，参加桥牌俱乐部以及每星期消费50美元。

加尔布雷思困惑于社会的双重标准，他说：“从给定的原材料中增加产量的任何行为都是好的，也是重要的；而任何抑制或减少产量的，从某种程度上来说，都是错误的。”那些宣扬自我放纵和累积个人财富的人，称颂商品私有，却逃避公共服务——教育、公共卫生、消除城市公害的运动等。根据这一思路，加尔布雷思认为：“毫无疑问，在纯粹的金钱方面，做投机者或妓女比当教师、牧师或警察回报更大。”年青一代已经被“庸俗预处理”，路易斯·克罗嫩伯格写道：“就像做衣服的材料已做过缩水预处理一样。”埃德蒙·威尔逊写道：“生产、消费和利润在这一代发挥的作用，代替了我们祖辈时宗教的作用。”他说，这样的事情甚至不容许讨论，因为“它们已经取代了

《圣经》和耶稣基督的神圣”。一些观察家认为，广告推销员似乎是推销精神病的掮客。沃尔特 · 李普曼痛斥他们为“新野蛮人”，加尔布雷思在一篇引人注目的文章中谴责消费主义，同时也为后来的作家提供了衡量与20世纪60年代末和70年代初不同的社会标杆：

> 今天，那些提出温和批评的人，也可能看起来像一头狮子。今天，持各种社会准则和政治信仰的人，都在追求舒适和时尚。如果一个人有争议，就会被看作令人不安的因素。创造性被认为是破坏稳定的标志。把《圣经》中的一个比喻做小小的修改，那就是庸人引领庸人。

如果对20世纪50年代新繁荣带来的生活方式没有体会，那么，15年后对社会反抗的理解就无从谈起。在这方面，像在其他方面一样，时代的特征最容易在新郊区中得到体现。他们并不代表所有美国人（例如，很少有人会死在那里，那里的成年人也几乎都已成家）。但他们确实代表着美国未来的模样。正是在那里，中层管理人员终日过着安逸的生活；在那里，有他们妻子尊崇的贝蒂 · 弗里丹口中的“女性的神秘”；在那里，未来的嬉皮士和正派人物一起嬉戏在公共的社区游乐场。

20世纪40年代初开始的美国国内大规模人口迁移，曾在战后时期以缓慢的步调继续。在整个20世纪50年代，每年都有超过百万名农民离开农场，到20世纪60年代，总共有1 700万农民离开了农场。同时，曾经那样辉煌的城市中心被遗弃，成为穷人的居住区和富人的经营点，其他人远离了市中心。战后，即使在战前就已定居的郊区，如康涅狄格州的斯特拉特福，乘车来往的人也是之前的两倍，再后来是三倍。在新兴城市，乘车上班的人几乎包括了城市的所有男性。每个工作日的早晨，几十万白领骑车或开车到曼哈顿，晚上再回家。20 世纪 50 年代末，曼哈顿岛市政厅以南的人口白天超过 100 万人，而晚上只有 2 000 人。在这 10 年中，超过 100 万纽约人离开了纽约，在战后崛起的社区生活。约翰 · 布鲁克斯写道："夜晚的郊区吸干了市区的人口，只剩下守夜人和无家可归的人。它成了一座兼职城市，像潮水一样涨落……当汽车、通勤列车到达时，它为人潮所淹没；入夜，它被遗弃在黄昏中——人潮退去，为小偷、警察和老鼠腾出了空间。"

美国其他城市也一样。1958 年前的 10 年里，定居区建成的 1 300 万套新住宅中，大约有 1 100 万（85%）建在城市外。农场和中心城市的难民聚集在乡镇，这些地方，在战胜日本那天尚不存在。尤其值得注意的是，城市丧失了活力。在过去，它曾是雄心勃勃的年轻人向往的地方，现在，这些人已不断流入城市周边社区、弯曲的超级街区、复式花园洋房、红砖迷宫和修剪整齐的草坪。那里居住着新一代人，"摇摆世代"和他们的甥侄辈，在这些新开发区①盛行着新的生活方式。

其最突出的特征是尤其重视社交技能。农村和小城镇曾被戴维 · 里斯曼认为是所谓的"内向"男女的大本营。他将他们举止的基础比作陀螺，这形成于他们的幼年时期，由其父母所培养，之后再没有动摇过。"内向"的经典例子就是，英国人即使在丛林中吃晚餐，也要穿上礼服。在郊区，一种完全不同类型的群体正逐渐占上风："他向的美国人"。他们的动力来自他们渴望不断被人喜欢。里斯曼将之比喻为拾取他人情感脉冲的雷达，其反应是不断调整以满足集体的

① 新开发区在美国现指政府出资修建的住宅区，此处意指"新开发出的空地"。

需求。在希伦戴尔和加登维尔这样的地方，“适应能力强”被看作一种荣誉。

这些特点在战后的美国并不算新鲜。西摩·马丁·李普塞特举出令人信服的论证，他说：美国人没有经历过专制制度，重视平等主义，所以总是“他向”的，而亚历克西·德·托克维尔在100多年前就发现了支撑这个论点的证据。他指出，虽然美国人自豪地谈论他们的个人主义，但美国人特殊的才能，也是他们最大的潜在弱点的根源，就在于他们彼此合作的作风。他预言，如果美国失去了这种动力，便会通过牺牲所有其他美德而加强社会性的美德，并创造一种多数人的专政。他写道：“在平等的年代中，无论人们为自己制定了什么政治法律，你都可以很肯定地预见到，对公众意见的信任将如宗教信仰一般，而大多数人将成为先知。”在这种情况下，危险是个体可能会“因自己的渺小和软弱无力而被压倒”。

这正是威廉·怀特等批评家认为他们所看到的20世纪50年代郊区的现象。他们认为，大力强调为团体所接受的行为抑制了个人行为，也阻碍了天然领导人的成长，培养出唯唯诺诺之辈。在某些方面，这是不可避免的。美国各地的小企业濒临破产，越来越多美国人被公私官僚机构雇用。1956年，美国越过了一个重要的里程碑，以它本身而言，其重要性不亚于1890年边境关闭：蓝领工人（制造业的工人）的数量被白领（中产阶级和服务行业的人）超过了。越来越多有代表性的工资收入者是非个人实体的文员。在新开发的区域，似乎每个人都受雇于庞大又漂浮不定的合作机构。“摇摆世代”已经成为技术员的一代，成为可互相调换的部件。这些人都知道这一点，而大多时候也喜欢这一点。

可以肯定的是，他们经常将生活比作乏味的折磨，但他们的绝望是佯装的绝望。如果他们觉得他们被囚禁，那他们的监狱也是史上最舒适的监狱，这一点他们自己也会首先指出。家长式作风已成为一种德政。最普通的例子是美国广播公司给员工发放公司特制的领带。其他公司做得更细：里奇菲尔德石油公司建立模范住宅家园，IBM建立了乡村俱乐部，雷诺兹烟草公司聘请了专职牧师，柯达公司和杜邦公司为员工雇用心理医生。对于那些工作日都在公司埋头苦干的中层管理人员来说，在住宅区实行这样的组织化原则，是再自然不过的了。

约翰·斯坦贝克谈到这种新组织时写道："在我看来，他们看我时，也在我身上找投硬币的口。"这个说法是不公平的。帕克默希德地区雇用穿着制服的工人除草，德雷克赛尔清溪的1 223座花园公寓每年圣诞节举行装饰竞赛，其庭院间的花样极富想象力，以至于每年都有10万费城人参观。新开发区的生活在许多方面都比这些居民们在20世纪30年代的童年生活更好，这不只是因为现在每个人都更加富有。现代企业提供了畅通的升迁之道，让任何中层管理人员都有可能进入威彻斯特郡、公牛谷或布卢隆菲尔德山，所有这些新郊区都是自由而不分等级的，对任何背景的人都很友好，除了黑人（当时黑人有所成就的时代还没有来临）。新入住的家庭发现他们的新邻居很热心，帮助他们整理行李、照顾孩子，一直给他们送来食物，直到他们安顿下来。甚至威廉·怀特也承认，住在郊区的年轻居民"在心地善良和作风正派方面达到了相当高的水平"。

他们拥有自己的住房，这很重要，因为这实现了美国人长久以来的愿望。他们的集体观念植根于美国的历史：当年的开拓者也很慷慨好客。新一代放松随便，不拘小节，几乎有些过头。运动衫和长及小腿的牛仔裤代替了硬领衫和长筒袜。妈妈们那代人从没有想过不打扮一番就去市中心，现在，女儿们顶着满头烫发夹子就去逛街了。即使有人认为她们的头巾很像东欧农妇戴的三角巾，她们也不在乎。她们关心的是邻里的态度。她们都在做同样的事情，如果她要与众不同，其他人便会很失望。

新住宅区的儿童们彼此交换玩具和衣服，好像这些是他们的共同财产，实际上也几乎成为共同财产了。如果小波比的外套穿不下了，就可以送给对门的小比利。母亲在一个陌生孩子身上认出自己家的衣服，是很平常的事情，因为这些衣物到别人之手后又转手了几次。自行车和小型摩托车也可以交换。很多家庭的前门总是敞开的，邻居不敲门就可以进去。里屋的门也逐渐消失了。那些 20 世纪 30 年代的大软垫沙发、厚重的地毯和屋里的隔墙也不见了。以往母亲们每天都打扫的只用来摆大餐的餐厅，已经被客厅、饭厅和厨房一体的房间所取代。这些郊区居民即使在有客人来访时，也不会为失去那种大餐厅而难过。大家入席围坐在一起的吃饭方式，已经演变成一锅端、自取的方式。有时会有些别扭，但似乎没有人介意，这样女主人也可以和大家同乐。

男主人通常提前就将酒调好，75%的家庭喝的都是马提尼。如果有人在儿童室滋事，他会急忙赶去制止。郊区的父亲们对孩子更加关注，家庭成为陪伴与娱乐的地方。到 1954 年，美国近 2/3 的丈夫帮忙做家务，在新开发区，该比例更高。此外，在一定程度上，让年轻父母的父母们惊讶的是，他们发现现在年轻的父亲还会帮着洗碗、做饭和给婴儿换尿布。罗素 · 莱恩斯抱怨道，年轻的妻子开始将自己的丈夫当兼职雇员或新的佣人来用了。但这些年轻丈夫觉得，在下班回家的路上去超市买些额外的食品、把脏衣服扔进洗衣机里、推着婴儿车上街并不会使自己丧失男子气概。他们认为这对自己和家庭都很好。斯波克[①]是这些年轻父亲们用来给自己的手表对时的大座钟：既然他也认同这些父亲们的做法，那就是对的。

作为家庭团结领头者的郊区母亲们大多看起来很年轻，往往其本身确实很年轻。在20世纪50年代，美国女性结婚的年龄从22岁下降到20岁甚至十几岁。高中结婚已经逐渐被认可。孩子们在初中就开始谈恋爱。女孩在那时甚至更早就开始思考婚礼。《纽约时报》一则销售儿童服装的广告说："她可以对男人产生无限诱惑。"

要成功地诱惑男人，就必须很诱人。用怀利的话说，要"够条件"，最好是"很够条件"。为了实现这一幸福的高度，所有年龄段的女性都在衣服、化妆品和制造商声称会产生诱惑的奇妙香水上投入大量金钱。1939年以来，女性的身材尺寸平均缩小了三四号。她们要的不是合适自己尺寸的服装，而是她们喜欢的款式，然后节食减肥以适应这件衣服。"梅特里科尔"[②]一面市就赢得了热烈的大众市场。取得同样效果的还有伊卡璐的新口号："如果只有一生，何不做一位金发女郎。"一些社会科学家和上了年纪的妇女参政论者担心妇女过于鲁莽地放弃她们来之不易的独立地位，但他们的声音被淹没了。《生活》杂志盛赞女孩们回归家庭的大趋势，《时代周刊》配合封面图，刊登了一篇关于郊区妻子的文章，说她们的"生活很美好……要说她们有什么不高兴的理由，完全难以置信"。卡尔·德格勒写道，真相是"整个美国社会，包括妇女，对女权主义思想都敬而远之"。

到了20世纪50年代后期，美国的出生率已逼近印度。在20年里，生育三个及以上孩子的美国妈妈的数量翻了一番。这种现象在女

① 斯波克：美国著名育儿专家。有关他的故事，详见《光荣与梦想4》第三十四章。——编者注

② 梅特里科尔：一种节食减肥的方法。——编者注

性大学生里越来越多，也最为突出：她们不惜放弃事业，养育 4 个、5 个、6 个或更多的孩子。美国大学生中的女生较少（只有 35%），明显低于欧洲国家，也低于美国战前比例（40%）。注册入学的大学女生中近 2/3 没毕业就退学了，而超过半数的男生完成了学业。许多女生离开学校，去做卑微的工作以资助她们还在读书的另一半。这就是所谓的"Ph.T."（让丈夫读完大学）学位。另一些女生退学是因为她们没有找到伴侣。各校教务处发现，女生在大一、大二时离开学校，是因为她们发现这里可以选择的对象已经不多，想去别处碰碰运气。

暂时居住在莱维敦的雄心勃勃的中层管理者，虎视眈眈地盯着威彻斯特郡，对他们来说，合适的伴侣就像亲切的笑声和诚恳的领带一样重要。公司开设培训班，指导公司职员的妻子们什么是应该做和什么是不应该做的。《财富》杂志在访谈中发现妻子们，尤其是年轻的妻子都很认同这种培训。她们认为害羞的妇女应该多参与社交，比丈夫还精明的女性则应该学会隐藏锋芒。当时有几部电影戏剧化地演绎了她们的情形，如《纵横天下》和《女人世界》。这些电影的主题都是公司需要寻求合适的人担任要职，聪明的妻子在各个方面帮助丈夫获得成功，如着装得体、将室内装饰得当、选择合适的陪客、用餐时为上级选择他最喜欢的菜等。

大型企业员工习惯于默默无闻，让那些倚之为生的人们失去了信心和独立能力。他们自身没有站稳脚跟也是原因之一。员工就像是地图上的大头针，人事主管可以随意把他们移来移去。每次调动都意味着告别老朋友，在别处再次寻觅朋友。据《华尔街日报》报道，蒙哥马利 · 沃德公司的一名职员因为工作调动，在婚后 26 年里和他的家人搬迁了 28 次。流动性增加成为郊区生活的常态。根据阿特拉斯搬运公司说，现在公司经理一生中搬迁的平均次数是14次，大约每两年半就要搬迁一次。对他们来说，适应新环境的能力非常重要，那些始终居住在一个地方的人是无法理解的。虽然新住宅区对社会化的要求有时未免过分，然而，人们过分依赖于自己的家庭情感，会让情况变得更糟。

郊区设施完备，足以满足新住户的需求，居民不可能感到孤独。美国人见到任何团体就想加入的冲动，在这里得到了充分展现。从早到晚，排满了各种组织的集会。伙伴们总能抽出时间聚到一起，打扑克、打桥牌和打保龄球；摄影、观察鸟类、射击、刺绣、乒乓球俱乐部，处处热闹非凡；小学家长会、女性选民同盟、美国人争取民主行动组织、女民兵组织，以及从1958年才开始的约翰·伯奇协会也人头攒动。

许多之后在公众生活中崛起的美国人，在郊区这种不断相互调整适应的生活中积累政治经验。与之前的住处相比，他们在新居处更容易成为共和党人。从城市中心来到郊区的雄心壮志的夫妇，变更了他们的党派，这也是他们抛弃下层阶级身份的方法。他们的父母曾经是民主党庞大的后援团的成员，而他们却不再如此，他们现在已经达成所愿，于是就想推倒曾经爬过的梯子。战后欧洲工会的扩张，导致了庞大、激进的阶级意识的力量的形成。但美国这里没有。虽然1 800万美国工人已经加入工会，但他们渴望中产阶级的地位，并且常常能得到满足，因此形成了庞大的新中间阶层。他们对自己的新角色感到不安，不相信自由主义，厌恶进一步的社会改革，终于形成了新保守势力。随着罗斯福联盟开始动摇，这股力量将越来越有重要意义。

对郊区生活方式最常见的控诉就是太压抑。郊区生活过于随意自由，如果有人要追求个人隐私，就会显得有些格格不入。本用来观景的窗户成了从窗外向屋内窥探的窗口，夫妻如果想避开邻居独处一会儿，可能还需要之后向邻居解释一番。郊区的居民认为他们有权知道一切："你昨天是在月经期吗？""在店里和你说话的那女人是谁？"或者，"你老公罗杰早上上班时很生气，他怎么了？"

"文雅社会"这样的词语被弃用，因为社会已经没有任何文雅可言。直呼其名更是司空见惯的事情，这以前只限于家人和朋友之间，现在已扩展到同事和邻居之间。在办公室聚会或邻里间的鸡尾酒会上，弄清与你交谈的人的姓名变得越来越困难，只有在初次介绍时才会说到姓，之后每个人就只是艾尔、黛比、查克或贝丝[①]。而直呼其名的范围最后又扩大了一圈，几乎包括每个仅仅知道你是谁的人：医生、商人或是别人家的哪个孩子。回到家中的郊区居民会突然发现一个陌生男孩在使用家里的浴室，只需打招呼道："你好，多丽丝！"在郊区，这是友好的表现，一旦反对这种行为，就会被视为势利眼，被人们指责。

郊区里的另一种忌讳就是骂别人的孩子，用前几代人的话来说是"管教"。管教孩子只能是孩子父母才能做的，但他们并没有完全担起责任来。新开发区的孩子是特殊的群体，他们是否能在这种成长的环境中受益，后来成了一个全美争辩的问题。当然，他们从未被忽视。放任孩子做自己想做的事需要花费时间和耐心，而新开发区的父母是全美国最宽容的父母。孩子们还会提出别的要求，花费父母的时间。母亲应该为孩子安排活动，然后带孩子去参加。有时，这需要格罗辛格公司社会指导员的精力和全面的才能，因为郊区的孩子总是一直在

① 这些都是常见的昵称。——编者注

忙碌。社会学家们都惊讶于给孩子们安排的生活。每天放学后和星期六，孩子们匆忙地坐上郊区的旅行车去上舞蹈课，到少年棒球联赛会练习，上网球课、航海课，参加话剧组、舞会，学钢琴，参加幼年童子军，上戏剧学校，等他们回到家里，只有吃晚餐和看会儿电视的时间了。他们的时间被安排得太满了，亨利·默里在《代达洛斯》杂志上抗议，孩子们发展个性的机会被大幅削减了，如果还没有完全毁灭掉的话。他写道："当孩子刚学会走路时，父母就让他和别的孩子一起玩。""摇摆世代"对个性不是很感兴趣。虽然年长的高管还是会在口头上支持个性，但他们的职员还是更渴望养育出如他们所说的"能与他人和谐相处的孩子"。他们钦佩彼此的这个优点，希望自己也能培养出这一优点，并认为这是下一代在未来获得成功的关键。

结果是数以百万计的学生从有自己的意识起，就配备了可以指明方向的雷达，却没有自己内心的陀螺。他们很好地了解到社会所需要的精神品质，却没有被告知这有什么作用；他们熟知如何让自己受欢迎，却不知怎样取得别的成就。一位主教曾说："让我培养一个男孩到 7 岁，终其一生，他都会是天主教徒。"宣扬适应环境的先驱们已经花了超过 7 年的时间，即使是教会也没有做到比他们更彻底的工作。母亲们最先给孩子灌输的是让同伴喜欢自己的必要性，接下来是在沙坑和秋千上进行实践训练，后来的活动是幼年女童子军、少年棒球联盟等。对于与人友善的宣扬无处不在。现代教会的星期日学校教导说，上帝真的只是一个朋友；宗教很有趣，就像电影里的修女，她们也打垒球，坐直升机到处游玩。任何羽翼未丰的路德[①]想培养出自己的个性，都会被大众媒体劝阻，而新郊区

① 路德：德国的宗教改革家马丁·路德。——编者注

学校又会再给他涂上几层良好伙伴关系油彩。

美国社区之间课堂教学的质量和特点各异。在一些社区，麦格菲[①]的读本和死记硬背的学习方法依然盛行。然而，只有一个老师的公立小学正在被淘汰，这些学校的数目从1932年的143 391所下降到1950年的59 652所，到艾森豪威尔时代结束时，又下降到20 213所。受到师范院校和全国教育协会歌颂赞扬的行业的领导者，都是进步教育的倡导者，但这不是真正的进步。它一开始是个运动，致力于把富有想象力的孩子从课堂纪律中解放出来，鼓励其发展自己的个性。接着，随着教育者变得越来越重视发展社交技能，教师对其施加了更大的限制约束，替代了以往强调的对知识素养的获得，让孩子们朝着格塞尔婴幼儿发展量表[②]不断前进。

这些学校从不告诉学生他们必须要学的内容，而是让他们自由选修课程。为了避免对学生的表现规定死板的标准（他们称之为“枷锁”），成绩往往只限“满意”或“不满意”两种。“家庭生活”的课程代替了代数、几何、语法和外语。新教育家有时会对传统教育制度充满敌意。埃里克·巴伯是伊利诺伊州帕克福雷斯特中学的校长，他的学校在1954年全美城市联盟举办的“全美学校”竞赛中被评为最好的5所学校之一。他曾经谴责大学招生办公室对大学生入学条件的固执。他说：“所谓‘聪明的学生’，往往离开书本和死记硬背就成了最蠢、最差的学生。在商业、销售、体育、广播领域从事年薪2万~10万美元工作的人，智商大多都低于90，这就是最好的例子。”

---

① 麦格菲：美国著名教育家，曾编写系列教材，成为全美19世纪最通用的课本。——编者注

② 格赛尔婴幼儿发展量表：美国心理学家提出的经典的婴幼儿发展测量工具。——编者注

由于时刻警惕着被贬为“适应性差”，学校的教师会参与学生选择朋友、课间休息的游戏甚至休息时的荒谬活动中。教师们不组织班级参观国家纪念馆，而是去农场或杂货店。学生们为了学习成为消费者，会搜集被告知的对自己以后生活有用的信息。负责人在家长教师联谊会上解释说，这样的“实践”环节让学生参与了真实的生活情境，从而避免了所谓的“精英主义”，他们不会关注如何改变生活，而是如何在“没有打乱人与人之间关系”的情况下去做出改变。巴伯博士在一次教师会议上说，“我们现在是群体的时代”，教师的工作是强化学生性格中外向的部分。所以要教育孩子们，让他们学会“全面发展”，理解个人目的与社会目的是一致的。如果对某个问题存在疑虑，他们会请教彼此。

一些家长对此表示反对。他们要求恢复拉丁文、化学和微积分等，这些都是大学和学院要求学习的课程。校长们微笑着摇摇头，回答说：“我们教育的是孩子，而不是某个学科。”他们认为，为了让学生提前为进入消费世界做好准备，他们采纳的是实用、实事求是和脚踏实地的方法。未来一定会证明这一做法的正确性。

1957 年 10 月 4 日，苏联新闻机构塔斯社报道了一个让美国人感兴趣的新闻。它宣布：“第一颗人造地球卫星已经诞生了，并且由苏联成功发射……人造地球卫星将为太空旅行铺路，这似乎预示着，现在的一代人将目睹新的社会主义社会的人们，如何用自由自主的劳动，将人类最大胆的梦想变成现实。”

要理解该报道的全面影响，你必须记得在 1957 年，美国仍被视为科学创新的源头。战后一段时间，莫斯科时不时地宣布苏联的伊凡或伊利亚或某人发明出来了某样东西，而苏联以外的人们都知道，这些东西早就被美国人发明了，这些一次次地成了笑话。美国人从小就相信，自己实际上已经垄断了技术创造力。如今，这些骄傲的人摔了跟头。此外，他们还受到奚落。赫鲁晓夫得意地说："全世界的人都指着这颗卫星。他们说，美国已经被打败了。"实际上，的确是这样。塔斯社称这个空间飞行器为人造地球卫星，字面意思为"旅伴"，或者更恰当一点，可以称为"同路人"。这颗人造地球卫星立刻引起了世界的关注。对美国而言，这件事引起的震惊不亚于当年的股市大崩盘。

剪影：艾森豪威尔的黄金时代

Best actor of 1956: Yul Brynner in **The King and I**

Best actress of 1956: Ingrid Bergman in **Anastasia**

Stevenson, Stevenson
If you vote for Stevenson
He will be, easily,
President next year
Help him win, get him in
Now the fight's begun
Gotta be, gotta be, gotta be
Believe in Stevenson!

Dear Modern Screen:
I think you had a hand in the reconciliation of the Dean Martins. You wrote on "open letter" in Modern Screen telling Dean and Jeanne how silly they were to stay apart when they really love one another. I read your words, and I bet they did, too.
Maria, New York

ALTHEA GIBSON WINS WIMBLEDON TROPHY

La Strada

SCOTT paper has WET STRENGTH

A white sport coat and a pink carnation
I'm all dressed up for the dance
A white sport coat and a pink carnation
I'm all alone in romance

The wedding day burst fair and warm; Margaret Truman walked out of the 91-year-old house a last time on the arm of her ever-punctual, this time solemn father. "She looks beautiful, Mr. Truman," called a voice from the crowd. "Thank you, thank you very much," said the father of the bride. "I think so, too."

Around the World in 80 Days

YOUTHFUL INSURGENTS ATTACK BATISTA'S PALACE: 46 DIE

And after this fling
Who could blame Mr. Bing
If he shipped Madam Callas to Dallas?

BEST SELLERS: Fiction
Don't Go Near the Water by William Brinkley
By Love Possessed by James Gould Cozzens
The Last Hurrah by Edwin O'Connor
Auntie Mame by Patrick Dennis
Peyton Place by Grace Metalious

Shortly after 8 o'clock on Sunday night, Staff Sergeant Matthew C. McKeon limped into the barracks of Platoon 71 at the U.S. Marine Corps Recruit Depot, Parris Island, S.C.... The 74 boots of Platoon 71 followed him toward the salt tidal marshes of Parris Island, where death was waiting.

U.S. INTERSTATE HIGHWAY SYSTEM TO BE LAUNCHED

The Catered Affair

PLEASE INFORM EUROPE AND THE AUSTRIAN GOVERNMENT . . . THEY OPENED FIRE ON EVERYBODY . . . A FEW HUNDRED TANKS ATTACKED BUDAPEST . . . THERE IS HEAVY FIGHTING . . . I STAY OPEN AND CONTINUE WITH THE NEWS . . . WE SHALL INFORM THE WORLD ABOUT EVERYTHING. LONG LIVE HUNGARY AND EUROPE. THE RUSSIANS ARE USING PHOSPHORUS BULLETS. ANY NEWS ABOUT HELP? QUICKLY, QUICKLY, WE HAVE NO TIME TO LOSE. NO TIME TO LOSE. I AM RUNNING OVER TO THE WINDOW IN THE NEXT ROOM TO SHOOT BUT I WILL BE BACK. WE WILL HOLD OUT TILL THE LAST DROP OF BLOOD. GOOD-BYE FRIENDS. GOOD-BYE FRIENDS. GOD SAVE OUR SOULS. THE RUSSIANS ARE TOO NEAR.

The Edsel performs fine, rides well, and handles good.

Try ***Zest*** — the *soapless* soap

WEST SIDE STORY
Book by Arthur Laurents
Music by Leonard Bernstein
Lyrics by Stephen Sondheim
WINTER GARDEN

BEST SELLERS: Nonfiction
Arthritis and Common Sense by Dan Dale Alexander
Kids Say the Darndest Things by Art Linkletter
The Search for Bridey Murphy by Morey Bernstein
Profiles in Courage by John F. Kennedy
Too Much, Too Soon by Diana Barrymore and Gerold Frank

Just walking in the rain gettin' soaking wet
Torturing my heart by trying to forget
Just walking in the rain so alone and blue
All because my heart still remembers you

Make me feel real loose
Like a long-necked goose
Oh, baby, that's what I like

By ABIGAIL VAN BUREN
DEAR ABBY
The funniest questions, and the wittiest and wisest answers, from the famous "Dear Abby" column

Standing on the corner watching all the girls go by
Standing on the corner watching all the girls go by
Brother you don't know a nicer occupation
Matter of fact neither do I
Than standing on the corner watching all the girls
watching all the girls watching all the girls
go by

You ain't nothin' but a hound dawg

My baby rocks me with a steady roll

Bus Stop

Where there's life — there's BUD

第二十四章　警笛声响起

沙滩排球大小的苏联人造地球卫星，正以每小时 18 000 英里的速度，每 96.2 分钟绕地球一圈，时不时发出嘟嘟的声音。这个消息传到华盛顿时，第 16 街 1125 号的苏联大使馆恰巧正在举行鸡尾酒会。来自 22 个国家的科学家们正在举行 1957~1958 年“国际地球物理年”活动，也就是他们简称的“国际地物年”活动，以交流信息。在这个具有历史意义的星期五晚上，苏联外交官们正在招待 50 位“国际地物年”的杰出名人，其中来自《纽约时报》的沃尔特 · 沙利文突然被紧急电话叫走。在电话中，他得知了塔斯社所宣布的消息。他匆匆赶回来对美国科学家劳埃德 · 伯克纳博士耳语了几句，伯克纳轻敲摆满食物的桌子，周围逐渐安静下来。他说：“我想宣布一个消息，我刚从《纽约时报》得知，一颗人造地球卫星正在离地球 900

公里的轨道上运行。我向苏联同行们取得的成就表示祝贺。”

大厅里霎时爆发出热烈的掌声。杰出的科学家们都相信科学是没有国界的，而在场的美国人在这一点上更是不在乎。美国“国际地物年”计划的主席约瑟夫·卡普兰博士称，苏联取得的成就“很了不起”，又补充道：“既然他们可以发射一个这样重的东西，那么他们以后一定可以发射更重的东西。”然而，白宫却一时说不出话来。虽然苏联没有特别掩饰其卫星计划，但第一颗人造地球卫星的出现仍然震惊了美国情报机构。“国际地物年”在巴塞罗那举行的计划会议上，苏联代表团就公开而自信地谈论过他们发射空间运载工具的计划。早在 1954 年 11 月，就有人问过国防部长威尔逊，他是否考虑过苏联在卫星竞赛中取胜的可能。他哼了一声：“就算他们胜了，我也不在乎。”

现在，苏联发射人造地球卫星已成事实，共和党人的这一路线仍然未变。政府发言人似乎在暗示新闻媒体小题大做。哈格蒂发表声明称，苏联发射卫星是一件“伟大的科学事件”，但又补充说：“我们从来没有想过，我们的计划是在与苏联竞赛。”当时已卸任的威尔逊把苏联的这次壮举称为“一次很好的技术把戏”。海军研究办公室主任罗森·贝内特少将表示不明白为什么那么多人对“几乎谁都可以发射的这种大铁块”大惊小怪。白宫顾问克拉伦斯·兰德尔将这个空间飞行器描述为“愚蠢的玩具”，于是激怒了总统，舍曼·亚当斯轻蔑地说政府对“外太空的篮球比赛”并不感兴趣。（亚当斯在回忆录中对此表示后悔：“我那时只是想反映总统希望沉着应对的愿望，但我不得不承认，我的描述似乎过分夸大了不在乎。”）

华盛顿的其他人则完全没有办法把苏联人造地球卫星事件看得那么无足轻重。空军部长前助理特雷弗·加德纳，曾试图调解各军种之间为争夺实施美国太空计划而发生的争执，他痛苦地说："我们现在至少有 9 个弹道导弹计划，全在竞相争夺几乎相同的设施、相同的专家、相同的发动机和相同的公众关注。"电子学家和导弹专家提到了威尔逊对空间研究计划漫不经心的态度。一个主要的国防项目承包商说："我们落后于苏联的根本原因是我们没有全力以赴。"总统的一位亲密助手说，他真想"掐死"预算办公室主任珀西瓦尔·布伦戴奇。诺兰私下警告艾克说，苏联此次成功的全球影响几乎抵消了美国共同安全计划的价值。一些国际法学家实际上在暗示"趁还来得及"，尽快与苏联签订和平协议。

可以预见的是民主党人的愤怒。华盛顿参议员亨利·杰克逊想让总统宣布这是"国耻民危周"。密苏里州的赛明顿要求国会召开特别会议。阿肯色州的富布赖特说："我们面临的实际挑战涉及我们社会的根基。它涉及我们的教育系统，这是我们的知识和文化价值的源头。现在政府的学术复兴管理计划毫无远见，令人不安。"多数党领袖约翰逊在苏联的成功中看到了它所包含的宇宙意义。他说："罗马帝国控制世界是因为它擅长修路，后来人们向海洋发展，大英帝国成了统治者，因为它有船。现在，共产党已经在外太空建立了立足点。这是不是说，即使明年我们向太空发射一颗'更好的'卫星，也不能让人安心。"他最后讽刺地总结道："也许，我们的卫星还会有镀铬装饰和挡风玻璃上的自动雨刷呢。"

这是已经超越了党派斗争的演讲。美国人会周期性地苦苦思索，为什么美国会变得软弱。上一次有这种感觉还是 1940 年春，当时法国正在退步，老一代美国人认为美国的年轻人太沉迷于摇摆音乐，以至于都听不到纳粹的皮靴声。现在和当时一样，新闻界被惊醒了。波特兰市《俄勒冈人报》说："这颗苏联'卫星'从上面盯着我们，太恐怖了。”《时代周刊》说：“美国向来以其技术能力、科技实力和第一个取得成就而自豪。现在，不论做出多少合理的解释，整个国家都陷入突然和深深的失望，美国人被这红色的月亮夺去了光彩。”约翰·肯尼思·加尔布雷思一直在等待其《富裕社会》的出版，他和出版商都对这本书的销量持保守态度。“然而，在 1957 秋，”他在第二版的序言里写道，“苏联发射了第一颗人造地球卫星。再没有比这一时间上的安排更巧的了。如果我还年轻，还没有形成政治观点，我会因我的感激之情，冲到克里姆林宫的墙下，找到我最后的归宿。我知道我的书戳中了要害。”

美国人正忍受着谦卑和羞辱。他们已经成为一个国际笑话。在巴塞罗那的科学会议上，苏联首席太空科学家利奥尼德·谢多夫嘲笑一位美国同行：“你们美国人的生活水平比我们高，但美国人只爱自己的汽车、冰箱和房子。你们和我们不一样，我们苏联人爱的是自己的国家。”反美人士对此嘲笑取乐。曼谷《永恒报》的一条标题是“苏联人让美国人丢了面子”。黎巴嫩贝鲁特市的某位教授冷冷地对他的学生说：“你们会认为是他们自己发射的呢。”伦敦《经济学人》杂志的编辑认为，苏联在亚非地区人民的心理上取得了辉煌的胜利。法国记者倒捕捉到问题的关键：苏联人民所付出的代价。蒂埃里·莫尼耶在《费加罗报》上写道：“苏联人民可以……看到天空那颗亮闪闪的星星，它向世界展示着苏维埃政权的光辉，这要归功于上百万人的缺吃少穿。”《战斗报》评论说：“如果苏联人能够致力于建设更加美好的世界，结束集中营的世界，那我们也会感到高兴的。”全欧洲只有伦敦的《每日快报》这个忠于英国的老盟友，预测美国最终能取得成功：“结果将是，美国在太空探索的新领域赶上并超过苏联。永远不要怀疑，美国会成功。”

美国人自己却有很多怀疑，他们对苏联成功的含义理解得越多，就越忧虑。最初几天，所有关于人造地球卫星的内容都是从塔斯社和《真理报》获得的。史密森学会正在剑桥大学建立天体物理天文台，用以精确追踪这颗卫星。但它此时尚未完工，甚至都无法核对遍布各地的观察者通过电话报告的肉眼观测到的数据。苏联人透露，他们的第一颗人造地球卫星（卫星一号）是一个抛光的钢球，直径 22 英寸，重 184.3 磅，配备 4 根无线电天线，它的轨道高度比美国科学家预测可能达到的高度还要高。这个高度保证卫星可避开大气层，持续环绕地球数年。人造地球卫星的重量也令人叹为观止。还处于理论阶段的美国“先锋”计划负责人，一直希望将一个海军研究用的重 21.5 磅的“海盗”卫星发送到最高 300 英里外的高空去，这将需要 2.7 万磅的火箭推动力。苏联的使用了 20 万磅，这是一个令人难以置信的数字，清楚表明了他们发现了新能源。

当有了新的数据，并由麻省理工学院的计算机计算出来后，美国对苏联的高超技术更是叹为观止。其运行轨道也令人惊叹。当然，它是椭圆形的，卫星在离地球 583 英里的远地点和 143 英里的近地点之间运行，但因为这两段距离没有包括地球的半径（3 960 英里），所以这个椭圆几乎是一个圆形，这表明苏联除了有推力，还能对其进行精确控制。此外，这次发射也很大胆。发射轨道卫星最简单的方式是沿着赤道向东瞄准发射，这样可以利用地球自转，让卫星得到每小时约 1 000 英里的自进速度。“先锋”计划的设计者就是这么设计的，根据他们的计算，“海盗”卫星如果从佛罗里达州向东发射，就会得到每小时 914 英里的助力。“先锋”计划的设计人员夜以继日地观察，惊讶地发现，苏联是向另一方以 65 度角发射的，这就暗示着他们有足够的燃料供火箭燃烧。这还有另一个重要意义：“先锋”计划的火箭轨道只跨越欧洲和苏联大部分地区的南部，而苏联这颗人造地球卫星的旅程经过了地球上大多数人居住的区域，这意味着世界上大多数人不但能听说它，能从报纸上读到它，还能看到它——这本身就是宣传上的胜利。

而也许是出自苏联人的幽默，美国人是最后才能清楚地看到它的人。苏联人在发射时设定了时间，因此在发射的前几周里，卫星要么在白天经过美国，耀眼的阳光让人看不到它，要么在夜间经过时躲在地球的阴影中。成千上万好奇的美国人不得不抓紧时机在黎明和黄昏的灰色天空中匆匆看它几眼。史密森学会的约瑟夫·海尼克博士解释说，这一情况会有所改变，卫星在轨道上环绕地球时，每天会偏移4度，所以到10月20日左右，人造地球卫星就会进入双筒望远镜或小望远镜的视野。然而，一直耐不住性子的美国人迫切地想知道现在的一切。自从上个星期五美国国家广播电台告诉他们“请收听这个划分了新旧两个时代的声音”以来，他们便一直挤在收音机和电视机前。接着，他们第一次听到在20兆周和40兆周之间交替的声音——这是来自外太空的诡异的降A调的嘟嘟声。

在最初的那些日子里，人们普遍认为这个卫星是在用密码发回信号，中央情报局的专家轮班试图破解密码。一个可以启发他们的人恰巧就在华盛顿，他是A·A·布拉贡拉沃夫将军。他作为莫斯科三人代表团的首席代表来参加“国际地物年”会议，他说那不是密码。设计师设置了嘟嘟声，是为了追踪卫星，以确认人造地球卫星仍正常运行。在这个钢球里面除了发射器和电池，什么也没有。卫星发信号使用的电力功率为一瓦特，差不多只够澳大利亚和美国的无线电爱好者彼此通话。布拉贡拉沃夫说大约在三个星期之后，电池就会耗尽，嘟嘟声也将停止。美国人哼了一声说，故事编得真好，在美国，谁会相信一位苏联将军？人们坚信这些信号有鬼。《时代周刊》沉重地说："许多人认为整个故事还没有说清楚。"街上的行人议论纷纷，中央情报局最好弄个水落石出，否则，美国纳税人将怀疑他们是何居心。

卫星一号给了福特汽车公司本就不景气的埃德塞尔汽车致命的一击。这款汽车是在一个月之前推出的，现在被普遍认为是令美国人声名狼藉的华而不实的玩意儿，美国人必须将之放在一边不予理会。除此之外，还有其他替罪羊，如现任政府。罗伯特·本迪纳认为，直到现在，共和党还认为，科学家就是电视上那些剥开香烟进行比较的人。公共教育成为另一个明显的攻击目标，而事实上，公共教育的确需要承担很多责任。美国的父母们得知苏联的教育体系要求严格，提倡竞争，从四年级就会无情地淘汰平庸者，并奖励成绩优异者，这在美国只会颁发给运动员和挥着棒子、扭动屁股的啦啦队队长。想到他们的孩子在美国接受的"适应生活"的教育，家长们感到怒不可遏。

随着当时约翰·甘瑟那本正在排印的《今日苏联内幕》的出版，美国父母更加愤怒。甘瑟报道："在为上大学做准备的学校里，苏联的孩子10年内学习的内容，相当于一个美国孩子12年或更长时间学习的内容。"他说，苏联的小学生每星期上6天学，每天6小时，一年要上213天学，而美国小学生只需上180天学。在最后的两年里，苏联小学生每天还有4小时的家庭作业。甘瑟继续说：

……无论对男孩还是女孩，都强调要学好科学和技术，这是对我们教育体系的最大挑战。除了学习整整10年的数学，每个孩子都要学习4年化学、5年物理和6年生物。相比之下，只有约一半的美国中学有一点儿物理课，只有64%的中学有一点儿化学课。美国一位权威人士告诉我，苏联的普通男孩或女孩从十年级毕业（相当于我们的十二年级）时，比大多数美国大学生具有更好的科学教育背景，尤其在数学方面！

苏联的学校很早就强调学习科学，学生在小学就开始学习光学和量子理论。到20世纪50年代中期，苏联培养出来的科学家和工程师是美国的两倍多，国家科学基金会发布的一份64页的报告估计，14%的苏联科学家们可以从事基础研究，即可能有、也可能没有实用价值的研究。那时，这样的研究工作往往看起来毫无意义，但正是由于实验室的人以永不满足的好奇心寻求答案，才使下一代技术上的奇迹成为可能。没有亨利·卡文迪许和迈克尔·法拉第，托马斯·爱迪生就不可能发明电灯；原子弹能成为现实，是因为1905年阿尔伯特·爱因斯坦发表了一篇晦涩难懂的文章，提出了一个在当时完全无法应用的命题：能量存在于每一个物体之中；氢弹是由过去研究星体的人发明的。查尔斯·威尔逊认为，基础研究荒谬，作为国防部长，他曾经嘲笑基础研究就是研究“什么使草变绿，什么使油炸土豆变棕色”。现在科学家们仍然记得这句话，提起来都很痛苦。美国进行长期研究的人屈指可数，分配给这种研究的经费每年仅为4.5亿美元，仅占美国国民收入的1‰。

现在科学家们开始说话了，诺伯特·维纳对科学与社会都有话要说。维纳指责政府自雷达研究和曼哈顿项目以来对科研进行严格限制。他说，结果是科学家个人常常不知道自己所研究的重大问题的目标，甚至更糟糕的是，他对科学的好奇心还时常遭受打击。物理学家指出，苏联有一台83亿电子伏的粒子加速器，比美国最好的加利福尼亚大学的电子感应加速器还要好。“国际地物年”主席、加利福尼亚大学洛杉矶分校的卡普兰说："在海洋学、气象学、高层大气物理学领域，种种迹象表明他们肯定和我们一样的水平。"

爱德华·泰勒也这样说。虽然他被大多数物理学同行们轻视，但仍然是一个杰出的预见性学者。他在五角大楼的朋友指出，在卫星发出第一次嘟嘟声的6个月前，他已经在该年4月的《空军》杂志上沮丧地写道："10年前，说全世界最好的科学家在美国是没有问题的……而10年以后，世界上最好的科学家将在苏联。"他指出，在苏联，科学几乎像是宗教，科学上最有才能的人被挑选出来，简直是特权阶层；而在美国，此类人收入低，也没有社会地位，缺乏激励政策。他呼吁重视科学探究的尊严。后来，泰勒的建议被重视地采纳了。把科学家描绘为疯子的漫画数量下降了，关于科学家的笑话也少了，"鸡蛋头"这个词也神奇般地迅速从语言中消失了。

有一段时间，沃尔特·李普曼一直敦促他的同胞为祖国的目标做出贡献。当时很少有人理解他的想法，但是现在他们知道了：美国的目标就是拯救教育，从而挽救美国的下一代。鲁道夫·弗雷奇的《为什么约翰尼不识字——你能为此做什么》在1955年出版时没多大反响，现在却赫然出现在所有畅销书排行榜上。几乎没有人认同当时的学校，除了哥伦比亚大学教育学院的鲁思·斯特朗博士，但她和其学校都受到了羞辱。社会评论家的重炮就对准被人们讽刺为"教育家"的教育工作者。芝加哥大学校长劳伦斯·钱塞勒解释了斯特朗和威廉·赫德·基尔帕特里克之流如何扭曲了约翰·杜威的教育理念。杜威认为，思考以感兴趣或者关注开始，却被扭曲成教师必须逗乐或取悦学生。

赫伯特·胡佛说，共产党人的"科学家数量是美国的两倍或者三倍。"他嘲笑"普遍的高中教育体系，它让十三四岁的孩子自由选择他们的大部分课程”。同一星期内，另一个杰出的工程师（之后我们还会听到他关于这个问题的议论）在底特律说，问题的根源是对美国高中“价值的错误认识”。“我们总是高估了中学的价值，”负责美国核潜艇的少将海曼 · 里科弗说，“结果是我们上中学和大学的学生比欧洲上中学和大学的学生多，我们为此感到骄傲。但这种比较毫无意义，因为欧洲的中学毕业生比我们大多数的大学毕业生学到的还多。”“至于中学文凭，”他沉重地说，“不提也罢。”

即使是坚定的共和党人也会感到不安。克莱尔 · 布思 · 卢斯在艾森豪威尔当政期间，曾在其他方面坚定地捍卫现状，但她也发现在这个问题上不能再自满了。她称人造地球卫星的嘟嘟声是“外太空对美国人 10 年来假装美国方式是美国人优越感的镶着金边的保证的嘲笑声”。她的丈夫也受到异端思想的困扰。《时代周刊》紧张地说：“全美都向华盛顿寻求安慰，却发现美国政府现在管理混乱，并感觉到领导层危机重重，于是要求采取行动。”那个星期，美国股指令人眩晕地直线下滑，苏联的人造地球卫星在天空中闪烁，令所有美国人都万分沮丧。一则黑色幽默突然传染开来：有人提议把“先锋”计划改为“后卫”计划。还有一则故事，一位华盛顿的记者致电美国宇航局，询问计划进展，电话另一端的女士却问：“先生，你来电是想要获得信息，还是要为我们提供信息？”

在 10 月的最后一个星期，卫星一号的嘟嘟声消失了，和布拉贡拉沃夫将军预测的一样。卫星一号还在轨道上，还可以被跟踪到，但至少你听不到任何声音了。接下来，正当美国人开始有些放松时，苏联在 11 月 3 日又发射了卫星二号。在某些方面，这次的成就比第一次更为惊人。新卫星重达 1 120.29 磅，是卫星一号的 6 倍，其运行轨道可以远离地球 1 056 英里。莫斯科广播电台宣布：“宇宙中那高深莫测的自然过程，现在变得可以理解了。”这的确属实，而令美国科学家满心嫉妒。这样大型的空间飞行器能够运载各种仪器，将宇宙射线、在大气层外的太阳辐射、大气的温度和组合物、流星的危险性、地球引力、地球磁场、地球电荷和地球天气的云图等数据传输回来。苏联人还搞了一个让人意想不到的实验：有一只名叫“莱卡”的小狗上了这颗卫星，它身上捆绑的探测仪将为动物能否在太空中生存提供相关信息。

对于维护美国政府形象的管理者来说，这又是一个不幸的日子。按照理想情况，此时领导人应该正在他们的办公桌上拼命努力地赶上。而实际上，艾森豪威尔刚出席了西点军校 1915 届校友联欢会，并看完了返校校友橄榄球比赛；查利 · 威尔逊的继任者、新的国防部长尼尔 · 麦克尔罗伊也到哥伦布看十大橄榄球赛去了。

全美一片哗然。一只狗登上这颗卫星，显然意味着苏联人打算将人送上月球。大多数美国人决心要在那里打败他们，因此对美国总统沉着的态度已显得不耐烦。《时代周刊》说：“这场风暴将是德怀特 · 艾森豪威尔面临的最严重的一场风暴。”《匹兹堡新闻报》头条恳求地写着：“艾克，冲向月球吧。”

艾克却不打算这样做，他拒绝被搞得惊慌失措。与后来入主白宫的三位总统不同，他对向太空投入国家资源是否明智持严重怀疑的态度。他现在又转换回了艾森豪威尔将军的身份，认为他所看到的是军事威胁。他知道他在公众中的威信正在降低。对于盖洛普提出的问题“你赞成艾森豪威尔作为总统的处理方法和工作吗”，现在只有 57% 的人回答是肯定的，以前这个数字从未低于 71%。该数据下降最大的是南方，从之前1月的72%下降到最低的36%[①]。没有哪一位总统不会因声望降低而苦恼，而艾克比大多数总统更重视声誉。但在国家安全方面，他是专家。他从最开始就将火箭看作军事问题，并预测克里姆林宫也持同样的观点。从10月中旬起，他就已经确信这一点，这完全得益于《纽约时报》的詹姆斯·赖斯顿对尼基塔·赫鲁晓夫所做的一次意义重大的访问。

苏共中央第一书记正自信心膨胀，科学家的胜利让他得意扬扬，他吹嘘说空间卫星只是苏联向太空发射火箭的一系列奇迹的开端。他沾沾自喜地说道："当我们宣布成功发射洲际导弹时，一些美国政治家还不相信。现在，我们已经成功地发射了地球卫星，只有对技术一无所知的人才会怀疑。美国没有洲际导弹，否则美国也会很容易地发射自己的地球卫星。"他说，西方国家还不如废弃它的B–52轰炸机和机场："如果你们稍微研究下我们最新的建议，将找不到任何有关机场控制站[②]的问题……创建控制站来监察过时的飞机毫无益处。"在同一星期的另一个采访中，他与两位英国议员会见时更生动地说："轰炸机都已经过时了，你们还不如把它们烧了。你不能用有血有肉的士兵和这样的武器抗衡。"几天以后，苏联宣布他们已经成功试验了一款可以用于导弹的新的氢弹弹头。对艾森豪威尔而言，所有这一切只有一种解释：还在怀疑苏联在火箭方面进步的想法是错误的。现在必须相信赫鲁晓夫。载人轰炸机可能尚未过时，但将很快过时。苏联事实上已经制造了可怕的洲际导弹，只需要在莫斯科摁一下按钮，华盛顿就可以立即化为灰烬。

回顾以下的情况，就可以明显看到美国当时面临的危险：

---

① 南方的支持率下降大部分是小石城危机引起的，详见347~361页。

② 机场控制站：雷达装置。

1957 年 6 月 5 日，一颗陆军丘比特中程弹道导弹从卡纳维拉尔角发射，飞行了 1 500 英里，这是美国发射的中程弹道导弹第一次成功飞行。

1957 年 8 月 26 日，苏联报道，苏联已经成功试验了一种多级洲际弹道导弹。

1958 年 11 月 28 日，美国一颗阿特拉斯洲际弹道导弹完成了从卡纳维拉尔角到阿森松岛的 6 325 英里的飞行，这是美国洲际弹道导弹第一次全程飞行。

由此可见，苏联的导弹发展以 15 个月的明显优势领先。但可以肯定的是，美国也有一定的防御能力。尽管赫鲁晓夫一直在嘲笑轰炸机，但美国战略空军司令部从早到晚都保持警惕，载有原子弹头的 B–52 轰炸机队昼夜 24 小时在空中巡航，时刻准备着。在环绕苏联的北约基地设置丘比特中程弹道导弹，对苏联的进攻仍有很强大的威慑作用。尽管如此，事实依旧是，美国仍然在重要的洲际弹道导弹的竞赛中落后，并且这样的落后状态还将持续至少一年之久。

处于总统府与外界的隔绝之中，艾克这些日子以来已经完全不是那个使白宫记者团着急的冷静沉着的政府首脑了。舍曼 · 亚当斯后来写道：“虽然艾森豪威尔表面上保持着平静，但他私下同美国所有人一样，也担心苏联人在科学领域一举超过美国。”即使在苏联卫星二号升空的前夕，他仍命令前一天刚宣誓就职的麦克尔罗伊立即开展对国家导弹计划的紧急审查。当埃米特 · 约翰 · 休斯暗示他，公众普遍的担忧很可能是一种优势，将为新计划的实施赢得支持时，总统很快地回答：“哦，绝对是。任何能让我们摆脱自满，让下一届国会认识到事情的严重性的事情都是好的。”

他要面临的问题比这更复杂。如果他揭露出在这次与苏联的竞赛中真正的风险，国会和人们不仅会舍弃他们的自满，很可能还会失去思考问题的能力，甚至失去理智。前一年春天，总统曾请当时福特基金会主席罗恩·盖瑟在美国国家安全委员会的指导和合作下，评估国防备战的状态。调查结果在11月提交，刚好在苏联卫星二号进入轨道后。报告结果之严峻令人震惊，总统只好将它压了下来。盖瑟的报告认可了在全美修建原子弹掩蔽所的方案。艾克认为，从财力角度来说，这个计划不可能施行，所以对外公开这样一个方案除了让人们心绪不宁之外，没有任何帮助。

然而，他相信一定可以找到解决办法。那就是要超过苏联的导弹成就，或者至少与之持平。他认为，这才是摆在美国当前的任务，而不是开拓外太空。这是任何一位总统都没有遇到过的一个巨大挑战，因而他便可以轻松无视这些星际成就——尽管在美国，甚至在他管辖的政府中，能抵挡太空旅行魅力的人寥寥无几。诺兰就不能抵挡，艾克必须决绝地告诉他，总统不会“在不知道它们最终的成本之前，为这些魅惑的新鲜玩意儿全力以赴”。总统决定，至少在目前，让所有火箭计划归属国防部掌管，这遭到了副总统尼克松和麻省理工学院校长詹姆斯·基利安的反对。詹姆斯·基利安是艾克11月7日任命的总统科技特别助理。艾森豪威尔对这两人说，发射外层空间火箭和发射远程导弹的原理几乎相同，花大价钱分头研究对其来讲没有意义。基利安对此持怀疑态度，尼克松则表示支持基利安。尼克松认为，如果能够让与国家军事部门无关的机构进行和平太空探索，美国在国外的形象会更好。然而，比起形象问题，总统更重视美国的生存。他回答说，他宁愿要“一个好的装着原子弹头的红石导弹，也不要一个能够撞击月球的火箭”。他刻薄地补充说：“月球上没有我们的敌人。”

地下发射井里的核武器、北极星潜艇和具有自动防止故障特性的安全设施，对于这些已经习惯的一代人，完全能够理解总统的明智，尽管艾克畏惧未来可能会发生的所有可怕的现实，却没有退缩。苏联的洲际弹道导弹和美国相较之下较弱的中程弹道导弹，当时还没有合适的名称来命名。即使是顶级专家也无法想象，在无人驾驶的导弹上装上氢弹弹头，以超过卫星一号 18 000 英里的时速飞过海洋和大陆，会出现什么局面。在 1957 年，这些都是普通美国人无法想象的。10 月 28 日，《时代周刊》上的一段话表明了当时即使熟谙内情的一些人也那么无知，标题是“在卫星上安装武器怎么样？”，这段话没准儿是儒勒 · 凡尔纳写的：

> 许多富有想象力的军备设计者们都曾想象一种装备有核导弹的卫星堡垒，它可以向下面的地球发射。所有的太空运载工具都必须设计得轻巧，以增加运载量。它们因此很易碎，且由于它们只能在事先规定好的轨道上运行，想要击落它们应该不会太难。有人建议一种对付敌方卫星的方法是，在它的轨道发射一颗反方向运行的中等火箭。弹头一爆裂开，就会在轨道遗留数以百万计的小颗粒。它们中的任何一颗微粒会以两倍于原来轨道速度（每小时 36 000 英里）的速度撞击卫星，它们会像流星般冲击出一个洞，把爆炸产生的火焰直接冲击到卫星内部。

这是在 1957 年，当时苏联卫星已经进入了轨道，关于这事，每个小时都有新消息传来。5 个月后，《时代周刊》报道：“五角大楼用得越来越多的一个词是‘超杀伤力’，这个术语直率却颇具描绘性，意指在摧毁军事目标时发出比实际需要超出好多倍的威力。”到此时，美国很快学会了不少东西。但艾森豪威尔上台时，远程导弹理论还遥不可及，就像1939年10月爱因斯坦那封著名的信件送到罗斯福总统的办公桌上时，人们对原子弹的理解一样。在战胜日本之后的8年间，政府平均每年对远程弹道导弹项目的投入不足100万美元。1954年，美国一些物理学家建议华盛顿，现在可以设计出足够小的氢弹弹头安装在导弹顶端发射出去。于是，政府这才为弹道导弹的发展计划开了绿灯。但美国这时已经落后，苏联人虽然不知道能否携带原子弹头，但已决定加紧导弹研究。这个差距在“国际地物年”委员会提出一个极端错误的决议之后，更为明显了。

一年后成为美国公民的纳粹德国V–2导弹科学家韦纳·冯·布劳恩，在1954年说服了陆军部和海军部，提出在他的领导下共同展开合作研究。冯·布劳恩计划用火箭助推器提高陆军已试验过的红石导弹的速度，并将一个小型卫星（5磅重）送入轨道。这次工程被命名为“轨道”计划。直到那年10月，一切都进展顺利，然后“国际地物年”小组在罗马会议上提出在“国际地物年”期间（1957年7月到1958年12月）发射人造地球卫星。参加会议的美国人全体同意。他们建议美国政府承担卫星项目的一部分，以作为美国对“国际地物年”的贡献。白宫表示同意。同时，一些联邦政府政策的制定者坚持认为，任何可能利用“国际地物年”达到军事目的的行为都必须避免。他们的理由与三年后基利安和尼克松的理由是一样的：中立国的政府可能会因为误解而不高兴。国家安全委员会也意识到了这一点，随即将卫星研究和军事任务分离开来。这个决定是在1955年年中提出的，它结束了冯·布劳恩的“轨道”计划。当时在迪尔伯恩，福特汽车公司正决定要投产那注定倒霉的埃德塞尔汽车。

当第一颗人造地球卫星发射出去后，费城的费尔斯天文馆馆长莱维特宣称，将研究火箭和导弹的人分离是“惊人的愚昧行为”。陆军推进器工程师也表示赞同他的意见。到1955年，丘比特中程弹道导弹的进展已经足够用于发射卫星。1956年9月，改装好的丘比特C型导弹的射程达到了650英里的高度，超过苏联第一颗人造地球卫星的轨道高度，并且飞行了3 500英里。然而，这对于国家安全委员会并没有吸引力。研究“轨道”计划的火箭专家都被调到它的后续项目“先锋”计划去了。接着，“先锋”计划又被分配给海军，因为考虑到海军“海盗”式和“空蜂”式火箭比其他军种的类似工程更能代表高水平的导弹研究。“先锋”计划失去了活力。作为新管理机构领导下的第一步，时任指挥官、加拿大天文学家约翰·哈根宣布计划发射一颗重20磅的人造地球卫星——这是1954年苏联第一颗人造地球卫星重量的1/8。但该计划一直受阻，从而耽搁下来。哈根发表了修订计划，提出只要“海盗”发射器27 000磅的推力不出问题，就将在1958年春发射第一个21.5磅的卫星。当苏联的科学家将一个个红色月亮发上天空时，哈根和他的同事还在研究此项计划。

在艾森豪威尔心目中，科学探究和军事目的之间的区别仍然需要清楚界定。在苏联第一颗人造地球卫星发射后不久，他在第一次新闻发布会上就提出了这种区别。他说，“先锋”计划是一项学术事业，“仅仅是我方准备发射这类运载工具的一项计划”。从这方面来讲，一切都很好。如果对它的巨大期待实现了，人类有关“温度、辐射、电离、压力”等方面的知识就可以大大丰富，但它和任何登月竞赛都没有关系。他不知道这种竞赛的说法是怎么流传起来的，他希望能有人告诉他是怎么回事。

艾克说，发射人造地球卫星又是另外一码事。这意味着苏联拥有“发射所需的非常强大的火箭推动力，这点很重要”。不幸的是，目前他已收到的数据没有任何军事意义：“我不知道它们是否准确，在真正弄清它们的准确性之前，你根本不知道它们在战争中有何用处。”他承认他深感忧虑：“我希望我们能向前走得更远些，并且对于准确性、金属的抗侵蚀和耐热性，以及其他我们必须知道的东西知道得更多。我希望此刻我们就知道得更多。”

他解释道，苏联的武器发展才是他焦虑的源头。联邦政府在卫星项目上已花了1.1亿美元，并可能还得花。然而，导弹的研究和发展将继续优先于它。他以几乎是不屑的口吻说：“如果只考虑卫星本身，我就不会担心了，丝毫不会。”

在“先锋”计划的办公室，哈根博士和他的同事似乎也同样沉着。他们承认是有一些困难，有一些失望，但这在绘图室和实验室是最常见的事情。语气温和的哈根一边若有所思地抽着烟，一边频频点头，他承认他的发射装置仍在进行测试，但他和他的同事们都不认为会失败。他们承诺要在“国际地物年”结束前将一颗卫星送入轨道，这只剩下一年多的时间了。他们委婉地提醒记者，在基础研究中，时间没有什么意义。

fau-bus[faw-bus],vi; faubused,faubusing.1.因为恶意和无知而犯下巨大错误。2.因为愚蠢或思想混乱，犯下严重的错误。同义词：错误、混乱、乱糟糟。

1957年10月，《芝加哥每日新闻》的杰克·马布利建议，将阿肯色州州长奥瓦尔·福伯斯（Orval Faubus）的名字加入语言库。但这个建议未被采纳，一方面是因为福伯斯虽然臭名昭著，但流传时间很短暂；另一方面也是因为他实在是个没有什么特点的人物。如果他没存在过，也没有必要创造出他来。整个南部的白人政客都在反对最高法院已取缔了三年的“座位隔离、地位平等”教育。在亚拉巴马州，4个州长候选人都承诺反对学校黑人白人融合，其中一个说他愿为此冒入狱的危险，而另一个则发誓说要豁出命去抗争。他们和福伯斯的区别在于福伯斯是在职人员，因此能够通过官方行动吸引和集中国家的关注。在这混乱的时代，与卡纳维拉尔角和外太空取得的重大进步形成鲜明对照的是，他的偏见歧视与这些成就所带来的光荣极不相称。

对于福伯斯的动机，完全不用怀疑。在阿肯色州，他面临着竞选连任的艰苦斗争。该州一直都反对连任三届州长，而且他的人气也日渐衰落。他批准提高公共设施和铁路票价，惹恼了自由派选民，之后又提高税收，使更多人对他不再抱希望。他的策略是在穷困白人聚集的种族主义的阿肯色州东部建立新基地。1957年8月20日，他采取了第一个行动——到华盛顿拜访司法部副部长威廉·罗杰斯将军，问他当阿肯色州首府小石城的中央高中9月开学时，联邦政府将如何防止暴力事件。这是第一次有人暗示小石城会发生暴动。当时种种迹象都表明，黑人白人合校将顺利进行。市长伍德罗·曼牵头制订了一个可当作模范的7年合校方案，精心挑选了一部分可能会有所成就的黑人学生。福伯斯提出的这个问题让罗杰斯吓了一跳，罗杰斯说，当地的暴动通常由当地警察处理。

为了方便联邦官员了解当地形势发展，司法部副部长将司法部民权司司长派往小石城。这位司长就是土生土长的阿肯色州人，他告诉福伯斯，联邦政府的禁令能阻止任何阴谋活动。他问州长为何认为会发生暴乱，福伯斯没有正面回答，只说自己得到的资料“太模糊，太不确定，对执法机构没什么用”。回到华盛顿后，这位司长报告说，他相信州长打算对中学生玩弄种族主义政治。

福伯斯的下一步行动证实了这一点。8月29日，这位州长要求州法院阻止该合校计划，因为该计划可能导致流血事件。州法院法官颁布了禁令，随即被美国地方法院法官罗纳德·戴维斯否决。于是，教育局继续进行合校的准备工作。他们非常慎重，只录取了9名黑人学生在小石城中央高中与2 000名白人学生一起上学。此时并没有动荡不安的迹象，但为了安全起见，曼市长和175人的警察部队制定了应对可能发生的示威游行的控制策略。

这是在浪费时间。州长根本就没打算征求市长意见。他的计划是叫来国民警卫队，命令它阻止这9名黑人孩子注册入学。9月1日，听到风声的阿肯色州最著名的公民温思罗普·洛克菲勒急忙赶到州政府，和州长谈了两个小时，恳求他不要这样做。州长拒绝了，他说："我很抱歉，但我已经承诺过了。我将要争取再次连任，如果我不这样做，吉姆·约翰逊和布鲁斯·贝内特（将在预选中反对他的种族主义者）会将我撕成碎片。"9月2日晚上9点，学校开学前夜，拿着装好刺刀的M1步枪的国民警卫队在中央高中周边建立了防线，他们的领袖是空中国民警卫队的少将，他将校长办公室当作指挥部。一个小时后，福伯斯在小石城的KTHV电视台上现身并宣布，他已召集民兵"以维持或恢复城市的和平和良好秩序"。他说小石城已处于暴乱的边缘："混乱、愤怒和怨恨的迹象从四面八方如洪水般涌向我！"

小石城惊呆了。市长说："压根儿就没有任何迹象，我们没有理由相信会有暴力事件发生。"州长说，城市商店里刀具全部售空（"主要是卖给了黑人青年"），但联邦调查局检查了100家商店后发现，刀具和枪支的销售量比平常还少。眼前唯一的武器就是那些国民警卫队身上的武器。有各种理由相信，该州的首府也会以阿肯色州其他三个城市一样（史密斯堡市、欧扎克市和范比伦市）的模式，在同一天平静地完成合校。现在，那9名黑人学生一起来到了中央高中，国民警卫队队员将他们拦下，理由是："福伯斯州长已经下令禁止黑人进入这所学校。"15岁的黑人女孩试图突破防线。士兵立刻举起步枪，她吓得直后退，旁观者喊道："快回去，你这个黑丫头。"然后，一位教师的白发妻子上来护送这个女孩，带她到公共汽车站。这就是福伯斯口中的"暴力"，戴维斯法官拒绝了延迟合校的新的请愿书。

在戴维斯法官的要求下，联邦调查局的50名特工来到小石城巡视，希望找到种族关系紧张的更多迹象。他们提供的500页的报告表明，没有任何有关和平受到威胁的证据。因此，戴维斯发出传票，让州长于9月20日出庭，当众说明为什么他不该禁止自己参与干扰学校董事会进程。这时福伯斯正躲在被国民警卫队保护起来的橙红色的州长官邸里，但美国联邦法院的司法警官很容易地就越过了这些护卫，把传票交给他。州长第一次看起来有些担忧了。他给艾森豪威尔总统打电话，抱怨美国特勤局调查他，而他的电话也一直被窃听，他还听说有个阴谋计划"要用武力监禁他"。他要求总统向他保证"理解和合作"。艾森豪威尔回答说："我能给你的唯一保证是，我将利用自己所能利用的一切合法手段维护联邦宪法。"

小石城的国会议员布鲁克斯·海斯认为艾森豪威尔应该和福伯斯坐下来商量。这件事是这么安排的：9月14日（危机后的第11天），他们在罗德岛新港的避暑白宫会面。舍曼·亚当斯对福伯斯的印象是"他并不像是那么难以合作或没有理智的人"，艾森豪威尔却认为福伯斯似乎对他应该做的事情糊里糊涂。事实上，他们都错了。福伯斯州长仍然不思悔改。6天后，当戴维斯法官在法院开庭审理"3113号民事案件：申请颁布初步禁令"时，情况没有任何改变。他的这一次开庭听审与往常无异，但这却具有历史性的意义：一个州的州长被带上联邦法院受审。

福伯斯自己没有出庭。自从他调集国民警卫队后，就一直在回避质疑。他说要在公开法庭提供他说的预知暴力事件发生的证据，但是证据也没有呈堂。在法庭上，三名阿肯色州律师作为他的代表出庭。他们提出请求：第一，要求戴维斯法官因自己的偏见而回避审理此案；第二，本法庭应该撤销对州长的指控，因为此案应交由三位法官组成的法庭审理。戴维斯断然驳回了他们的请求。他们中的首席律师看着发言稿接着说："被告福伯斯州长和他的军官的立场是坚定、明确、不可改变的，阿肯色州的州长不能也不会承认，美国在这个法庭上或其他任何地方，对他的审慎态度和判断能力提出质疑。"

律师询问他和他的同事们可否退出听证会，法官点了头，他们就走了。还没有传唤一个证人，州长的答辩就结束了。他的理由是：联邦法院在阿肯色州无权审判他。1861年也有人提出过这个问题，但普遍认为该问题在1865年已得到解决。

美国司法部原本打算传唤近200名证人，现在只需8名，包括市长、警察局局长和学校督学。他们都证实这座城市种族关系和谐。总结这些证据之后，法官说这表明学校董事会的合校方案"被州长带领的阿肯色州国民警卫队部队所干扰"，他补充道："从今天大家提供的证词来看，实施合校计划显然不会发生暴力事件。"于是，他下令福伯斯和国民警卫队停止干涉。记者让福伯斯发表意见，他便草草地发表了一篇声明。他说他的律师并不在场，而绝口不提正是他指示律师离开的。他声称："遭受迫害的日子就要来了。将不会再有任何反诘，也不会再有支持另一方（他自己）的证据。所以，现在，通过利用几个精心挑选的证人，司法部的案件就可以进行下去。结果已成定局。"那天晚上，他又发表了一个较为温和的声明，攻击戴维斯的"没有根据的行为"，但也说会遵守法院的裁决，直到"肯定会在上诉后撤销"。

民兵奉命从中央高中撤离，军队离开后，福伯斯和他的妻子离开小石城，前往佐治亚州的海岛参加南方州长会议。他们中途在亚特兰大市停下来，观看了一场佐治亚州对得克萨斯州的橄榄球比赛。后来一个当时也在场的州长告诉记者："他真会往自个儿脸上贴金。33 000 人在观看比赛，每次他们欢呼，福伯斯都会起身鞠躬致谢。"

那天晚上，他成了海岛克劳斯特尔酒店银厅的焦点，他一直忙着给人签名、喝波本威士忌和七喜汽水，以及跳舞。他的舞伴包括陪伴州长参加晚会的詹姆斯 · 卡拉姆夫人。她的丈夫"闪电吉米"卡拉姆在小石城为人熟知，是州长的密友，今天没能出席。他曾是一名橄榄球运动员，也当过专门破坏罢工的打手，现在是阿肯色州体育委员会主席。因此，他熟知拳击馆更衣室、拳击手陪练和职业打手的世界，这也是让他留在小石城的原因。州长给他安排了特殊任务，将在第二天早上黎明开始行动。当福伯斯和他的妻子参加完银厅的庆祝活动并熟睡时，卡拉姆正纠集了一群强壮的年轻人到中央高中外面，他们在窃窃私语、点头示意，在加油站的电话亭进进出出。

上午 6 点，70 名小石城的警察挥舞着警棍，用木架在学校周围设置了路障。如果三个星期前就这样做，便可维持秩序了，但现在危机已经发展到无法控制的地步了。福伯斯的预言马上就会成真，尤其是当卡拉姆聚集了那些容易被煽动的人之后。后来，市长将制造危机的责任归咎于"职业煽动家"，警察局一个副局长说："闹事的人有一半来自外地。"警察顾全大局，没有指出许多带头人实际上来自小石城体育界，算是警察的朋友。一些警察很同情他们，站在那里都有些不知所措。其中一位警察对围观者说："你认为我喜欢这样吗？我只是在执行公务。"

8 点 45 分，中央高中的上课铃声响起。紧接着，有人喊道："黑鬼来了！”但这些黑人不是学生。他们是一起来的 4 名黑人记者。当他们被迫撤退时，20 多个职业打手马上追上去把这 4 个黑人分开，然后挨个毒打。为了看得更清楚，一名警察爬上一辆车的车顶。其他警察赶过去，制止行凶，吉米·卡拉姆生气地喊道：“是黑鬼先动手的！”一个壮汉跑过来告诉他：“给我五六个人，把他们带到小黑鬼上次进门的地方。”卡拉姆便召集了 5 个大个子，带领他们赶往那边。但他迟了一步：就在暴徒围攻黑人记者时，9 名黑人学生坐着两辆汽车，已进入了校园，他们似乎安全了。大多数白人学生好奇地看着他们。一些人对他们表示友好，没有任何人表现出敌意。

然而，这几名新生的地位尚未稳固。校外的情况正在迅速恶化。广播和电视对这场混战的报道招来了周围城镇的许多恶棍。人数成倍增长，到后来学校周围有将近 1 000 人，存心滋事打架。警察看到黑人记者被攻击时所表现出的软弱，让这些人以为寻衅闹事可以逍遥法外。他们一时找不到新的攻击目标，索性对白人记者也动起手来。三名《生活》杂志的记者被打伤。任何一个没有南方口音的记者都有被打的危险，甚至包括前来帮助他们的警察和州骑警。在混乱中，木架设立的路障被挤开，校门口挤满了人。上午 11 点 50 分，曼市长只能投降，命令黑人学生离开学校。恶棍们狞笑着散去。吉米·卡拉姆冲进加油站电话亭，打了一个电话。不一会儿，福伯斯州长便在海岛召开了一个新闻发布会。他说：“小石城发生的暴动证明了我的判断是正确的。”

那天早上，艾森豪威尔总统在华盛顿对国际货币基金组织发表演讲。整个星期，他都受阿肯色州日益严重的危机困扰。他告诉舍曼·亚当斯，他很清楚沃伦法院对布朗诉教育局一案的判决“破坏了像小石城这样的地区的既定习俗和传统，你不能用法律改变人心”。同一星期晚些时候，他还会告诉4位较温和的南方州长：“我从来没有说过我对最高法院判决的看法，我从没有告诉过任何人。”他又补充说：“但我的看法并不重要。事实是这是法律，而我作为美国总统，有责任落实法律，贯彻执行。”他在演讲完毕要离开国际货币基金组织时，接到布劳内尔的紧急电话。司法部长给他简略地介绍了中央高中校外的情形。接着总统发表了一个严厉的声明：

> 美国联邦法律和美国地方法院的判决…决不能任由任何个人或任何暴力分子轻侮。我将动用美国所有的力量，包括任何必要的力量，制止违法行为，使联邦法院的判决得以贯彻执行。

他原本希望能够改变福伯斯的想法。但是太迟了，他刚刚回到新港，布劳内尔在自己家用绝密电话专线又打来了一通电话。阿肯色州地方法院法警的报告表明，法律的执行在州和地方都被破坏，一群暴徒控制了中央高中。此外，小石城请求华盛顿进行干预。学校校监弗吉尔·布洛瑟姆刚刚给司法部打电话：“曼市长想知道应该给谁打电话，才能获得联邦政府的帮助。”最后，他与布劳内尔通了电话。布劳内尔挂上电话后，便起草了一份声明，阐述了自1795年以来总统的传统权威和责任，说明总统可以动用军队来执行联邦法律。如果艾森豪威尔批准这项声明，就可以派遣军队。艾克在电话里听完声明后说：“我想你把声明送上来。看起来我是不得不签字了，但我还想先看一看。”

晚上，他在住处的阳台上研究了这项声明，但直到睡觉前还是没有签署。他告诉亚当斯，这件事的前景让他感到有些恐惧，让美国士兵对付美国公民永远不可能是“国家的明智之举”。但小石城事件的势头太过强劲了。他不禁怀疑，即使是奥瓦尔·福伯斯和吉米·卡拉姆也可能已无能为力。目前，只有严格服从法院判决，才能不动用军队，但已成功反抗警察的暴徒是不会服从于任何人的。第二天早上8点前不久，艾克步行到他新港的办公室，眯起眼睛看着地平线说："寒风要吹起来了。"这是一个不祥的预兆。不到一个小时，布劳内尔就又传来了关于中央高中的噩耗：今天的暴徒人数更多，他们推推搡搡，公然嘲笑那些试图驱散他们的警察。那9名黑人学生留在家里，不敢出门。美国联邦法院法警的意见是，只有他们不来学校，才能防止暴徒入侵学校。这次，曼市长向华盛顿发来电报，正式要求总统进行干预。艾森豪威尔挂了电话后，签署了那份声明。那天晚上，他在全美电视台解释说："我们个人权利和自由的基础在于总统和行政部门坚决支持和确保联邦法院判决的实施，甚至在必要时，在总统的命令下采取一切可用的手段。总统只有这样做，才不会导致无政府状态。"

那天早上，为了响应这项声明，国防部长威尔逊决定阿肯色州的国民警卫队直接听从联邦政府的命令，直接越过了福伯斯州长。同时，陆军参谋长马克思韦尔·泰勒将军将101空降师的327部队调向中央高中，以维持秩序，平息暴动。8架C–130型和C–123型运输机把肯塔基州坎贝尔要塞的伞兵送到了阿肯色州。当艾森豪威尔向全美发表讲话时，第一批军车已停在了学校前面。这是自重建后，南方第一次因种族问题违抗联邦政府而导致军事管制。

这些部队和民兵之间的差异是惊人的。两方都穿着同样的制服，但仅此而已。国民警卫队由周末军人组成，他们个性随意、衣衫不整、动作缓慢。相比之下，101空降师是一支精锐部队，在各方面都很专业。只要经验丰富、拿着指挥棒的军官一声令下，训练有素的士兵立即从车上冲下来，在学校操场上排成队列。吉普车也成行列排开。帐篷以同一间距排列好，在中央高中网球场外面的空地上撑了起来。野战电话线在学校院子里的橡树上拉起来，黎明前，对讲机中就响起了各处通信兵彼此呼叫代号的声音："你好，'抗争'，这是6号十字路口。请回话，'阿尔法路障'。"①

那天，在阿尔法路障发生了一件当天最富戏剧性的事。路障设在中央高中以东的路口。星期二早上，天刚蒙蒙亮，一些闹事的头目便开始在这儿组织他们的人了。一位身材瘦长、尖下巴的少校站在装有扩音器的卡车旁，监视着他们。他那粗哑的声音从扩音器中传出来："请大家回家去，否则我们就将你们驱散了。"然而，那些人纹丝不动。其中一人嘀咕着："爱黑鬼的家伙。"另一人叫道："苏联人！"一名身着棕色宽松衣服的人朝身边的人喊叫着："他们只是虚张声势。你们要是不想走，留在那儿也没事儿。"

那名少校狠狠地发出命令。12名伞兵上好刺刀，站成一排，枪托紧贴大腿，完全处于随时准备镇压暴乱的警戒状态，每把刺刀都指着人的喉咙。少校再次发出命令，士兵们便向前行进。暴徒们开始撤退，那名身着棕色衣服的男子坚持到最后一刻，然后也转身逃跑了。然而，他也没跑太远。军队在这场小冲突中赢得了首场胜利，但决战还未来临。黑人学生还没到学校呢。

最后的较量干脆利索。那时，中央高中响起了早上8点45分的铃声。与此同时，公园大街和16号街的路障同时打开，驶入一辆领

---

① 这次令人印象深刻的行动的总指挥官是101空降师师长埃德温·沃克少将。后来，他因在军中散发约翰·伯奇协会宣传材料而被勒令退役。在那之后，又因在另一次种族冲突事件中立场错误而被捕。他退役后定居达拉斯，居所前倒挂美国国旗。但在小石城事件中，他的行动无可指摘。

头的吉普车、一辆军用旅行车和一辆殿后的吉普车。三辆车同时在学校前面停了下来，一群黑人学生从旅行车上走了下来，三排伞兵双手拿着步枪跑上前去，围成一个半圆形，用刺刀给孩子们做了一道防护屏障。第4排伞兵则站在黑人学生的两旁，护送他们走上台阶。人们全都目瞪口呆地看着眼前发生的一切。这时，一名妇女突然大喊道："上帝啊！小黑鬼进去了！"其他人也跟着喊："小黑鬼进去了！小黑鬼进去了！"还有一名妇女一边尖叫，一边扯着自己的头发。人群又骚动起来，挪动着前行。

阿尔法路障处聚集了更多人。少将再次厉声说道："你们最好立刻离开。这是最后界限！我告诉你们，这次我们可不会放慢步调。"然而，没有人理会他，于是他命令伞兵再次向前推进。当伞兵前行时，人群便向后退，跳进一家私人住宅前面的草坪，接着又跳进阳台。这群人一路都叫喊着，说这里属于私人财产，军队无权进入。但士兵们仍然步步紧逼。他们一直走上门廊，当暴徒被刺刀逼退时，这些士兵仍然穿过门廊追逐他们。

有人稍一犹豫便被驱离了校门前的广场。此时，人群中却有一人还在负隅抵抗。他叫布莱克，是密苏里—太平洋铁路上的扳道工。过去两天，他一直混迹在最活跃的煽动分子之中。布莱克抓住一名士兵的枪管，顺势将其拖倒。就在两人在地上扭成一团时，另一个伞兵调转其M1步枪，用钢制枪托向布莱克头部砸去。鲜血顺着他的头往下流，他在地上爬着，向一些摄影师喊道："你们谁知道刚才打我的那个杂种叫什么？"士兵们谁也没瞧他一眼，继续前行。这时，一名双目圆瞪的中士叫道："把刺刀举高——对准脖子底下。"

从海岛回来后，福伯斯和新闻记者开玩笑（"我感觉自己像麦克阿瑟。我已被解除职务"），并要求广播电台给他和艾森豪威尔总统同样多的时间回应。美国广播公司电视台同意了，而由于他拒绝在讲话后回答问题，另外两家没有同意。依福伯斯对之前发生事件的描述，布莱克当时正在“一个家庭里做客”，士兵们却疯狂地进行“全面逮捕”。中央高中的女孩被“联邦调查局带走，并进行数小时的隔离审讯，而着急的父母根本不知她们的行踪”。州长十分担心南部白人青年妇女的安全问题，他晃了一下一张照片，说道：“那些插在女学生背上的刺刀便是联邦政府赤裸裸地使用武力的明证。”他又叫喊着说，他从佐治亚州回来，发现那些伞兵“用棍棒重击无辜的旁观者，用刺刀刺向女学生的背部，爱国之士那滚烫的鲜血沾染在冰冷、赤裸裸的刺刀上”。最后他又喊道：“以我们崇敬的上帝之名，以我们珍视和守护的自由之名，我们不禁要问，美国现在发生了什么？”

小石城实际发生的事情与他所讲的毫不相符。布莱克当然不是谁的客人，当时只有 8 人被逮捕，其中 4 人由于到处闲晃而被处以罚款，另外 4 人在警察局就被释放了，而联邦调查局并未审问任何人。埃德加·胡佛表示，州长是在“散播虚假信息”。至于福伯斯给观众晃了一下的那张“女学生遇刺照”，其实是一群女学生一边咯咯地笑着，一边从一群士兵面前走过。

那才是事实，它也证明坎贝尔要塞的军队处理得当。福伯斯却继续装聋作哑，丝毫不肯承认。两星期后，他堕落到《华盛顿邮报》和《时代先驱报》笔下的“肮脏下流的地步”，他竟指控伞兵冲进中央高中女学生更衣室，待在那儿盯着她们的裸体看。记者要求福伯斯拿出目击者证词或证据。他回答说：“我并不打算现在公开这些证据。”事实上，他拿不出任何证据来证明他的指控。11 月，军队全都从学校撤离，只留下一支象征性的队伍，黑人学生上学也开始无人护送了。直到第二年 5 月，此次事件已成往事。虽然说这次军费开支较大，但用得十分值当。为了让这 9 名黑人学生上学，联邦政府花费了 4 051 000 美元。

然而，秋季发生在阿肯色州的事件，使政府付出了另一笔高得多的代价。小石城事件的真正意义在于它对南方白人的影响。他们的祖辈在他们孩提时代便告诉他们内战的故事及其后果，这些已深深刻在南部白人心中，而中央高中的暴动唤醒了那一可怕时代的殉难者的冤魂。在这一点上，他们表现得不可理喻。他们的反应受到南方联邦旗帜、“迪克西”歌词、布尔河战役的杰克逊、阿波马托克斯战役的李将军以及安提塔姆战场上阵亡将士的影响，这导致他们盲目相信福伯斯那连篇累牍的谎言。出现在南方土地上的北方士兵对他们而言仅意味着一件事：这种可怕且令人憎恶的场景将被正义的愤怒反击，反抗呐喊已淹没理智之声。佐治亚州参议员理查德·拉塞尔谴责艾森豪威尔“采用了希特勒发给其冲锋队军官手册中的战略”。①南卡罗来纳州参议员奥林·约翰逊表示：“如果我是福伯斯州长，我就会宣布起义，同时调集国民警卫队，看看在我这个州谁说了算。”密西西比州参议员詹姆斯·伊斯特兰指控“艾森豪威尔已点燃仇恨之火”。佐治亚州参议员赫尔曼·塔尔梅奇表示：“对匈牙利的毁灭，我们仍然表示深深的遗憾。如今，美国总统向小石城大街小巷派出坦克（原文如此）和军队，南方由此受到威胁。我真希望能立刻投票对他进行弹劾。”绰号“见人就吻的吉姆”的亚拉巴马州州长詹姆斯·E·福尔瑟姆声称，他会赶在艾森豪威尔将该州的国民警卫队划归联邦政府之前就将其遣散。卡罗来纳州州长詹姆斯·贝尔·蒂默曼已辞去美国

① 总统十分生气，打电话给拉塞尔：“我必须说，我完全不能理解你把我们的军队与希特勒的冲锋队相比是何居心。一个利用军事力量是为了实现残暴独裁者的野心，另一个却是为维护自由政府的体制。”

海军后备役军官的委任，以免被招去服役。

他们是出头露面的。那些南方普通老百姓则以各种方式表明，福伯斯是英雄，而总统是敌人。盖洛普民意测验表明，美国北部和西部仅有10%的人认为艾森豪威尔不应派遣军队到中央高中，只有1/3南方人认为总统此举正确。在佛罗里达州杰克逊维尔，一名航空队老兵将他的4枚空军奖章和6枚战功金星寄到白宫，要求转给去小石城的伞兵。在得克萨斯州马歇尔市，有人在基瓦尼俱乐部午餐会上发表讲话："自重建以来，这是南方历史上最黑暗的时期。"于是，基瓦尼俱乐部成员拒绝面向国旗表示忠诚。在特拉华州多佛附近的霍华德·约翰逊饭店，一名女服务员要求两名西装革履的黑人离开饭店，并说道："有色人种禁止入内。"此事令国务院十分难堪，因为其中一位是加纳的财政部长，他之前还在自己的家中招待了理查德·尼克松，另一位则是他的秘书。在南方，类似事件经常发生，种族问题总是伴随着恐怖威胁。在佐治亚州奥尔巴尼，恐怖活动秘密组织成员在夜间纵火焚烧了一所黑人学校。而在小石城危机达到高潮之时，6名亚拉巴马州人在一条偏僻的乡间小路上抓住一个名叫贾齐·阿伦的黑人，把他拉到一个空窝棚，用剃刀将其阉割，还在其伤口上倒上松节油。他们当中根本没人认识这名黑人，事后其中一人说道："我们只想随便抓一个黑鬼罢了。"

从福伯斯之后的政治生涯，可以看出他南方人的感情。这位州长的表演，阿肯色州的选民全都亲眼所见。可能其他地方带有偏见的报道会迷惑读者的判断，但这事却不会发生在福布斯所在的州。《阿肯色州报》的哈里·斯科特·阿什摩尔写下了美国新闻界最勇敢的篇章，他因对中央高中暴乱的出色报道而荣获普利策奖。然而，并非所有读者都赞同他的观点。昼夜都有人打电话恐吓阿什摩尔，福伯斯谴责他是“主张取消种族隔离的激进分子”，小石城种族主义的首府公民委员会把他称作“头号公敌”，并且全州的抵制行为使《阿肯色州报》失去了 3 000 个订户。但他继续报道事实，而阿肯色州的人民于 1958 年以压倒性的优势选举福伯斯为连任三届的州长。他获得了 255 086 票，而竞争对手则以 56 966 票大败。在之后的多次选举中，他仍以多数票通过。掌权 12 年后，于 1967 年退休。

在美国南部以外，实际上在整个美国以外，是另一番景象。护送 9 名黑人学生进入中央高中的斗争在全球引起反响。一位编辑在那段时间写道，小石城已成为“一个只要在能看报、听广播的地方，人们便会知道的名字，一个在莫斯科遭到曲解、在新德里遭到误解，并在伦敦十分费解的象征”。渴望在外国首都得到好评的美国人为此十分懊恼。他们意识到阿肯色州所牵涉的原则危如累卵，并看着这些原则受到轻视，他们为之感到羞愧。

但是，对于此次事件在人的方面产生的影响，当时并未有任何意见。实际上，这种沉默振聋发聩。美国黑人的呼声仍然没人听见。“南方人”一词仅指美国白人，没有专门的词指代南方黑人，美国各处报纸也鲜少刊登黑人的消息。霍华德 · 约翰逊饭店事件的真正意义在于，种族歧视的受害者是外国的一名内阁官员，美国人民的良心才因此触动，甚至他们感到后悔也不是因为觉得自己做错了事，而是怕有损美国在外的形象。

成年黑人生来便处于消极状态，由于长期以来别无选择，于是只能接受这种制度，他们日趋委曲求全，竟将该有的愤怒转化为了绝望。当 101 空降师在阿肯色州取得胜利时，倘若有一个美国黑人感到欢欣鼓舞，便会有几十个黑人担心——这也情有可原——此举会激起白人恼怒。那些读过贾齐 · 阿伦事件报道的人知道，若不是上帝保佑，他们恐怕也会遭此横祸。然而他们的孩子对此的反应却大相径庭。继蒙哥马利市抵制公共汽车成功和最高法院判决种族歧视违法之后，阿肯色州中央高中发生的对抗便坚定了陈规旧俗或将被打破的希望。从这个意义上讲，1957 年秋的小石城在一些黑人少年的心中留下深刻印象，例如当时 16 岁的斯托克利 · 卡迈克尔①、15 岁的卡修斯 · 克莱、13 岁的H · 拉普 · 布朗以及 12 岁的安吉拉 · 戴维斯②。

11 月上半月，一些以激励美国人为己任的人研究着密集的乌云，以寻求一丝希望安抚因苏联发射首颗人造地球卫星而受到心灵创伤的美国人民。冯 · 布朗告诉记者，美国以现有的装备可以发射人造地球卫星。让所有人，包括工作人员在内都感到吃惊的是，麦克尔罗伊部长宣布“先锋”计划重启。《时代周刊》派人在 33 个城市进行调查，发现从堪萨斯城畜牧装备公司总经理、佛罗里达州的一位国会议员、内布拉斯加州林肯城的一群银行家到洛杉矶的一名负责供销的工程师，全都信心满满。（“6 个星期前，我到一家飞机制造厂去，发现无论是首席工程师还是绘图员都等休息时间一到便去喝咖啡了，而我这星期再去，却发现休息室空无一人，大家都在干活。”）

《读者文摘》发表了贝尔尼 · 莱的一篇文章，用了一个振奋人心的题目“冲上云霄”。贝尔尼表示，有“天神”暗中帮助美国的空间探索。到这时，政府终于开始回应沸腾的舆论了。卡纳维拉尔角的火箭技术人员忘情地工作着。与此同时，在尼克松的敦促下，总统勉强

① 斯托克利 · 卡迈克尔：美国“黑人权利”运动发起人、黑人社团“黑豹党”领袖，有关他的故事详见《光荣与梦想 4》第三十一章。——编者注

② 安吉拉 · 戴维斯：美国黑人社团“黑豹党”重要成员，有关她的故事详见《光荣与梦想 4》第三十五章。——编者注

同意要做更多的安排，以让大家情绪高涨。他委派基利安为科学技术特别助理（报纸戏称其为“导弹总管”，这使艾克十分生气），又任命一名五角大楼的协调员去遏制军种间的竞争。接着，他决定接连发表5次电视讲话。这一系列讲话备受期待，第一次讲话也反响很好。在电视上，他展示了回收的丘比特中程弹道导弹上4英尺长的外壳。他解释道：“制造远程武器的障碍之一便是如何将导弹从外部空间送回时，让它避免像流星划过天际那样燃烧……我所展示的外壳是从已接受试验的导弹上取下的。它曾在外太空飞行数百里后返回地球。你们看，它仍完好无损。”他确信：“直至今日，自由世界的整体军事实力仍然明显高于共产主义国家的军事实力。”洲际弹道导弹不久将横空出世。美国战略空军司令部B–52型喷气式轰炸机也随时处于戒备状态。

民众纷纷来信，令人鼓舞。艾克的第二次讲话也十分成功，于是开始着手准备即将在克利夫兰播出的第三次演讲稿。然而此次拟稿进行得十分缓慢，因为他脑子里有太多事情。每年劳动节[①]到圣诞节这一时期是总统最为繁忙的时候。12月6日，他将在巴黎主持北约会议。在此之前，他还要完成来年的立法计划，并对国会领导层说明情况。他还要考虑下一财年庞大的财政预算，并在来年1月发表国情咨文。现在看来，整个美国正在进入一个经济大衰退时期。

摆在总统面前最迫切的任务仍然是重振国民信心，于是决定完成剩下几次的电视讲话，但最终未能如愿。1957年11月25日，总统在26个月中第三次卧床不起，甚至无法处理最简单的公务。斯奈德医生诊断他患了“血管痉挛”。但对于美国上下而言，这就是中风。

① 美国劳动节是每年9月的第一个星期一。——编者注

感恩节之前的那个星期一，为欢迎前来国事访问的摩洛哥国王穆罕默德五世，总统未戴帽子在华盛顿国际机场忍受秋季凉风的洗礼。一回到白宫办公室，他便说自己感到寒意袭身。他担心自己染上了流感。实际上，他的病比流感严重。他向自己的秘书安·惠特曼口授一份文件时，惊愕地发现自己竟无法开口说话。秘书含泪跑到舍曼·亚当斯面前说："总统已回家了，他刚才试图告诉我一些事情，却说不出话来。似乎突然出了什么事。现在他已放弃口授的努力，并回到家中。我无法想象他到底出了什么事情。"

在楼上总统公寓，亚当斯发现总统穿着睡衣。斯奈德医生还在路上，但打了电话要总统先上床休息。艾森豪威尔面带微笑地对他的助手说："我猜你要……"他无法说完整句话。停顿之后，他结结巴巴地补充道："……商量今天的晚宴。"他对于无法谈论如何款待那位非洲来的国王懊恼不已，勉强说出："我根本没事！我好得很！"但他明显无法顺畅说话了。他结结巴巴地、重复蹦出一两个词或音节，但全都不是他想说的话。惊恐的艾森豪威尔夫人对亚当斯说："他现在这个样子，我们不能让他到下面参加晚宴。"亚当斯表示同意。于是，他告诉总统，尼克松可以代表他参加晚宴。艾克用力摇摇头，吃力地说道："如果我不能履行自己的职责，还不如彻底不干了。这事就这么定了。"

接着，医生来了。当听到艾森豪威尔将"国际"一词说成"国志"时，斯奈德便做出了诊断。总统的中风已经影响到其大脑的语言中枢。他罹患了失语症，也就是用语言表达思想的能力受损。这种损害是否能够治愈尚未可知，即使能够治愈，也不知需要多长时间。医生打电话联系了沃尔特·里德医院，亚当斯也联系了尼克松，他同意主持晚宴。暂时还不向新闻界透露任何消息。哈格蒂正在巴黎准备总统的北约会议之行。当总统生病的消息传到他耳中时，他哭了。

但悲痛其实毫无必要。艾森豪威尔恢复得很迅速，简直就是奇迹。几个小时后，他的病情便有所好转。甚至当哈格蒂的一名助手向记者们简要介绍4名神经科专家时（伴随“轻微讲话困难”的“闭锁综合征”），总统已回到白宫观看怀亚特·厄普的电视节目了。次日清晨，总统于7点40分醒来，洗了澡并自己做了早餐。他画了一会儿一直未完成的英国公主安妮的画像。他感觉好了许多，便召见自己的助手，还接见了摩洛哥国王。随后处理了半小时公文，在10多份文件上签了全名或缩写。星期四感恩节那天，他去了教堂，并拒绝了牧师的搀扶。在白宫进餐时，他切开了一只重达40磅的火鸡，接着艾森豪威尔夫妇驱车带斯奈德医生去葛底斯堡农场共度周末。星期六，他们观看了陆军对海军的球赛。经斯奈德同意，艾森豪威尔于星期一全面恢复了工作，并主持了一场内阁会议。医生告诉媒体：“总统的健康状况进一步好转。”

在卡纳维拉尔角，“先锋”计划的科学家希望将一颗美国制造的人造地球地球卫星于12月6日送上太空，为正在康复的总统送上一剂精神良药。星期五早晨，一切似乎都准备就绪。长长的、黑色与银色相间的、分为三级的海军试验运载火箭3号（TV–3）耸立在一个蜘蛛网形的龙门起重塔上。阳光在液态氧燃料周围凝结的白霜上闪耀。TV–3是在华盛顿的直接命令下快速建造起来的，大家都盼望着它能将保龄球大小的美国人造地球地球卫星送入太空。这其实没什么，但象征着美国拥有精良的科学技术，同时也体现了美国参加并且赢得太空竞赛的决心。为取得宣传效果，政府早已让全世界都知道了这件事。尽管马丁火箭尚未进行测试，但估计其性能没有问题。五角大楼新闻发布员和127名美国、外国记者保持联系，告知他们事情的最新进展，包括发射时间这类通常属于高度机密的信息。《纽约时报》的标题为“美国即将发射人造地球卫星”。《匹兹堡太阳电讯报》预告说：“月球——近在咫尺。”美联社向各报社提前发了一份新闻通稿，交代他们一旦卫星进入轨道，立刻发出该新闻通稿。该通稿已在无数印刷厂排好版，随时准备印发：

美联社卡纳维拉尔角12月6日电，现绕地球飞行并发出无线电信号的小月球是美国对苏联的回应，即美国也能在太空前沿立下标杆。

由于阀门漏气，导致卫星多次推迟发射，最后卡纳维拉尔角终于升起一颗红色气球，表明“先锋”号即将发射。观察飞机——两架“二战”老式B–17轰炸机和一架新式赛斯纳飞机已经起飞并迅速升到空中，俯视着众多围观者。任何人都必须站在离发射台三英里外的地方，但大量人群还是隔着隔离带向内观望。佛罗里达州卡纳维拉尔半岛上的所有学校都放假了，工厂和公司也让职工暂停工作。在街上、空旷场地以及公共沙滩上，到处都是等着见证这一历史时刻的美国人。

上午10点42分，龙门起重架拉开，50分钟后又拉了回来，最后被彻底拉走。连接TV–3和发射支架的缆绳于下午1点44分撤除。不到两秒，火箭底部喷射出第一股炽热的白色蒸汽。在华盛顿，通过现场电话可听到“先锋”计划副主任保罗·沃尔什的声音。他喊道：“零……发射……第一次点火……”

庞大的火箭晃了几晃，笨重地从发射台缓缓升空，一英尺、两英尺、三英尺。就在那时，预定发射时间过了两秒后，火箭似乎静止了，停在了空中。突然，沃尔什大喊：“要爆炸！”刹那间，从那个发射失败的火箭下方冒出一股长长的橘黄色烟雾，接着开始往下掉落，然后突然上升，成为一股滚滚火浪，包围了TV–3整个右侧。在天空中，B–17飞机上的一个飞行员叫道："着火了！爆炸了！黑色浓烟到处都是……我们没有看见载着我们卫星的火箭……火箭或许并没发射……这里有一团很大的浓烟……刚才发生爆炸的地方黑压压的一大片。"

烟雾是由自动灭火器中的水和二氧化碳引起的。当烟雾飘散后，就能看见火箭的前端椎体斜靠在发射支架上。随处可见大火。已烧焦的残缺尾部插进了发射台。整个装置有一处还完好无损：椰子般大小的卫星已被火箭甩出，落在地上，正按设定好的108兆周的频率发射出稳定的信号。

这是一场公关上的灾难。尽管科学家表示这只是一次试验，却徒劳无功。美国曾向全世界大肆宣传此次发射，以期得到赞扬，如今却只能忍受讽刺与嘲笑。在联合国工作的苏联人咧嘴笑着，建议美国人申请苏联向落后国家提供的技术支持。在伦敦，卡利索普民谣歌手在英国广播公司唱道："哎呀，美国人想要发射卫星，然而那颗小卫星不上天呀。"五大洲那些爱说俏皮话的人将TV–3改名为倒栽星、噼啪星、愚蠢星、无用星、反向星、冒烟星、熄火星和故障星等。林登·约翰逊在议院上悲叹道："天啊，到底要多久，我们才能赶上苏联发射的那两颗卫星啊？"在华盛顿，在那场垂头丧气的记者招待会上，负责"先锋"计划的哈根博士只说了一个词："胡闹。"社论作者想寻找一只新的替罪羊，他们便盯上了新闻发言人，这些人和进步教育家一同遭受了羞辱。匹兹堡的一位教授说："这是自卡斯特进行最后一次抵抗以来，我们遭受的最大耻辱。"

在通信便利的时代，这次灾难似乎比其本身更加严重。这支坠落的火箭并非美国军火库中唯一一支火箭。在一个月内，卡纳维拉尔角的发射台才修好，海军就准备进行第二次卫星发射。就在TV–3发射失败的那个星期，空军重新试验了“雷神”和“阿特拉斯”式导弹，并取得了成功。3月，陆军还将实施把8枚丘比特C型导弹送入太空的项目，每枚导弹都比“先锋”号更大、更可靠。总统曾下令，不让文职人员参与丘比特项目，因为军事试验有绝对优先权，但如今此命令已被撤销。人们将很快忘记12月6日的耻辱，然而，政治家们不会忘记。对他们而言，再冒一次受公众嘲笑的风险是无法想象的。从此刻起，接连几届政府都决定致力于参加空间竞赛，直至取得最后胜利。任何退出的借口都不能接受。对国家资源的其他需求无论多么紧迫（到20世纪60年代，对一些资源的需求将空前紧张），都必须等到星条旗牢牢地插在月球上再说。

美国人小像：
埃德塞尔汽车

1948年，有人便开始构思制造埃德塞尔汽车，目的是为了解决问题，而非制造问题。曾经对福特汽车满意的车主越来越富裕，便开始对福特汽车公司的水星牌汽车失去了兴趣，转而购买别克、庞蒂亚克和奥兹莫比尔车。福特汽车公司一位高层表示："我们一直在为通用汽车公司培养顾客。"6年后，公司策划人员在一种中等价位（2 400~4 000美元）的汽车上投入2.5亿美元。他们知道，第一年至少要销售20万辆才能有利润，而他们有信心做到这一点。

由于该车没有名字，他们便称之为E系车，"E"代表"试验性的"（Experimental）。他们在汽车制造过程中花费甚大。20世纪50年代中期还处于动机研究的萌芽期，作为E系车设计顾问之一的哥伦比亚大学应用社会研究所对其他中间价位的汽车做了"性格"的评定。结论是，别克汽车好比一名专业人士的妻子，而水星牌汽车则显得比较淫荡。迪尔本福特公司的一名员工在仔细研究这些资料后写道："E系车最具优势的'性格'也许应该是：为正在往上爬的年轻经理人或专业人员的家庭提供的智慧汽车。"他又补充解释道："'正在往上爬'是说'E系车信任你，年轻人，我们将助你走上征程'！"

1955年8月15日，在亨利·福特二世和欧内斯特·R·布里奇的带领下，福特汽车公司全体经理人见证了与E系车同等大小的泥塑模型揭幕式，汽车表面覆盖锡纸来代替镀铝或镀铬。大家全都鼓起掌来。那年夏天股票市场繁荣，这种中等价位汽车的市场也是如此。时势似乎十分眷顾E系车。该车的外观将很快闻名于世：尾部犹如海鸥展开的双翅，还有椭圆形内凹的散热网板，一名设计师则将汽车内部形容为“按键时代的缩影”。

顾客心理专家想出了6 000个名字，按照字母表顺序排列并附上彼此参照建议后，布里奇灵感一现，借用亨利二世父亲的名字，将该车命名为“埃德塞尔”。E系车出厂日定在1957年9月4日。在这之前的51天，第一批埃德塞尔汽车已下线，但仅有少数几个经过严格筛选的人才能目睹。E系车营销人员营造出一种十分神秘的氛围。广告上出现的是汽车的模糊影子，或是帆布遮盖下不成形的轮廓。埃德塞尔汽车存放的大楼里安装了特殊锁具，倘若钥匙落在克莱斯勒汽车公司或通用汽车公司派来的间谍手中，锁具会在15分钟内改变。7月，有消息泄露，一辆E系车样车曾被装在一辆密封货车内运到好莱坞，由卡斯克德制片厂在一个上了锁的摄影棚里拍了照片，当时还有武装警卫人员在外巡逻。（卡斯克德制片厂的一个发言人表示：“我们采取的所有预防措施都和拍摄原子能委员会交拍的影片是一样的。”）福特汽车厂试车道周围布满带刺铁丝网和伪装好的岗亭。在迪尔本，望远镜持续观察着附近的屋顶和小山，以防竞争者派来的间谍可能藏匿在某处。

《商业周刊》称，埃德塞尔汽车出厂准备的耗资可谓商业史上最昂贵的一次。福特公司旗下的埃德塞尔分厂拥有自己的工厂，厂内有800名管理人员和1.5万名工人，另有60名高薪聘请的广告文案撰写人负责广告宣传。此外，还有近1 200名美国汽车代理商放弃其他有利可图的汽车代理权而专门销售埃德塞尔汽车。如果该车真能畅销，代理商将赚得盆满钵满，反之，他们可能会失去所有，甚至连裤子都保不住。

8月的最后一个星期，福特汽车公司花费9万美元举行了为期三天的新闻发布会，会上为250名新闻记者展示了可生产18种E系汽车的4条主要生产线。然而，发布会并不太成功。冒失的驾驶者加大马力高速开着埃德塞尔，把那些新闻人吓得不轻；专为此事邀请的乐队所使用的谱架上印着纪念格伦·米勒的GM字样①。这些事情虽无足轻重，却是不祥之兆。这种新车看来运气不佳。然而，公众无疑还是对它产生了好奇心。在E系车出厂后的那个周末，将近300万人都涌入代理店里一探究竟。E系车出厂当天，超过6 500人购买了埃德塞尔汽车。迪尔本因此充满欢呼雀跃之声。倘若能将剩下的车卖出1/15，那么该车第一年销售将飘红。

然而，一切化为泡影。一方面，销售中等价位汽车的黄金时期已开始消失。7月，股票市场猛跌，标志着1957~1958年经济衰退期即将来临。《汽车新闻》报道称，汽车代理商正经历该行业有史以来的第二次销售惨

① GM，原为格伦·米勒的姓名缩写，但也是通用汽车公司的缩写。——编者注

季。更重要的是，E系车出厂后的第30天——1957年10月4日，福特汽车公司声名狼藉之日，苏联将第一颗人造地球卫星送入轨道。斯泰尔斯·布里奇斯在参议院发表了雷鸣般激动人心的演讲，完全反映出美国大众的心声：“很明显，现在不是花太多心思关心新买的宽幅地毯有多厚或是新车的尾鳍有多高的时候了，我们更多的是要准备流血、流汗与流泪了。”在此种主张的新氛围下，《商业周刊》将迪尔本的最新产品称为“一场梦魇”。《消费者报道》杂志表示，这代表底特律“将越来越多潜在顾客拒之门外”的“众多过分行为”之一。《时代周刊》写道，这是“将错误的汽车在错误的时候投入错误市场的典型事例”，也是“证明在进行‘深入采访’和‘顾客心理研究’的烦琐活动后，市场研究的作用仍然有限的典型例子”。

事情远未止于此。按其他标准评判，埃德塞尔也是个失败案例。椭圆形散热栅板并非成功之作，它竖直安装在车头，上面镶有铝制“埃德塞尔”字样。其设计师的灵感源自当代欧洲汽车，希望这能给车带来贵族气质。然而事与愿违，部分原因在于它与整个车头的设计不协调。公众对此做出的负面反应给了该车在成功道路上的第一次打击。一位作家将散热栅板比喻成一个鸡蛋，另外一些人将其描述为马轭、兔八哥，还有——马桶圈，这也许是由通用汽车公司或克莱斯勒汽车公司恶意制造的。

更糟糕的是首批生产上市的埃德塞尔汽车中，几乎半数都有毛病。这些车有的刹车失灵、有的按钮失效、有的油盘脱出、有的行李箱无法打开，还有变速器冻住、喷漆脱落、轴盖掉落、电瓶坏掉或车门无法打开——这一长串的毛病似乎永无止境。

在E系车出厂后的第三天，费城北部出现了一次偷盗埃德塞尔汽车的事件。之后便再无此类事件发生了。这是该系列车魅力消逝的标志，因为它甚至连被偷的价值也没有了。该车的繁盛期在全美逐渐消退后，其销售额也骤然下降，从迪尔本的销售图表看来，就像一个滑雪斜坡。如果代理商要实现不赔不赚，只需售出1/5的汽车，但连这样的销售量也无法达到。促销活动开始变成近乎疯狂的守势：

埃德塞尔，1959年制造。外观优美！制造精良！价格合理！绝无仅有。全新车型！振奋人心！实用美观。空间紧凑。引擎良好。节能环保。定价三千，备受青睐！

1958年1月14日，福特汽车公司将埃德塞尔分厂和林肯–水星分厂合并。这种新车已使公司损失了4亿美元，它已彻底完蛋，全美上下人尽皆知。认输的时候到了，但不幸的是，认输还不太可能。就像新车需要很长的生产周期一样，停产也尚需时日。埃德赛尔新型汽车在很久之前就设计好了，钢模已经切割好，1959年型号的车已处于最后装配阶段。最后，汽车上市时销售量还不到当时市场上全部汽车销量的1%，因此，埃德塞尔汽车生产商于 11 月 9 日停止生产该车。由埃德塞尔广告部门赞助的一个西部片电视节目《大车结队》的观众受邀参加一个竞赛，目的是宣传该车，但奖品并非埃德塞尔汽车，而是小马。

第二十五章　改革动荡

1958 年，作为自电视问世以来电影界最具票房号召力的电影，迈克尔 · 托德的《环游世界 80 天》已逢其播出的第三个年头。这部电影吸引人的部分原因在于，20 世纪 50 年代末正如儒勒 · 凡尔纳所处的 19 世纪 70 年代一样，交通运输是特大新闻。当时，全世界正在明显地逐渐缩小，这并不完全是因为人造地球卫星的问世。1958 年 10 月 4 日，英国海外航空公司将喷气式客机用于跨越大西洋的航线。两个月后，也就是 12 月 10 日，美国喷气式客机也开始在全国航空公司进行其首次国内飞行，从纽约飞往迈阿密。圣劳伦斯河的内河深水航道于 1959 年 4 月 25 日通航。在玛米 · 艾森豪威尔给第一艘核动力商船“萨凡纳”命名后，当时作为美国海军最后一艘战舰的“威斯康星”号便被封存起来。核潜艇已超越了凡尔纳在书中描述的潜入海底两万里的最大胆的幻想，可以在水下绕地球一圈并在北冰洋的冰层下穿过北极。1959 年 6 月，耗资 1.1 亿美元的世界最大潜艇“乔治 · 华盛顿”号首次悄无声息地潜入康涅狄格州格罗顿的泰晤士河，并携带 16 枚装有固体燃料的北极星导弹，这是苏联无法以洲际弹道导弹偷袭美国核基地的保证。

这时，美国电话电报公司投入使用的电话已达 1 亿部，占全世界电话总数的一半。1951 年 11 月 10 日，长途直接拨号设备引入新泽西州恩格尔伍德，并逐渐扩展到海外通话。海底电话、无线电话、越地平无线电，以及不久将加入的电讯通信卫星（贝尔系统第一个实验性通信卫星）把美国与海外 190 个国家及地区连接在一起。当 Mark Cross 鳄鱼皮手提包制造商宣布，向祖鲁兰（南非地区）捐助一笔资金用于鳄鱼繁殖时，便展示出当代美国商业的全球性。与此同时，缩短的贸易航线使美国汽车商遭遇海外新的竞争力。在美国，外国汽车销售量所占比例为 10%，领头者有来自德国的大众汽车（1958 年售出 102 035 辆）、来自法国的雷诺汽车（售出 47 567 辆）、来自意大利的菲亚特汽车（售出 23 000 辆）以及来自英国的希尔曼汽车（售出 18 663 辆）。日本、瑞典以及荷兰都计划将其小型汽车打入美国市场。最终，底特律面对现实，准备制造美国自己的小型汽车。为了和海外小型汽车相区别，将其取名为“便捷车”。

有人问美国人到达月球时，会在上面发现什么，爱德华 · 泰勒冷酷地答道：“苏联人。”1959 年 1 月初，苏联人发射了月球卫星 1 号。这颗重达 3 245 磅（约 1 471.91 千克）的令人叹为观止的卫星，到达了距离月球仅 5 000 英里的地方。尽管美国开始采取首步措施迎头追赶，但苏联已在空间探索上领先一步，并且继续迅猛发展。卡纳维拉尔角的工作人员最终用陆军的丘比特 C 型火箭将一颗美国卫星送入轨道。1958 年颁布的国防教育法要求联邦政府提供资金，提高在科学、数学和外语上的教育。1958 年，国会创立了美国国家航空航天局。为了测验人类在外太空的忍耐力，空军上尉乔 · 基廷格创下史上距地面最高的跳伞纪录：从 76 400 英尺的高空跳下。在空中降落 63 360 英尺后，他打开降落伞上的气压装置，最后在新墨西哥州沙漠安全着陆。1959 年 4 月 10 日，各报头版向全美国介绍了一批新式名流——"水星计划"宇航员，皆为 32~37 岁的试飞驾驶老兵。他们是艾伦 · 谢泼德、沃尔特 · 斯基拉、弗吉尔 · 格里索姆、斯科特 · 卡彭特、小约翰 · 格伦、戈登 · 库伯和唐纳德 · 斯莱顿。他们都是白人，都有孩子，都来自美国小镇，并且都是新教徒。这 7 个人中有 6 个人留着平头。

20 世纪 30 年代，美国两边的海洋曾让孤立派高枕无忧，而它现在已变成能够涉水而过的小溪。1958 年 8 月，那些谈论放射性尘埃危险性的科学家认为，从某种程度上讲，地球上任何核爆炸都会对所有美国人身体里的每根骨头造成影响。1959 年 7 月 10 日，两名美国军事顾问在距离西贡（今越南胡志明市）20 英里的边和市遭到杀害，还有一名负伤，这使得遥远的中南半岛变得不再那样遥远。这三名军官当时正在一家餐厅用一部家庭投影机观看珍妮 · 克雷恩的电影《褴褛衣衫》。恐怖分子就在这时将该餐厅包围，趁一名中士开灯换片时，向他们开了枪。

现在第一届艾森豪威尔政府已成过往云烟，那些社会名流也随之一同消失。1957 年 3 月 2 日，参议员乔 · 麦卡锡死于酗酒。（乔治 · 索科尔斯基写道："他十分沮丧，认为自己遭到了背叛。他尤其觉得是被自己曾经深信不疑的副总统尼克松出卖了。"）其遗孀琼 · 克尔 · 麦卡锡继续生活在华盛顿，4 年后，她嫁给了民用航空委员会的一名委员。弗兰克·劳埃德·赖特89岁时去世，留下一个势将引起争论的定时炸弹：纽约市耗资300万美元修建的所罗门·古根海姆博物馆。娱乐界去世的名人包括埃洛尔·弗林、马里奥·兰扎、马克斯韦尔·安德森以及卢·科斯特洛。约翰·刘易斯辞去了矿工联合会主席一职。货运司机工会的戴夫·贝克进了监狱，留下其继承者吉米·霍法继续与参议院调查委员会的约翰·肯尼迪和该委员会首席顾问罗伯特·肯尼迪斗争不休。35岁的玛丽亚·卡拉斯离开意大利百万富翁乔瓦尼·梅内吉尼，转而投向船业大亨亚里士多德·苏格拉底·奥纳西斯的怀抱。有一些闲言碎语说，53岁的奥纳西斯对她而言太老了。

大家越来越倾向于将这10年与20世纪20年代做比较。20世纪50年代虽然也很荒唐，但直到1958年还没有任何可以与弹尤可里里或坐在旗杆上相比的事情。这时，两名来自加利福尼亚州加布里埃尔的年轻玩具商出色地弥补了这一遗憾，他们合伙创立了惠姆–奥玩具制造公司，这两个人的名字分别是理查德·科内尔和阿瑟·梅林。“二战”后，他们以不到1 000美元的资金开始制造弹弓。1957年，他们靠制造飞盘赚得了人生第一桶金。飞盘是一种很轻的塑料碟子，一个人将其抛向空中，它会缓慢地掠过天空并由另一人接住。在1958年纽约举行的一次玩具展览上，一个陌生人告诉他们，有一种大木圈已在澳大利亚迅速流行，孩子们将这种圈套在臀部转着玩。回到公司后，两人便开始制作这种大木圈。然而，制作了20个以后，他们停了下来，因为他们不喜欢木头，想用塑料试试。5月，他们做出了自己希望得到的东西：色彩亮丽的聚乙烯管制成的直径三英尺的圈，每个圈能在市场上卖到93美分，得到16%的毛利。惠姆–奥玩具制造公司给这个新玩具取名为“呼啦圈”。

要给呼啦圈申请专利不太可能，因此，十几家公司便在劳动节时以其他商标名仿制呼啦圈。惠姆–奥玩具制造公司到9月初共售出200万个呼啦圈，净利润超过30万美元。接着，成年人也开始用呼啦圈锻炼身体。这样一来，惠姆–奥玩具制造公司的记账员都无法记录下产品销售数字了，公司忙得不可开交，工人开始实行三班倒的工作制。若将美国国内外销售的呼啦圈仿制品包括在内，那么这年秋天，其销售量估计有几千万个。由于呼啦圈的广泛使用，欧洲一些医学杂志警告不要过度使用呼啦圈，以免造成伤害。这方面的事例举不胜举。在荷兰莱登市，一名妇女被推进手术室接受阑尾切除术。医生发现，真正的病因在于她太过使劲地转动呼啦圈，从而导致腹肌受到损伤。在英国，呼啦圈销售量已达25万个，英国医学会发出警告："心脏病患者严禁使用呼啦圈，平常缺乏锻炼的人也不宜剧烈转动呼啦圈。"在日本，急诊室里到处都是因玩呼啦圈而导致腰椎间盘突出或骨头脱臼的人。自一名孩童在追逐滚到马路上的呼啦圈而遭遇车祸后，日本便禁止在街上玩呼啦圈了。尽管如此，日本呼啦圈的销售量还是超过了300万个。许多日本人排队购买呼啦圈，在银座，队伍排到了几个街口之外。岸信介首相在62岁生日时，还收到一个呼啦圈。

约旦的扎伊奈太后从欧洲旅游回国时，其行李箱里也装了一个呼啦圈。这本应该能证明呼啦圈是个体面的玩具，但一些玩具商还是紧张起来。转呼啦圈之所以吸引成人观看，是因为人们玩呼啦圈时扭动臀部表现出的挑逗性。那年秋天，橄榄球比赛带给人们一些意想不到的愉悦，那就是观看啦啦队队长狂野地扭动腰部，成千上万的观众为此欢呼。一位名叫雅克·德·圣–法贝的法国呼啦圈制造商担心这可能会引起教会的注意和反对。在呼啦圈问世之前，雅克一直靠为医院和实验室制造塑料管为生。为保护自己的名誉，他说服法国名流带上呼啦圈拍照。在芬兰，解决这个问题的办法是举行马拉松比赛，参赛者必须同时用脖子、臀部以及膝盖转动呼啦圈。

无论观看者有怎样下流的想法，美国的这个新玩意儿在其他地方依旧风靡。在德国，职业拳击手马克斯 · 施梅林和妻子安妮 · 奥德拉引发了呼啦圈热。没有孩子的德国人没有什么好借口买玩具，为避免尴尬，他们便叫商店将玩具打包好，在夜间送至家中。比利时一支前往南极的探险队表示，他们的行李中有 20 个呼啦圈，这笔花销被列入文娱费用的开支。在一些国家，呼啦圈严重脱销。在约翰内斯堡，呼啦圈的零售价为 65 美分，记者在那里报道称，只有白人才买得起，但当地人也不免眼热，最后慈善机构便开始派发免费呼啦圈。阿姆斯特丹的《自由人民报》上指出，荷兰需要塑料管的工厂已缺料停工。在华沙，一家专为青年人创办的周报说："如果轻工业部和手工业局还不开始生产呼啦圈，那么我们在呼啦圈市场上就会严重落后，尤其是在国际范围内。"但这两个部门仍旧不慌不忙，因此呼啦圈就通过民主德国走私过来。

之后，呼啦圈热潮开始急速消退，正如其来势汹汹一样。1959 年夏，废弃的呼啦圈开始塞满城市垃圾场，但呼啦圈的风行阐明了一点：即使是美国大众文化中的琐碎之事，也会给全球其他地方带来巨大影响。

在欧洲，英法外交部将苏伊士运河灾难归咎于杜勒斯，在华盛顿，艾森豪威尔政府里的一群工作人员也同意他们的说法。但考虑到苏伊士运河事件发生后中东的局势，对于华盛顿下一步应采取怎样的行动，大家持相同看法。根据冷战信条，世界上任何一个值得争夺的地方要么属于共产主义世界，要么属于自由世界。舍曼 · 亚当斯于 1961 年写道：

英法两国企图通过武力解决苏伊士运河的争端而遭到挫败，由此，两国在中东的威信和政治势力暂时受到削弱……总统表示，除非美国保证去填补这一真空，并向全世界表明这一举动，否则苏联必将插手中东，从而使我们自己陷入难以忍受的境地。

总统告诉国会领袖："我只是不相信，我们会在中东留下真空。"他在一次国会两院联席会议上请求获准在中东地区使用美国军队，以"确保那些为抵抗受国际共产主义控制之国家所发动的外来武装侵略而要求援助的国家的……领土完整、政治完整和政治独立"。这就是艾森豪威尔主义。就像罗斯福于1940~1941年不宣而战、杜鲁门在决定派遣美国士兵前往朝鲜时未征求国会意见，以及1955年关于中国台湾的决议一样，艾森豪威尔主义朝着能够动用总统权力将美国武装力量派到任何地方的方向又迈进了一大步。

亚当斯指出了艾森豪威尔主义中的一个弱点。他写道："美国在试图阻止海外共产主义扩张时都将遇到的一个困难在于，如何设法证明以国家主义斗争形式出现的内部动乱确实是在莫斯科的指导下产生的。"支持该主义的决议很快便在众议院通过，但在参议院却遇到些麻烦。正如在中国台湾决议的争论上一样，持反对意见的参议院内部出现了分歧。一些人认为白宫正尝试分担本应由行政部门做出决定的责任，另外一些人则认为，艾森豪威尔是想获得发动战争的权力。佐治亚州的理查德·拉塞尔和阿肯色州的富布赖特对此感到十分忧虑。拉塞尔告诉杜勒斯："这是要我们不顾后果地承担义务。"杜勒斯回答说，这是考验忠诚。他对拉塞尔说："如果我们对每一件事情都较真，如果国会不愿意相信总统……那我们就不可能打赢这场仗。"

但这场仗在哪儿打呢？英法两国已经放下武器，中东仅有的危险之处就是阿拉伯和以色列在加沙地带和亚喀巴湾上的争端了。历经两个月的讨论，参议院以 72 票对 19 票通过决议。亚当斯后来写道："在接下来的一年时间里，约旦、叙利亚和黎巴嫩都发生了一系列爆炸性事件，并且都直接或间接涉及艾森豪威尔主义的应用。"事实上，该主义并不适用于这些事。约旦引起的麻烦属于典型的中东式麻烦：反对以色列的阿拉伯人使整个阿曼惊慌不安，迫使年轻国王侯赛因的首相辞职。于是侯赛因向艾森豪威尔求助，宣称这场危机是"国际共产主义和其追随者的责任"。杜勒斯认同了，总统便派遣第 6 舰队到地中海东部进行了一次开炮示威。在大炮的庇护下，侯赛因选择了一个忠于他的政府。暴民被驱散了，新首相幸免于难。谁也不知道，没有那示威的军舰相助，结果会有什么不同。

叙利亚爆炸案随之而来，这次事件充满了滑稽歌剧的味道。杜勒斯渴望在大马士革打响自己的旗号，但叙利亚人民并不买账。叙利亚政府倾向苏联，反对派成员是反美官员，都希望相互独立。沙特阿拉伯国王沙特向艾森豪威尔保证，这里的长期不和与意识形态无关，没有一个真正的阿拉伯人会加入共产党。总统回复说，他曾经听过这些话，戴高乐也曾告诉他："没有一个真正的法国人会成为共产党人。""很显然，这场动乱是共产党煽动的。"亚当斯写道，"但与约旦局势不同，叙利亚政府并不想向西方寻求任何帮助，因此艾森豪威尔在此不可能大做文章。这就是艾森豪威尔主义存在弱点的一个明证。"

1958 年 7 月 14 日早晨，华盛顿一觉醒来，意识到中东的周期性痉挛又发作了。前一天夜间，伊拉克亲纳赛尔的阿拉伯民族主义者们占领了巴格达广播电台、邮局、电报局以及底格里斯河上的桥梁。他们向王宫进攻，杀死了国王和王储。首相努里 · 赛义德试图化装成一名妇女悄悄逃走，仍被抓住并处死。这样一来，杜勒斯的巴格达条约刚签订不到半年，其主要人物便垮台了。[①]这也使黎巴嫩总统卡米勒·夏蒙惊慌不已。不久前，夏蒙还控告他的政体中混迹着大量阿拉伯共产主义人士。联合国秘书长哈马舍尔德曾亲自带领联合国观察小组对此指控展开调查。然而，他们并未找出证据证实夏蒙所担心的事情。现在，由于夏蒙相信自己是纳赛尔下一个要对付的目标，便正式要求美军派遣部队到贝鲁特。艾森豪威尔予以批准。

20世纪30年代的孤立主义开始调转方向，偏向干涉主义。不管怎样说，都不能说美国的安全受到了威胁。在第6舰队的70艘军舰和420架战斗机的掩护下，9 000名美国海军陆战队士兵登陆黎巴嫩，可谓美国武装部队在和平时期最大的一次集结。接着，总统发表一项声明解释道："这些武装力量的任务是保护美国人，因为约有2 500名美国人在黎巴嫩。"然而，没有丝毫证据表明当时有任何美国人（甚至黎巴嫩人）处于危险之中。而且，总统这样说，实际上是承认这与艾森豪威尔主义毫不相干。杜勒斯试图说服国会领袖，这其实与艾森豪威尔主义有关。如果美国不按夏蒙的要求出兵，国务卿警告道："我们的声望将荡然无存，没人会再相信我们所说的话——永远没有。只有我们率先到达那里，才可能不会出现共产党干涉。"他又说，如果不采取行动，自由世界失去的将不仅仅是中东地区和自由世界在那里近3/4的石油资源，还有非洲和非共产党统治的亚洲。这段对话后来被冷战分子一再引用，以证明在任何国际危机中，包括越南问题在内，使用武力都是正当之举。1954年，艾森豪威尔对此表示

---

① 杜勒斯援引艾森豪威尔主义向成员国保证，美国将使用"庞大的机动军力"来保护它们免遭颠覆。自巴格达政变后，同盟国少了伊拉克，重新组建为中央条约组织，总部设在土耳其安卡拉。

抵制。这次，抵制的力量来自国会的领袖们。他们坦白地表明，不想为黎巴嫩行动分担任何责任。

对于所有目的和利益来讲，艾森豪威尔主义就此结束。4 个月后，夏蒙的位置由持中立主义的新总统和首相接替，在他们的要求下，驻扎在黎巴嫩的美国海军陆战队撤退。亚当斯总结说，这个插曲“对艾森豪威尔而言就是一次令人沮丧且不愉快的经历”。当时这件事所蕴含的意义比他们认为的还要深远。总统曾对参众两院发出警告，表明他可能会冒险在中东发动战争，而不会事先和国会商量。“在那种情况下，”他说，“如果要对这次行动进行公开辩论，那么采取行动便无意义。”因此，这是进一步同意扩大总统发动战争的权力的先例。

对美国而言，对世界另一端实施炮舰外交实属新鲜。这意味着一个帝国的出现，正如《欧洲市场上的美国》的作者赖纳·赫尔曼和《美国的挑战》的作者赛尔旺·施赖贝尔一类的欧洲人所认为的那样，他们看见其西边的地平线上有东西正冉冉上升。战前，对欧洲人而言，美国是一个土地富饶、喜欢自吹自擂的国家，在那里，人人都看上去像贾莱·古柏和琴逑·罗杰斯，他们的孩子则像米基·鲁尼和安·拉瑟福德。[①]美国就是个充满理想、天真纯洁、犹如仙境并且令人羡慕的地方。美国人除了在遭遇自然灾害时乐善好施，其他时候都不怎么参与世界事务。

如今，全球都有他们的影子。“第四点计划”、非洲经济委员会和各种技术援助计划已延展到非洲和亚洲。美国国会已批准为非发达国家成立发展贷款基金、富布赖特奖学金，以及为 42 个未包含在富布

---

① 文中提到的 4 人均为美国影星。——译者注

赖特奖学金里的国家提供史密斯·蒙特留学生交换项目。出国旅游的美国人每年增加12%，20世纪50年代后期，超过200万美国人去遥远的国度旅游，他们每年在那里的花费超过20亿美元。

然而，这些花销并不总是那么明智、得体。要是有一个欧洲人和丘吉尔说的一样："我喜欢美国人。他们出手都是如此大方。"那么就会有一个或者更多欧洲人像让–保罗·萨特一样轻蔑地说道："那些美国人从来不懂什么是存在主义。"欧洲大陆以及亚洲古老文化的拥护者已感觉到美国化蔓延所带来的威胁。他们对于美国青少年文化，尤其是音乐对全世界青年的吸引感到不安。几乎在世界各个角落都能听到爵士乐。年轻的泰国国王正在为百老汇的歌舞剧《西洋镜》写歌词，柬埔寨的国王则在自学热情如火的萨克斯管。接着就是美国的无酒精饮料。在曼谷，总理是可口可乐的代销商，警察局局长则拥有百事可乐的特许经销权。艾德莱·史蒂文森将他们之间的竞争称作"冷冰冰的冷战"。无论是在泰国还是其他任何地方，可口可乐都处于领先地位，真是堪称"日不落"。在美国之外，可口可乐每日销量惊人，足够使一艘轻型巡洋舰漂浮起来。

塞尔旺·施赖贝尔写道："我们如今所面临的不是由征服欲驱使的老式帝国主义，而是由美国和世界其他国家之间'压力'不均所导致的剩余力量。"美国工业已投资575亿美元到海外工厂，年总产值约为1 000亿美元。塞尔旺警告："美国公司正陆续在欧洲西部建立总部，以协调他们在那里的各项活动。"

随着美国巨头日益壮大，欧洲人、亚洲人以及非洲人对于美国人的生活质量越发感到好奇。然而，他们听到的所有事情并非都那么准确、可靠。仰慕苏联和新中国的人对于种族歧视十分痛恨，将蒙哥马利市公共汽车抵制事件和小石城事件描述为种族暴动。有关美国社会的大多数描述都在强调生活水平高，这正在成为痛苦的来源。美国与世界上其他国家生活水平的差距，尤其是与新兴国家的差距正在不断扩大。1950 年，巴基斯坦总理利雅卡特 · 阿里 · 汗在访问美国时说道："我一考虑此事，就突然觉得美国像一个小岛——一个繁荣至极的小岛。而在这小岛周围，我看到了充满绝望、贫穷以及肮脏的可怕海洋，在那里，数百万人正挣扎着露出水面。此时此刻，我为这个伟大的国家感到担忧，正如为好朋友担心一样。"

在全球发生的 40 次主要暴乱中，美国大使馆、美国新闻处图书馆以及文化中心都是攻击的主要目标。自发地袭击美国国旗已成了家常便饭，大部分时候都是由于因种种原因而产生的反美情绪在示威者心中长期积压，最终爆发。仅在印度尼西亚，就发生过 5 次类似的骚乱。这类事件绝不局限于那些领导人对美国不满的国家。游行示威还发生在一些中立国的首都，例如阿尔及尔、开罗以及喀土穆，有的甚至发生在美国盟国的首都，例如里约热内卢、雅典、西贡和巴拿马城。

美国人困惑万分。正如利昂 · 凯泽林所写的，他们以为自己对外国援助项目十分慷慨，却未意识到美国用于国际经济合作与援助的资金在其国民生产总值中所占的真实比例"小得让人提起来就脸红"。走在街上的普通美国人总是怀疑，那些暴徒是被煽动分子所误导。他认为，如果这些人明白自由企业的益处，也会对其十分渴求。然而，在美国人天真的想法中，忽略了促使美国走向成功的许多其他因素，比如自然资源和温和的气候等。美国人认为，如果其他地方的人知道美国是多么繁荣富强，便会对星条旗欢呼，而不会玷污它。但美国人从未想过，宣扬自己的国家有多么繁荣富强，或将被视为一种令人无法忍受的自大。

美国领导人也未曾想到这一层。在准备出国访问时，副总统尼克松记下了一些图表和数据，用以展示比起那些不怎么幸运的人民，美国人的生活有多么好。在结束其中一个访问后，他描述在与东道主国家讨论时，他如何急切地等待开口机会来说明他的论点：

> 我引用这些数据表明，美国4 400万个家庭拥有5 600万辆汽车、5 000万台电视机、1.43亿台收音机，并且3 100万个家庭都有属于自己的房子。接下来，我要提到许多人都忽略的一点。这些数据戏剧性地表现出：从财富分配的立场上看，作为世界最大的资本主义国家，美国最接近一个人人都富裕的无阶级社会的理想。

到第二届艾森豪威尔政府中期，大量海外人士都已听过这种论点，因为艾森豪威尔非常喜欢派遣尼克松夫妇进行国外访问。为建立国际友好关系，副总统先后访问了印度尼西亚、阿富汗以及埃塞俄比亚，在途中一直忍受腹泻之苦，在缅甸又遭受围堵，在卡萨布兰卡遭遇羞辱，之后还在墨西哥城一个出现故障的电梯中被困了一小时，全身大汗淋漓。

1958年春，在南美进行的长达18天的访问才是最煎熬的时候。尼克松先后到访乌拉圭、哥伦比亚、阿根廷、巴拉圭、玻利维亚、厄瓜多尔、秘鲁和委内瑞拉等国。这些出访意在显示睦邻友好，因此尼克松已料到此行会有多么无聊。事后，他写道："我作为副总统访问过许多国家，而我最不想做的就是1958年的南美之行。这并非因为我认为那次访问太过困难，而是因为与我当时在华盛顿的工作相比，这个任务相对次要且枯燥乏味。"中央情报局向他保证，这次访问一定平安无事。对于那些是否随尼克松出访而犹豫不决的新闻人士而言，他说，即使他们待在家里，可能也不会错过什么大事。

在访问之初，的确相安无事。在蒙得维的亚、布宜诺斯艾利斯、亚松森和拉巴斯迎接尼克松夫妇的南美的一些领导人，对于北美决策者不把他们当一回事儿已习以为常。在一直为杜勒斯关注拉丁美洲动向的助理国务卿亨利·霍兰的领导下，国务院一直不遗余力地为那里的国家提供贷款，目的是以防自由派一旦掌权，便可能试图控制商人，以打压商业士气。尼克松访问的第一批国家的掌权者都了解并重视这一情况，因此均无意打乱现状。

聚集在各个街头的年轻人举着标语，称美国副总统是“种族主义者”、“帝国主义者”和“狗娘养的”。有一张标语牌上写着让尼克松“滚回美国那片让你享受对黑人处以私刑并屠杀印第安人的地方”。作为一个直爽的政治家，尼克松尽一切可能解释他并非种族主义者，也不是帝国主义者，更不是狗娘养的，并表示他并不赞成实施私刑或屠杀他人。事实上，他也从未参与过这些事情。不过，这样的事情发生的并不多。在他出访初期，的确有一些围堵，但范围之小让他根本没注意到。因为在每个恶意标语出现的地方，也会有人以拥抱来欢迎他的到来。他听到一些学生咏唱着“Fuera Nixon”。翻译人员告诉他这是“尼克松滚回家”的意思。他却笑着说自己还不愿回去，因为这里的人们更加友好。

后来，没人能清楚地记得何时那吟唱的歌声变成“Muera Nixon”（杀死尼克松）了。在访问的第5天，他在布宜诺斯艾利斯被人起哄，第6天在亚松森被喝倒彩，但总体上人们都还友善。玻利维亚人向他抛彩纸，他没有在那里看到危险的迹象。事实上，他已经很幸运了。一些身上绑着炸药带的游行者在一个矿区聚集起来，后来由于只是炸毁铁道断绝这个地区的交通，尼克松才幸免于难。在其他地区，警察一直保持警惕，驱散了那些原本准备展开暴乱的人们。然而，尼克松不可能一帆风顺，事实上也不是一帆风顺。5月7日星期三，访问第7天，他们第一次隐约感觉到在秘鲁首都利马，可能正有危险等着他们。

利马机场的接待十分礼貌，但当汽车队伍进城时，尼克松观察到街上行人不多，其中大多数也“似乎并未意识到”他是谁。与他同车的秘鲁官员解释说，为避免“出事故”，在这之前车队路线并未公开。尼克松回忆道：“这多少有些令人不安，因为我之前从未料到在友好的秘鲁会出什么事。”

谁也不知道策划这次事件以及之后发生在委内瑞拉的事件的主导者是谁。他们模糊不清，而在尼克松后来坚持认为他所遇到的所有麻烦都要归咎于统一指挥的共产党的阴谋后，就更让人搞不清了。他后来写道，在到达利马宏伟壮丽的玻利瓦尔大饭店时，他已对阴谋有所察觉：“显而易见，由于共产党人企图在我去乌拉圭、阿根廷和玻利维亚的途中制造混乱，但最终未果，他们便决定竭力使我和美国在圣马科斯大学难堪，因为该大学在整个拉丁美洲都很有名，这里无论发生什么事情都将成为各地头条新闻。”他一边看着那些示威者，一边想：“他们如何能够把人们煽动到这种程度呢？接着我开始意识到，发生在这里的正是敌人随时在向我们施展的残暴、决心和疯狂。这就是我在那些暴徒脸上所看到的。这正是真正的共产主义。”他还写道：“看着人群中的年轻人，对那些驱使孩童置身于这场荒谬境地的粗暴共产主义煽动者，我感到无比憎恨。”

这大部分都是一种猜测。但毫无疑问的是，在秘鲁和委内瑞拉与他作对的势力中有共产党人。共产党的《人民论坛》周刊头版将尼克松画成一个尖嘴獠牙、表情疯癫的人，显然在大众的心里起到了煽动作用。但以此推断出所有在他此次行程中抗议的拉丁美洲示威者均受到共产党情报特务的操控和指挥，说得婉转些，也未免太荒唐了。那些年，中央情报局远远达不到无所不知的程度（中央情报局对当时发生的伊拉克政变就毫不知情），但它居然会错失如此重大的事情，简直让人难以置信。一个比较合理的解释是，那些认为自己遭遇不公的穷人看到了一个可以宣泄自己对有钱人的仇恨的机会，他们自然会抓住不放，这是可以理解的。共产党人和持其他信仰的极端分子便趁机在本来燃烧旺盛的反美怒火上添油加薪。

利马的暴徒虽然凶猛，但后来副总统一行还是有了几天喘息的机会。厄瓜多尔和哥伦比亚的 4 天之行让他们得以重整旗鼓，准备迎接即将到达的最后一站，也是最危险的一站：加拉加斯。委内瑞拉局势十分紧张，街上的气氛充满敌意，掌权不到 4 个月的军人政府并未采取必要的积极镇压措施。这个新政府不愿承认自己的无能，因此对于美国大使馆不时提出的疑虑，新政府一再保证，副总统不会遇到危险事件，万一有危险的话，他们也做好了万全的准备。

只有在加拉加斯，共产党反对尼克松的阴谋还可能是一个因素。南美共产党人对他们的组织能力备感骄傲，迎接尼克松的委内瑞拉暴徒也已准备就绪。5 月 13 日星期二早上，当副总统所乘的飞机在迈克蒂亚机场上空准备降落时，5 批人已占据各战略要地。一批在飞机场的出口，另外三批在位于机场至加拉加斯中心的英雄公墓广场之间长 20 英里的路上等候尼克松的车队，因为尼克松预先安排前往英雄公墓广场的西蒙 · 玻利瓦尔墓前敬献花圈。

最后一批，也是人数最多的一批集中在广场，身上都带着燃烧瓶。在任何有埋伏的地方，他们的头目都希望尼克松能被炸得粉碎、烧成灰烬。在委内瑞拉，这可能被看成最耻辱的死法。1 月，一些警察为保护即将垮台的政府而终结了生命，那些幸存下来的警察对那次事件仍然记忆犹新，因此不愿挺身保护尼克松。

然而，官方的不负责任远不止如此，其中一些方面让人感到疑惑不解。报道副总统之行的美国记者比尼克松率先着陆，发现500名反尼克松的青年已经乘车到达机场，并排列在机场出口的观景台上。很显然，他们是来闹事的。之前他们就朝着尼克松乘坐的飞机挥舞拳头，大声辱骂。但当美国特工人员要求委内瑞拉治安负责人将闹事者驱散时，他却表示拒绝，并说："他们不会闹事。他们有权进行示威。"接着，他又命令车队不像通常那样停在机场固定的地方，而是在远离机场出口的街上列队停好。这就意味着尼克松夫妇还必须穿过示威人群，步行100多码。那个负责人后来解释说光彩照人的豪华车队会使仪仗队失去光彩，简直是荒谬可笑。

那天的可疑人物还包括机场军乐队队长，因为他知道无论何时奏响美国或委内瑞拉国歌，副总统都不得不立正站好。负责保护车队安全的机构也很可疑，这些人都是最玩忽职守的。他们告诉负责副总统安全的美国警卫人员，在尼克松到达前一个小时，交通就已被管制。但这并非事实，路上一直车来车往。此外，三批伏击人员和相关物资已大量集中在埋伏地点，任何人随便一看便会发现他们。如果说委内瑞拉军人政府也参与此次阴谋是难以置信的，但要制造出有报道价值的新闻还是很有可能的。拉丁美洲的报刊编辑曾写道，发生在黎巴嫩和其他地方的骚乱已将美国人的注意力和援助都吸引了。如果惊动一下副总统能够打压美国对其南方邻国的嚣张气焰，在他们看来，这也不完全是坏事。后来，尼克松发现这个解释对于那次安保工作的糟糕颇具说服力。他以值得称道的克制态度指出，那些相关负责人也不可能知道那些暴民太多的情况。

尼克松从飞机舷梯上走下来，便开始像往常那样打量人群，想看看自己可能会受到何种待遇。正如他后来所说的，他朝那些尖叫的年轻人看了一眼便知道，“我们将在这里遇到和之前所有到访地完全不同的情况”。译员对他说：“副总统先生，那些人很不友好。”尼克松不需要懂西班牙语也能明白这一情况，喧闹声震耳欲聋，以至于他几乎无法听见国歌和为他鸣放的 19 响礼炮声。在 105 发礼炮放完之前，他就决定免去在机场举行的其他仪式，尤其是互致欢迎词和答词的环节。他对译员说：“我们等会儿就不到麦克风前讲话了。”又转身对委内瑞拉外交部长奥斯卡 · 加西亚 · 卢廷说：“让我们免除一些惯例上的讲话，直接上车吧。在这伙暴徒的吵闹声中没人听得见我们讲话。”

但他并未发现豪华车队。他朝着车队应该停放的位置望去，却发现红色地毯一直铺到航站楼，并穿过大楼直达另一端。他远远看到那些车正闪着光。在通向那里的路上，愤怒的青年排成队列，挥舞着腐烂的水果和其他乱七八糟的垃圾。仪仗队的刺刀可能在这时还会派上用场，但他们的指挥官却不见踪影了。

就在情势迅速恶化之际，美国人发现了意想不到的盟友：机场上的 30 名机械工人。当其他人都在嘘声不断时，这些工人却一直对尼克松欢呼，这一举动让他们很是扎眼，以至于迅速吸引了人群的目光。这让美国人抓住机会逃离了航站楼。从大楼出来后，尼克松和夫人刚走到观景台下，乐队指挥竟再次奏响了委内瑞拉国歌。尼克松夫妇只好又呆呆地站在那里。尼克松之后回忆说：“当时的感觉就是天上下起了雨。”后来，他才意识到那都是唾沫星子。头顶上那些人正吐着唾沫，有些人还嚼着烟草。尼克松夫人专为此次行程准备的红色新装因而沾上了不少棕色污点，一个橡胶吹笛直接打在了尼克松脸上。国歌结束了，尼克松挽着夫人帕特的手臂，紧跟在特工人员和美国大使馆工作人员组成的楔形队伍后面，挤进拥挤的人群，朝车队走去。

这支楔形队伍突然猛地一冲，将尼克松挤进了第一辆车，夫人帕特则坐上第二辆车。特工人员和译员紧随其后。就在他们迅速摇上车窗并擦掉脸上和衣服上的唾沫时，男主人和女主人也分别赶上车来。外交部长卢廷与尼克松同车，卢廷夫人则和帕特同车。外交部长夫妇都备感难堪。卢廷文雅、温和，他想擦去尼克松衣服上恶心的唾沫，尼克松则尖刻地回应道："不用麻烦了，我一脱下这些衣服就会将它们烧掉。"外交部长则极力解释："委内瑞拉人民由于长久得不到自由才会表达得如此强烈，做出出格的事。在新政府的统治下，我们不想做出任何可能被曲解为压制人民自由的事情。"尼克松答道："倘若你们新政府没有勇气也没有能力控制住刚才在机场的那种暴徒，那么不久，委内瑞拉的任何人都没有自由可言了。"

前往加拉加斯之行真可谓惊心动魄。他们的车队由一辆警卫车和一辆新闻车开道，一路上以每小时 40 英里的速度行驶在现代化的双车道高速路上，示威者则骑着摩托车和小型摩托车在车队中穿梭，对第一辆车叫喊着、吐唾沫、扔烂水果。车窗不得不一直关着。由于车内没有空调，空气变得令人窒息。一到市区，尼克松便注意到人行道上行人稀少，商店全都上了锁，还安装了窗板。就在他想说这可是不祥之兆时，一声沉闷的重击声传入他的耳朵。他的第一反应是司机把车开进了坑里。然后，他又接连听到两声重击，原来是车被飞来的大石块击中了。这时司机猛地将车刹住，滑行一段后停了下来。他们已到达市区，并遭遇了首次埋伏。一大群衣衫褴褛的男女老少突然从附近的一条昏暗的巷道涌到街上，用力向他们投掷大石块。由于这里还设着路障，司机便从旁边绕了过去，但几分钟后，他又刹住了车。车停在一个斜坡上，公路由此拐向市中心，往上连着苏克雷大街。该街道由一个中央分隔带分开形成6车道，穿过加拉加斯最贫穷的居民区，第二个埋伏点就在这里。一辆大型翻斗车和若干辆公共汽车以及小汽车停在街心，车内空无一人。另外一群衣衫破烂的人举着标语牌和棍棒跑出来，向停留在此的车队大喊大叫。这里也有人扔石头，一些目露凶光的示威者直接向尼克松那辆车冲了过来。

这里又发现一条便道，于是车队便沿着这条路紧张沉默地行驶。直到快到加拉加斯市中心，也就是他们的目的地时，车队又被精心设置的路障挡住了去路。公共汽车、卡车和小汽车在路中心排成三行，直接挡住了尼克松的车队。司机根本无法越过中央岛，因为那里是和车队反方向的单行道，而且路上几乎围得水泄不通。几秒钟过去了，什么事情都没发生，寂静得令人害怕。接着，特工杰克·谢尔伍德低声说道："他们来了。"

后来估计，那次暴民有200~500人。示威者们飞奔而来，一边吐着唾沫，一边挥舞着斧头、棍子和铁管。《纽约先驱论坛报》的厄尔·梅佐在车队前面那辆新闻车上看着这一切，觉得它就像"法国大革命时的一个场景"。这是一伙少有的狂乱暴徒，简直都快杀人了。挡风玻璃上的唾沫横流，司机不得不打开雨刷器。肇事头目骑在别人肩上，一边发号施令，一边带领大家喊着："杀死尼克松！杀死尼克松！"他们的目的显然就是将车窗弄开，如果车窗打不开，他们就将玻璃打碎，横竖要把尼克松拖出来。一块大石头击中了一面车窗并卡在了这块特制玻璃上，飞溅的玻璃碎片打在卢廷脸上。他哭喊着："飞到我眼睛里去了！我的眼睛！"陪同翻译员身边的窗户则被一根铁管击中，尽管玻璃没有全碎，但一部分却溅到了译员的嘴上。舍伍德被击中后开始流血。一些玻璃碎片也打在尼克松脸上。另一根铁管刺进车窗，朝尼克松晃动着。

卢廷外长几乎歇斯底里地哭喊道："这实在太可怕了，太可怕了。"尼克松则转向后窗。据他后来回忆，他当时看到帕特正和外交部长夫人聊天，"好像这次事件不过是和某天下午在好莱坞高速路上遇到交通堵塞差不多"，便放下心来。帕特的司机也镇定自若，将车子前的保险杆紧顶住前面那辆车，这样暴徒就无法通过后窗靠近副总统了。尼克松看到，那些示威者对帕特所乘坐的车并不感兴趣。无论如何，那是仅有的一丝安慰。暴力在此处已持续了12分钟，现在看来，似乎该事件只有一种结果。

他们在车里听到骑在别人身上的头目发出了一个命令，车子便开始晃动起来。对于那些了解暴徒做事方式的人而言，他们都知道，这是最可怕的阶段。无法进入车内的暴徒开始拼命摇晃车子，试图将车掀翻，把车烧毁，将车里的人都烧死。这时，尼克松边上的窗户打开了。坐在前排的舍伍德和另一名特工掏出了手枪。

1958年5月13日中午12点45分，就在这个时刻，理查德·尼克松知道自己逃生的机会比想象中的还要微小。在4个街区以外的玻利瓦尔墓碑处，包括一名特工、驻外使馆武官和副总统行政秘书在内的一批美国侦查人员早早地就在那里，以便了解献花圈仪式的安排。然而，他们被眼前的景象吓得目瞪口呆——6 000~8 000个愤怒的人围堵在那里。正如在机场一样，这里的警卫早已消失不见。正等在苏克雷大街至关重要的角落的不是警卫，而是愤怒的示威者。他们对美国人的敌意显而易见。示威者向身着制服的武官拳打脚踢、口吐唾沫，甚至还与其厮打起来，使馆一辆旅游车的一扇车窗被打碎了。这些先遣人员全都惊慌失措，通过预先安置在加拉加斯警察局的无线电设备分别发出了三个警报密电。

在第三个路障处，尼克松的车队就散了。后面每辆车的司机只要能找到出路，就都调转车头向小道驶去，抛下受到围攻的副总统和他的警卫，让他们自生自灭。当时情况十分混乱，尼克松是如何逃脱那次危险的，至今仍是一个谜。据尼克松回忆，当时载着记者的那辆卡车的司机“想尽办法插入迎面而来的车流中，就像在橄榄球场上掩护带球人员一样给我们开辟了一条道路。我们这辆车的司机跟着把车开到马路另一边去，尼克松夫人的车紧随其后”。《先驱者论坛报》的梅佐当时就在那辆卡车上，他记得恰好就在暴力似乎要到达凶残的高潮时，“一些委内瑞拉士兵出现了。他们在交通阻塞处开辟了一条狭窄的通道”。

这时，车队仍然朝着英雄公墓广场驶去。在到达广场前的最后一个路口，尼克松告诉司机将车开进一个巷道，并朝反方向行驶。外交部长卢廷喊道：“我们不能没有警卫！”尼克松说：“如果是那样的警卫来保护我们，还不如不要。”当他们安全到达另一条大道，脱离了险境时，尼克松命令司机停车，以便和帕特谈论一下，并看看情况。领队的车已经破破烂烂：所有车窗都被打破，挡泥板也已被砸毁，车上的每个人不是被刮伤就是被刺伤，但大家的伤势都不严重。两位夫人没有受伤。前方的道路也畅通无阻。于是，他们驱车直接到达美国大使馆的住宅区，该地位于加拉加斯高级住宅区一个陡峭、易守的山顶上。在其 12 年的执政生涯中，尼克松第一次睡了午觉，完全是因为疲劳过度。其他人则忙着将这座小山弄成一个堡垒。除大使馆原有的海军陆战队和特工人员外，还增加了 60 名担任委内瑞拉武装部队教官的美军士兵。进入大使馆的所有电报、包裹和信件都要接受安保人员的检查。第二天下午 3 点，尼克松被安排提前 9 小时秘密离开加拉加斯，与此同时，迈克蒂亚机场的安保人员也做好准备，保护尼克松所乘坐的飞机免受可能遇到的袭击。

此时，华盛顿方面已发出命令，要执行一场非常救援任务。由于对尼克松方面的情况不甚了解，又被告知可能会出现最糟糕的情况，艾森豪威尔总统便向委内瑞拉派出6艘驱逐舰、一艘导弹巡洋舰和一艘通过直升机输送海军陆战队的航空母舰。1 000名海军陆战队队员和伞兵已在关塔那摩湾和波多黎各准备就绪，空军战斗机和轰炸机也整装待命。然而，尼克松对此一无所知。杜勒斯之前曾向尼克松发去电报告知消息，然而这些电报就像那天其他信息一样根本没到达目的地。尼克松夫妇当时正在大使馆的私人房间里吃饭，大使冲进房间。他通过新闻报道才知道，事情有了轰动性的新发展。五角大楼已于下午6点5分在公报中宣布："部队调动正在进行中，以便委内瑞拉政府任何时候请求援助，这些部队都会随时准备与之协作。"

对委内瑞拉那些指挥暴民的极端分子而言，这简直就是意想不到的宣传礼物。虽然他们之前受到普遍谴责，但美国现在派来的军队使整个拉丁美洲人民都处于对北美帝国主义的极度恐慌中，以至于他们在抵抗美国军队的同时几乎将那些极端分子抛在了脑后。尼克松和大使赶紧发布了一项联合声明，向华盛顿解释说，这里每个人都很安全，无须外部援助。第二天早晨，当通信恢复正常后，总统和尼克松通了电话，尼克松再次向他表示一切安好。

在华盛顿国际机场，当尼克松走下飞机的舷梯时，1.5万人朝他热情欢呼，艾森豪威尔和全体内阁成员也都赶来了。尼克松做了简短讲话，说出国最开心的时候就是回家了，还表示他在南美遇到的大多数人都很友好。

利马和加拉加斯之行对副总统而言既是一种考验，也是一种锻炼，而那次事件对尼克松的名望产生的影响虽然巨大，却也十分短暂。1958 年 6 月，该事件之后的一个月，盖洛普民意测验显示，他的支持率首次超过艾德莱 · 史蒂文森，和肯尼迪不相上下。这是 20 世纪 50 年代他最受欢迎的时候。但到那年秋末，这便成为一段记忆。共和党遇到了麻烦，他作为领导人也难逃困境。

很少有比这件事更令人开心的了，那就是发现一个正人君子正做着他极力反对别人做的事，虽然这样的事情少之又少，但就在尼克松从委内瑞拉回国后的那个月发生了，真是让人惊讶万分。伴随这一丑闻出现的象征物和 20 世纪 40 年代出现的以权谋私中的象征物一样让人无法忘记。1958 年不仅出现了呼啦圈和大型电视测验节目，还有亚力克 · 吉尼斯在住宅区附近的电影院向日本人展示如何在桂河上修建大桥。那年也流行骆马绒大衣。那年夏天以前，恐怕没几个美国人能告诉你骆马是一种急速奔跑的四蹄哺乳类小动物，它们生活在厄瓜多尔到玻利维亚之间的安第斯山脉，由于它们光泽细软的绒毛可以被做成衣服，所以成为狩猎者的目标。到那年 7 月 4 日，几乎每个纳税人都已知道男人穿上骆马绒大衣就和女人穿上貂皮大衣一样，不仅暖和、优美、时髦，还是身份的象征。如果不是其他原因，那么纳税人之所以知道它，就是由于每个参选的民主党人都在谈论骆马绒大衣的事情。

很奇怪的是，竟然没人解释骆马绒大衣里究竟含有多少骆马毛，尽管这是政府曾传唤制造商伯纳德 · 戈德法因的原因之一：他一直在衣服的标签上写着“羊毛 90%，骆马毛 10%”，但事实上其中还掺有一些尼龙。这一点和其他方面随后都暗淡失色，是因为有人指控白宫曾替戈德法因解围，而他出于感谢，设法将一件质量最好、价值 500 美元的大衣送给了美国总统助理，也就是新罕布什尔州前州长舍曼·亚当斯，现在这件大衣就挂在这位助理的衣柜里。此外，戈德法因还送给亚当斯一条从梅西百货买来的价值2 400美元的东方地毯。在1955~1958年5月，亚当斯一家在波士顿一家豪华的喜来登广场饭店共消费3 096.56美元，戈德法因则为他付了21次账。他还为亚当斯支付了其在曼哈顿华尔道夫–阿斯托里亚酒店下榻时的账单。戈德法因之后称，在交税时，所有这些高额消费都作为业务开支扣除了。

根据美国国税局的规定，如果戈德法因的业务确实从这些消费中得到“正常且必要”的利益或优势，那这些从税款中扣除的花销便是允许的。事情就是这样，他也可以证明。

他与亚当斯关系密切。法院调阅的电话记录显示，戈德法因在6个多月的时间里给亚当斯拨打了43个长途电话，大约每4天一次。亚当斯也曾给他或为了他的事情打过无数次电话。1953年12月30日，这位总统办公厅主任打电话给联邦贸易委员会主席爱德华·F·豪雷（他就是靠亚当斯才当上主席的），询问他控告戈德法因虚标纺织品原料从何而起。1955年4月14日，当这位制造商因同一控告再次接受调查时，亚当斯利用其势力安排戈德法因与豪雷见面。在此期间，戈德法因公然拿他朋友的名字狐假虎威。“请让我和舍曼·亚当斯通话，”他向一位秘书命令道，声音大得足以传到隔壁办公室。接着，他对电话那头讲道：“舍曼，我现在在联邦贸易委员会，这里招待得很周到。”

第二年，亚当斯还让白宫特别顾问杰拉尔德·摩根向证券交易委员会律师索要其调查戈德法因东波士顿公司的机密信息，这完全违反了委员会的规章制度。后来，《波士顿邮报》发行人约翰·福克斯成为他致命的证人。福克斯作证称，戈德法因将他与亚当斯的友谊视为促成交易的通行证。但他的话也不能全信，福克斯说道：“戈德法因曾告诉我，只要有舍曼这张王牌在手，他就可以那样做。”福克斯进一步说：“我曾问过戈德法因先生到底……遇到了什么麻烦，他告诉我，有些人控告他虚标商品成色。”后来“完全出于好奇”，福克斯问他，亚当斯是否插手联邦贸易委员会那边的事情，戈德法因说“他已过问了”。

在6月那个罕见的下午，当第一批揭露亚当斯–戈德法因的资料被归入众议院立法监督特别小组时，亚当斯正在新罕布什尔州霍尔德内斯男子学校毕业典礼上发表讲话，主题是“《圣经》告诉我们在审判日会被问到的问题”。亚当斯一直对罪人在审判日会遭遇什么十分感兴趣。民主党人知道，他作为一个曾公开反对裘皮大衣、电冰箱和杜鲁门在位期间滥用职权的严厉道德主义者，曾在1952年1月的一次令人难忘的演讲中将政府称为“奥吉亚斯的牛圈”①，并保证艾森豪威尔将结束此类腐败事件。他以前说过：“这就是终结腐败的人，看看他周围的那些人就足以证明这一点。”

共和党保守派也十分憎恶亚当斯。他们还记得亚当斯曾指控塔夫脱在得克萨斯州窃取共和党代表的选票。他还用手指着他们喊：“你们不该偷窃。”对他们而言，亚当斯曾经对空军部长哈罗德·塔尔博特做出了一个很不礼貌的评价，就因为哈罗德曾为自己的办公设备公司拉过空军公函信笺的生意。关于戈德法因案件的一件最具讽刺意味的事情是，白宫秘书全都接受过戈德法因的红包，从35~150美元，而且有一位秘书的办公桌离艾森豪威尔的办公桌还不到75英尺。若是在以前，这已足够让艾森豪威尔的这位办公室主任立即将所有人撤职了。亚当斯之前就警告过他们不要接受任何不正当的请求。现在，

① 此语出自希腊神话，意即极其肮脏。古希腊西部厄利斯国国王奥吉亚斯，有一个养了3 000头牛的牛圈，30年未曾打扫，污秽不堪。——编者注

他想要训斥他们也不太现实了。在白宫西翼，总统办公室的所有工作人员都轻手轻脚、轻言细语，活似总统家里有人罹患重病。

这件事是如何发生的呢？正如他 82 岁的父亲所说的，亚当斯的一生“就像美元一样可靠，像砖块一样方正”。他的妻子雷切尔充满爱意地称他“铁面无私”。在白宫，他会一丝不苟地支付用在私人信件上的邮票钱，还坚持自己应该为私人电话付费。直到最近，他仍然在使用抬头为“舍曼，新罕布什尔州州长”的信笺，只是在“州长”前面加上“前”字。他总是早上 7 点 30 分就坐在办公桌前，任何在办公室开门后才来的员工都会被他大声呵斥：“今早你迟到了！”他在新罕布什尔州任职期间也是如此，众所周知，无论刮风下雨他都会准时上班。他打电话从来都省略了“你好”或“再见”，因为他觉得这是在浪费时间。对方一拿起电话，他便开始讲话，当他说完自己要说的便挂断电话，别人的话可能刚说到一半就被切断了。他比任何人都受到总统信任。进到艾森豪威尔办公室的每份文件、每位访客、每个决议他都会一一审查，同时给出明确的建议，例如他会在一张小清单上写上有资格当选内阁成员的人。总统在一次记者发布会上曾表示：“无论我要做什么，他在一定程度上也同样要做。”亚当斯也从未辜负总统的深切信任。然而，他怎么会和戈德法因纠缠不清呢？

主要答案在于，事实上有两个伯纳德 · 戈德法因。其中一个戈德法因是个卑鄙、狡猾的操纵者，总是和政府麻烦不断，而且善于利用任何可利用的关系，这就是那个引起众议院委员会注意的戈德法因。亚当斯从未见过这个人。亚当斯自“二战”以来熟识的那个戈德法因则是一个白手起家、彬彬有礼、讨人喜欢的移民，还热心于慈善事业。用亚当斯的话说，他是一个“正直、诚实的公民，既值得信赖，又真实可信”，关于他暗中进行不正当交易的猜测简直荒谬之极。

他根本不需要做不正当交易，因为他已经十分富有了。戈德法因的产业包括分别位于缅因州、佛蒙特州、新罕布什尔州和马萨诸塞州的 6 家纺织工厂和两家名为东波士顿公司和波士顿港口发展公司的房地产公司。每年他都会为慈善机构捐出 5 万美元。他和妻子、4 个孩子住在波士顿栗子山郊区的一栋豪宅。

当时，来自新罕布什尔州的参议员诺里斯 · 科顿将戈德法因引荐给亚当斯时，说戈德法因是具有公德心的百万富翁，他拒绝像其他纺织业制造商那样，为获取廉价劳动力和低税率而搬到南部。亚当斯向别人打听后发现，戈德法因的确是个可靠的商人，在业界享有很好的声誉。他给员工的待遇很好，给他们支付较高薪水，也从未和纺织工会有过任何纷争。他还曾组织劳工代表和经理代表进行了一次联谊，缅因州、新罕布什尔州、佛蒙特州和马萨诸塞州的州长都来了。他的朋友和为其说好话的人不计其数，其中包括科顿、缅因州参议员弗雷德里克 · 佩恩、众议院议长约翰 · 麦科马克、波士顿市市长约翰 · 海因斯以及杜鲁门政府的约翰 · 斯蒂尔曼和莫里斯 · 托宾。

就国会对戈德法因拉拢官员事件的调查，揭露出他们之中的一些友谊也存在不光彩之处。比如科顿住的房子的产权归戈德法因所有；佩恩的房子是靠戈德法因借的 3 500 美元无息预购房款买下的，而且始终没还给他钱；戈德法因之前向《波士顿邮报》提供 40 万美元贷款，以换取他们对保罗 · A · 德弗竞选连任马萨诸塞州州长的社论支持，之后他便和福克斯有所往来。最近，戈德法因和福克斯的关系开始恶化，这也许就是福克斯做证揭发他的原因。

戈德法因和亚当斯自结交以来就一直关系稳定，来往也十分密切。雷切尔 · 亚当斯和夏洛特 · 戈德法因也很要好，他们 4 人经常周末聚在一起，在亚当斯的回忆录中，他描述戈德法因是一个“很有趣的人”。当年轻的所罗门·戈德法因在达特茅斯学院跟不上学业的时候，是“舍曼大叔”对他进行严厉的教导并把他拉回正轨。在这种情况下，送些礼物就变得更易理解了。他俩是礼尚往来：雷切尔送给戈德法因一幅油画，戈德法因戴的一块古尔特金手表上则刻有“致伯·戈，自舍·亚，1953.1.20”的字样。亚当斯在听说戈德法因将他旅馆的住宿费从纳税申报单中扣除时颇感惊讶。他以为那些房间是戈德法因旗下一家公司长期租用的，如果他不住，那些房间也就闲置了。他表示，至于他自己曾给戈德法因的帮助则并无不妥之处。他没有给他出过主意，也不知道自己将消息提供给朋友就违反联邦贸易委员会的规定。无论如何，他也只能为朋友做到这里了。对于任何一个被华盛顿官僚机构弄得手足无措的商人，他都同样会施以援手。

白宫记者追问哈格蒂：“这是否意味着政府在处理高官受贿事件上的态度有所转变呢？”哈格蒂回避说：“我不知道你到底指的是什么……如果这是你正在谈论的事情，那他就是个私人朋友。”记者们却毫不留情地追问他：“对私人朋友这样做就正确吗？”他再次回避道：“我以州长发来的那封信为准。事实也正如信上所说。”

总统助理之所以不能理解其他人对他和戈德法因关系可能做出的解释，部分原因在于他不能以其他人看待他的方式看待自己。亚当斯知道自己是诚实的，这就是事实；他认为自己的朋友也同样诚实，这也是毋庸置疑的。那些与这位前州长关系密切的人认为，他一定是被那个追随霍雷肖·阿尔杰[①]发家之路的立陶宛移民那巧舌如簧的追捧把脑袋弄糊涂了。亚当斯在新英格兰地区长大，他在那里所受的教育

① 美国儿童故事作家，内容多以穷孩子发家致富为主。——编者注

培养了他谨慎用钱的习惯，但他却无法抵挡一个花钱大手大脚的人对他慷慨。就这样，他在毫无察觉中泥足深陷。

6月7日，也就是亚当斯和戈德法因之间的关系被揭露整整一个星期后，亚当斯在小组委员会面前只承认他曾“不够谨慎”。他表示：“如果……我的所作所为引起了任何质疑，那么我只能说错误在于某种判断力，而绝非源于某种意图。”问题在于是否他这种坦白就足够了。他之所以这样做，是由于他已经发现坐在白宫里面并做出声明以回击那些控告他的“毫无根据且完全不公的指控”已派不上什么大用场了。1956年5月4日，报纸编辑以其一贯的对待政府官员道德问题的谨慎态度提醒读者，艾森豪威尔总统曾说过：

> 如果有任何人来到政府的任何部门……宣称他是我的家人或我的朋友，或者和白宫有任何联系，那么此人将被立刻轰走……我相信，我的任何工作人员都不会做出不检点的行为。我一旦在本政府任何部门发现此类事情，就会请他立刻离开。

事到如今，已过去两年零55天，艾森豪威尔在印第安人条约厅面对257名新闻记者反复强调“任何了解舍曼的人都不会怀疑他的正直和诚实，也没人相信他会被收买”。亚当斯已因行为不慎遭到起诉，他也用过这个词描述自己。总统接着说：“现在，白宫上下任何人都必须绝对谨慎……一定要避免粗心大意。”然而，不能这样就失去一个如此珍贵的总统助理，总统尤其在这些场合说过：

> 我个人很喜欢亚当斯州长。我很欣赏他的能力。由于他于公于私都很正直，因此我尊敬他，我需要他。

我承认在这次的事上，他不够谨慎……但我仍然完全相信他是一个难能可贵的人民公仆，他总是将棘手的问题处理得妥妥帖帖，高效、诚实且毫不懈怠。

总统曾和哈格蒂讨论过这段话，哈格蒂对此表示赞同，并相信这能使亚当斯摆脱当前的压力。岂料事后，总统这位新闻秘书从报纸上看到这几个破坏性字眼：我需要他。这样一来，总统就让那些批评家有机可乘，趁机把他描述成一个离开得力干将就无法处理事务的糟老头。另外，对于他在白宫立下的任何牵涉不正当行为的员工都将被开除的规定，也开了口子。

现在，总统为亚当斯对其朋友兼施惠者的伯纳德 · 戈德法因的信任做了担保。现在就全看他交友不慎的那个朋友的态度了。结果，接下来的事毁了亚当斯。之后在国会山举行的听证会简直成了一场滑稽歌舞杂剧。当戈德法因大步走进众议院小组委员会听证会时，他手里拿着一份长达 25 页的发言稿。就在上午 7 点，也就是他被安排出庭的三个小时前，他已将发言稿全文公布给媒体，这一举动惹恼了整个小组委员会。在听证会上，他穿着一套深蓝色西装，系着一条印有“B · G”（伯 · 戈）字样的蓝色绸缎领带，泰然自若地坐在椅子上念起发言稿来。接着，他摘掉那块金表递给小组委员会成员（并说，“希望我能要回来”），然后解释道：“我现在戴的这只表背面写有‘致伯 · 戈.’，意思是伯纳德 · 戈德法因；‘自舍 · 亚’，那就是州长舍曼 · 亚当斯；日期是‘1953.1.20’，我们都知道那一天，那是艾森豪威尔总统就职典礼的日子。”这时坐在观众席上的雷切尔 · 亚当斯开始哆嗦起来。她那时才明白，他们的这位朋友这些年一直是如何将自己引荐给陌生人的，其中还包括一些联邦政府官员。

接下来，一位名叫米尔德丽德 · 佩珀曼的崇拜者为这位万众瞩目的百万富翁助阵，以罗杰 · 罗布为首的律师团队也来了，此人曾在法庭上不停盘问罗伯特 · 奥本海默。前来帮忙的还有曼哈顿的一位报界联络员特克斯 · 麦克拉里，他服务于一个位于华盛顿希尔顿–卡尔顿饭店的报界联络机构，其以鱼子酱为特色并免费供应威士忌酒。“新闻接待员”贝亚 · 迪普雷也在那里，她是一名波士顿美女，最惹人注意的举动就是让记者别搞错她的三围（35–22–35 英寸）。此外，还有一位名叫杰克 · 洛托的宣传员，他称自己是“前国际新闻社首席记者”，却在自己发布的新闻稿中将委托人的名字写成“伯纳德 · 戈德芬因”。一天夜晚，洛托抓住两个在隔壁房间窃听他办公室的密探。其中一个是叫巴伦 · 伊格内修斯 · 萨克雷特的私人侦探，他一直在为众议院小组委员会工作，事情败露后便立刻遭到解雇；另一个则是德鲁 · 皮尔逊的采访助手杰克 · 安德森，皮尔森拒绝解雇安德森，并表示：“我需要他。”

麦克拉里在戈德法因发言稿的第一页用印刷体写着：“你一定会成功！”事实上，戈德法因把事情弄得一团糟。麦克拉里还在需要强调的字词下面划了线。戈德法因在念到标记处时过于强调，还大声喊了出来。麦克拉里还不时地在稿子上写下“此处可用玻璃杯喝一杯水”。不幸的是，他忘记查看整个会议室的情况。那里根本没有玻璃杯，只有纸杯，结果他的当事人不时四下张望，一片茫然。但无论是麦克拉里还是其他任何人都不该为戈德法因所造成的糟糕印象负责。他自己看上去就像一个下流、卑鄙、两面三刀的骗子，因为实际上他就是这样一个人。

他用粗哑的声音和蛮横的口气谈起，他是如何一步步在新英格兰地区那弱肉强食的纺织业和房地产业世界立足的。那是个艾森豪威尔和亚当斯都知之甚少的世界。当他们想到商人时，只会想到乔治·汉弗莱。戈德法因则是另外一种商人，他挥舞着手表，并将福克斯称为诽谤他人的能手。当委员会的律师质问他违反联邦企业管理机构的规定时，他便极力推翻之前说过的话。不，他说自己没什么记录："我又不负责文书工作。"他说这要问他的秘书："毕竟我不是记录员，她才是。"忠诚的佩珀曼小姐就坐在不远处，她刚要开口解释为何没有记录，罗布却向她咆哮道："安静，安静，安静！"戈德法因向国会议员请求谅解，并解释说亚当斯只是指引他如何去找那些"庞大的联邦机构，因为如果没有朋友的些许指引，一个小人物很容易在那里迷路"。

就在这时，小组委员会发现了他的一句谎言。他在开场陈述中曾清楚地说道："我的工厂首次在联邦贸易委员会碰到麻烦是在 1953 年……11 月。在那之前，我和公司其他工作人员从未因此类事件和联邦贸易委员会有过交集。"这意思是说，只有当联邦贸易委员会于 1953 年 11 月控告他虚标商品成分时，他感到十分困惑，才需要舍曼·亚当斯解释到底是怎么回事，这一点对于他的案件和亚当斯的可信度都十分重要。现在委员会调查人员拿出证据表明，戈德法因曾在 1942 年以及之后的每年都受到了联邦贸易委员会对他虚标成分以夸大自己衣服的质量的指控。在听证会上，戈德法因无力地答道，这是文书方面出了问题，并表示由于这些都是"小问题"，所以他不太可能会知道。小组委员们并未对此进行反驳，因为他们知道下面还藏着别的事。

在许多问题上，戈德法因和佩珀曼都以没有存档为由而闭口不议。其中就有一笔 776 879.16 美元的款项，是 1941 年银行开出的支票和本票，可直到 1958 年 5 月 8 日都无人领取。一般进行黑市交易的人都喜欢这种支票，除其他好处外，主要是因为它没有时限。此外，支票上只有银行职员的名字，没有付款人的名字。最后还有一点，由于害怕被发现而不敢将支票兑现的政府官员，可以将其作为借款的抵押物。

戈德法因拒绝回答有关银行本票和支票的问题，他表示，这与本案毫无关联。委员会律师反驳道，由于其中30张兑现票据给了国会山的立法工作人员，因此不能说毫无关联。那些与约翰·麦科马克和斯泰勒斯·布里奇斯关系甚密的人员的名字便出现在了会议记录上。戈德法因回答："这些支票都是在圣诞节期间我们分多次发给那些节假日仍在上班的可怜员工的。如果这也算坏事，那么我希望有人指出来。"

小组委员会便明确告诉他，通过挂名组织或冒用公司名义随意进入或退出公司是不当之举，除此之外，贷款转款、违反保护公众利益的联邦及州政府条款、送钱给政要人员以便使他们欠他人情以及招致无数诉讼案（仅在波士顿就有89件）都是不当之举。对于窃取自己公司的财产而欺骗其他股东的行为不仅十分不当，而且还触犯法律，但这样的事却屡有发生。

在听证会进行的过程中，戈德法因在旁听席观众面前大演特演，并且愈演愈烈，还咆哮着回答问题。他试图争辩，自己的违法行为都是微不足道的，还表示他是拘泥于法律条条框框的受害者。比如他有一次忘记给佛蒙特州州长秘书发送一份年报，还有一次未履行作为一个公司负责人应尽的法律责任。尽管在大多数金融诈骗中，犯罪途径很难跟进，但戈德法因的大量诈骗案却很容易理解。他借助担任公司财务主管和董事会要职的秘书之手，多次骗取股东们的大量钱财，而借口可谓花样百出。有时说是一笔借款，有时说是销售佣金，有时还说是为了一笔根本不存在的花销还款（例如当地一家房地产公司的25 475美元），有时甚至连借口都没有，钱就这样没了。无论是他，还是佩珀曼，都无法解释20世纪40年代末支出的那笔8.9万美元的款项。对此，佩珀曼沉稳地说“银行过去常常把账弄错，这可能是他们的过失”，而由于她和老板每天都要处理几十万美元的流动资产，因此很难把所有账目都记清楚。然而，有一点对戈德法因很不利：这些细节无关紧要。无论发生过什么，他对政府欠下的税款，都比他报税时说的要多得多。①

后来，亚当斯在交代他与戈德法因的关系时写道：“我对他生意上的事根本不了解。直到立法监督委员会在听证会上揭穿他时，我才知道他在逃税。我也不知道他的东波士顿公司在资金运营上的问题。”当然，没人说他应该知道这些事，问题在于他的判断力，因此无法避免的结论是：艾森豪威尔的得力干将受了骗，有损于总统职位的荣誉，因此，他必须辞职。这既是公众，也是个人的悲剧。亚当斯是白宫难得一见的人才，但令人费解的是，他怎么会与一个骗子维持了这么长时间的社会关系。戈德法因却对于自己的行为被揭露漠不关心，这不免让人大吃一惊。甚至后来亚当斯为他和联邦贸易委员会主席安排见面时，他仍然满不在乎。到后来，他的三家公司因虚标成分受到“勒令停业”处分。他理解的友谊似乎一直都是一种单方面有利的交易。他送的地毯、大衣和3 000多美元的酒店账单最终使亚当斯名誉扫地。戈德法因的一个朋友这样评价他：“他就是个打着别人名号做事而且嗜酒如命的人，他的一大缺点就是说话太多、到处招惹各种人，还送了太多礼。”如今，他挑起的一系列事件只能

① 1958年听证会后，由于藐视国会，戈德法因被判处一年有期徒刑，并处罚金1 000美元，缓期执行，以观后效。

以亚当斯被从白宫花名册中除名而落下帷幕。

亚当斯并未立刻被除名。因为总统的这位行政官员太重要了，总统不想不做任何努力就这样放弃他。白宫的另一位工作人员解释道：“亚当斯自 1952 年以来就一直为总统效力，他比任何人都了解总统的想法。总统和他谈论政策问题比其他任何人都多，总统做过的所有决定、被搁置一旁等待恰当时机再被处理的政策问题以及遭到拒绝的所有问题都全数记在这位前州长的脑海中。任何新人要达到亚当斯那样的程度是不可能的。而且，任何新人也不可能积累到亚当斯所拥有的知识。”

此次危机发生后的两个星期后（这其实已经构成一次危机了），总统和亚当斯都相信事情终于过去了。于是，总统让哈格蒂郑重地宣布：“州长已回到办公桌前处理白宫事务。”换言之，亚当斯保住了职位。

接下来就发生了戈德法因那出闹剧。当众议院于 8 月 13 日表决确认，亚当斯的朋友犯有藐视国会的罪名时，亚当斯便完蛋了。一大群社论作者和漫画家，在两次总统选举中都支持艾森豪威尔的人的带领下，全面攻击亚当斯。夏天一过，情况愈演愈烈。这对亚当斯而言虽然非常吵闹，却是次要的，问题的核心是政治性的。

民主党的愤怒几乎成了一种形式，艾德莱 · 史蒂文森说：“我已经厌倦了舍曼 · 亚当斯那伪善的说教。”但共和党的责难则让艾森豪威尔和亚当斯感到十分诧异，他们其实对此早该料到。那年是选举年。为竞选加利福尼亚州州长拼死一搏的诺兰建议总统“应该仔细斟酌，亚当斯的作用是否已受损害而变得有害无利”。犹他州的阿瑟 · 沃特金斯说话更直接。他说：“根据以往的经验，以总统和亚当斯先生设立的高道德标准衡量此事，似乎只能得出一个结论：即使亚当斯先生的作用并未完全消失，也已严重被削弱。”

1958 年的第一次民意测验于 9 月 8 日举行，当时缅因州正在投票。民主党的标语是“缅因佩恩，终将失败”。如果这是事实，将十分重要，因为竞选结果将被当作投票者对戈德法因道德观的反应。这位缅因州议员 6 年前曾从戈德法因那里得到 3 500 美元，对于这笔钱的来龙去脉，他从未给出令人信服的解释。他的竞选对手，44 岁的艾德蒙 · S · 马斯基州长却咬着这事不放。最后结果让整个白宫大吃一惊。共和党登记的 2 万名选民居然没有参与投票，马斯基不仅成为缅因州第一位因深受欢迎而被选出来的民主党议员，而且得到的领先票比他自己预料的还要多出一倍。就这样，共和党候选人随着佩恩一同跌下竞选舞台。民主党赢得了州长职位、缅因州三个国会议员中的两个席位和 12 个州议会的席位。参议员玛格丽特 · 蔡斯 · 史密斯表示：“我们被彻底击败了。”哈格蒂说：“我和总统的看法一致，我们惨败。”共和党全国委员会主席米德 · 奥尔康表示，这个结果应该“使每个共和党人都警觉起来，全身心为 11 月 4 日做准备”。

这主要是激起了他们更加坚决的斗志，要求艾森豪威尔撤销亚当斯的职务。华盛顿记者团预言：“缅因州一旦失手，亚当斯也该走了。”奥尔康的电话响个不停。戈德华特表示他担心“危害已经造成了”。诺兰直到这时才对民意测验发表意见，声称总统助手应该“立即”辞职。正参选参议员的纽约州国会议员肯尼思 · 基廷补充道，“国家的利益”要求他这么做。

亚当斯已成为众人的眼中钉，他自己也知道这一点。由于不堪重负，他请了几天假，和雷切尔、杰丽和艾丽丝 · 珀森斯去了加拿大东南部钓鱼散心。当坏消息传到亚当斯的耳朵里时，他们正在美丽的米拉米奇山谷里。

尼克松去拜访了艾克，并从所有参加国会竞选的共和党人那里带来一个令人难过的消息：他们都认为，亚当斯就是把大家都拖下大海的铁锚。总统因此承诺会重新考虑这一要求。接着奥尔康报道称，该党的捐助者表示在“亚当斯这个污渍”被彻底清理掉以前，拒绝捐钱。这时，芝加哥正在召开共和党全国委员会。艾森豪威尔要求奥尔康再对党内意见做个评估。宾夕法尼亚州的理查德·辛普森威胁说，如果亚当斯再待上一星期，他就会带头闹事。当这位主席垂头丧气回来时，总统屈服了。他把这称为他任职以来“最痛苦、最艰难、最心碎的决定”，但他拒绝亲自下令将他开除。他告诉奥尔康：“你去搞定这件事。这是你的工作，是我给你的最不讨好的工作。”

与此同时，亚当斯发现，即使是远得渺无人烟的米拉米奇乡村，也不是安身之所，因为加拿大的记者一直追问他何时辞职。这似乎是人们关心的唯一问题。据亚当斯回忆，格里·摩根从白宫打来电话说：“他认为我应该返回白宫，因为尼克松和奥尔康……想和我谈谈。”他知道他们要他回去的原因，便答道：“我这就回去。”第二天早晨8点，他坐在办公桌前，准备好迎接（死囚的）蒙眼罩和最后一支雪茄烟。

尼克松告诉他，大多数共和党候选人和政界领导为求自保，一定会否定和他的关系，如此他的职位也将不保。奥尔康讲了一个小时，大部分内容都是关于共和党捐款枯竭，以及全国委员会内部潜在的造反之势。亚当斯面无表情地坐在他的皮沙发上，仰着头，眼睛盯着天花板，轻咬着眼镜的一支腿架。接着，他疲倦地点了点头，同意离开白宫。

尼克松在他的《六次危机》中回忆1958年的选举是如何“在民众的心中清除我在加拉加斯取得的成就，却建立起和我名字相联系的失败形象的”。朋友们曾劝他不要参加那次竞选，因为共和党铁定失败。杜威说：“你为共和党候选人做的事情已经足够多了。”但艾森豪威尔告诉他：“如果我们能在参议院或众议院获胜，我愿拿出自己一年的薪水。”尼克松写道，“无论是从个人立场还是政治倾向上考虑”，总统都不想陷入足以摧毁他与国会积极合作的政治斗争中。因此，“如果要有一个人为这次全国性的政治活动扛下主要重担，那么我就是那个人”。

> 我不能站在一旁，看着共和党同僚完全失败。如果可能，我必须赌上我的政治名望。我们都深知这也许会像 1954 年那样遭遇失败，我也可能会因为这次失败而成为主要的攻击对象……我最后在全程超过 25 000 英里的 25 个州进行了演讲。

在书中，对于共和党竞选活动的性质和在最后两星期总统激情高涨地加入其中的环节都省略了。尼克松的进攻策略有些狭隘，而且颇具党派色彩。他警告道，对“社会主义”和“‘左’翼极端分子”而言，民主党就是避难所。他还指控民主党“采取撤退和姑息”的方式，嘲笑“艾奇逊外交政策导致了战争”，而为共和党政府的“军事实力和稳定外交”感到高兴。总统一开始感到十分惊骇，对白宫记者表示他对“此类事件”深表遗憾。这激起保守派的抗议，他就突然来了个 180 度大转弯，公开称赞起他那好斗的副总统：“没人能比你在这件事情上做得更好。”10 月底，艾克和尼克松的心情已完全一样了。他发誓“只要我还是总统，就绝不会姑息共产党的侵略行为”。他还声称“所谓的导弹差距正在快速缩小”，并把民主党人称为“无法控制乱花钱（你们的钱）的冲动”的“政治激进分子”和“自以为是的自由主义者”。

11 月 4 日，共和党人的天塌了。他们失去了 12 个参议院席位，失去了 48 个众议院席位，竞选州长的 21 人中有 13 人败下阵来。诺兰落选了，令人意想不到的是，俄亥俄州的约翰 · 布里克也惨遭失败，甚至连坚定支持共和党人的佛蒙特州也没守住。这是 106 年以来，第一次将由民主党人代表佛蒙特州参加国会。尼克松对全国参选结果总结道："对于操控着白宫的共和党而言，这是本党在历史上所遭受的最大失败。"

有三个人的竞选引起了全美国的注意。在马萨诸塞州，约翰 · F · 肯尼迪比竞争对手的票数领先 874 608 票，这一差额比该州任何职位竞选时的票数差额都大，而且比 1958 年任何一个参议员获得的领先票差都大。巴里 · 戈德华特在亚利桑那州与民主党人士竞选，却以决定性优势再度当选。更使人印象深刻的是，洛克菲勒在选举中以压倒性的 50 万票领先票胜出。一家电视的评论员评论道："这次竞选的最大赢家就是纳尔逊 · 洛克菲勒，而最大的输家则是理查德 · 尼克松。" 11 月 9 日，纽约州新任州长洛克菲勒飞往南方，到其位于委内瑞拉的庄园休假。在迈克蒂亚机场，也就是 6 个月前尼克松夫妇受到加拉加斯唾沫飞溅的地方，记者向洛克菲勒问起了尼克松。他答道"No tengo nada que ver con Nixon"，这句话的意思是"我和尼克松没有任何关系"。

剪影：20 世纪 50 年代晚期

Best actor of 1958: David Niven in *Separate Tables*

The Horse's Mouth *The Inn of the Sixth Happiness*

The Long Hot Summer *The Brothers Karamazov*

Come and click with Dick
The one that none can lick
He's the man to lead the U.S.A....
So let's all click with Dick

CRISIS IN FRANCE FADES AS DE GAULLE TAKES HELM

Best actor of 1959: Charlton Heston in **Ben-Hur**

Best actress of 1959: Simone Signoret in **Room at the Top**

THE STATUS SEEKERS

An exploration of class behavior in America and the hidden barriers that affect you, your community, your future

VANCE PACKARD

Author of *The Hidden Persuaders*

Some Like It Hot

Just you wait, 'Enry 'Iggins, just you wait
You'll be sorry, but your tears will come too late
You'll be broke and I'll have money
Will I 'elp you? Don't be funny
Just you wait, 'Enry 'Iggins, just you wait

Now — Zenith brings you portable TV's biggest picture . . . 21" Super Screen

Babies are FRAGILE — Handle with JOHNSON'S

Pillow Talk **North by Northwest**

The Apartment ***Inherit the Wind*** ***Sunrise at Campobello***
I'm All Right, Jack ***Hiroshima, Mon Amour***

The Nun's Story **On the Beach**

GET RID OF TIRED BLOOD!
Take Geritol. It builds iron power in your blood fast.

MAXWELL HOUSE coffee:
TASTES* as good as it *SMELLS

DURKEE'S Instant Minced Onion

BEST SELLERS: Nonfiction
The Rise and Fall of the Third Reich by William L. Shirer
Only in America by Harry Golden
Born Free by Joy Adamson
How I Made $2,000,000 in the Stock Market by Nicholas Darvas
Aku, Aku by Thor Heyerdahl

"Funniest Musical in Years"
— *N.Y. News*

BYE BYE BIRDIE

CHITA RIVERA **DICK VAN DYKE**

54th Street Theater
150 West 54th Street

Anatomy of a Murder

Best actor of 1960: Burt Lancaster in *Elmer Gantry*
Best actress of 1960: Elizabeth Taylor in *BUtterfield 8*

K-E-Double-N-E-D-Y
Jack's the nation's favorite guy
Everyone wants to back Jack
Jack is on the right track

BEST SELLERS: Fiction
Doctor Zhivago by Boris Pasternak
Exodus by Leon Uris
Advise and Consent by Allen Drury
The Ugly American by William J. Lederer and Eugene Burdick
Lolita by Vladimir Nabokov

BAN *takes the worry out of being close*

noisiest potato chips in the world

1ST CLASS POSTAGE UP FROM 3c to 4c

little old wine-maker me

MOSCOW, NEW YORK START JET PASSENGER SERVICE

Hang down your head, Tom Dooley
Hang down your head and cry
Hang down your head, Tom Dooley
Poor boy, you're bound to die

POWER FAILURÈ HITS 500,000 NEW YORKERS: ANOTHER BIG BLACKOUT IS TERMED UNLIKELY

	1950	1960
U.S. homeowners	23,600,000	32,800,000
Powers mowers sold	1,000,000	2,600,000
Automatic washing machine sales	1,700,000	2,600,000
Children five to fourteen	24,300,000	35,500,000
Little Leagues	776	5,700
Girl Scouts, Brownies	1,800,000	4,000,000
Bowling lanes	52,500	108,000
Gallons of gin	6,000,000	19,000,000
Gallons of vodka	100,000	9,000,000
Pounds of aspirin	12,000,000	18,000,000

Things Go Better with Coke

Buy Beech-Nut, by Gum.

Any thirst you can get 7-UP can quench

REAL GUSTO
In a Great Light Beer
SCHLITZ

第二十六章　将军归营

门肯曾说，新闻学是一门不准确的科学。艾森豪威尔时代的最后几年就是一个有力的证明。在民主党中期选举取得胜利的6个星期后，阿肯色州一家特别立法委员会披露小石城取消种族隔离的争端“被肯定地证实受到了共产党的影响”。该委员会主席、众议员保罗·范达尔森表示，委员会曾举行过三天的公开听证会，早已使阿肯色州人民警觉到共产主义的威胁，范达尔森的一个同事自信满满地预测美国黑人将会拒绝受邀加入任何由全国有色人种协进会煽动或“共产党支持的”游行示威。他说，种族和平已近在咫尺。

1959年，加利福尼亚大学新任校长克拉克·克尔仔细观察学校的大学生后说：“雇主们将会喜欢这一代人……因为他们将很容易被驾驭。再不会有什么暴乱了。”

这一年11月，美国罗马天主教的主教们反对使用联邦经费在国内外宣传人工节育，他们认为，那些声称美国天主教将会逐渐接受避孕措施的说法十分可笑。

美国全国广播公司一直在寻找一个整洁体面的年轻美国人，以抵消猫王的影响力，结果选中了查尔斯·范多伦。此人是哥伦比亚大学一名年薪4 400美元的教师，他此前刚好在长达14个星期的、联播中最大的有奖问答节目《二十一》中赢得12.9万美元的奖金。之后全国广播公司以年薪5万美元聘请他成为该公司的顾问以及《今日》节目的评论员。他还编辑了一本颇具启发性的文集，名为“致母亲们的信”。在他收到的信件中，有3/4来自感谢他为国家年青一代树立光辉榜样的父母和老师们。1958年年底，当纽约州的一个县级大陪审团开始对那档测试节目弄虚作假的控告进行调查时，记者们全都聚集在他那位于格林尼治的漂亮住所里。他对于这一控告极度蔑视，说：“我从未接受任何暗示或帮助，据我所知，之前其他人从未在这档节目中赢得大奖。”当他们一直追问此事时，他严厉地说道：“你们一直问我这些问题，简直是一种侮辱。”

然而，美国黑人、大学生、天主教教徒以及查尔斯·范多伦开始令那些自认为了解他们的人感到惊讶。

1960年2月1日，认为黑人的斗争精神将会消失的希望突然破灭了。那天，北卡罗来纳州农业技术学院的4名黑人学生走进附近格林斯博罗市南埃尔姆街道的一家伍尔沃斯商店，先买了一些东西，接着便在快餐店坐下，点了几杯咖啡。按照南部实施种族隔离的法律和传统，负责人并未理睬他们。他们就安静地坐在座位上，直到餐厅关门。第二天，他们再次出现在餐厅柜台前，还带了5个黑人朋友。他们称此为“入坐”。接下来，每天“入坐”的黑人越来越多。那些黑人青年情绪稳定，举止得体，完全不理睬那些嘘声不断、在他们面前挥舞美国南方邦联旗帜，还向他们弹烟头儿的白人青年。他们要让那些人知道，他们会一直待到咖啡送来为止。

如果这次“入坐”只针对这家商店的员工，那么他们将永远无法得到想要的服务。但是，伍尔沃斯是一家美国连锁公司，这正是他们所指望能够起作用的一点。在北卡罗来纳州，“入坐”运动蔓延到了达勒姆、温斯顿塞勒姆、夏洛特、罗利和海波因特，而该州以外位于纳什维尔、查塔努加、塔拉哈西、里士满和南卡罗来纳州的罗克希尔的餐厅也都被占据了。在接下来的14天，黑人在15个城市的伍尔沃斯分店上演了“入坐”，在波士顿，分别来自哈佛大学、布兰迪斯大学、波士顿大学和麻省理工学院的400名学生在12家伍尔沃斯分店设置了纠察线。这一举动令格林斯博罗的黑人十分高兴。接下来发生的事情则让他们以及整个美国为之一震，示威者还出现在了沃尔格林、克雷斯、格兰特和利格特(这些都是美国最大的零售公司)的餐厅。在新泽西州的恩格尔伍德，同情黑人的人士举行了一次捐款以支持那些示威者，耶鲁神学院的学生在纽黑文市中心游行以表支持。被激怒的廉价商店经理将咖啡价格提升到一美元一杯卖给那些黑人，并把座位中的螺丝取出，还威胁要关闭餐厅。然而这些举动都无济于事，因为那些示威者用各种新的消极抵抗来面对那些商店经理采取的措施。接下来，运动从餐厅扩散到了社会上的每个实施种族隔离的公共场所。他们在汽车旅馆走廊上“入睡”，在公园里“入游”，在图书馆“入读”，在电影院“入睡”，在赌场“入赌”，在土耳其式浴室“入浴”，当春天来临时，他们还在仅限白人游泳的沙滩“入泳”。

5月10日，当纳什维尔6家餐厅取消种族隔离时，黑人们初战告捷。这是除得克萨斯州以外南部各州第一次采取的普遍行动。整个春天，南方各地都打响了消耗战，种族界线在这里后退一码，在那里后退一码，顽固分子的压力不断增加。6 月 5 日，黑人南部地区委员会报道，9 个分散在南北边界的餐厅都取消了种族隔离，这些地方之前并未发生暴力事件，也没有任何商人因愤怒的白人威胁要进行报复性抵制而受到损失。弗吉尼亚州的热餐店于 6 月 23 日向黑人开放，这是该运动打入该州的第一个楔子。7 月 18 日，诺克斯维尔的商店取消了餐厅种族隔离制度。7 月 25 日是黑人欢呼雀跃的日子，因为 6 个月前便开始进行全面行动的格林斯博罗的伍尔沃斯和克雷斯商店取消了种族隔离。就在同一天，位于弗吉尼亚州诺福克和朴次茅斯的 4 家商店也结束了这种制度。自那以后，事件发展就开始不那么顺利了。从不言败的美国极南部正死守阵地。10 月 19 日，亚特兰大警察逮捕了由马丁 · 路德 · 金带领的 51 名“入坐”游行者。他们由于拒绝交纳保释金而被捕入狱。1960 年闪电式的伟大的“入坐”运动就这样结束了，黑人们停止活动来巩固他们的战果，但甚至是阿肯色州的立法机构也知道这种暂停活动只是缓兵之计。拥有 18 871 831 人口的黑人种族正在萌动，美国黑人终于走向了前台。

1960 年 5 月 13 日星期五下午，天朗气清，克拉克 · 克尔终于看到了未来。这些年经过对加利福尼亚州共产党坚持不懈的调查，众议院非美活动调查委员会在旧金山洛可可市政厅举行听证会。被传唤出庭的人中有几个公立学校教师和加利福尼亚大学伯克利分校的一名大二学生，据说他们所有人都是积极的左翼分子。加州福尼亚大学伯克利分校的一些学生坐着几辆车前来给他们加油打气。但没人想过举行游行示威，因为在那个天真无邪的时代，几乎没有大学生知道如何去游行示威。他们只是想在听证会里找个座位，但是整个会场都已挤满了人。警察将台阶上的门堵住。有人开始推搡。一名警察跌倒了，但后来有人说他被打了。后来警察使用了警棍和水龙头。在这疯狂的半个小时里，有12人受伤，52人将被送进监狱。奥克兰的杰西卡·米特福德在《国家》杂志中报道："现在的学生已经丢掉了20世纪50年代所拥有的冷漠和顺从。"她预测，在未来的10年，那些学生将"改变整个世界的未来"。一名被打了的大学生告诉记者："我是一名政治上的'处女'，现在却在市政厅的台阶上遭到'强奸'。"对全美361万大学生而言，来自加利福尼亚大学伯克利分校的消息无疑是一种挑战。在此之前，忍无可忍的学校教职工一直鼓励学生们投身政治活动。现在他们知道该如何做了。

在这躁动的几个月里，由于黑人自尊心和学校政治意识的提高，促使另一场社会变革的方法正在出现。1960年5月9日，美国食品及药物管理局宣布批准使用一种安全的口服避孕药。[①]这种药物的商品名为伊诺菲德，由芝加哥塞尔公司制造。该公司表示，此药在1 500名女性志愿者身上进行了4年试验，被证实百分之百有效。每月服用20片，凭处方即可购买，每月花费仅10~11美元。这种通过药物节育的方式再结合新式避孕设备，以及外科节育手术，就可以让女性逃离对怀孕的恐惧了。因为从一开始，担心怀孕就限制了她们的性生活。现在，似乎她们可以和男人一样随便上床了。上百万妇女将诊所和药房围得水泄不通，就为求得此药。除了防控疾病以外，从未看过如此多的人定期服用特效药。当全国天主教徒家庭生活事务所主任欧

① 《纽约时报》在5月10日那一期的第75版报道了这一内容。

文 · 勒布朗大主教报告说天主教妇女和非天主教妇女一样正在定期服用此药时，天主教主教们大失所望。1959 年 11 月，主教们曾谴责“一些基督教团体代表”，即新教牧师们，不实行节欲。如今，甚至天主教神父以及一些担任圣职的修女们，都因生活的变化而正在重新考虑他们的修道誓言。

纽约市立大学市政学院的学生赫伯特 · M · 斯坦普尔在败给范多伦之前曾赢得 49 500 美元奖金。而在 1958 年 8 月，该学生向曼哈顿地方检察官弗兰克 · 霍根和《纽约世界电讯–太阳报》讲述了引起他良心不安的苦恼。就在此时，查尔斯 · 范多伦的泥塑像开始碎裂。斯坦普尔告诉他们,《二十一》这档节目就是在作假。他表示，事先参赛者会被告知题目的答案，但当他们的人气衰退时，便不再能得到答案，因此他们只得假装被击败。他之前曾被告知要输给范多伦。和他一样，范多伦也曾在一个装有摄像机的隔音玻璃房内接受面部表情训练，例如，当他为一道题苦思冥想时要表现出紧咬嘴唇、擦拭额头上的汗或者说话结结巴巴。经过节目制作人的彩排后，范多伦的表演便让 2 500 万名电视观众为之震惊，例如他说出仅有的三名累计击中超过 3 500 次棒球的球员名字（“泰 · 科布、凯普 · 安森以及……特里斯 · 斯皮克！”)，识别出在《茶花女》中歌唱“我要生活在欢乐里”的咏叹调的歌手是谁（“她在由……举办的派对结束时刚好演唱过这首歌，她的名字是！是个女高音。她的名字是……薇奥列塔！”)，此外还说出了 7 个小矮人的名字（“瞌睡、喷嚏、愚笨、快乐”，停顿了一下——“爱抱怨的那个——啊，顽固——博士——呃，害羞的那个——叫怕羞！”)。

斯坦普尔和其他参加《二十一》节目的参赛者以及哥伦比亚《6.4

万美元挑战》节目的参赛者都将他们知道的内幕告诉了纽约大陪审团。范多伦在宣誓后否认此事，米切尔·施魏策尔法官则因为当代美国民间英雄遭到诽谤十分生气，以其中包含了无法证明的指控而将记录封存。在陪审团庭外，范多伦告诉记者，他对于报界的那些诽谤十分“伤心”并且“震惊”。他还重复说，他过去一直都表现得十分“诚实……从未接受过训练或指导”。

做伪证的问题就在于，犯罪人无从得知是否有人能够证明他们在撒谎。惠特克·钱伯斯曾经把事实真相藏在南瓜里，表明真相终会浮出水面，而范多伦也同样难逃一劫。詹姆斯·斯诺德格拉斯是一名艺术家，同时也是《二十一》节目的获奖者。他提供了一些他在参加节目前一天到前三天寄给自己的挂号信，上面是将在节目中涉及的相关问题和答案。这些信件由众议院立法监督小组委员会成员开启，正是这个铁面无私的委员会，先后让伯纳德·戈德法因和舍曼·亚当斯垮台。这些信件证实斯诺德格拉斯所言属实，立法监督小组委员会由此接手曼哈顿大陪审团留下的这个案件，开始在证词和物证上设计，要让这位名叫查尔斯·范多伦的人，这位迷人、英俊、落落大方、出身于书香门第、毕业于名牌大学的人垮台。

1959 年 10 月，他们开始此次行动。范多伦像之前的希斯一样表现出一副义愤填膺的贵族派头，向小组委员会发去一份电报，决然地否定了所有对他不利的指控，声称他并未“受到任何形式的帮助”，还表示无论委员会何时向他问话，他都会“出席”。委员会回电邀请他自觉来国会议员面前做证时，他却消失了。正式传票已经发出，可是送传票的人却无法找到他。接下来的 6 天，美国人民不知道他到底是死是活。10 月 14 日，也就是第 7 天，经事先安排，他出现在纽约罗斯福饭店，接受了传票，并举行了一次人满为患的记者招待会。他读了事先准备好的稿件，他说，由于一连串事件让他十分伤心，因此他请假与妻子一同从哥伦比亚飞往新英格兰，“在那里10月的美景中……整理我的思绪”。他说之前并不知道自己被传唤，记者们感到十分吃惊。当这件事成为每家报纸以及新闻广播头条时，他怎能不知道传票的事？他苍白无力地笑道，出于对美国国会的尊重，在出席“那个恰当的论坛”，也就是听证会之前，他不会发表任何评论。

11月2日，他一身朴素着装，出现在听证会上。当他坦白一切时明显有些紧张，他说道：“倘若能改变我过去三年的人生轨迹，我愿付出任何代价……我已学到许多关于善与恶的东西。它们并不总是如表面看上去的那样。我陷进去了，深深地陷在骗局之中……我几乎可以说服我自己，我所做的事情并没什么害处，因为它对于全国人民对老师、教育和文化生活的态度产生了积极影响。”

他继续说，他后来“感到十分不安与害怕”，他“多次”请求节目制作人让他在比赛中输掉。他们却回答，会以一种“戏剧性的方式”结束我的比赛。最后，一名极富魅力、满头金发的女律师成为参赛者，其中一位制作人“告诉我，我会输给她。我因此表示感谢”。当公众开始知道这场节目秀是在骗人时，他感到“很恐惧……接着就逃跑了……首先我是在自我逃离”。存在“一条出路，我当然会对它考虑再三，这条出路就是说出真相”。可是“从感情上讲”，这是“不可能的”。接着，他的传票到了。“……后来，一件小事改变了我的想法。我收到一名陌生妇女的来信，她曾经在加罗韦主持的节目上看到过我，表示很羡慕我在那里的工作。她告诉了我一个唯一可以使自己心安理得并弥补我过去所作所为的方法（当然，她也并不完全知道我干过什么），那就是清晰、坦白并诚实地坦白这件事。突然，我明白她是正确的。”次日清晨，范多伦接着说，他鼓足勇气给他的律师打电话，当听完他讲的话后，律师说了一句："愿上帝保佑你。"这就是他最后的陈述。他将发言稿放下，转向自己的律师，并投以微笑。

这真是荒谬。让他坦白的并非一个陌生女人，而是那张传票。再者，如果他当时真在节目上感到"极度不安"，那么就没必要请求制作人"放他一马"，他只需在直播时答错一道题就可以了。小组委员会的一名共和党人，来自纽约的众议员史蒂文 · B · 德鲁尼安看穿了他的谎言，于是对他说："我认为拥有你这样智慧的成年人不应该只因为讲了事实就受到赞扬。"然而，其他国会议员接下来却真的做出这样的事来。委员会主席奥伦 · 哈里斯表示他想"称赞"他的坦白。伊利诺伊州众议员威廉 · E · 斯普林杰希望哥伦比亚大学不要"过早"将他开除，该州另一位众议员彼得 · F · 马克则说他相信全国广播公司会原谅他。其他一些人表示，他们想要为他的"坚韧""坦白直率"和"自我反省"表示"称赞"。哥伦比亚大学则与这些人看法不一，5小时后该大学便解除了范多伦的教职，全国广播公司也于次日将其解雇。然而，这可不是得人心的做法。听证会的群众当时都支持范多伦，为他和那些称赞他的小组委员会成员鼓掌，并对国会议员德鲁尼安的评论不屑一顾，全然不予回应。哥伦比亚大学的学生因他被撤职而举行了一次集会以示抗议。一个民意调查显示，3/4 的美国民众认为，如果和范多伦面临同样处境，"大多数人"可能会和他做出同样的事情，而在全国广播公司收到的来信中，支持他与不支持他的人数比为 5 : 1。

范多伦和其余 13 名知名人士刚在纽约被指控犯下作伪证罪，哈里斯小组委员会便马不停蹄地找出电视台欺骗民众的新证据。青少年文娱节目头号唱片播送员迪克 · 克拉克坦白，他选择播出的都是能给他带来经济效益的唱片。这被称为“暗中给回扣”。事实上，联邦电讯委员会主席约翰·C·多尔弗却对此进行辩护。他争辩道，没人因此受到伤害，而且任何试图对此进行监督规范的行为都将“破坏我们十分珍惜的话语自由权。”有人就此揭露，多尔弗自己就曾在其监管的一家广播公司巨头那里收受贿赂。之后，艾森豪威尔接受了其递交的辞呈，但公众对此似乎漠不关心。因此，那些对此事毫不关心的电视观众会接受1960年那些索然无趣的联播节目也就不足为奇了。《剧艺报》杂志表示，如果1959年是有奖问答节目年，那么1960年就是西部故事年。这一年，哥伦比亚广播公司制作了8个此类性质的节目，全国广播公司有9个，美国广播公司则有11个。这些节目每星期占据的黄金时间达24.5个小时。

在艾森豪威尔政府的阳光下沐浴了7年之久，那些曾经支持总统的舆论制造者开始烦躁不安起来。早在1958年,《芝加哥每日新闻报》就曾问道：“很多事情正闹得沸沸扬扬，艾森豪威尔正在做什么呢？大家从报纸上读到的都是他在打高尔夫球的新闻。那么谁在治理国家呢？”读者们对此漠不关心。总统在欧洲时，副总统通过谈判结束了长达116天的钢铁业罢工，从而赢得一次个人胜利。尽管如此，民意测验结果丝毫未受影响，因为公众对此不闻不问。刚刚获得解放的刚果在一场悲惨的内战中经历血雨腥风，由贡勒上尉领导的老挝叛军则推翻了昭·萨松尼特首相领导下的亲西方政府，而美国民众在地图上都找不到这两个国家。美国国内，报业罢工使所有纽约报纸都停止发行，与此同时，监狱爆发了一连串暴动事件，飞机上还出现携带炸弹事件，其中一起事件发生在一个利欲熏心的年轻人身上，他为了得到自己母亲的保险费，便在飞机上安装炸弹，将当时正在飞机上的母亲和其他乘客一同炸死。一项调查显示，报纸头版无人阅读，读者们比较关注的是连环漫画和体育新闻。当卡里尔 · 切斯曼在 8 次缓刑后终于在加利福尼亚州接受处决时，那些反对执行死刑的人们对此表示反对，但人数相对较少，一系列手法极其残酷、泯灭人性的谋杀事件似乎也并未触动那些一向冷漠的人们。其中一宗谋杀案涉及一名来自堪萨斯州的农民赫伯特 · 克拉特，他的妻儿也无一幸免。《时代周刊》在 1959 年 11 月 30 日的那一期上发表了对此次犯罪的报道。新闻标题是“冷血杀戮”，它的读者中包括一位名叫杜鲁门 · 卡波特的作家。

那年人们脱口而出的流行语是“什么的”，该词已成为口语中万能的成分了。例如，格林斯博罗的黑人正在举行“抗议什么的”，罗曼史就是“爱情什么的”，梅特里科尔就是“节食什么的”，或者希区柯克的《惊魂记》就是“惊心动魄什么的”。几乎每个地方都在使用这个词，但联邦政府的其中一个机构中却未出现这样的词。还未有人说过约翰 · 福斯特 · 杜勒斯是在搞“外交什么的”。这似乎是不可能发生的事情，显然也不太合适，因为杜勒斯是老一辈，是常年受到身穿燕尾服和条纹裤的外交部长们影响、具有政治风度的人。但他那傲慢自大的说教和过分简单的“大规模”报复论与苏联火箭升空的数据相比，的确显得过时老套。在 1959 年的头几个月，由于病痛的折磨，杜勒斯几次进出沃尔特 · 里德医院，并且似乎开始明白他曾经为之奋斗并想要永久维持的东西方僵局即将不合时宜。然而，他还是为此抗争到了最后一秒。就在他忍着疼痛离开华盛顿并踏上前去欧洲的最后之旅时，他对一位朋友说道：“如果这病不是癌症，我认为此行至关重要，不得拖延。如果这是癌症，那么身体更加不适也无关紧要。”

这个病的确是癌症。他每天不是在沃尔特·里德医院接受百万伏特的X光照射，就是在丘比特岛上休息晒太阳，这位国务卿开始将整个身心都投入与死亡进行的绝望的战斗之中，当他与病魔奋力抗争之际，治国的缰绳最终还是从他手中滑落了。从表面上看，世界权力平衡局势并未发生改变。根据条约，美国仍然承担着42个国家的防御义务，就杜勒斯而言，用最新流行的时髦词来说，他仍然在政界神通广大。美国社论作者对这位“不可或缺的人物”所提出的“睿智建议”和表现出的“坚定不移的力量”表示敬意。英国政府在来电中表达出“万分难过”之情，法国外交部对于“这个可能是西方遭受的最大损失”表示关切，波恩则对西方政策制定的车轮上拆掉了一根“辐条”而感到遗憾。然而，这只不过都是一些外交辞令，杜勒斯一定深谙此理。尽管他仍然通过电话和白宫以及国务院保持密切联系，并警示任何可能反对冷战的异端邪说，但是对于那些能够察觉这些迹象的人来说（杜勒斯也能够察觉这些迹象），一旦他退出历史舞台，华盛顿和莫斯科就会采取缓和政策，这是显而易见的事情。埃米特·约翰·休斯写道：“杜勒斯紧握的拳头”即将被“艾森豪威尔那伸出的手”所代替。

在共和党中期选举惨败的余波中，哈格蒂编辑了一份长长的备忘录，展望艾森豪威尔在1960年为成为共和党继任人参加竞选时，能够继续保持他作为维护和平使者的功绩。根据与总统的谈话，备忘录将杜勒斯在雾谷的6年中所反对的一切事情都当作目标。备忘录中直接假设在外交上采取灵活态度的时机已经来临。艾森豪威尔–哈格蒂备忘录指出，总统必须以一名和平使者的身份站在国际舞台上。当中还继续宣称，无论是在出席联合国各种会议、到访包括持中立态度的印度等远在世界角落的国家，还是在面对以热忱的态度希望他参与与苏联的赫鲁晓夫的高级会议和会谈这类建议时，总统都必须扮演这种角色。

苏联总理已经准备好欢迎此类提议。1959 年 1 月 26 日，赫鲁晓夫在迎接阿纳斯塔斯 · 米高扬副总理从美国访问归来时曾说过，“不排除”苏美之间关系“解冻的可能性”。他表示，只要能够改善两个超级大国之间的紧张关系，“任何可以做的事”，我们都必须去做，因为一旦爆发热核战争，后果将不堪设想。西方国家有人说，赫鲁晓夫“比任何人都惧怕战争”，这一点他们完全说对了。在过去，杜勒斯会照例回答，苏联要首先表达出诚意，任何相关会议才能顺利进行，但他对此是怀疑的，因为在他看来，苏联志在赢得冷战，而非结束冷战。然而就在此时，另一位政府发言人表达了不同观点。副总统尼克松表示，美国也希望两国关系能有所缓和，“因为我们意识到，如果关系就这样僵持下去，我们终将冻结在坚硬难破的冰雪中，只有原子弹才能将它炸开”。

5 月 24 日，沃尔特 · 里德医院结束了对杜勒斯的临终看护，并发布公告：“约翰 · 福斯特 · 杜勒斯先生于今晨 7 点 49 分（美国东部夏令时间）在睡眠中与世长辞。”当时，副国务卿克里斯琴 · A · 赫脱已经开始掌管事务。他的首要任务便是解决最近刚发生在柏林的一系列令人厌烦的危机。赫鲁晓夫之前已向西方大国发出最后通牒：如果他们在 6 个月内还不撤离柏林，红军就会把他们撵出去。如果按照杜勒斯生前惯常的反应，他会对此通牒做出反击，同时还会一展实力，在战争边缘迫使对方放慢脚步。艾森豪威尔却采取了截然不同的行动方针。他召开记者会并发表了一份慎重的声明，宣称如果柏林发生任何开火事件，都将“阻止我们履行自己的职责。我们现在并不是说要向柏林开火，我们只会继续承担对那里的人民应尽的义务。但如果我们的义务被阻止履行，那说明一定是另有他人在使用武力”。赫脱把这个最后通牒作为会前谈判的一个策略，而且随着事态的发展，也的确如此。

杜勒斯一进入坟墓，事件发展就过度急进地起来。5 个星期后，也就是 6 月 28 日，苏联副总理弗罗尔 · R · 科兹洛夫带领一批由苏联官员组成的代表团前往纽约，为苏联科技与文化展览会揭幕。7 月 11 日，艾森豪威尔以个人名义邀请赫鲁晓夫来美国访问。7 月 23 日，也就是杜勒斯逝世后的两个月，美国副总统前往莫斯科，在索科尔尼基公园为美国国家展览会揭幕，用艾森豪威尔的话来说，就是为苏联到访美国所做出的“礼节性回敬”。

接下来发生的事情不能称为对缓解东西方紧张局势做出的贡献，却可以从中看出赫鲁晓夫和尼克松两人好斗的本性。展览会上最有趣的展览就是一套有 6 个房间的牧场住宅样板房，中间是条参观走廊，参观者能通过走廊看到房间内的所有家具陈设。苏联领导对此十分愤怒。这触碰到了他们的敏感神经，因为苏联人造地球卫星是以牺牲消费品生产和相关服务为代价制造出来的。当时展览会揭幕式正通过苏联电视台进行直播，赫鲁晓夫感觉自己有些失策。他迫不及待地想打上一架，而尼克松就是那个应战者。揭幕仪式同样也在美国电视台直播。尼克松希望成为下一届共和党总统候选人，不论哈格蒂对竞选战略有何看法，他早有自己的打算，其中决不包括在电视直播上受到一个气愤的共产党人的欺负。最后的结局便是新闻界所谓的“厨房辩论会”或“索科尔尼基最高级会议”。

当他们驻足于样板房那时尚华丽、设备精巧的厨房时，这场辩论随即展开。尼克松声称这是一个典型的美国住房，在美国几乎任何一个工人都能住上这样的房子或类似的房子。赫鲁晓夫则对此嗤之以鼻。

赫鲁晓夫：你们认为苏联人民会为这个展览大吃一惊。然而事实上，所有新建的苏联住房内都有这样的设备。在美国要花钱才能买到这样的房子，可在苏联，只要你是这里的公民就可以拥有这样的房子。如果一位美国公民没有钱买房子，他就只有睡在大街上的权利。你们却说我们是共产主义的奴隶！

尼克松：……我们并不认为这个展览会使苏联人民为之一震，但这会激起他们的兴趣，正如你们的展览激起我们的兴趣一样。对我们而言，多样化、选择权以及我们拥有一千个不同建筑师的事实，就是生活的趣味。我们不想要政府的一名官员做出决定，宣布我们将只有一种样式的房子。这就是差异。

赫鲁晓夫（中断对方讲话）：就政治差别而言，我们永远不会有达成一致的一天。如果我追随你的意见，那么我就会被米高扬引入歧途。他喜欢辣味汤，而我不喜欢。但这并不意味着我们意见相左。

尼克松：我们来谈谈各自洗衣机的优点，而非双方火箭的威力岂不更好？这种竞争不也是你们所希望的吗？

赫鲁晓夫（把大拇指顶在尼克松胸前）：是的，这种竞争正是我们想要的，但是你们的将军说他们十分强大，足以将我们毁灭。我们也能给你们展示一样东西，让你们知道什么是苏联精神。我们十分强大，完全能够将你们打倒。在这点上，我们也能给你们看点东西。

尼克松（用手指在赫鲁晓夫面前晃动）：我认为，双方都十分强大。在某些方面，你们比我们强大。而在另外一些方面，我们却强过你们……

当他们在摆放着加利福尼亚州葡萄酒的桌前停留时，开始了最后的较量。赫鲁晓夫举起酒杯说："为维护和平以及废除所有在外国土地上的军事基地干杯。"

尼克松（并未举起酒杯）：让我们就为和平干杯吧。

站在一旁的一位苏联人：祝赫鲁晓夫总理长命百岁！

尼克松：我将为此干杯。我们或许不赞同你的政策，但我们还是希望你能身体健康。祝你长命百岁。

赫鲁晓夫（干杯后）：等我到了 99 岁再来进一步讨论这些问题。为什么我们要如此心急呢？

尼克松（他在此次讨论会说了最后一句话）：你是说你在 99 岁时还在执政，而没有自由选举吗？

这真是一场奇特的交锋，与其说它是两位好斗者之间的一场辩论，倒不如说是一场争吵。双方都下定决心要给观众留下比对方更加平和的印象，同时也面临着由自己造成的不利。美国副总统在这次辩论上更胜一筹，但那位苏联总理却表现出一副温和、坦率的样子，或许这更适合他的角色。尼克松表现出一副喜欢思想交流的模样，赫鲁晓夫则展现出爱民如子、愿意竭尽全力保护他们的形象。赫鲁晓夫好像正是为了证实这一点，才不再计较尼克松的傲慢无礼（他显然是这样认为的）。并且，尼克松一回美国，赫鲁晓夫就接受了艾森豪威尔邀请其访美的请求。他虚伪地说道："我准备把衣服口袋翻个底朝天，向大家展示我并无恶意。古时，人们在谈和之时通常都会把武器留在大厅。我们现在也应该那样做，而不应刀剑相向。"一番话后，他悄无声息地撤销了柏林那份最后通牒。

杜勒斯反对召开此类最高级别会议的一个原因是，他担心美国同盟可能会觉得他们即将遭到抛弃。为使他们消除疑虑，总统于 8 月底飞往欧洲，分别与康拉德 · 阿登纳、哈罗德 · 麦克米伦和夏尔 · 戴高乐进行为期两个星期的谈话。这是一次令人感到惊异的行程。在华盛顿，人们很容易忘记欧洲人对艾森豪威尔那深厚的感情。他们的那份感情并未受到党派性或意识形态上的干扰。对他们而言，艾森豪威尔是曾经带领远征军取得胜利、将他们从纳粹统治中解放出来的美国将军，他是那么的善良、坦率与低调。德国人也同英国人和法国人一样对他感恩戴德。当艾森豪威尔乘坐的梅赛德斯–奔驰驶入波恩时，大约有 31.5 万人（几乎是该城市人口的两倍）排队站在路旁向他欢呼，并举着“我们信任你”和“我们敬仰你”的标语横幅。在伦敦，他乘坐的是一辆鸽灰色的劳斯莱斯。在那里，成百上千人大喊着“很高兴见到你，艾克”或是“你真行，艾克”，当车队进入格罗夫纳广场时，记者们看到他眼中噙着泪水，因为在这里，艾森豪威尔将军曾指挥盟军打败了希特勒。

对于正处于困难时期的戴高乐而言，他本希望巴黎人表现得更加克制，但这已不大可能。在布尔歇机场，两名皆为将军出身的总统正在互致颂词，接着一群人尖叫着“艾克”（被法国人叫成了“伊克”），把其他所有声音都淹没了。“伊克”在巴黎待的这两天里，这种呼声从未完全止息，即使是在凯旋门下向法国无名烈士敬献粉红百合花和玫瑰花圈，抑或是在巴黎市政厅对持续的欢呼声表达感谢时。他在感谢时说道：“我心中充满感激，无以言谢。那么我就用一句简短的法语来表达我的激动之情——Je vous aime tous（我爱你们）。”很显然，在这种场合下讲一些严肃的话题有些不合时宜。戴高乐曾向由三国领导的北约反复强调他的计划。艾森豪威尔向他保证会通过大洋彼岸的电话与他保持更加密切的联系，才制止他这一行为。（艾克对一名助理说："我知道他是一个顽固的人，但只要他顽固地站在我们这边，那么任何事情都好办。"）他在苏格兰卡尔津城堡待了一个周末，在那里他一个人住在有9个房间的公寓里，这是苏格兰人民在欧战胜利日后给他的礼物。之后，他于9月7日飞回美国。他告诉那些前来欢迎的人："我十分确信，至少目前所有事情都进行得很顺利。"

赫鲁晓夫在美国举行的巡回访问将是缓和世界紧张局势的又一阶段。9月15日，在马里兰州的安德鲁机场，苏联大使米哈伊尔·缅希科夫对着飞机舷梯叫喊道："尼基塔·谢尔盖耶维奇，我在美国的土地上向你致敬。"就在美国观众对此深表疑惑时，那位大使从舷梯上走了下来。他身材矮小却十分粗壮，秃头，身着黑色西装，上面佩戴着三枚小勋章。与他一道的还有他腼腆的妻子尼娜·彼得罗夫娜、女儿朱莉亚和拉达、儿子谢尔盖和63名随行的苏联官员。总统艾森豪威尔对他们表达了正式的欢迎，接着他们便由美国驻联合国大使亨利·卡伯特·洛奇陪同，进行为期两星期的美国访问之旅。

总的来说，这次访问很成功。美国人通常都偏爱那些脾气不好的人，而此人的尖酸刻薄堪比托马斯·爱迪生和亨利·福特。无论是在面对美国企业家的演讲中、在艾奥瓦州乡村之旅的讲话中，还是在同纽约市市长罗伯特·瓦格纳和洛杉矶市市长诺里斯·波尔森共进午餐的交流中，赫鲁晓夫都表现得有些狡猾、以自我为中心以及毫无顾忌，但同时也很有人情味，并决心与邻国和平相处，但还是无法避免要出些乱子。赫鲁晓夫在与20世纪福克斯电影公司的董事长斯皮罗斯·P·斯库拉斯进行的一场争论中占据上风，而在另一场争论中则败给沃尔特·鲁瑟和他工会的6名副主席。（他接着便谴责他们是"资本家的代理人"，而在鲁瑟大笑时，他感到十分茫然。）在观看了好莱坞一家歌剧舞团为他表演的“康康舞”后，他一脸正经地称这种舞“败坏道德”，还补充道：“一个人的脸可比他的臀部好看多了。”

在位于马里兰州卡托克廷山的总统别墅戴维营里，赫鲁晓夫表现出他最好的一面。他并未发表任何冒犯的言语。事实上，他说的不外乎都是一些模糊空泛的东西。他理解的谨慎似乎就是避免去触及那些实质性的问题。在第二天会谈的中途，艾森豪威尔以个人的名义向他呼吁道：“你能够使紧张局势有所缓和下来，从而对历史做出巨大贡献。这个机会就掌握在你的手中。”然而，这位苏联领导人拒绝被约束。他对美国烤牛肉赞不绝口，也很享受同艾克一同观看的一部西方电影。在乘坐直升机到葛底斯堡的短途行程结束后，他称赞了总统珍贵的黑色安古斯牛群。到此为止，这就是他对缓和做出的贡献。

第三天，两位领导人发表了一份联合声明。他们此前都同意普遍裁军是全球面临的最重要的问题。此外，就柏林事件应该重新协商，目的是为“符合各方意见，以及维护和平”找出一个解决办法。“所有棘手的国际问题都不应以武力解决，而应通过协商的和平方式处理。”艾森豪威尔总统将于明年访问苏联。

有一段时间，报纸上都在大肆宣扬“戴维营精神”。在短短的时间里，这个精神几乎就像罗斯福–丘吉尔的大西洋宪章那样重要。人们认为，美苏关系最终迎来了一个转折点。但这全都是假象。对德国和世界未来发展因意见不同而引发的基本的、关键性的问题，美国总统和苏联总理甚至只字未提。良好的情绪最终也会消失殆尽。随着时间的流逝，这种情绪发酵变质，人们也开始不再幻想。相关人员认为，在同苏联举行任何一个新会议之前都必须要打好更坚实的基础，尼克松也赞同这一说法。

但是，尼克松并不认为这个令人失望的结果可以证明杜勒斯坚持反对举行最高级会议是正确的。全世界的政治家已经开始着手《时代周刊》所谓的“新的个人外交的全球比赛”，他们都不愿回到过去冰冷的状态。他们精心策划的旅程正在循着一个明确的计划，它将引导他们走向称心如意的结局。下一步将是举行被人们称为“西方最高会议”的会议，与会者包括艾森豪威尔、麦克米伦、阿登纳和戴高乐。这 4 位领导人将重申维护柏林和平的誓言， 同时为他们与赫鲁晓夫之间举行的具有决定性意义的会议拟出一份共同方案。

这次重要会议于 12 月在巴黎召开。尽管如此，艾森豪威尔也不会把 12 月的行程仅限于巴黎。其个人外交的冒险之旅令人欢欣鼓舞，因为波音 707 型新式喷气式飞机的诞生让这次冒险之旅持续下去。在欧洲西部国家的各个首都，艾森豪威尔受到了热情欢迎，这让他天真地以为在车队中欢呼人群的热情，在某种程度上可以转化为持久的善意，并能改善国际关系。抱着这种想法，再加上哈格蒂之前为他准备的备忘录，这位总统便决定既然已经出国，那么不妨去拜访一下意大利、土耳其、巴基斯坦、阿富汗、印度、伊朗、希腊、突尼斯、西班牙以及摩洛哥等国的执政者。拜访这 11 个国家需要历时 19 天，跨越三大洲，行程共 1.95 万英里。在此之前，他向全美民众发表了一个电视讲话。他表示：“在执行这次和平与友好使命的过程中，我希望能促使他国对美国有更多的认识，也能更加了解外国友人。”

此行是否会增进了解尚未可知，却提供了总统大受欢迎的令人吃惊的新证据。在意大利，那些罗马人站在雨中，全身都湿透了，只为一睹总统风采。这里的人把“艾克”叫成“易凯”。一名记者在《晚邮报》上写道：“我们欢迎的这个人是用那种植广袤如海的小麦的堪萨斯州农民的口吻在与我们交谈，是在其出生前不久去西部拓荒者的口吻。当危机迫在眉睫时，他呼喊着‘和平，和平’，完全不带一点儿华丽辞藻。”下一站是土耳其。艾森豪威尔自己说他在安卡拉受到的欢迎是“我见过的最震撼的一次”。而在卡拉奇，75万多名巴基斯坦人前来欢迎他。他表示，在新德里，他“完全被淹没”在人群中，事实可能也的确如此。上百万尖叫的印度人高举横幅，有的人欢呼道：“艾森豪威尔，和平之王。”他们还向他乘坐的敞篷车抛掷许多鲜花，结果他一下车，便站在了一英尺深的鲜花上。在他到访的国家，这样的场景比比皆是：在伊朗首都德黑兰，75万伊朗人民为他欢呼喝彩，之后他在伊朗议会两院联席会上发表了讲话；当他向希腊国民议会致辞时，50万充满激情的雅典人就聚集在外面；当弗朗西斯科·弗朗哥元帅在马德里迎接他时，50万西班牙人也在那里欢迎他；在卡萨布兰卡，欢迎他人的也有50万。

这场景让人既目瞪口呆，也让人十分费解。西欧国家对他的热情欢迎可追溯到“二战”期间，但此次访问中唯一经历过“二战”的国家只有意大利，而意大利人当年是站在敌对一边的。为什么印度平民要徒步40英里路，只为一睹总统风采？为什么阿富汗部族人要花上几天时间编织花环，只为放在总统座车的前面？部分原因似乎在于各种语言反复赞颂的“和平，和平”。在世界各个角落，战争都被视为人类最大的灾难，甚至对那些从未听过炮声的人来讲都是如此。但这并非是那些数量巨大的人群背后隐藏的全部原因。显然，美国其实比美国人知道的要更招人喜欢。尽管反美人士制造了更多的噪音，但这些国家的大多数人似乎还是很赞赏并信任美国的。

艾森豪威尔于12月22日返回美国。那年圣诞节是他总统生涯的一次高峰，同时也是美国外交历史上的一个顶峰。在他每年向全美国发表的圣诞贺词中——这次是以28种语言向海外播送的，他谈到了此次行程：“我此行的目的是改善氛围，让外交进行得更加顺利。这次外交是为全人类寻求……和平与正义。”他的成果将在不到5个月的时间内初见分晓。到那时，他和西欧国家的三位领导人将在最高级领导人会议上同赫鲁晓夫会面。这次会议计划定在1960年5月16日举行，地点在巴黎。

在20世纪50年代末，《纽约时报》的读者不时会读到赫伯特·L·马修斯撰写的文章，他生动地描述了一群满脸胡子的年轻古巴革命分子，正藏在位于马埃斯特腊山区那杂草丛生的热带丛林中。他们的领袖菲德尔·卡斯特罗·鲁斯是一名30多岁的律师，身材魁梧，说话啰唆。1956年圣诞节，卡斯特罗带着12个人登陆古巴。在独裁者富尔亨西奥·巴蒂斯塔抓住这些人之前，他们就已进入山区，举出“7·26”运动的红黑两色旗。这次运动名字来源于在卡斯特罗领导下，于1953年7月26日对圣地亚哥巴蒂斯塔分子发动的一次殊死攻击。此次举旗的目的在于号召古巴热爱自由的人们加入他们。

最初几年，卡斯特罗发起的运动在美国颇得人心。巴蒂斯塔统治下的古巴是个极权国家，由恐怖分子和贪官污吏所操控。那些贪官污吏依靠卖淫业、赌场以及侵吞公款获取钱财。为了镇压造反的学生，哈瓦那大学被封锁，持异议者被谋杀。他们的尸体被肢解后送到其父母面前，或是直接像垃圾一样被丢弃在臭水沟里。华盛顿对于一个真正民主的古巴即将到来的前景感到欢欣雀跃。早在1958年3月，美国就已经全部中止向巴蒂斯塔提供美国武器。马修斯这样的美国记者就写了一些极富同情的报道，将卡斯特罗和他那些满脸胡子的革命者描绘成为同胞带来自由和正义的罗宾汉式的人物。但那些记者们错了，而这种错误在当时十分普遍，对巴蒂斯塔厌倦不已的大多数古巴中产阶级和许多有影响力的古巴军官也错了。这就是巴蒂斯塔失败的原因。卡斯特罗麾下只有不到 2 000 名革命者要与 4 万名装备精良的巴蒂斯塔武装相抗衡，但商人和地主都在给卡斯特罗提供资金，中产阶级也在为那些革命分子呐喊助威。其中大部分革命分子就是中产阶级，包括年轻的自由职业者和知识分子，如菲德尔和他的弟弟劳尔，以及埃内斯托·切·格瓦拉少校，也就是后来成为卡斯特罗的托洛茨基的阿根廷医生。

1958 年的最后几个星期，格瓦拉在距离首都 150 英里的拉斯维亚斯打败 3 000 名政府军，并占领了该省省会圣克拉拉。巴蒂斯塔派去的一车队的军人，甚至都拒绝下车。旧政权的末日就要来临，巴蒂斯塔也知道这一点。元旦这天，巴蒂斯塔乘飞机逃往国外。接着，卡斯特罗便沿着古巴的中央公路一路行进 600 英里，庆祝这大获全胜的时刻，总共持续了 6 天。菲德尔的军人举着手枪和冲锋枪朝空中开火。他们亲切地称呼他们的领袖为“老马”。他是“卡冈都亚”式的人物，在这个观念深入人心之前，他就已经是个极富魅力的人了。他是个禁欲主义者，从来不近女色。除了购买价值 50 美分的基督山牌雪茄以外，他没有其他个人享受。要想让他脱掉那身沾满污垢的军装，简直是不可能的事情。

卡斯特罗说道：“我对权力不感兴趣，也不想拥有权力。从现在开始，古巴人民完全自由了。”他恢复了古巴丧失的尊严，带给了这个国家民族认同感，彻底根除了腐败现象，同时还推出了大量旨在教育儿童和激励其父母的举措。有人暗中传播他是共产党员的消息，大众对此都不屑一顾。反动主义者总是把改革者称为赤色分子，像马修斯这类在《纽约时报》工作的人对 20 年前反动主义者在西班牙的这一作为仍然记忆犹新，他们也是这样说的。

为了表现出自己是美国的友好邻邦，菲德尔带了 100 箱表示友好的朗姆酒飞往美国。他和代理国务卿克里斯琴·赫脱吃着牛排，喝着香槟。甚至在这种场合，菲德尔也穿着那身又旧又脏的军装。之后他又在参议院外交委员会的会议室同18名国会议员进行交谈。他告诉他们：“‘7·26’运动并非一次共产主义运动。参与该运动的人员大部分都是天主教徒。”当被问及美国在古巴的投资时，他答道：“我们无意没收美国财物，我们拿走的所有财物都会如数奉还。”他其实十分招人喜欢。当然，其中也有一些不和谐的音调。与卡斯特罗结束三个小时的会谈后，副总统尼克松写下一份长达12页的机密备忘录，分发给中央情报局、国务院和白宫。他在这份备忘录中提到，他相信古巴的新一届领导人“若不是非常天真地看待共产主义，就是受制于共产主义的条例之下”。但中央情报局将这份备忘录粗略归档，国务院直接置之不理，艾森豪威尔则将其丢在一旁。在尼克松眼中，各个地方都有共产主义妖魔，而政府已对此感到厌倦。

1959年春夏，美国人民猛然清醒了，随后美古关系便开始恶化。当古巴独裁者的名字换成卡斯特罗时，他对独裁者一贯的憎恨似乎消失不见了。他对权力的满不在乎也随之消失。菲德尔以足以使巴蒂斯塔都为之震惊的残酷无情终止了人身保障法，在整个岛上都建立了军事法庭，同时下令终止已被判有罪的被告上诉的权利。到了9月，他开始向“左”倾。他承认红色中国，把美国称为“以人类为食的……秃鹫”，并宣布废除1952年与美国签署的军事条约，还挑衅地表示，美国佬肯定不敢入侵古巴。

“7·26”运动的理想主义者和梦想家们都被出卖了。当他们意识到这一点时，他们那股因遭受挫折而愤怒的情绪震动了整个古巴。其中100多人因此锒铛入狱，其他人则向北逃亡到佛罗里达州。逃亡者中包括激进的年轻工程师曼努埃尔·拉伊，他曾领导卡斯特罗在哈瓦那的地下组织；还有两位十分出名的自由党人：曾被卡斯特罗选为新政府第一任总理的米奥·卡多纳和经过遴选成为新政府第一任总统的曼努埃尔·乌鲁蒂亚。此外还有那些自认被出卖给赤色分子的勇敢官兵，分别是何塞·佩雷斯（“佩佩”）、圣罗曼、埃尔内多·奥利瓦，以及马埃斯特腊山区“7·26”运动的英雄之一乌维尔·马托思。有些人第一次听到卡斯特罗背叛的消息时，根本就不相信。他们表示，除非亲眼所见，否则绝不相信这件事。而有些人确实已经目睹了这一切。奥连特省年轻机智的省长曼努埃尔·弗朗西斯科·阿尔廷梅博士听到卡斯特罗亲自概述将在三年内把古巴共产主义化的计划。阿尔廷梅后来表示：“我意识到自己是一个渗入共产主义政府的民主人士。”

这些人是不会向他们视为彻头彻尾邪恶的东西妥协的。倘若他们想要自己的灵魂自由，就必须从美国记者所称的“蔗幕”中逃离出来，并希望将来某一天能够收回他们的家园。古巴人有自己的风格，一些人的逃跑方式十分勇敢，阿尔廷梅就是其中一个。他给卡斯特罗写了一封私信，宣称将退出此次运动，原因是他已“从你的嘴里听到将使古巴共产主义化的全盘计划”。他乔装打扮成一名牧师，带着一本内藏手枪的弥撒书进入美国大使馆。在那里，有人将他引荐给一个名叫“威廉斯”的人，此人负责将他藏在一艘驶向北方的洪都拉斯货船的秘密隔间中。在坦帕市码头，前来迎接他的是一位高大的美国人，此人自称是“威廉斯的朋友，名叫伯内特”。不久，许多难民聚集在迈阿密，使这里看上去就像是一座古巴城市，威廉斯和伯内特的其他朋友也都在此出现，他们介绍自己为“吉米”、“桑尼”、“西比”和“唐”等。阿尔廷梅渐渐发现，这些人其实都是美国中央情报局特工。

当然，他们并不承认自己是中央情报局特工。即使有人问他们，他们也不会承认。这些人找借口说自己受雇于美国一家致力于解决古巴问题的大公司。他们的领导尤其注意维持这种假象。他身材高大、衣着华贵，是唯一有全名的特工，即“弗兰克 · 本德”。弗兰克一直提醒阿尔廷梅：“请记住，马诺洛，我不是美国政府工作人员。我与那里一点儿关系都没有。我只是为一家愿与共产主义抗争的大公司工作。”之后，那些美国人还试图想给别人一种有位古巴富翁在背后支持他们的印象。那些古巴人互相挤眉弄眼，开玩笑说那位富翁的名字就叫“山姆大叔”。很久以后，其中一人表示：“当时我们真是愚蠢至极。我们认为山姆大叔在背后支持我们。他想秘密行动。没关系，因为他是山姆大叔，他十分强大。”那些中央情报局的特工严肃地告诉他们，如果联邦调查局发现他们正在做的事情，他们就有入狱的危险。他们还解释说，这就是他们隐姓埋名的原因。这也被当作用黑布蒙眼、传口令以及使暗号等鬼把戏的托词。美国人就此次行动可能会混入双重间谍表示担忧，因此要求那些古巴人接受测谎仪测验、罗沙克测验，此外还要接受一名戴着眼镜、外表温和、带有浓重德国口音的精神病学者长时间的盘问。（他是马克思。）那些通过测验的人就被派出执行秘密任务。举个典型的例子，他们其中一人需要飞往纽约，以“乔治 · L · 林戈”的名字在斯塔特勒 · 希尔顿酒店登记入住，接着按照一系列人打来的电话的指示行事，直到消除监督他们的美国人的疑虑。

通过审查的人将被分成两组。年轻一些并愿意投入实战的人被编入一个旅，此后被称为“ La Brigada”（旅团）。在迈阿密，年长的那些人就组成名为“Frente”（阵线）的联合政治战线，它将慢慢接替卡斯特罗政府。作为一个有效的组织，“阵线”泄露了大量秘密，但关于年轻士兵的信息并未透露太多，因为该组织对他们也知之甚少。那些泄露出去的秘密也没什么重要的。即使当时有人告诉菲德尔，派去对付他的那支军队有多么弱，他也不会相信。他认为那支队伍肯定得有2万人左右。可是直到1960年11月，队伍的实际数量还只有450人，并且从未超过1 200人。他们使军人编号从2 500开始，好让那些抓住俘虏的敌军上当受骗。当一名新兵在训练中死去时，该旅就以他的编号2506作为自己的番号。该旅的徽章就是在一个十字架上加上2506这个数字。他们的军服和战旗上也绘有这个图案。

后来，在特务的谎言被揭穿之后，大家才知道这项活动其实是受命于华盛顿最高领导层的。负责每日监察的是中央情报局局长艾伦·杜勒斯；全盘计划都来自于所谓的“特别小组”，它是由来自白宫、国务院、参谋长联席会议和中央情报局的官员组成的高级指挥机构。虽然艾森豪威尔总统并未参加他们的会议，但他听说过他们。当卡斯特罗于1960年3月17日拒绝艾森豪威尔政府为达成一项谅解做出的最后努力时，总统便同意训练古巴流亡者，以备来对付卡斯特罗。

关于“旅团”活动的许多细节，就像是出自一本伊恩·弗莱明写的以詹姆斯·邦德为主人公的间谍小说，这部小说在当时风靡一时。监督流亡者训练的美国官兵大都借自美国陆军和海军陆战队，他们都是老兵，在“二战”和朝鲜战争中频频受到表彰，却都有勇无谋。他们在选择训练地点时似乎都是杂乱无章的。起初，一名古巴人用中央情报局让弗兰克·本德转交给他的钱租下了墨西哥湾的度假胜地尤斯帕岛，那些古巴人便在尤斯帕乡村俱乐部舒舒服服地住了下来，其中一些高尔夫球爱好者还因此提高了球技。之后，一架C–54型运输机将他们载往美国巴拿马运河区古利克堡陆军丛林战训练营。

他们本不该知道自己身在何处，但一名中央情报局指挥官将一份巴拿马的报纸落在了那里，而且从军营所在的那座小山上，可以清晰地看到巴拿马运河。

在接受完 8 个星期的游击战课程后（有人告诉他们，这些技巧将由他们传授给一支古巴解放军），他们再次辗转，到达了危地马拉。这次也是故意不让他们知道所在的位置。离开巴拿马后，他们被告知下个目的地的代号叫“小农场”。然而，当两辆大轿车将他们从危地马拉圣何塞机场运出之后，他们便知道这个代号的含义了。受训者的阅历都十分丰富，他们中的许多人曾到处旅游。鹅卵石铺成的街道和印第安村落肮脏的土坯房都足以证明，这里地处中美洲。再加上美国颇具影响力的标志随处可见：高速公路沿途都是可口可乐和百事可乐的广告牌，还有许多加油站出售着得克萨斯石油公司、壳牌石油公司、美国石油公司或者标准石油公司的石油。这些就能说明目的地是危地马拉。

没过多久，车子开始穿越群山环绕的热带丛林，这里是危地马拉濒临太平洋海岸的马德里山脉。他们将要去一个大型咖啡种植园，该种植园归危地马拉驻华盛顿大使的兄弟罗伯托 · 阿莱霍斯所有。在危地马拉总统米格尔 · 伊迪戈拉斯同意不加过问后，阿莱霍斯便允许中央情报局的特工人员使用种植园的部分土地来训练。（在此次行动的肮脏后果中，伊迪戈拉斯坚持表示美国曾同意他对英属洪都拉斯领土的要求。华盛顿方面当然坚决不承认这一点。）这个营地称为特拉克斯基地。营地选在种植园最不好的一部分土地上，这是此次行动的一大特点。从基地总部可以看到仍在活动的圣地亚古多火山，营地下的土地就是火山灰形成的。一些地方的火山灰可深达 6 英尺，一下雨就变成一摊稀泥。在人们的记忆中，那年的雨量最多。因此，那些古巴人大多数时间都是在稀泥里打滚。

就在这时，他们中有一些人开始公开怀疑中央情报局是否无所不能，另外一些人则把他们的怀疑之声压了下去。大多数人还是对他们的美国佬顾问充满信任的。当然，他们推断，那些打败过纳粹德国和日本帝国的强大征服者一定知道他们正在做什么。他们也同意“旅团”的力量非常薄弱，但卡斯特罗之前领导的“7 · 26”运动也不过只有 12 名游击队员而已。当时，拿他们和卡斯特罗的队伍这样比较还算合理。中央情报局顾问正打算将他们分为若干个小型游击队，他们会在接受训练后分散到古巴的 6 个省份中去。他们准备在美国总统大选之前动身，最后期限是 9 月 19 日。这个计划很可能会奏效，即使不成功，后果也是可以承担得起的。战败的丛林游击队队员通常都能够分散逃跑，也不会留下什么痕迹。卡斯特罗很难证实他们背后有美国支持，而他们也许还能参加下次行动。

8 月，位于华盛顿的特别小组开始怀疑在新古巴成立游击队是否是明智之举。卡斯特罗的军队可比巴蒂斯塔的军队难应付。国务院给出的数据显示，卡斯特罗麾下拥有 40 万军队和民兵，是巴蒂斯塔兵力的 10 倍。再从马埃斯特腊山区发动丛林游击战似乎已不大现实。此外，卡斯特罗的军队已由他在莫斯科和北京的新朋友精心武装，美国国务院研究估计，他的朋友已给他提供了 2.8 万吨军用物资。更重要的是，卡斯特罗的海岸哨兵和空中侦查员的警戒以及部署均表明，他已从巴蒂斯塔在这方面所犯的错误中吸取了教训，因此现在想要利用空投来提供游击队队员的物资恐怕异常困难。

如果这些理由足够充分（来年发生的事件证明果然是这样），似乎表示应该劝阻他们进行任何军事远征。然而，事情并非如此。那些在华盛顿指挥这一行动的人开始权衡两栖登陆的优势，他们让古巴人驾驶美国军用飞机对该旅登陆提供战术上的空中支援。有人指出，舰艇登陆进攻的方式在“二战”中的欧洲和太平洋战场上十分有效，麦克阿瑟让海军陆战队第一师在仁川登陆，从而破坏了朝鲜的供应线。但似乎没人指出“旅团”的规模只相当于美国一个步兵营，而过去重要的两栖作战行动从未少于过 9 个营，还有炮兵、空中优势和一支舰队作为后盾。“二战”最后一次实施舰艇登陆进攻是在冲绳，总共出动了 1 200 艘舰只。

华盛顿方面信心十足，认为他们已经找到了成功的法宝，因此放弃了游击作战的计划，确信一旦“旅团”建立起一个桥头堡，整个古巴都会聚之麾下。中央情报局在弗吉尼亚州兰利的总部向特拉克斯基地发去一封很长的电报，下令丛林游击队员的人数必须减至 60 人，并让危地马拉特工“只发给其他人常规武器，同时进行一些常规训练”。古巴人认为这一命令意味着他们一上岸，美国军队就会紧随其后。他们推测，只有这种情况才能解释这个改变的合理性。中央情报局顾问不仅没有对他们加以指正，其领导弗兰克 · 本德还告诉佩佩 · 圣罗曼以及随从的古巴军官说，他们会得到“水中、空中、甚至水下的保护”。所有中央情报局的工作人员都对这个新计划充满激情，从那以后，他们表示对胜利持任何怀疑态度都是软弱的表现。弗兰克 · 本德认为这件事比他对美国总统的忠诚还要重要。他告诉佩佩 · 圣罗曼说，华盛顿的有权人士正试图取消这次行动，而且可以相信，这个命令可能来自白宫。他表示：“如果真的发生这样的事，你要过来做一场表演，假装把我们这些顾问都抓进监狱，同时将整个计划实施下去。”为了确保让那些对此感到吃惊的古巴人明白他的意思，他做出了更具体的安排。他解释道，他们将在每个中央情报局顾问的房门口都安置一名“旅团”的武装人员，切断其与华盛顿的联系，并继续执行原定计划。他会告诉他们何时以及如何离开特拉克斯基地，并前往集结地。他笑着说："我们终将获得胜利。"

毫无疑问，弗兰克在华盛顿的上级对此一无所知。像那些与此次行动有关的所有人一样，他们也是到后来才看清整个局势的。而身处白宫的艾森豪威尔、哈瓦那的菲德尔·卡斯特罗、弗吉尼亚州的艾伦·杜勒斯、危地马拉的弗兰克·本德、五角大楼参谋长联席会议、迈阿密的"阵线"以及在马德里山下咖啡种植园里受训的勇士们都处于困惑之中，只是程度不同罢了。通信联络失败了。特别小组竟忘记告诉艾森豪威尔要将游击战改为两栖作战的计划。"旅团"的古巴人仍然相信他们只是一次袭击行动的先遣部队，而"阵线"那些人则认为美国人说过，少于 5 000 名士兵是不会发动攻击的。

中央情报局正在试图招募尽可能多的战士。每位新加入的战士每月可得到 175 美元工资，妻儿也会分别得到 50 美元和 25 美元的补助金。在这种情形下，保密工作势必受到影响。只言片语一经传出，便人尽皆知。卡斯特罗经常预言，"雇佣军"即将入侵，但古巴人民根本不需要他来告诉他们这一点，连社会最底层那些砍甘蔗的人都知道反动分子要开始行动了。关于"旅团"的文章已经刊登在危地马拉的《时报》上，而且被大多数西班牙文报刊转载，其中一些还在古巴发行。新古巴的民兵们睡觉时都挨着步枪，炮兵则在大炮旁睡觉。

美国人可以从《迈阿密先驱报》和《纽约时报》上读到相关的英文报道。尽管总体上讲，美国人并不像古巴人那样关心即将到来的战争。他们虽然知道那里正在发生一些事情，但他们的注意力已经被其他事情分散了。即将受到侵略的又不是他们自己的国家。他们更加关注的是民主党总统提名发生的戏剧性变化，以及艾森豪威尔的白宫生涯即将迎来的高潮，即重要的巴黎峰会和出访苏联。特工的先遣小组已在爱丽舍宫对安全措施进行了检查。5 月 1 日，巴黎峰会召开前的 16 天，一架奇怪的飞机突然出现在斯维尔德洛夫斯克州上空，该地是位于苏联边境内大约 1 200 英里处的乌拉尔山区的一个工业综合基地。和危地马拉的古巴旅一样，这架飞机是中央情报局实施计划的一部分，由洛克希德飞机公司按照中央情报局的特别要求制造。它的官方型号是U–2。不久以后，全世界都称其为“间谍飞机”。

U–2 型飞机呈黑色，机身狭长、尾翼高且机翼宽，装有一具涡轮喷气式发动机，驾驶舱只能容纳一人。从严格意义上讲，它不算是军用飞机，因为飞机上没有任何炮火装置，而只是配备了灵敏的红外线摄像机，可以通过机身下面 7 个舱孔向外拍摄，能够将宽 125 英里、长 3 000 英里的景物拍摄下来，可供洗印成 4 000 张双幅照片。照片的清晰度简直让人难以置信。经过数倍放大后，解译员甚至可以完全看清在飞机下方 9~10 英里处拍摄到的报纸标题。飞机上的其他装置可在空中检测出秘密进行核试验的证据，同时还能测定苏联雷达的效能。U–2 型飞机以其飞行高度作为防护手段。相关人员对动力学以及飞机结构细节的仔细研究，使得该飞机能够在高空进行有效续航作业。据说，它已超出苏联雷达的监测范围。总之，这架飞机作为侦察设备，其精密程度是前所未有的。这架飞机于五一劳动节这天进行试飞，飞行员是弗朗西斯 · 加里 · 鲍尔斯。

鲍尔斯是新一代喜欢冒险的职业军人。他从事飞行并非出于爱国，而是为了钱。这对于他而言只是份工作，而且是份很好的工作，他一年的收入是三万美元，这可比在进入中央情报局之前，他和妻子共同收入 8 400 美元强多了。4 年前他 27 岁，是一名空军中尉。他肌肉发达、身材健壮，再加上留了一个平头，看上去就像一个职业橄榄球运动员，或许还是个防守型边卫，肯吃苦、靠得住，但缺乏头脑。

然而，鲍尔斯并不愚蠢。那年年初，他询问一名情报官员：“如果发生什么事情，我们其中一人驾驶的飞机坠落到苏联境内怎么办？那可是一个大国，要想走到边境可得花上好些时间。我们能在那儿和谁取得联络吗？你能给我们几个接头人的名字和地址吗？”据鲍尔斯描述，这是第一次有人问及这个问题，尽管所谓的“越空飞行”在那时已要进入第5个年头。那位官员回答道：“不，我们无法给你提供这些资料。”鲍尔斯坚持询问：“好吧，就说说最坏的情况吧。如果一架飞机坠落，驾驶员被俘。那么他该怎么说？确切地说，他该告诉他们什么？”据鲍尔斯回忆，那位情报官员的原话是：“你不妨全盘托出，因为他们无论如何也要从你嘴中挖出实情。”直到现在，也没人更正他说的话。

这次事件最令人难以相信的一点，绝不在于没有事先安排好托词。1956年，“越空飞行”实施初期，舍曼·亚当斯还在白宫任职，他知道每一架飞机“越空飞行”都是经过总统批准执行的。鲍尔斯出事之后，亚当斯拜访艾森豪威尔并向他询问这一事情。艾克说道：“你说的对，这是我做的决定，每一次‘越空飞行’我都知道，而且也予以批准。当他们向我提出在苏联上空实施这一特别的飞行计划时，我认为这是已被采纳的情报政策中的一个，因而给予批准。我当时并未想过这会对此次峰会或接下来在莫斯科的访问产生任何影响。除了一些无法预见的情况，这件事本不会有任何影响。”

毫无疑问，艾森豪威尔相信这一点，但事实并非如此。有些情况是可以预料的，或者说，无论如何也应该在仔细斟酌的范围之内的。鲍尔斯最后一次飞行并非例行飞行。这是长时间停止“越空飞行”后的两次飞行中的一次，也是首次尝试飞跃整个苏联。鲍尔斯从巴基斯坦白沙瓦的一个美国基地出发，需飞行 3 800 英里才能到达挪威的博德。从一个国家起飞，在另一个国家着陆，需要两组地勤人员，这也是史无前例的。之所以有人认为这值得一试，是由于U–2 型飞机比过去那些飞机更能深入苏联境内，因此该飞机应该能够飞到从被未拍摄过的重要目标地。

对于执行此次任务的动机，驾驶U–2 型飞机的飞行员有颇多揣测。其中一种猜测是苏联人当时即将在导弹制导方面取得突破，美国中央情报局试图在此之前将尽可能多的目标拍摄下来。还有人猜测，艾森豪威尔想赶在和赫鲁晓夫会谈之前掌握最新资料。当然也有人猜测即将与苏联达成的缓和协议或将不利于日后的任何隐秘行动。飞行员充分意识到，他们参与的是一项非正当行动。有一种猜测在他们之中的呼声越来越高，那就是苏联雷达已经发展到能在任何地方对他们进行追踪的水平。他们还讨论机器可能出现的各种故障。鲍尔斯曾说过：“飞机的任何地方出现螺丝松动，都可能导致飞机坠落。”事实上，这已经发生了。一架U–2 型飞机于上一年秋天在日本东京附近坠毁。一名日本记者调查后总结说，这架飞机是在执行侦察活动，并报道说他将在下一期刊物上对此事进行详尽报道。

飞机设计人员已经知道这种飞机要冒的风险非同寻常，因此在上面安装了定时自毁机械装置。后来，为进一步保险，他们还在飞机上安装了一种名为“庄稼汉”的装置，用以摆脱雷达监测。尽管那位情报官员对于鲍尔斯提出的应如何应对紧急情况所给出的答案颇为草率，但他也考虑过一些飞机迫降的问题。指挥“越空飞行”的空军军官威廉 · M · 谢尔顿上校告诉鲍尔斯，如果他发现自己在飞往苏联摩尔曼斯克地区坎达拉克沙城时飞机燃料不足，他可以在芬兰或瑞典的备用机场降落。谢尔顿还补充说：“降落在任何地方都比降落在苏联好。”

中央情报局甚至考虑过，坠机飞行员是否自杀为好。很显然，中央情报局当时还没拿定主意。这个决定就留给了飞行员自己。氰化剂药物有现成的，谁想要都可以拿去，后来还有人给他们展示了一个类似吉祥饰物的小玩意儿。那是一枚带有金属环的银圆，可以固定在钥匙链或项链上。拧下金属环，里面是一根针，其实也是一个外鞘，拿开后可以看到里面有一根细针。靠近针尖处有许多小槽，小槽内有黏稠的褐色物质——箭毒，人只要被针刺上一下就会立刻身亡。包括鲍尔斯在内的大多数飞行员既不想带氢化剂药物，也不想要箭毒。然而，就在鲍尔斯为最后一次飞行做准备时，谢尔顿上校问他："你想要那种银圆吗？"就在那时，他改变了想法。他认为那根致命的针或许是一个有效的武器。于是，他答道："是的。"之后便顺手把银圆放进了飞行衣的口袋里。此外，他还带了剃须盒、便装、半包过滤嘴香烟、妻子的照片、德国马克、土耳其里拉、苏联卢布、若干金币、手表、戒指（在急需帮助时用于行贿或交换）、100 美元现金、美国邮票、国防部身份证、国家航空航天局证件、各种仪表检验证、美国和国际通用汽车驾驶驾照、兵役卡、社保卡以及印有美国国旗的招贴，上面还用 14 种语言（包括俄语）写着"我是一名美国人"。很久以后，鲍尔斯回忆说，当他被俘后，被问及是否是一名美国人时，他表示："当时想要否认似乎已毫无意义。"

中央情报局在巴基斯坦的设备出奇的简陋：飞行员睡在折叠床上，热军用罐头吃。还好他们不经常在这里。他们大多数时间都在位于土耳其阿达纳的美国空军基地打扑克牌或到处闲逛。（在闲谈时大家最喜欢的一个话题就是即将到来的峰会以及该会议如何能够消除世界紧张局势。）到 1960 年 3 月，他们开始有点儿迫不及待了。近两年来，他们飞行的次数大幅减少，而飞行次数越少，飞行员在下次飞行时就会越担忧。在很长时间停飞后，1960 年的两次飞行确定将于 4 月进行。鲍尔斯将作为 4 月 9 日飞行的后备飞行员。第一次飞行进展顺利。第二次飞行则由鲍尔斯负责。

就在飞机到达巴基斯坦上空时，事情进展开始不顺起来。鲍尔斯得知留作这次飞行用的那架最好的U–2 型飞机无法使用，目前因维修正处于停飞状态。因此，他这次飞行只能用U–2 · 360 号飞机代替。这真是一个坏消息，因为 360 号飞机是个次品，他们把它称为“癞狗”。这架飞机经常出状况。最近的一次是油箱故障，有时它根本无法向发动机供油。当谢尔顿上校授权给鲍尔斯，让他于必要时在芬兰或瑞典着陆时，就考虑过这个问题了。

如果油箱运作正常，其他也进展顺利，那么鲍尔斯此次飞行路线就会像一个巨大的“Z”字。他从白沙瓦起飞，将飞跃阿富汗和喜马拉雅山支脉兴都库什山，在斯大林纳巴德附近进入苏联境内。接着，他会途径咸海、丘拉坦人造地球卫星和宇宙飞船发射场、车里雅宾斯克、斯维尔德洛夫斯克、基洛夫、阿尔汉格尔、坎达拉克沙以及科拉半岛上的摩尔曼斯克。飞离苏联后，他将越过巴伦支海和挪威北海岸，最后到达博德基地——世界上最荒凉的一些地方。整个飞行将耗时 9 个小时，3/4 的路程——约 2 900 英里都会在苏联境内。起飞后，他将切断与流动空勤调度官的无线电联系，接下来的整个航程将一片寂静。鲍尔斯表示，那是一种“孤寂感”。

过了恼人的三天，这次飞行似乎将永远不会开始了。华盛顿方面在下达命令的最后时刻一直支支吾吾。最后，出发日期定在 4 月 28 日星期四。于是，谢尔顿上校、鲍尔斯以及其他 18 名专业人员和机组人员从土耳其飞往白沙瓦。鲍尔斯在星期三下午 4 点入睡，星期四凌晨 2 点，有人将他叫醒并告知他飞行时间将推迟一天。第二天夜里也是如此。这次，他起床后便在享受免费服务——“呼吸新鲜空气”，但还是接到同样的通知。到星期六，他已被第三次通知飞行要推迟24小时。在宾夕法尼亚大道1600号，有人迟迟无法下定决心。

5月1日，星期日上午5点30分，鲍尔斯终于进入飞机，进行飞行前的检查。然而接下来，飞行计划又开始拖延。原计划的起飞时间是早上6点，可是时间一到，却没有任何出发信号。驾驶舱里酷热难耐，当谢尔顿上校跑来解释时，鲍尔斯的衬衣已完全被汗水浸湿。他们都在等待白宫的最后指示。之前从未发生过这类事情，过去，飞行员在进入机舱并准备出发之前，总统就已发出批准的命令。而此时这一等待已持续了20分钟，令人十分难熬。接下来，鲍尔斯终于等到了绿灯信号。伴随着轰鸣声，他驾驶飞机升入空中，然后他便开始填写飞行日志：机号，360；架次，4154；起飞时间：当地时间早上6点26分，格林尼治标准时间1点26分，华盛顿时间下午8点26分，莫斯科时间凌晨3点26分。

飞机进入苏联领空时，云层很厚。但这并无大碍，因为中央情报局对这片区域毫无兴趣。咸海上空万里无云，鲍尔斯向下望去，瞥见由另一架单引擎喷气机排出的一道尾烟与他飞行的航线平行，但方向相反。没过多久，他又看见一道尾烟朝相反方向移动。或许这来自同一架飞机。他猜测苏联测位仪已经通过雷达监测到他的存在，并派出了侦察机。他对此并不担心，因为目前为止，那两道尾烟离他很远，苏联飞行员不可能发现他。

向东飞行大约30英里后，他到达了卡纳维拉尔角的丘拉坦发射场上空，向下望，便可以看到苏联发射人造地球卫星和洲际弹道导弹的发射台。他轻轻打开各种开关，同时打开照相机。但此时云层再次变厚，他便关掉了设备。在车里雅宾斯克以南50英里处，天空再次放晴，他清晰地看到了一度被人们视为亚欧分界线的乌拉尔山脉，山顶上覆盖着积雪。就在那时，飞机开始出现问题：自动驾驶仪失灵，机身朝上倾斜。他将自动驾驶仪关掉，手动驾驶飞机一段时间后，再次打开了自动驾驶仪。但飞机却再次倾斜起来。他考虑要调头飞回巴基斯坦，因为在飞机出现异常不得不中止飞行的情况下，决定权掌握在飞行员手中。但他已经进入苏联境内 1 300 英里，而且前方能见度极好。于是，他决定继续前行，通过手动方式驾驶飞机。在越过一个大型油库区和一个综合工业区后，他转弯朝苏联的鲁尔、斯维尔德洛夫斯克飞去。在 6.5 万英尺高空，他又转弯 90 度朝北飞去。当他正在填写飞行高度、时间、速度、废气温度以及引擎仪表读数时，听到一声沉闷的撞击声。飞机猛然向前一冲，一股耀眼的橘色火光涌进机舱。

当时白宫的时间大约是午夜过后半小时。克里姆林宫的时间是早上 7 点 30 分。鲍尔斯想："上帝啊，我这回是碰上了！"

飞机失去控制，开始向下坠落。鲍尔斯准备伸手开启自毁按钮时，却改变了主意，因为他想首先进入使用弹射舱座的位置，但他无法做到这一点，因为金属座舱罩的横杠正别着他的大腿，令他无法动弹。如果这样弹射出去，他将失去双腿，每条腿都会在膝盖上方 3 英寸处被截断。飞机已经下落 3.4 万英尺了，并且仍在向下坠落。就在一瞬间，他再次想到自毁按钮，但首先他想解开安全带。就在他解开安全带时，重力将他半个身体拖出了机舱。输氧管又将他拉了回来。他之前忘记将输氧管取下了。在惊慌失措中，他又踢又拽地从中挣脱出来。他飘浮在空中，正想要拉开降落伞索时，感到一震猛烈的抖动。在 1.5 万英尺的高空，降落伞自动打开了。突然，他驾驶的飞机从他面前掠过，依然完好无损，却在急速下落。他想到了银圆。他将银圆上的环扭开，拿出那根针，考虑是否要自我了结，但之后又把银圆放入口袋。因为他想活下去。

那天是星期日。之后那个星期的星期四，赫鲁晓夫在最高苏维埃会议上进行了长达三个半小时的演讲。在演讲接近尾声时，他提到了 U–2 型飞机，这引起了一次长达两个星期的骚动。

	苏联	美国及其盟国
5 月 5 日	赫鲁晓夫说：“我有责任向你们报告这次侵略行动……是由美利坚合众国发起的。”声明中表示，苏联炮手在苏联领空将一架美国飞机击落，但并未说明该飞机所在地点。苏联指控此次行动的任务旨在破坏这次峰会，是“一次侵略性的挑衅”。而这一指控小心翼翼地避开了指责艾森豪威尔本人。	美国国家航空航天局报道，由于供氧设备发生故障，一架气象观测机在土耳其上空失踪。该局还表示，这架飞机可能在苏联与土耳其交界处迷失方向，从而偏离正轨。
5 月 6 日		美国国务院发言人林肯表示：“美国绝非蓄意侵入苏联领空，而且从未有过这种意图。”美国国家航空航天局确认那架气象观测机是由弗朗西斯 · G · 鲍尔斯所驾驶的。这正是赫鲁晓夫一直等待的结果。

	苏联	美国及其盟国
5月7日	赫鲁晓夫在最高峰会上表示，鲍尔斯被俘时“活蹦乱跳”，一枚苏联火箭将美国U–2型飞机从6.5万英尺的高空击落，与此同时，那架飞机离苏联–阿富汗边境仅1 300英里。他还表示，鲍尔斯已经完全招供。	美国国务院承认他们昨天撒了谎，并表示自1955年苏联在日内瓦会议上拒绝美国总统提出的“开放天空”的提议后，美方就开始派出这种“监察”飞机。
5月8日		就美方这次飞行时间的安排、美方撒谎的事实以及总统对如此重要之事丝毫未察觉的事实，令盟国感到十分惊愕。
5月9日	赫鲁晓夫发出警告，如有哪国允许美方侦察机进入该国领空，苏联将发射火箭攻击该国。	美国国务卿赫脱表示，总统确实同意了此次飞行计划，但具体飞行无须得到总统批准。U–2型飞机的飞行任务还将继续。
5月10日	苏联正式表明抗议U–2型飞机的行动，并声明鲍尔斯将受到审判。	
5月11日	赫鲁晓夫在U–2型飞机残骸展览上说道：“如果我欢迎派遣侦察机到我国领空的人，苏联人民会说我疯了。”	艾森豪威尔个人就U–2型飞机的飞行任务承担了责任。

	苏联	美国及其盟国
5月12日		艾森豪威尔向国会议员表明，除非邀请被撤销，他仍计划前往莫斯科。
5月14日	赫鲁晓夫一抵达巴黎就保证将努力促成峰会的成功举行，这使得峰会能够如期举行的希望增大了。	
5月15日	赫鲁晓夫表示，在美国停止所有U–2型飞机飞行任务并为之前的“侵略”行径道歉且惩罚与此相关的人员之前，他将不会出席峰会。	艾森豪威尔则表示，飞行任务已经终止，并且不会再次启动。
5月16日	赫鲁晓夫、艾森豪威尔、戴高乐总统以及哈罗德·麦克米伦在巴黎爱丽舍宫举行了峰会开幕式,整个会议气氛冰冷。	
	赫鲁晓夫在会议上做了发言，态度粗野。他建议峰会延期6个月，谴责艾克的“奸诈”与“土匪”行为，同时取消了对艾森豪威尔访苏的邀请。	艾克阴郁地说道：“越空飞行”已成过去，但美国不会接受赫鲁晓夫的“最后通牒”。
	赫鲁晓夫昂首阔步地走出宫殿，将艾森豪威尔对争取关系缓和以及世界调解的愿望抛之脑后。	艾森豪威尔回到美国驻巴黎大使馆，气得直发抖。

	苏联	美国及其盟国
5 月 17 日	赫鲁晓夫抵制会议召开。他的一位助手则致电爱丽舍宫，询问艾森豪威尔是否准备就 U–2 型飞机事件道歉并惩罚相关人员。	戴高乐和麦克米伦为会议能顺利召开做着最后努力。下午 3 点，艾森豪威尔、戴高乐以及麦克米伦就首次工作会议进行会面。 艾森豪威尔说道：美方不会道歉，也不会惩罚任何人。
	下午 5 点，此次峰会落下帷幕。	
5 月 18 日	在由 3 000 人出席的混乱的记者会上，赫鲁晓夫谴责美国像“小偷”“海盗”，是个“懦夫”。并宣称苏联将通过与共产党民主德国单独签署一份条约，以解决柏林问题。	
5 月 25 日		美国空军参谋长托马斯 · 怀特将军表示，U–2 型飞机的冒险一举毫无必要，如果当时他知道这件事，会在峰会召开前建议终止“越空飞行”任务。

在回美国的途中，艾森豪威尔所乘的飞机在里斯本着陆。他选择这一特殊时间，是为了向葡萄牙年过古稀的独裁者安东尼奥 · 德奥利维拉 · 萨拉查致敬。就在克洛斯宫美丽的花园散步时，艾森豪威尔恰巧碰到一位美国记者，他正将法国硬币随意地抛掷到一个喷泉中。总统疲惫地问道：“这就是你闲来无事后找来做的事情？”“不是

的，总统先生，”记者说道，“这只是求求好运罢了。”

艾森豪威尔转过身说道：“接下来你最好再扔一些，为我们大家求点儿好运。”

尽管如此，总统还是未能摆脱U–2型飞机飞行事件招致的麻烦。日本作为美国在亚洲最强大的盟国，按原计划是总统外交之行的最后一站。倘若之前举行的峰会顺利进行，那么此次行程将无上光彩。如今，此次日本之行却成了修补总统威望的救命稻草。然而，连这最后一丝希望都破灭了。众所周知，日本是U–2型飞机“越空飞行”的亚洲基地，现在臭名昭著的侦察机中的三架就停在那里。由于从赫鲁晓夫那里得到启示，日本“左”翼分子便借机发起示威。为安排此次访问，吉姆 · 哈格蒂于6月11日抵达东京羽田机场。就像尼克松访问加拉加斯之行一样，哈格蒂侥幸逃脱了一场灾难。两万名示威民众将他和小道格拉斯 · 麦克阿瑟大使围困在车里近一个小时，后来他们不得不由海军陆战队直升机营救才得以脱困。

日本内阁召开紧急会议，劝告艾森豪威尔为其安全着想，最好不要前来日本，但他已抵达马尼拉了。在十分尴尬的情况下，总统由第七舰队的6艘战舰和100架飞机护送到中国台湾地区。船只在海上的航行速度已超过每小时30海里[①]，这倒不是担心让蒋介石久等，而是以防遇上非友好的潜艇从中作梗。在中国大陆，北京的广播电台正谴责美国总统是“瘟神”。为了让总统知道他们的感受，中国人民用近几年最坚实的炮弹向近海岛屿金门发起连续猛击。这样一来，总统在第七舰队的船只上也能听见那隆隆的炮声。那些爱挖苦人的记者报道称，他是唯一一位受到8万发礼炮致敬的国家元首。

---

① 1海里≈1.852千米。——编者注

6月27日，艾森豪威尔抵达华盛顿，他的此次行程宣告结束。在过去的18个月，他行过6万英里只为寻求和平，最终却空手而归。在检查完飞机残骸并寻找原因之后，他无力地表示："归根结底，共产党人会以他们的一贯风格行事。"埃米特·约翰·休斯悲伤地写道：

> 在他幻想的美好的全球之行中，所有政治愿景的光环如今都一去不复返。他慷慨地付出了自己的精力和威望，同时也换来了大家的欢迎——上百万群众热烈欢呼，还举着各种欢迎横幅。他曾将积攒的所有政治资本投入两个地方——巴黎和日本。现在，资本已花得精光。

冷战从各条战线再次聚拢，到苏联旅行开始变得困难起来。位于柏林的查理检查哨发生了几起事故。自上次峰会的残局一扫而尽后，整个春季一直都进展顺利的东西方10国裁军会议再次在日内瓦召开。然而，在苏联首席代表瓦列里安·佐林对西方进行长达90分钟的谴责并随即离席后，此次会议再次搁浅。7月，苏联在公海上空将一架美国RB–47型侦察机击落，美国向联合国提出对此进行公平调查，却遭到苏联反对。

接下来，在8月，虽然美国民主党和共和党全国代表大会的结束带来了稍许安宁，但当弗朗西斯·加里·鲍尔斯在莫斯科被判处间谍罪时，美国人又再次想起了U–2型飞机所带来的耻辱。鲍尔斯当时在一家大型国有农场降落。那里的农民缴获了他的手枪，并在克格勃（苏联国家安全委员会，即秘密警察）前来拘留他之前一直监视他。他在苏联法庭上表示，他知道最高峰会和艾森豪威尔原计划访问苏联的行程都因为他此次的飞行任务而遭到取消。他说道："我对于自己造成的影响深表抱歉。”最终他被判处 10 年有期徒刑。①

总统在任职的最后几个月，常常陷入沉思。政府开支使得富兰克林 · 罗斯福以政府资金刺激经济的计划都显得微不足道。整个政府开支，包括国家和地方开支，现已达到 1 700 亿美元，几乎占到国民生产总值的 1/3。而艾森豪威尔的党派未能将以往支持他的年轻无党派选民拉拢来支持共和党，也让他感到十分失望。当他的前任助理舍曼 · 亚当斯来宾夕法尼亚大道拜访他时，他问道：“那些在 1952 年为我们放气球、走访选民的优秀青年，如今都怎么了？”

次年 1 月，艾森豪威尔在离开白宫的前三天对选民做了最后的发言。20 世纪 50 年代，五角大楼，特别是空军，建立了一批由退伍将军和海军上将管理的公司。艾森豪威尔警告过其中的危险性。他在对全美人民告别的广播和电视演说中表示：“在相互尊重与信任的基础上实施裁军仍是一件刻不容缓的事情。由于这一需要迫切而明确，因此我承认，我是带着沉重的失望卸下自己的重担的。”他继续说道：“我本希望今晚自己可以说，持久的和平已近在眼前。但我依然能高兴地说，战争已经避免了。”随后，他谈到了正在迅猛发展的军火制造公司：

> 庞大的军事机构和大型军火工业相结合的方式在美国历史上实属创新之举……我们意识到了这种发展的迫切需求。但我们仍然不能忽视这其中的严肃含义……在政府举办的各种会议上，我们必须防范军事–工业集团有意或无意地获得不恰当的势力。其引起危害的可能性现在存在，并且还会继续持续下去。

① 17 个月后，苏联人用鲍尔斯和之前在美国法庭上被宣判有罪的苏联间谍鲁道夫 · 艾贝尔上校进行交换。之后，洛克希德飞机公司雇用鲍尔斯为飞机试飞员。1970 年，他被公司解雇。

这是一次非同寻常的演讲，但赞成美苏之间进行军事竞赛的力量太过强大了。尽管两国之间有许多不同之处，但实质上它们都是世界上最大的工业国。到 1966 年，美国军事–工业集团的规模及其对国会经费的依赖程度都令人瞠目结舌。当年，波音飞机公司和通用动力公司向政府出售公司全部产品的 65%，雷锡昂飞机公司出售 70%，洛克希德飞机公司出售 81%，共和飞机公司出售的产品则为 100%。6 年后，加尔布雷思在《新工业国》中引用了一个例子告诫读者：如果一家公司研发出新式战斗机，这家公司便“在影响飞机设计与装备上占据有利位置。在飞机适合执行哪种任务、所需数量、如何部署乃至被用来对付哪种敌人等事情上，公司都有一定的发言权”。

1960 年的总统选举形成了一个典型的二人对决的局势。双方候选人都属于“摇摆世代”，在“二战”时期都是年轻的海军军官。在“二战”结束后的几个月里，他们各自进入政坛，当下都处在 40 多岁的精力旺盛期。在 1960 年 1 月，尼克松便认为这场即将到来的选举将是美国大选历史上候选人实力最不相上下的一次，后来也证实了这一点，但这只是唯一一个被证明是正确的预测而已。

当时的美国已不再是 1952 年艾森豪威尔和史蒂文森发表演说时的美国了，更不像在那之前两年参与朝鲜战争时的美国。到 1960 年，大批人向新郊区移居的浪潮正处于高峰期，整个国家也变得更加繁荣昌盛。新的人口普查表明，华盛顿当时已成为美国第一个以黑人为主的城市，1950 年黑人所占的比例为 35%，到当时已达到 54%。到 1960 年，4 000 万个美国家庭，也就是全美国 88% 的家庭，至少拥有一台电视机。考虑到有亿万名电视观众，两名候选人都绞尽脑汁地想要吸引他们的眼球。后来，大部分人都认为电视机给肯尼迪助力不少。马歇尔·麦克卢汉认为他了解个中缘由。他表示，肯尼迪在电视上塑造了一个“害羞的年轻警长”的形象，而尼克松则表现得像一个“铁路公司的律师，专门签署对小城镇不太有利的占地契约”。然而，麦克卢汉忽略掉了一点，那就是美国人在更加富裕的同时，也变得更加保守，大多数美国人正在向铁路投资，因此是站在律师这边，而非警长那边。

两位候选人都按照各自的战略计划行事。肯尼迪吸引的是年轻群体、蓝领阶层以及罗斯福在20世纪30年代拉拢到的民主党的自由选民。肯尼迪占优势的两大基地都在民主党居多的南方，把握住这一点是他竞选伙伴的任务。另外，还有工业集中的东北部。他此次的竞选活动主要在9个大州：马萨诸塞州、加利福尼亚州、纽约州、得克萨斯州、新泽西州、伊利诺伊州、俄亥俄州、密歇根州以及宾夕法尼亚州。如果他能在这几个大州取得胜利，就将获得竞选所需的269票中的237票。他所采取的策略包括对700万名未登记的选民进行登记，每10个新选民中就有7名是民主党人。这些想法来自于常春藤盟校智囊团的施莱辛格和加尔布雷思，以劳伦斯·F·奥布赖恩和肯尼迪·奥唐内为首的来自马萨诸塞州的年轻爱尔兰裔美国人也为他献计献策。

肯尼迪本身的优势包括：劳工组织的支持、其父留下的一大笔财产、他荣获的普利策奖、友好的报界人士以及他的个人魅力（记者已经开始把这称作肯尼迪“风格”了），当然还有他身为多数党成员的身份。

他的劣势则是：其父亲在20年前令人印象深刻地支持过绥靖政策、他43岁的年龄相对于尼克松的47岁略显经验不足，还有自1928年艾尔·史密斯被提名以来，一般人都认为罗马天主教徒不能当选总统。

肯尼迪打算尽其所能，全力以赴地坚持到底。尼克松则采取不同的策略。他认为一场政治活动既有高潮也有低潮，忽略这些就会有令人厌烦的危险，从而与选民疏远。在他看来，其中心目标就是在选举当日让一个活动达到“顶峰”，也就是进入高潮。与肯尼迪一样，尼克松也计划将目标集中于各个重要的州，对他而言主要是7个州：纽约州、加利福尼亚州、密歇根州、得克萨斯州、宾夕法尼亚州、俄亥俄州以及伊利诺伊州。他还承诺会到剩下的43个州去竞选，后来这个承诺让他后悔不已。但他没有智囊团，如今，尼克松依然和往日一样是孤家寡人，沉思而内敛。肯尼迪竞选活动所宣传的主题是，美国的声望正在日趋下降，美国人民必须勇往直前。与此同时，这位共和党候选人还鼓吹自由企业的优点、个体的责任、强硬的反共产主义以及艾森豪威尔所主张的和平与繁荣。

尼克松本身具备的优势有：企业家的支持，相较于肯尼迪经验丰富（例如，在总统生病期间，他妥善处理了钢铁罢工事件，以及与赫鲁晓夫的“厨房辩论”），强大的中产阶级根基以及艾森豪威尔当时仍未离职。

他的劣势则是：胡佛在白宫任职时期的形象仍让老一代选民记忆犹新，而他在竞选中使用卑劣手段所招致的不良名声（“老家伙尼克松”）也将是整个竞选活动中一直缠绕他的厄运，另外还有他少数党的身份。

每年，美国共和党的人数都在减少。“老大党”候选人在1950年中期选举中赢得全部选票的49%；1954年，选票数变为47%；1958年则为43%。1960年发布的盖洛普民意测验显示，过去的8年里，各种职业团体对共和党的忠诚度有所下降。在1950年，当被问及哪个党“最能满足”农民利益时，28%的农民的答案是共和党。到了1960年，这一比例仅为18%。在白领阶层中，这一比例下降得更为明显，从 44%降至 29%。人人都希望艾克留在白宫，但这种喜爱并没有转移到扮演配角的其他共和党人身上，而且该党次要人物减少的速度也令人担忧。

由于艾森豪威尔总统对其副总统的态度模棱两可，因此他对 1960 年选举的影响也进一步减弱。他明显更欣赏肯尼迪，认为他是一个后起之秀（他称肯尼迪为"那个孩子"），但他之前向太多人表示过"迪克完全不是当总统的料"，此话已经传开。他在此表现出的冷漠态度着实令人费解，他一次次地对尼克松表现出轻视的态度。在讨论谁能成为他的继承人时，他决定支持他的最后一任财政部长罗伯特·安德森："我愿意在 1960 年的总统竞选上为他争取一番！"他在心中拟出了一份名单，便补充说"还有一些优秀的新人"，其中包括司法部长威廉·罗杰斯。出于对朋友的忠实，他将舍曼·亚当斯也列入其中，但表示"到 1960 年选举之时他已 61 岁，这个岁数恐怕难以胜任这一职位"。在最后，他才说道："……还有迪克，尼克松。"1960 年 8 月 24 日，艾森豪威尔在选举中给了尼克松最沉重的打击。在一次记者招待会上，有人问他："副总统参与过的政府的重大决策有哪些？"总统的回答令人难以置信："如果你给我一星期时间，我可能还想得到一件。"尼克松在《六次危机》中写到，艾森豪威尔曾打电话对此事道歉，表示他只是想"幽默一番"。但这个理由十分奇怪，而且他也从未在任何公共场合解释过这件事。

1958 年中期选举后，盖洛普进行了一次竞选预测，更多选民支持肯尼迪而非尼克松，比例分别为 59%和 41%。在 1959 年副总统访问莫斯科之前，肯尼迪和尼克松的票数比为 61∶39，比 1956 年艾森豪威尔和史蒂文森的差距还要悬殊。那次访问之后，肯尼迪和尼克松的票数比变为 52∶48。1959 年 11 月，尼克松首次领先于肯尼迪，票数比为 53∶47。在 1960 年 3 月 8 日第一次总统预选前夕，票数仍然维持在这 6%的差距上。

在新罕布什尔州预选和 4 个月后洛杉矶召开的民主党全国代表大会之间的这段时期，肯尼迪通过证明自己无可匹敌而取得了民主党提名。其他争取提名的民主党人还包括休伯特·汉弗莱、林登·约翰逊、斯图尔特·赛明顿以及进行最后一搏的史蒂文森。在预选中，汉弗莱在众多竞争者中拔得头筹。4 月 5 日，肯尼迪在威斯康星州大胜汉弗莱，赢得 56%的选票，接着在 5 月 10 日那天，他又在被普遍认为是反天主教的弗吉尼亚州击败汉弗莱，以 3∶2 的票数取胜。汉弗莱就在那时选择了放弃，因为他已经没有资金支持了。接下来，肯尼迪乘胜追击，先后在马里兰州、印第安纳州以及俄勒冈州大获全胜。到 6 月 27 日，肯尼迪在蒙大拿州议会发表演说以获取支持时，已取得提名所需的 761 票中的 550 票。

在民主党全国代表大会前夕，盖洛普民意测验显示，他以 52∶48 的支持率领先于尼克松。

就在肯尼迪下榻到洛杉矶竞选总部比尔特莫酒店 8315 号房间时，这位来自马萨诸塞州的年轻爱尔兰裔美国参议员已取得了 600 张选举票数。如同历届民主党全国代表大会一样，这次会议也十分喧闹，政治人才集聚一堂。芝加哥即将退休的党魁杰克·阿维和他的继任者迪克·戴利出席了此次会议，同时提名史蒂文森的参议员尤金·麦卡锡做了极为精彩的一场演说。罗斯福夫人和玛丽安·施莱辛格同样支持史蒂文森。（鲍勃·肯尼迪草草地写了一张字条给她的丈夫："难道你管不了你的妻子了？还是说你和我一样？"）史蒂文森的人员都组织有序。他们将整个旁听席挤满，楼下大厅到处都是举着标语牌的人。在这些人中，有一位大腹便便的孕妇所举的标语令她的候选人也乐了，上面写着："史蒂文森就是那个男人。"

史蒂文森的竞选活动令人精神振奋，有时甚至堪称华丽，但这并未能改变什么。在第一轮投票中，肯尼迪以806票获得提名，威斯康星州的15票使他获得胜利。他选择林登·约翰逊作为他的竞选伙伴。在场没人能说清这到底是怎么回事，但肯尼迪清楚他需要在11月获得南方的支持，而约翰逊则是最有可能给他这一支持的人。在接受提名的演讲中，肯尼迪提到了"新边疆，20世纪60年代的边疆，一个充满未知机遇与风险的边疆，一个充满希望、吉凶难卜的边疆"。他告诫道："我所说的新边疆不是一系列好听的承诺，而是一系列挑战。总而言之，这并非是我为美国人民所做出的贡献，而是我对他们提出的要求。"在演讲接近尾声时，他表示："现在，另一段长途旅行开始了，它会将我带到美国的各个城市与家庭中。请你们帮助我（群众欢呼起来），请伸出你们的手（大家再次欢呼），我需要你们的意见与投票。"大家起立鼓起掌来，一次又一次地欢呼。

民主党全国代表大会结束后，盖洛普民意测验显示，肯尼迪以55∶45的优势处于领先地位。

之后那个星期，尼克松在共和党全国代表大会获得了提名，盖洛普民意测验显示他以51∶49的优势领先肯尼迪。接下来的一个星期，他仍然处于领先位置，票数为53∶47。8月末，两名候选人势均力敌。9月，还未决定投票给谁的选民将两名候选人的票数都拉到了50%以下，但尼克松仍然略占优势，与肯尼迪的票数比为49∶46。

这时，民主党的选举进入低潮期。由于林登·约翰逊确信自己会成为民主党候选人，因此他事先安排了一场国会特别会议，希望在此次会议中大放异彩。就在尼克松于8月26日满心欢喜地开启他的亚特兰大之旅时，肯尼迪却被困在那个会议中。特别会议于 6 天后结束，肯尼迪动身前往缅因州。此时盖洛普最新数据显示，尼克松与肯尼迪打成了平手，票数比为 50：50。

造化弄人。在尼克松此次南行的第三天，他在北卡罗来纳州的格林斯博罗被汽车车门撞伤了右膝关节。他的伤势并未被治愈。沃尔特·里德医院的医生告诉他，伤口已经受到溶血性葡萄球霉菌的感染，除非在沃尔特·里德医院进行为期两星期的大剂量抗生素治疗，否则关节软骨组织就会受到伤害。因此，从 8 月 29 日到 9 月 9 日，他只能躺在病床上，一条腿被牵引着，为错失的时机懊恼不已。重新投入竞选活动后，他又在圣路易斯得了感冒，嗓子变得沙哑起来。祸不单行，就在他面临最坏的情形时，又发生了宗教问题。

尼克松曾反复交代他的工作人员，在任何情况下都不要与人提及肯尼迪的宗教问题。不幸的是，他却没能管住他的一位朋友——美国著名的新教牧师诺曼·文森特·皮尔博士。皮尔博士带领一群牧师发表了一则声明，对一位信奉天主教的总统是否能够不受罗马教廷的影响提出质疑。尼克松不便对皮尔博士发起抨击，尽管他在星期日《与媒体见面》的节目上差点爆发。这时，肯尼迪已经抓住机会来应对这个最微妙的问题，他知道这一问题迟早要面对。大休斯敦传教士协会当时刚好邀请他于 9 月 12 日到休斯敦的赖斯饭店谈论他的信仰问题，他欣然接受。他庄严、明确地宣称，他坚信政教完全独立，并表示如果他不能解决自我良心与政务之间的冲突，便会辞职。话毕，大家都鼓起掌来。

两个星期后，盖洛普民意测验宣布双方候选人的选票差距再次缩小。尼克松与肯尼迪的票数分别占 47% 和 46%，还有 7% 的选民未做出抉择。

竞选活动已临近关键阶段。在9月的两个星期里，两名候选人均从西海岸到东海岸,跑遍了美国做巡回演说。尼克松已经跑了25个州，共计1.5万英里，在超过200万的选民面前发表演说。但他明白，正如他后来所说的：“无论你游说的选民数量有多么庞大，或是跑的城市有多少，这都只是沧海一粟。与9月26日晚上举行的首次全国电视网广播中面对面的辩论相比，9月25日以前产生的影响都太微不足道了。”

总共将举行4场辩论，其他三场分别在10月7日、10月14日和10月21日。首次辩论是最重要的一次，这次辩论吸引的听众最多，约7 000万美国人，比另外三场的人数多出2 000万。此次辩论肯尼迪大胜。尼克松为此感到沮丧，并认为也是出乎他意料的。尼克松本来是一个技艺精湛的辩论家。他在电视上观看肯尼迪的提名演说时，并未意识到肯尼迪那时已经筋疲力尽，只是觉得他的竞争对手语速太快、音调太高，并且对普通民众而言，他的想法太过复杂，难以理解。这也是尼克松之所以接受辩论挑战的原因。两人都尽全力为第一次辩论做着准备，好像是在准备律师资格考试一样。就说话技巧和内容而言，两人不分伯仲，但这本身就是肯尼迪的胜利。因为在那晚之前，尼克松相对更受欢迎，而且职位也更高。然而，在公断人霍华德·史密斯面前，他们两人却实力相当，肯尼迪毫不逊色。更重要的是，肯尼迪看上去状态更佳。那些在收音机前收听辩论的人认为他俩都十分出色，但更多的电视观众看到肯尼迪皮肤黝黑，身体健康。而尼克松则在沃尔特·里德医院瘦了5磅。他面容憔悴，衬衣的领口还大了半号。他整个人无精打采，表情冷酷，脸色苍白，还不明智地在脸上涂了一层用来掩遮胡茬儿的化妆品，弄得油光锃亮。

盖洛普最新民意测验显示，肯尼迪和尼克松的票数比为 49∶46，5% 未定。

在遵医嘱每天喝下 4 杯巧克力牛奶后，尼克松的体重回升了。在接下来的辩论中，他看上去和对手的健康状况相当了，并且在辩论中得分较多。尽管如此，这一切还是徒劳无功，因为上百万选民已经清楚了他们所需要的，他们的主意已定。在最后一场辩论之后、尼克松最后一搏之前，盖洛普民意测验显示肯尼迪占 51% 的选票，尼克松为 45%。这次有 4% 的人未做出决定。

就在竞选活动即将进入尾声时，两个重要事件影响了黑人的选票。10 月 12 日，洛奇在未和任何人商量的情况下便在哈莱姆区讲道："……内阁中应该有一名黑人……这是我们计划的一部分，我在这里向大家承诺。"尼克松十分愤怒地表示这并非他计划的一部分，这虽然不公平，但不可避免地触怒了黑人。一星期后，也就是 10 月 19 日，马丁 · 路德 · 金的一次"入坐"运动再次触犯了佐治亚州的法律。金由于拒绝离开亚特兰大的一家百货公司而遭到逮捕，并因此被判处 4 个月的苦役。当记者向尼克松问及他对此事的看法时，他却表示没什么看法。他私下认为金的宪法权利受到了侵犯，便打电话给司法部长罗杰斯，请求他调查此事。罗杰斯同意了，但艾森豪威尔不想牵涉其中，因此这件事就这样被搁浅了。肯尼迪对此事的反应却截然不同。这位民主党候选人亲自致电金的妻子科雷塔 · 金表示同情，并表示他愿竭尽所能帮助金。他与弟弟鲍勃商讨后，鲍勃给审判此案件的佐治亚州法官打了一个电话。第二天，这位黑人牧师便被保释出狱。虽然那时新闻界还没注意到这件事，但金将此事告诉了其他黑人领袖。消息很快传播开来，这无疑为肯尼迪在 11 月 8 日的竞选活动中获取大多数选票起了很大作用。临时改变主意的选民就包括金的父亲。他告诉记者，他从未想到自己会给一个天主教徒投上一票，但他儿媳的一个电话令他改变了主意。肯尼迪低声说道："想不到马丁·路德·金的父亲会是一个老顽固。"接着他又补充说："是啊，我们都有父亲，难道不是吗？"

10 月底，盖洛普民意测验显示，双方实力太过接近，难以预测。埃尔默·罗珀、卢·哈里斯和克劳德·鲁滨逊等民意测验机构都赞同此说法。劳伦斯·奥布赖恩也向肯尼迪表示这是一个"难以预料的事"。然而此次竞选不会一直不分胜负。双方的政治写手和政要人士均认为两方势力会在 10 月此消彼长。竞选前两星期出现了倾向肯尼迪的明显趋势，而尼克松的支持率在最后一分钟又有所上升。尼克松因此认为，这是因为肯尼迪过早达到了"顶峰"。但还有另一种解释，即选民转变的势头是伴随着艾森豪威尔总统的涉足的。艾克在美国的受欢迎程度并未受到 U–2 事件或是日本羞辱的影响，但他和尼克松的关系却不甚理想，这也解释了这位副总统为何直到 10 月 21 日星期一才向总统求助。总统当时突然涉足竞选活动，令整个局势顿时转变。可以想象，再过一个星期或者几天，结果都可能发生逆转。

竞选活动接近尾声之时，局势似乎变得模糊不清，成了画面和声音交织在一起的蒙太奇：肯尼迪用他那冷静、清晰的语调提醒观众道，卡斯特罗派来的共产党已到了距佛罗里达州只有"8 分钟喷气式飞机航程"的地方。尼克松提到，美国承受不起将白宫作为"一个想要学习如何当总统的人的训练基地，并以整个美利坚合众国为代价"。肯尼迪则像念咒语似的一遍遍重复道："这是一个伟大的国度，但我认为它还可以更强大。我相信我们能做得更出色，让这个国家再度前进。"杜鲁门满口不敬之语，尼克松则回应，发誓绝不在白宫内使用亵渎神明的语言玷污总统身份。艾森豪威尔反复讲述共和党 8 年来的丰功伟绩：个人收入增加 48%、国民生产总值增长 45%、社会保险事业的扩大、圣劳伦斯河航道的开辟以及 4.1 万英里州际高速公路的修建。“我的朋友们，美国从未在如此短的时间内取得如此多的成绩。”十几岁的女孩在汽车队经过处的人群里跳来跳去，只为一睹候选人的风采，副总统承诺尼克松政府永远不会允许社会主义中国进入联合国，因为这会给予“共产党政权以体面的光彩，极大地增强其在亚洲地区的力量和威望，同时也可能会无法挽回地削弱该地区非共产主义国家的势力”。肯尼迪在大学校园里满怀激情地谈到未来的日子，说那是“充满挑战、富于创新的 20 世纪 60 年代”。尼克松支持重启原子弹试验。在宾夕法尼亚州，肯尼迪的一名崇拜者把他的手握得太紧，以至于最后把肯尼迪布满老茧的手弄出了血。尼克松指责说，肯尼迪宣称美国的威望正处于最低潮的言论是在“贬低美国，让我们满怀卑微之感”。肯尼迪每次提到他怀孕的妻子都会使女性面带微笑。尼克松催促观众：“请为你心目中认为的美国和世界在这个关键时刻都需要的人投上一票吧。无论决定如何，我都认为这是对美国来讲最好的选择，我们将一直遵守并支持这个决定。”

突然，一切都结束了。明朗的天气和竞选活动中两名候选人不相上下的实力，使得此次选民人数创下历史的最高纪录，共计 68 832 818 票，比 1956 年增加了 11%。竞选结束后，尼克松稍微放松了一下，载着三位朋友开往加利福尼亚州海岸，带他们参观墨西哥边境小城蒂华纳。肯尼迪则一整天都在位于海厄尼斯港的自家庭院里玩橄榄球。鲍勃 · 肯尼迪在阳台装了一个精巧的电子设备。当晚和星期三早晨，这位民主党候选人就是在这里观看了竞选结果。

一台 IBM–（美国）哥伦比亚广播公司的电子计算机，根据晚上 7 点 15 分的数据预测尼克松将会获胜，这令当天傍晚的气氛一度高涨。它判断双方比分将是 100 : 1，这简直让人难以置信，因为这意味着尼克松与肯尼迪的选票数分别为 459 票和 68 票。接着，随着具体数字大量涌入，整个国家似乎都在向民主党倾斜。在票数统计一向最快的康涅狄格州，肯尼迪以 9 万票的优势获胜。他凭借与竞选对手在选票上拉开的巨大差距在纽约市取胜，并以 33.1 万张选票，占全部票数 68.1%的优势得到了费城。在迪克 · 戴利的监督下，库克县的大部分人给民主党投了票，似乎让共和党占优势的伊利诺伊州南部只能望其项背。到 10 点 30 分，肯尼迪的多数票达到 150 万张。接着大家预测他将以 400 万或 500 万票赢得胜利。IBM–（美国）哥伦比亚广播公司的电子计算机预测他将获得 311 张选票，美国全国广播公司的RCA–501 电子计算机的预测结果则是 401 票。美国东部的观众此时正准备关掉电视，上床睡觉。他们认为一切都结束了。杰奎琳 · 肯尼迪轻声对丈夫说道："亲爱的，你现在是美国总统了！"肯尼迪则平静地答道："不……不……现在下结论还为之尚早。"

肯尼迪说的没错。他的得票高峰期在午夜过后便迅速来临。这时他的票数比尼克松多出 200 万张，而且从洛杉矶返回的票数统计预示他在加利福尼亚州的得票数可能会达到 800 万张。然而恰好在这个时候，他的选票开始出现问题。遥远的阿巴拉契亚山脉发生了一件令人始料未及的事情。在肯塔基州的摇摆乐之乡莱克星顿，肯尼迪的票数还不及 1952 年史蒂文森的票数，而且也远不及 1948 年杜鲁门的票数。之前堪萨斯州发回的选票结果表明，尼克松的票数已超过或者说和 1956 年艾森豪威尔的票数旗鼓相当。在接下来的两个小时，整个局势都明朗起来，这使身在海厄尼斯港的观众感到不安。共和党的选票呈现势如破竹之势：堪萨斯州的选票占到 60.4%、南达科他州 58.3%、北达科他州 55.4%、内布拉斯加州 62.1%。在所有民意测验都认为有利于肯尼迪的威斯康星州，共和党的选票已超过民主党 6 万多张，就在洛杉矶郊区的选举结果出来时，民主党在加利福尼亚州的领先地位也消失不见了。从全国范围来看，肯尼迪的票数优势从 170 万票缩减到 160 万票，再到最后的 110 万票。显然，其还可能会下降到 100 万票以下，甚至可能消失殆尽。

到凌晨 3 点，全国上下都知道尼克松的票数将超过肯尼迪的票数了。尽管如此，这并不能给共和党人带来太多安慰，因为他们实际上无法得到能使尼克松获胜所需的 269 张选票。因此，肯尼迪是否会获得这些选票就成了更关键的问题。美国有 4 个州还胜负未定：伊利诺伊州（27 张选票）、密歇根州（20 张选票）、加利福尼亚州（32 张选票）和明尼苏达州（11 张选票）。尼克松只有赢得这 4 个州的全部选票，才能当选总统，而在那时看，这种概率非常低。对肯尼迪而言，取得任何两个州的胜利都将使他成为总统。而如果他只拿下其中一个州，也无法达到目的。十四五个南部各州反民权的民主党人将会成为他胜利路上的绊脚石，而改由众议院选择获胜者。

黎明时分，海厄尼斯港的每个人都已进入梦乡，而鲍勃 · 肯尼迪则一直在电传打字机、电视机以及电话前等候。（肯尼迪那晚共花费了 1 万美元的电话费。）9 点 30 分，密歇根州的共和党议员承认失败，并表示肯尼迪在密歇根州所取得的 6.7 万张选票的领先地位将无法被撼动。他同时还在明尼苏达州和伊利诺伊州赢得胜利。这一消息对美国美国特勤局局长 U · E · 鲍海姆来说已经足够了。鲍海姆从白宫打电话给住在海厄尼斯港度假坪旅店的 16 名特工，让他们进入肯尼迪的家中。此次竞选活动落下帷幕，肯尼迪当选总统。

官方于 12 月公布的选举结果显示，肯尼迪的票数为 34 226 925 票，尼克松的票数为 34 108 662，仅仅相差 112 881 票，还未占到投票总数的 0.66%，这无疑伤透了尼克松的心。哪怕在每个选区多得半张票都能扭转局势。他已经比共和党国会候选人的票数多出近 5%，在全美国 8 个地区——新英格兰地区、中大西洋各州、美国南部、各农业州、位于落基山脉的各州、中西部工业区、太平洋 5 个州以及边境州，除了前三个地区，他均获得了胜利。他的一些顾问建议他对选举结果提出异议。在其他各州之中，伊利诺伊州和得克萨斯州均存在明显的作弊证据，因此很有可能会逆转结果。尼克松虽颇为动心，但还是决定不去挑战，因为前方困难重重，令人生畏。例如，在库克县重新统计选票会花费一年半时间，而在得克萨斯州则根本没有重新统计选票的程序。而在这期间，整个美国不能无人管理。

1 月，美国宪法在这位紧张无比的人面前开了一个残酷的玩笑。宪法第二条第二款中提到，总统选举人投票结束后，“参议院议长应在参议院和众议院议员面前当众拆验各地选举报告，并计算选票数目”。参议院议长一向由美国副总统担任。1861 年，当时的副总统约翰 · C · 布雷肯里奇曾迫于无奈而向竞争对手亚伯拉罕 · 林肯承认自己的失败。尼克松也郑重地宣布了结果：303 票对 219 票，15 名南部反民权法民主党人把票投给了哈里 · 伯德。他借机发表了一段简短、优雅的演讲，向肯尼迪和约翰逊表示祝贺，并盛赞美国政治进程中的稳定性。国会则对此报以热烈的欢呼。

尼克松从F街俱乐部举办的就职日午宴出来后，司机轻声提醒他，这是他作为副总统最后一次使用专车了。那晚，尼克松乘车到了国会山。黑夜中，整个城市仿佛在一瞬间变得荒无人烟。他后来写道：“我从车里出来，再一次俯瞰了这个在我心目中堪称全世界最宏伟的景观：白雪完全覆盖住的林荫大道，远处耸立着华盛顿纪念碑和林肯纪念堂。”

此时此刻，他如同往常一样从格言中找到了慰藉。“失败比成功更能考验一个人的品格”便是其中一句，另一句则源于罗伯特·雷诺兹，此人以前是斯坦福全美队和底特律雄狮队的明星，后来成为洛杉矶公羊队的老板之一。他在给尼克松的一封信中写道：“有时一次战争的失败，是为了赢得下一次战争的胜利。”他引用大学时期一位教授的话解释道：

> ……失败对于一些人来讲就好比是毒药。伟大的人常因无法接受并承受失败而变为平庸之人。也有许多人因为能够接受并承受失败而变得伟大。能否获得成功并磨炼出过人的品质，都取决于你对待失败的态度。而你将面临的失败，也是每个人都要经历的。

尼克松很喜欢这段话，在他收拾行囊回到加利福尼亚州的老家并决定东山再起之时，仍将它铭记于心。